現代社會與公民素養

葉至誠　著

封面設計：實踐大學教務處出版組

出版心語

　　近年來，全球數位出版蓄勢待發，美國從事數位出版的業者超過百家，亞洲數位出版的新勢力也正在起飛，諸如日本、中國大陸都方興未艾，而台灣卻被視為數位出版的處女地，有極大的開發拓展空間。植基於此，本組自民國 93 年 9 月起，即醞釀規劃以數位出版模式，協助本校專任教師致力於學術出版，以激勵本校研究風氣，提昇教學品質及學術水準。

　　在規劃初期，調查得知秀威資訊科技股份有限公司是採行數位印刷模式並做數位少量隨需出版〔POD＝Print on Demand〕（含編印銷售發行）的科技公司，亦為中華民國政府出版品正式授權的 POD 數位處理中心，尤其該公司可提供「免費學術出版」形式，相當符合本組推展數位出版的立意。隨即與秀威公司密集接洽，雙方就數位出版服務要點、數位出版申請作業流程、出版發行合約書以及出版合作備忘錄等相關事宜逐一審慎研擬，歷時 9 個月，至民國 94 年 6 月始告順利簽核公布。

　　執行迄今逾 2 年，承蒙本校謝董事長孟雄、謝校長宗興、劉教務長麗雲、藍教授秀璋以及秀威公司宋總經理政坤等多位長官給予本組全力的支持與指導，本校諸多教師亦身體力行，主動提供學術專著委由本組協助數位出版，數量達 20 本，在此一併致上最誠摯的謝意。諸般溫馨滿溢，將是挹注本組持續推展數位出版的最大動力。

　　本出版團隊由葉立誠組長、王雯珊老師、賴怡勳老師三人為組合，以極其有限的人力，充分發揮高效能的團隊精神，合作無間，各司統籌策劃、協商研擬、視覺設計等職掌，在精益求精的前提下，至望弘揚本校實踐大學的校譽，具體落實出版機能。

實踐大學教務處出版組　謹識
中華民國 97 年 6 月

序言

「現代社會與公民素養」

「生活的目的在增進人類全體之生活，生命的意義在創造宇宙繼起之生命。」

　　哲學家雅斯培（K. Jaspers）在談及大學創置的理念時，曾提及理想之大學應由下列三方面組成：一是知能性之教學，二是科學性之研究，三是創造性之生活。在講求知識專業化的今日，似乎第三種理念，更值得吾人重視。創造性生活之涵育，有賴於博雅教育（General Education）。而關心通識教育的美國卡內基基金會，對博雅教育的期許希望大學生能有應付生疏事物的技能，了解世界問題對眾人的影響，並能對生活的品質有一種鑑賞力及對文明有一種歷史眼光。從這個角度觀察，博雅教育在今日扮演了溝通人文素養與科學知能兩大生活領域的責任。亦即「博雅教育」是要培養在社會中個人與團體生存發展所須具備的基本知識與涵養的教育過程，基本理念包括促進個人與團體主體意識的覺醒，以及完成兩者平衡溝通理性的建立，教育結果是為適應及充實民主及自由社會的內涵作準備，教育理念須融入現代社會的邏輯體系內運作，內容著重人人必要的共同經驗與知識，如生存環境的認識、歷史經驗的覺醒、理性思考與道德批判能力。以期現代公民具有理性評估、周延推理、清楚溝通、了解知識、探究問題、講求方法等能力。因此博雅教育是學術專業知能之外非常重要的素養教育。博雅教育是涵養健康、成熟、高品質人格的「全人教育」，除了「智性」的開發外，「直覺」的訓練、「想像」的挖掘、「意志」的砥礪、「情感」的陶冶、「技藝」的學習等，莫不成為現代公民必須斟酌考量和平衡的要項，以作為人類經驗的反省和評價，並不斷在創造與更新人類豐富的理念和文化。現代社會是要培養公民具有恆久的躍升能量，活水泉源既來自優質公民，最後也同樣要落實到社會建構。爰此，「現代社會與公民素養」的本旨是希冀能培育現代公民具備著：

　　一、了解現代社會現象的公民知識。

　　二、提升現代社會生活的公民素養。

　　三、增進現代社會的公民參與能力。

　　受到長期制式教育的侷限，社會過度強調智性表現的成績為優先，致使疏忽對公民素養中的直覺、想像、意志、情感和技藝等的重視。但無論個人生活或社會文化的良性發展，都不宜疏漏興趣的發掘和培養、行為或活動的反省與評價，抑或是非、善惡、對錯、美醜意識的陶冶與辨正。所以，導引現代社會的博雅教育在衡酌個人其他能力和品格的「公民素養」理想下，

允宜更多方設法藉由個人具體「生活世界」的經驗和問題來省思與實踐，以啟動個人的直覺、想像及可能的行為抉擇的素質培育方式，要扎根於活生生的個人生活體驗。是以公民素養的增進是要對「生活經驗」和「整體文化」做全面的、總體的反省，這種反省的基礎就需整體落實在「個人存在」的現實處境和網絡上。公民素養與現代社會是發掘「整體社會中與個人的問題」，能觸動個人存在的意念和省覺的問題，並據此形構公民社會的意識。相較於在現代社會出現以前，傳統規範對個人的思考與行為產生很大的束縛，由於啟蒙運動、文藝復興、宗教改革到理性主義，一波波的思潮促使「人」的地位漸漸提高了，也揭開現代社會的嶄新風貌，激盪著社會以社會科學觀點觀察並參與社會。是以，「現代社會」強調的公民素養有：一、認識心理、社會、文化、教育、倫理、法律、政治、經濟以及環境等社會科學領域相關的基本知識。二、培養對於個人、人際、社區、制度、國家以及全球等現代社會範疇互動應具有的專業涵養。三、增進對人與己、人與人、人與社會、人與國家、人與自然以及人與世界等相關問題的解決能力。四、培養對自我的肯定、對鄉土的關懷、對國家的認同並具有地球村的意識。五、建立正確的生命觀、人生觀、道德觀、價值觀、國際觀和永續發展的理念。

社會生活是指有相互聯繫的人類共同體為了生存和發展而進行的各種活動，主要分為生產活動和交往活動。當代社會生活嬗變，實質是從以認識改造、生產為主的勞動型社會生活向以價值定向、交往為主的創造型社會生活變遷。在物質生活逐漸富裕的同時，台灣的社會型態明顯改變，傳統的倫理關係與道德意識式微，現代的倫理觀念與行為規範卻未有效建立，以致國民物質生活雖然富裕，精神生活卻顯貧乏；經濟生活雖然提升，人文精神卻漸失落。在經濟富裕的過程中，如何提振人文精神，實踐人文理想，使物質生活與精神生活並重，經濟發展與人文關懷並行，是社會邁向現代社會所面臨的另一項重大挑戰。因此多數的現代社會莫不致力培養現代公民素養，成為人類進步的泉源所在。

為了能使「現代社會孕育公民素養，現代公民開創優質社會」，本書選擇了二十個主題，自微觀面到宏觀面，考量現代社會係「以人文為經，以經典為緯」，是以於每單元的論述中，皆簡述一左右社群發展的學者，一本開創人類思維的經典，以期能為現代社會做優質的導引和公民素養做最佳的啟蒙。

本書的完成尤其感謝實踐大學出版組及秀威科技諸先進的玉成，方能使斷簡殘篇的文字得以彙集成冊。然而限於才疏學淺腹笥甚儉，撰述或援引有謬誤之處，祈請方家讀者不吝批評賜正。

葉至誠 謹誌

目次

第一章

現代社會的基本概說

前言

　　社會現代的表徵有：教育水準的提升、社會福利的加強、電子媒體的普及、男女地位日趨平等……等，要想探索現代社會是如何進行的，即現代化的歷史發展過程，可以說是一件是相當複雜的，其中的過程有充滿矛盾的、偶發的各項事件，而且不同地區的社會可能會有不同的發展型態。關於「現代社會的發展」之探討，除了瞭解其已經發生的歷史條件因素之外，同時也將探索影響現代社會的重要因素——亦即全球化（globalization）。因為不論是經濟方面的資金流動與勞動分工，科技方面的網際網路普及力量，政治方面的社會公義或是知識方面的文化產業等，都可以看到關於全球化對現代社會生活領域所帶來的影響。全球化帶來的不僅是社會政治經濟結構的改變，更會在社會成員的生活方式形成劇烈的衝擊。現代社會發展過程中龐雜的糾結關係，成為社會學研究者探討的主題。對於現代社會的探討將幫助我們獲得對現代化發展有全貌的認識和理解。

壹、現代社會的主要特徵

　　現代社會深受社會現代化的影響，社會現代化是一種特殊的社會變遷。它是指人們利用先進的科學技術，全面改造自己生存的物質條件和精神條件的過程，是改變傳統社會為現代社會的過程，是以社會發展為中心的，涉及到經濟、政治、法律、精神生活各方面的整體社會變遷。從最廣泛的意義上說，這場深刻的社會變革，開始於世紀中葉的英國工業革命。其對人類社會的影響是巨大的。具有內容的廣泛性、變化的迅速性、分布的全球性、發展的持續性等特徵。現代社會其內容主要包括以下方面：以工業化為核心的經濟現代化；以民主和效率為標誌的政治現代化；人口快速遷移的都市化；以科層制為起點的組織管理現代化；普遍性社會關係的建立和社會結構的分化；文化和生活方式的現代化。現代社會的功能分化將日常生活分割成各個自主的多元生活領域，在進入到特定生活領域中，即應遵循該領域所要求的行動規範，例如在經濟領域中追求的是利潤的增長，在宗教領域中追求的是心靈的昇華等。一旦是以宗教的行動規範去經營商業活動，行動者將遭遇極大的困難。是以，以往「吾道一以貫之」的生活方式與態度越來越難以處理現代社會日常生活的複雜關係。

　　現代化為現代社會的主要特徵，現代化基本的特徵，可舉出韋伯（M. Weber）所指出的脫離非理性觀念的束縛，亦即理性精神的普及。此意謂著個人採取理性的行為，取代了非理性的行為模式，社會成員不再受習俗、慣例、因襲、人情等的拘束，亦不受感情所左右，為達到目的採取有效且適切的手段。此種理性的態度，須以獨立的個人為主體。個人不再因身分、居住地的不同，而有不同的差別待遇，並脫離團體規範的束縛，個人能自由活動，擔負自己的責任，使傳統的社區與社會關係解體，個人相互之間的社會關係，基於功能的需要而互動。因而使近

代社會出現各種功能團體，個人各自選擇最適切的功能團體參與。再者這些團體的組織、運作採目的理性的方式，使得組織出現科層制，成員的考績由能力表現取代年資，成員的評鑑方式也由個人主觀的任意認定改採依據正式規則。排除與生俱來的世襲特權，以教育的普及為首，各種社會機會廣泛的擴大為大眾化與平等化，使得競爭與社會流動頻繁的進行。另外現代化社會，在政治方面採民主主義，在文化方面出現大眾文化和大眾傳播的蓬勃發展，特別是社會出現高度的都市化與工業化最具特色。換言之，近代社會排除了近代前的社會所具有的社會結構與價值，代之以新創造的結構與價值，此種潮流的不斷擴大，使一個傳統的社會往具有現代特徵的方向邁進。如此，一個社會逐漸增強近代社會的各種特徵，並逐漸深化的過程，稱之為現代化。

對現代化過程加以論述的，包括：古典社會學家如韋伯（Max Weber）、涂爾幹（Emile Durkheim）、馬克思（Karl Marx）等人的學說思想，當代社會學家則有以「風險社會」概念著稱的德國社會學家貝克（Ulrich Beck）以及強調「第三條路」英國社會學家季登斯（Anthony Giddens）的主張。根據學者李維（Levy）以社會變遷的觀點，認為現代社會的特徵為：

1. 非動物力取代了大部分的動物力，為生產的主要動力。
2. 人類經濟活動已與傳統的血緣團體相分離，家庭為消費單位，而非生產單位。
3. 人類的血緣連結漸趨淡薄，形成了家庭的個別化與小家庭孤立的現象。
4. 人類的活動範圍已非家庭與社區所圍限，一個人自幼至長與無數非血緣或地緣性團體接觸。
5. 人類日常生活均受政治、法律與經濟機構有形與無形的控制，人類為日益擴張的科層體系所籠罩，此即一種高度的集中化（centralization）。
6. 社會流動性大，社會階層為開放式的，人們地域性的流動也甚頻繁；所得分配逐漸平均而呈常態分配。
7. 教育普及，並以正式教育為主，同時高等教育發達。
8. 政治參與大眾化，同時政治活動成了現代人生活中重要的環節。
9. 男女逐漸平權，更有趣的是，現代人的社會化，幾乎都由女性所左右，由家庭以至中、小學，人們大多為女性所管教。
10. 人類平均餘命甚高，老年人口激增。
11. 高度的都市化，大部分人口居住於城市中。
12. 傳播與交通發達，縮短人類心理與地理的距離。

雖說許多現代化的社會關係與傳統的社會關係差別極大，這並不意謂著傳統社會關係的崩潰而由現代的社會關係所完全取代。許多傳統社會關係依舊存在，但同時許多新的社會關係建立起來。多位學者皆認為，當代社會已發生劇烈的變遷（例如生態環境的威脅、家庭結構的解組、價值觀念的轉變、政經結構的動盪等），我們生活在不確定與不穩定的生存環境裡，而這些應該被當作是「現代性激進化」（the radicalization of modernity）的發展結果，是與現代性本身內在的反省機制密切相關。

貳、現代社會的基本素養

　　公民素養就是使公民形成和具備現代社群所應有的素養。現代素養主要包括：現代意識、現代道德和現代智慧。現代意識主要有「發展價值觀念」和「公民意識」；現代道德主要表現為家庭道德、職業道德、社會公德和生態道德；而現代智慧則主要有「健康智慧」、「情感智慧」與「認知智慧」。（黃甫全，2007）在邁向二十一世紀的時刻，現代社會生活境遇是什麼？現代社會快速且密集的變遷——例如傳統政經環境的劇烈變革、不同價值文化的衝突抗爭、科技發明的不斷創新等——不僅在例行的生活習慣上，同時也在深層的生活觀念與態度上，都對現代人的日常生活造成相當大的衝擊，亦即正面臨國家競爭力亟待提升、富裕社會的人文關懷、國際化的衝擊，以及個人發展的強烈需求等問題。這些都是現代公民宜面對的挑戰。

一、公民素質亟待提升：二十一世紀已經來臨，國際間的動態競爭趨勢愈演愈烈。無論先進國家，或開發中國家，均致力於經濟環境的改善與人民素質的提升。而人力素質的持續提高，則有賴於教育機會充分而永續的提供。對於地狹人稠、自然資源有限的台灣社會而言，只有高素養的公民是面對國際競爭的最大依憑。

二、人文關懷有待揚升：現代社會是建構在現代人的生活過程。現代社會中的成員由過去的臣民嬗變成為公民，所以，公民意識為對現代社會中公民實際生活過程的反映，是現代社會的重要內容。在物質生活逐漸改變的同時，台灣的社會型態明顯改變。傳統的倫理關係與道德意識式微，現代的倫理觀念與行為規範卻未有效建立，以致社會亂象頻生，人文精神卻漸失落。在社會發展的過程中，如何提振人文精神，實踐人文理想，使物質生活與精神生活並重，社會發展與人文關懷並行，是我國邁向開發國家所面臨的另一項重大挑戰。同時，加強生態保育、注重生活教育、重建社會倫理，以及推展生涯規劃，有賴人文關懷的揚升。經濟發展難免側重「物的改善」，人文關懷則強調「人的開展」。物的改善有其極限，人的開展則永無止境。在現代化的過程的同時，不僅要注重物質的改善，也要注重人文的關懷。人文關懷是一種對人類處境與發展前途的深層關心，是一種對理性開展與道德意識的普遍關注，注重人文關懷，將使生活品質更加提升。

三、全球視野邁向國際：國際的趨勢是世界性的潮流，世界各地的訊息，無遠弗屆。一個互動頻繁、緊密相連的地球村亦正迅速地形成中。全球化社會所帶來的國際化趨勢，著眼的是人與人之間的溝通、國與國之間的溝通，透過文化的認識與了解，以加強與其他文化的溝通協調，俾能進一步合作。因此，拓展國際視野是公民素養的重要內容。藉由通信網路的迅速發展，使過去陌生遙遠的事物已大量出現於個人生活，傳達了不同國家或社會的生活方式，使多元文化的世界越來越趨一致。對不同文化之間的相互了解，已成為現代公民參與社群的基本素養。現代化伴隨著全球化發展趨勢，根據社會學家季登斯（Anthony Giddens）的理論，全球化與時空延展（time-space distanciation）有關，因為全球化可以說是時空的延伸作用，能夠將不同社會脈絡或區域連結（connect）成一個橫跨地球表面的整體。由於經

濟全球化，所以全世界現在都是在複雜而互相依賴的經濟網絡下緊密聯繫在一起。實際上，距離已經不再是人際溝通與互動的障礙。唯有透過相互了解及彼此合作，各國才可能對促進和平及繁榮有所貢獻。因此，每個人應摒棄狹隘的價值觀，敞開心胸，開放視野，邁向國際。隨著經濟的發展、科技的創新、文化的交流、知識的提升，以及資訊的發達，使世界各國相互依存的關係日益密切，地球村民休戚相關，利害與共。因此，現代公民必須學習相處與合作的能力。

四、多元文化相互尊重：多元文化社會（Plural society）通常是指：一個社會內包含兩個或更多個社區，這些社區在很多方面——膚色、信仰、禮儀，一些制度性的和習慣性的做法都有所不同，他們的社會行為在很多方面基本上是不和其他人的社會行為摻雜的；在一個社會裡，其組成部分承認一個總體的政治權威，或受其控制，但是強烈地傾向於保留他們自己的傳統。全球化所指涉的基本內涵為隨著社會發展的擴散，將全球各地區納入國際市場分工體系的過程。全球化所影響的面向不僅限於經濟層面，更擴及政治、社會、文化以及宗教等各領域。全球化的影響不僅使分散於全球各角落的地區，分享更多的共同物質與價值，同時也激發保留與發展區域與地區特色的在地化風潮，與全球化並存成為當代社會發展的特色。根據社會學者 Zygmunt Bauman 的觀點，全球化對人類生活的重要影響之一，即是解除了空間對人的限制，無論身處於地球的任何角落，幾乎都可以同步知道地球的另一端所發生的事情，人於人間的溝通與資訊的交換可以更及時與直接，不同人群間的相互依賴也更密切，頻繁的溝通與即時的資訊交換促成多元文化的產生，Irving Hexham 與 Karla Poewe 將全球文化定義為：世界文化是具有世界主義觀點的人所組成的超越國界或超越社會性網絡，對異質性文化採開放並且接納的態度，現代社會不再是以某一個單一的系統為中心，而是各個系統有各自的運作邏輯及操作方式，分化及多元成為社會的主要特徵，各項生活領域彼此獨立，沒有一生活領域可以完全控制其他生活領域的運行。

五、公民意識亟需加強：現代社會的基本素養含括，現代意識、現代道德和現代智慧。現代意識，是人對現代社會生活條件下的物質世界的主觀反映，其核心是發展價值觀，根本內容是公民意識。現代道德，是現代社會生活中行為的基本規範，主要體現在家庭道德、職業道德、社會公德和生態道德等多個領域裡。現代智慧，是人們在現代社會生活過程中，獲得知識和運用知識解決實際問題時所必須具備的要件，主要包含著健康智慧、情感智慧和認知智慧。在社會開放之後，個人所面臨的是能夠認識自己，了解自己，掌握自己的命運，決定自己的發展，使自己與社會同時進步。因此，社會必須提供激發個人潛能的環境，給予每個人有學習基本生活能力的機會，進而參與社會生活。另一項重要的挑戰是個人自我實現與調適的問題。社會的民主開放，使個人的價值得到肯定，每個人要活得自在、有尊嚴、有價值，在人生的每一階段都要有充分發展，秉持自主獨立的精神，才能建立合宜的人生價值觀。社會開放以後，自我發展與自我實現的能力更須加強，才能使個人在生涯發

展的過程之中,獲得應有的知識、技能與態度,開展職業知能,以適應不斷變遷的社會生活,扮演適當的社會角色,創發圓融的人生。

參、現代社會的人文省思

在現代社會生活條件下,公民素養的提升,實質就是促使現代社會的素養。所謂的現代素養,概括地表現在人文修養、理性態度和民主法制作為三個方向。現代性是導致社會現代的重要因素,C. E. Black 教授所強調的現代性,包括:一、在知識方面:(一)知識的理性化與世俗化。(二)科學知識的無限擴張,並用以改善人類的生活及其環境。(三)知識的權威性增加。二、在政治方面:(一)中央政府直接統治人民,相當於中央集權。(二)重視法治,以法律替代個人裁決。(三)官僚行政機構日益擴大。(四)民族主義的普及或民族國家的建立。(五)趨向於福利國家或社會。(六)政治結構的異化。(七)政治文化的世俗化。(八)人民對公共事務的大量參與。三、在經濟方面:(一)機械化。(二)專業化。(三)由農業到商業,以及農業的商業化。(四)由輕工業到重工業。(五)技術科學化。四、在社會方面:(一)都市化。(二)小家庭制度。(三)社會流動性極大。(四)社會動員的程度極高。(五)經濟平等。五、在心理方面:(一)成就慾望增加。(二)樂於接受變遷。(三)容忍與適應性增強。(四)相信能控制環境,而不為環境所控制。(五)贊成依據貢獻來決定報酬。現代過程是傳統農業封建的社會結構與生活形式被解體,而由工業化的社會結構與生活形式所取代。其帶來的是「風險社會」的加劇,如同社會學家季登斯(A. Giddens)對於缺乏人文素養的現代社會嚴正指陳:缺乏反省的發展所形成的衝擊,會對原本的發展基底造成自我危害、自我揚棄的風險社會。非預期的後果或是所謂的副作用(side effects),以往被認為可以控制副作用而維護人類生存安全的防護機制(如國家機器等)或信念承諾(如科學理性等),如今不但失去其效用,甚至遭到強烈的質疑,認為其根本無能為力處理副作用問題。例如新醫療科技雖然為人類帶來健康,但同時也潛藏不少併發的疾病;又例如基因食品雖然解決了食品生產匱乏問題,但同時也可能造成對人類免疫系統的傷害;又例如核能發電雖然解決了能源生產匱乏問題,但其廢核料處理同時也造成對生態環境的威脅;又例如手機電話雖然提供人們生活的便利性,但其電磁波同時也會對人類腦部造成傷害——這些都不是社會所預期的、所想要的,但卻是伴隨而來的意外後果或併發作用,不只使現代社會面對發展的極限,也嚴重侵蝕發展的基礎。這種現象使有識之士提出「科技始終來自於人性」的省思。

面對現代化的影響,法國的社會學者尤勞耳(Jagues Ellul)即強調「就現代的社會而言,必須正視其人文或精神的發展比科學技術(technique)來得重要。」(Ellul, 1964:3)就這個意念完成了《科技社會》(Technological Society)一書,其內容強調:「看到『技術』這個字,就很容易讓人想到機械(machine),於是有人認為解決了機械的問題,就解決了整個技術的問題,尤勞耳卻指出這是個很嚴重的錯誤。就此社會中的任何事物都成了技術的僕人。」時至今日,技術已接管了整個文明。當然,技術不再是個替代人類勞力的簡單機械,它已侵入了生命體和

無生命的本質當中。這意味著技術主宰了社會的每一個部分，甚至於主宰了人類的心靈，就如道格拉斯（J. D. Douglas）所言：「技術成了本身的目的也主宰了其他的目的，技術成了現代社會的神。」（Douglas, 1970:48）科技風險促使人類必須知道風險究竟會在何時發生，並能有效的控制。不論是「生態風險」如核能事故、口蹄疫病毒傳染等，或是「社會風險」如組織政策的評估、生涯規劃的抉擇等，一旦發生都將會造成致命的大規模傷害或是無法挽回的永久後果。長久以來，這些風險被認為是可以利用人類的智慧與力量加以避免或降低發生的可能性。然而在風險問題不斷成真的現今社會，此一共識已被打破。如何定義與處理風險的「非知識」因素，成為迫切的社會生存問題，也是造成不同專業知識人士、社會運動團體、政府機構及社會大眾在風險問題上激烈衝突的關鍵所在。人們必須在發展技術的同時充分思考以「人文素養」及「社會關懷」為主軸，才能跳脫成為膜拜技術的奴隸，避免讓技術成為是現代的神也是個可怕的魔鬼。

然而與尤勞耳相對的是美國前卡特政府的國家安全顧問布里辛斯基（Zbigniew Brzezinski），他對新社會充滿著讚嘆與希望，他宣稱現在所發生的轉變（尤其是美國），已創造了一個和先前工業社會不同的後工業社會，一個「科技電子的社會」，在文化、心理、經濟上形塑了這個新社會。「科技電子社會」其特徵為：

一、產業的雇傭關係，受到大量使用機器人和電腦取代了人對機器的操作而產生質變。

二、勞工薪資不再是勞工所關心的唯一對象，而是擴及於：技術的過時、健康保險、休閒假期……以及如何維持心理健康的問題。

三、教育資源的快速擴充，在教具方法上運用了電子視聽教學。而且新知識的快速增加，使得永續教育更為迫切。

四、財閥政治面臨知識分子的挑戰，知識成了權力的工具，如何有效的運用知識技能才是立足社會的重要途徑。

五、大學是政治計畫和社會創新的來源，是政府及產業組織的重要「智庫」（think-tank）。

六、意識型態的沒落，在科技電子社會衝突可化約到可衡量的範圍，且可用更實際的方法來加以解決。

七、因為決策的日形複雜，造成參與上疏離的嚴重問題。不過由於電腦科技的發展與運用關係，使得周延決策成為可能。

八、通訊工具的運用，造成一種全球性資訊的快速流通，有助於人們對世界事務的涉入。

九、經濟力的「非人性化」（depersonalization），隨著政治力的突出，經濟力已非經由一個國家單一的力量和意志可以全盤掌握，面對經濟全球化趨勢而個人的無力感也在增加當中。

十、運用科技替人類服務和增進人類生活品質的關注成為可能，也是大部分人在生活上所期待的。

於是乎，影響人類人格與特質的這些變遷將使得科技電子社會和工業社會有所不同，就和工業社會與農業社會間有所差異一樣，其中機器取代了勞動，生活水準將會提高，社會也逐漸變成以娛樂為取向，而一切的變遷都日益成為自覺的（conscious）。最重要的還是科技電子社會

將採行功績式民主政治（meritocratic democracy），使民主、自由、平等得以實現，人們也可以過著人之所以為人的生活。因此，我們可以引用布里辛斯基的想法說：「後工業社會是一個多美好的社會。」

肆、現代社會與知識發展

與過往的歷史變遷相比，現代性社會的特徵是什麼呢？季登斯（Giddens）在《現代性之後果》乙書中提到了三點：第一，現代性所導致的變遷的絕對速度、激烈程度是以前的變遷無可比擬的。第二，隨著全球化的推擴，在全球的各個角落都開始與其他地區發生相互聯繫時，社會變遷的浪潮實際上席捲了整個地球。第三，隨著社會的現代化推動，在前現代時期，某些現代社會形式則與前在的社會秩序有著截然不同的發展脈絡。由於現代化挾著全球化的軌跡向世界推展，使得西方先進社會的思維及現代組織制度在世界範圍內的不斷擴張，而跨國企業便是其中明顯的例子。這些制度全球性擴展的結果，使得無論是經濟、政治、軍事和意識形態，皆給予西方列強至高無上的權力與影響力。這個過程成為現代性的全球化過程，而對大多數人來說，它的主要表徵之一是時間在現代社會內的標準化，使時間的一致性影響全球作為的一致性。例如，為迎接公元 2000 年的來臨就成了一個全球性的事件，包括：全球各地的倒數計時活動，及為應付千禧蟲危機的嚴正以待行為。又例如：人們皆以紐西蘭的第一道曙光作為揭開二十一世紀序幕。季登斯把這看作是對時間從空間中分離出來具有決定性意義的事件，這個轉換與現代性的擴張相重合，就時－空的伸延與分離程度而言，現代社會的特徵，及在全球化下，不僅使時間與空間相分離，而且也使空間與場所相脫離。

在現代社會中另外一項為季登斯所強調的是：現代制度中對於專家系統的信任模式，這其中包蘊著是建立在對它們的「知識基礎」的理解。例如，一個人坐在圖書館中，便被包含進了所信賴的一系列專家體系之中：讀者幾乎不了解建築師和建築工人設計和建築房屋時使用的知識規則，也不一定了解書籍編目分類的規則，只不過是「信賴」專業人員的工作，信任他們所使用的專門知識的可靠性。季登斯指出，專家系統是技術職能或職業性的專家評判體系，它組成了我們生活在其中的物質和社會環境的博大範圍。專家知識於其中的這些體系每天都影響著我們行動的許多方面，現代生活中太多環節都是在我們的知識範疇之外，我們通常先驗地接受了其存在，才能應付日常的生活秩序。現代社會讓我們會經常面對大量我們不相識的人，要爭取別人的信任或是要相信一個人，都需要經過一番努力才能爭取到。也就是說，原來的基於親屬血緣關係而建立起來的親密性，已經轉換為經由專家認可系統所取代，人與人之間的信任已成為了一個互動式的過程。

現代社會雖給人類帶來進步的遠景，但也有學者提出省思，認為人類皆需要擁有並運用特定的知識與技術，知識技能是相當實用取向的，幫助解決個人在日常生活中所遭遇到的疑難，保障個人生存的安全感；也因此，若是這些知識技能出了差錯，將會為個人帶來存在的焦慮感

（existential anxiety）。現代社會人類面臨政治、經濟、社會、文化等急遽的變遷。社會工業化、現代化、科技化的結果，使人類創造了前所未有的物質文明，但相對的也帶來甚多挑戰，包括：如何培養永續發展的動力？如何在眾多便捷的資訊，能予以彙整判斷？如何建立新的文化與倫理？如何使人人都有參與公共決策的多元機會？如何使國民擁有競爭力？在這樣的發展趨勢下，如何培育具有新觀念、新技術、新視野的個人，並加強彼此的合作，以解決日趨嚴重的問題，已成為刻不容緩的工作。面臨這些問題與挑戰，現代社會要塑造具有新觀念、新知能、新生活型態的現代社會國民，以因應未來的挑戰，開發個人的潛能，促成個人的自我實現。

結語

　　面對現代社會其發展軌跡別於傳統社會，現代公民如何自處？如何因應？如何永續發展？著名的美籍社會學家帕森斯（T. Parsons）以結構功能的角度，推論出一個社會為了永續經營，必須具備十項功能：一、新成員的導入；二、角色分化與明確規範；三、強化通訊語言功能；四、共有認識的建立；五、建構共同的目標；六、訂定可為大眾認同社會規範；七、情感表達方式的準則；八、適用社會化功能可預期的行為；九、對差異行為的有效控制；十、適當的體制化功能。運用這些功能，以能帶動現代社會公民素養。而為達成「現代社會」所強調的公民素養：一、認識心理、社會、文化、教育、倫理、法律、政治、經濟以及環境等社會科學領域相關的基本知識。二、培養對於個人、人際、社區、制度、國家以及全球等現代社會範疇互動應具有的公民素養。三、增進對人與己、人與人、人與社會、人與國家、人與自然以及人與世界等相關問題的解決能力。四、培養對自我的肯定、對鄉土的關懷、對國家的認同並具有地球村的意識。五、建立正確的生命觀、人生觀、道德觀、價值觀、國際觀和永續發展的理念。這些將影響現代社會發展的落實。

經典人物——孔德

　　孔德（Auguste Comte, 1798-1857），法國人，是社會學的創始人，1830-1842 年出版了六卷本的《實證哲學教程》。1857 年 9 月 5 日病故。孔德被稱為社會學之父，是因為他於 1839 年率先提出社會學一詞，該詞彙是把表示社會的拉丁語 Socius，與表示學問之希臘語 Logies，兩者聯合起來創立了 Sociologie 的新詞彙。孔德運用實證主義的方法，對於社會的重整進行研究，並且進一步將社會學的內涵加以體系化。他生長於法國大革命之後，當時社會出現持續混亂的局面，使他深切的體驗到，為了克服十九世紀初期的社會危機，重建法國的社會，必須使用實證方法，以科學的方式提出有效的解決之道。依孔德的說法，實證的內涵，具有現實性、有用性、確實性、正確性、建設性、相對性等六種意義。他認為人類的精神，經由神學、哲學、科學的三個階段向前邁進。在神學時期，人類的心智在尋求自然界的起源和目標的時候總會歸結到超

自然的能力；在形上時期，人類的心智推論有關創造萬物的抽象力量；在最後的實證或科學時期，人類心智已不再尋求宇宙萬物的起源和終點，轉而重視且運用到人類本身的法則。而對應此三種階段的發展，是以軍事型、法律型、工業型的社會型態相對應，此即他所提出的著名三階段法則。孔德社會學的主要內容，由社會靜學與社會動學等二種部門所組成，社會靜學的內容，主要在於闡明社會秩序的原理，使用社會有機體理論，分析社會的結構；社會動學則著重於說明社會進步的法則，運用知識進步的三階段以說明社會變遷。認為社會是一個具有靜態結構，同時又不斷發展的有機整體。

由於他的社會學以進步和秩序作為兩個基本概念，為社會尋求安定發展，尋求社會與個人的和諧局面，因此被認為是法國革命後公民社會安定時期的理論，主張階級調和，倡導所謂利他主義的倫理觀。他認為所有的知識，依據它的複雜性，在到達實證階段的過程中，並非同時到達，而是有其位階性。由於人類社會的所有現象均極富變化性，並且會隨著世代的不斷交替，使一個社會出現快速、連續性的進步。在建構實證主義時，是要把整個人類知識作一個系統性敘述，而歸結到一種新科學的建立，該科學便是社會學。同時企圖運用此科學建立新的社會秩序，運用純粹理智的方法來觀察社會，特別是對資料的觀察和分析，亦即運用推理和觀察以期建構抽象的理論、法則，並運用實際概念以解釋事實，促成科學發展。涂爾幹（E. Durkheim）曾做了以下的評論：「實證哲學的思想、用語、概要皆出自聖西門（S. Simon）時代，而建立計畫，並嘗試親自實踐；將此系統化擴及人類知識的所有對象的第一個人，則是孔德。」

經典論著——《正義論》

《正義論》（A Theory of Justice）為約翰・羅爾斯（J. Rawls, 1921-2002）於 1971 年出版，結合有關哲學、倫理學、政治學、經濟學等主要社科領域的專著，論述有關社會正義、分配公平、政治自由、政府中立等問題的探討，這本博大精深的著作，激起巨大迴響。其主要的內容，強調：

一、社會只有處於集體的無知才能公平

在現代社會裡，任何一個關於人的本質或人生價值的全面性理論，不管它是宗教的、道德的，還是哲學的，都不大可能獲得社會所有成員的一致認同。因此，現代社會的正義觀念，不能像古典理論家那樣，以一套特殊的人生觀價值觀作為預設前提。這樣一種不預設人生目的和價值觀的正義理論，以什麼為基礎呢？羅爾斯說，公平。公平是正義的基礎，正義不外乎公平。那麼，什麼才是公平呢？正義論中強調是理性的個人，在擺脫自身種種偏見之後，大家一致同意的社會契約，就是公平。公平就是沒有偏見。什麼才能「擺脫自身種種偏見」呢？羅爾斯認為是：「無知才能公平」。沒有偏見就是無知，也就是不知道自己是什麼人。當一個人不知道自己在社會中的地位，不知道自己屬於哪個階層，不知道自己的天賦和才能，甚至不知道自己喜

歡什麼追求什麼的時候，他的決策就是毫無偏見的。當所有的人都在這樣一種「無知之幕（veil of ignorance）」背後作決策時，他們所一致公認的社會契約，就是正義的。這樣一種人人都無知，因而人人都無偏見的狀態，羅爾斯稱之為「原初境況（original position）」。《正義論》中描繪，這種狀況下大家一致同意的基本原則，就是社會正義的基本原則。

二、人生就是一場抉擇

由於社會生活與人的素養之間，存在一種互動關係。當代社會生活的嬗變和進步，必然要求促使人的素養實現提升。人的素養是人在其先天素質的基礎上，後天經由各種途徑獲得的，在社會生活中正確地處事待人的知識、經驗、技能、能力和態度的總和，具有社會特定性。是以羅爾斯的正義理論，意在說明多元社會的公共規則，說明那些據以規範社會基本結構、分配社會基本權利和義務的指導原則。公平的社會契約，必須是價值觀中立的。怎樣做到價值觀中立呢？羅爾斯提出社會基本品格（primary goods），所謂社會基本品格，指的是人們無論追求什麼樣的人生價值或人生目的，都不可或缺的基本手段。社會基本品格，包括基本自由、機會和權力、收入和財富，以及自尊等等。一個正義的社會，必定是一個使社會中處於最不利地位的人多得好處較少受損的社會，此即照顧弱者原則。

在此基礎上，羅爾斯的正義原則如下：第一原則：每個人都擁有享受彼此相容的最大限度自由的平等權利；第二原則：權力和地位在機會均等基礎上對每個人開放。

三、作為公平的正義原則

羅爾斯的理論反映了現代社會裡政治事務日益世俗化的現實，政治過程逐步擺脫了宗教、道德、精神信仰等等的支配，開始尋求建立自身的目標與規範。多元社會要求政府嚴格按照公正規則與程式辦事，政府必須嚴守中立。政治自由主義的目標，就是以最低限度的道德觀念，來界定政府的角色，使自由主義的社會，能夠包容多種不同的價值理想和多樣化的生活形態。公民在一個自由社會中，從權威的道德（the morality of authority），發展成結社的道德（the morality of association），最後形成以最高正義為原則的道德（the morality of principles）。公民對最高正義原則有了深刻理解，知道它所保障的價值有利於每一個人，就會自覺服從維護它。換言之，正義的社會必定喚起公民的正義感，提升每個人的價值。

第二章

現代社會的實況風貌

前言

　　社會在進行現代化的過程中，由於工業化、都市化和科層化的結果，往往改變了社會原來的面貌和特徵；生活在現代社會的人，為了因應社會的變遷，也會形成一種不同於以往的價值觀念。為了適應現代社會，人們的價值觀又有什麼改變呢？本章將論述現代社會的主要特色、比較傳統社會與現代社會的不同、探討現代公民價值觀的變遷，以適應現代社會所應具備的態度。

壹、現代社會的多元變動

　　自一九九五年世界貿易組織（World Trade Organization, WTO）成立，取代關稅暨貿易總協定（General Agreement on Tariffs and Trade, GATT）以來，全球貿易自由化雖然尚未完全實現，但是區域經濟整合的潮流卻是風起雲湧。WTO 預估至 2010 年前，全球將有四百個優惠的貿易協定（Preferential Trade Agreement）產生。目前歐洲的歐盟（European Union, EU）、美洲的北美自由貿易區（North America Free Trade Agreement, NAFTA）形成了兩大區塊。而亞洲的東協（Association of Southeast Asian Nations, ASEAN）也積極向自由貿易區推進，並且擴及中國大陸、日本、韓國、印度，形成所謂「東協加四」，甚至於 2005 年 12 月於吉隆坡召開「東亞高峰會」（East Asia Summit，簡稱 EAS），發表「吉隆坡宣言」，把紐西蘭及澳洲也納入，走向「東協加六」。中國大陸則是於 2004 年 1 月 1 日，與港、澳簽署「更緊密經貿關係安排」（Closer Economic Partnership Arrangement, CEPA），使大陸與港、澳間的關稅及非關稅貿易障礙大幅降低，並促進兩地服務業的貿易與投資。除 CEPA 之外，大陸並於 2004 年 6 月推出「九加二」，即利用泛珠江三角洲九個省分，加強與港、澳地區的經貿合作關係。這些形成區塊化的經濟體將會逐漸加深經貿合作的廣度及深度，而不能融入這些自由貿易區的經濟體及其企業，甚至是其國民，國際競爭力將會被削弱，會有被邊緣化的危機。因應上述全球經濟社會快速的變遷，個別國家的經濟發展及個體企業的經營策略，甚至個人的生涯規劃，都要隨時調整，否則就會被淘汰。企業及個人要能夠掌握這個趨勢，才能提升國際競爭力，困守某個地區，不知將眼光放遠、觸角伸長，善用其他國家的生產資源，只會逐漸被國際市場所淘汰。而現代社會的變動，展現如後的特徵：

一、由機械連帶到有機連帶

　　現代工業社會的起源是傳統農業的條件與狀態，就是涂爾幹（E. Durkheim）所說：機械連帶社會是有機連帶社會的起源，機械連帶社會中已有現代有機連帶社會的雛型。在機械連帶社會的原始社會中，由於集體意識特別強烈，人們的個別意識與集體意識互相矛盾、衝突，個人僅具有「社會個人主義」。進入到工業社會後，在有機連帶的情形中，人們從集體意識中解脫，

形成「純粹個人主義」。因此，工業社會的「純粹個人主義」來自傳統社會的「社會個人主義」。涂爾幹在《分工論》裡認為：社會的進化是由機械性連帶責任發展到有機性連帶責任。自然環境、遷移、都市化、人口增長以及工藝技術的發展，都增加了人與人之間的互動，高度分工的結果使得社會各分子間的同質性產生了變化，頻繁的互動與接觸帶來了競爭。為了社會的整合，社會裡必須發展出一套方法來協調；分工制度由此而產生，最後也帶來了新的社會責任。

二、由個人統整到專業分工

涂爾幹談到原始社會及文明社會的不同，就在於前者是一種機械性連帶責任的社會；而後者則是一種有機性連帶責任的社會。機械性連帶責任是建立在社會各分子間的同質性上，社會的價值和行為融洽一致，人們重視傳統及血緣關係，因此社會的束縛力也較強，各個人之間的差異較小，社會大於個人。他說：「社會裡全體分子所共有的思想和傾向比每一個分子的自我人格既強又大。此種連帶責任的成長與人格的成長是相對的。」有機連帶責任的淵源仍是基於個人的不同：它是社會分子的產品。由於社會高度分工的結果，每一個人都變得特殊化，並缺少同質性。同時個人間的互相依賴性相對增強，相互合作更變成必需。就如同有機體生物的各部門間相互依賴合作生存一般。涂爾幹強調此種社會的異質性與個人之特殊性並不代表社會的瓦解，而代表著一種新形式的社會整合。因為社會的進化是由機械性連帶責任發展到有機性連帶責任。

三、由專業分工到信賴專家

英國著名的社會學家季登斯（A. Giddens）指稱現代社會的專業分工制度性機制為「專家系統」（expert systems）。在日常生活的食衣住行等各個領域都為各式各樣的「專家知識」所滲透。專家知識所提供的資訊、建議、警告等在大眾傳播的媒介下，不僅範圍廣，而且速度快。生活在這樣的環境條件下，人們不再是單純地遵循世代沿用的傳統知識技能，反而是習慣性地參考專家知識所提供的意見與評判。制度性的專家系統改變了現代社會的信任關係（trust relation）。季登斯區分兩種「值得信任感」（trustworthiness）：一是對熟識的人事物，另一則是對彼此陌生的人事物。現代人對「專家系統」的信任是屬於後者，因為專家往往不是生活中所熟識的人，而是從未謀面的陌生人。現代人與專家之間不存在以私人（personal）為特色的「對人的信任」（trust in persons），而是以非私人（impersonal）為特色的「對系統的信任」（trust in systems）。也就是說，現代人事實上不是對專家本人，而是對其所代表的系統有信心。一大早為我們送報紙的人、開公車送我們上下學上下班的人、上街購物我們所接觸到的人等，大多數都是我們所不認識的人們，但我們相信他們會遵守社會的集體規範，這是因為我們對這整個社會有信任感，而不是針對個別的個人。隨著專家系統的發展，專家知識越來越是個人私密生活領域安全感的主要來源，專家成為處理個人婚姻、家庭、事業、心靈、健康等問題或危機的主要諮詢對象。法國社會學家亞宏（Aron Raymond, 1905-1983）認為現代社會的特徵在技術的命令，是個經濟

化、理性化的社會。當然有系統的科技應用，似乎意味著先進工業社會將由技術專家所統治，米諾（Jean Meynaud）在其著書《技術專家政治》（Technocracy）中，即認為真正的權力已從選任的代表中，移轉到技術專家之手。未來的新型政府不是民主政治亦非官僚政治，而是技術專家的政治。（Meynaud, 1968）很明顯的，技術專家在現代社會的生活中扮演一個重要的角色。

四、由有限教育到終身學習

　　二十一世紀的現代社會，人類社會變遷及進步的步伐正在加速，世界進步國家已經感受到某些挑戰必須加以回應：其一是資訊時代已經來臨；其二是國際化的趨勢已經形成；其三是科技知識持續暴增；其四是經濟富裕過程中人文關懷亟待加強。這些衝擊使進步國家覺察到，國民的知識技能水準及自我修養能力，將成為個人潛能發展及自我實現的條件，也是社會繼續發展的關鍵因素，更是衡量國家競爭力的重要指標。是以如同1996年聯合國教科文組職（UNESCO）所出版的《學習：內在的財富》一書，清楚地說明人類要能適應現代社會的需要，必須進行基本的學習，這些就是現代教育的基本內容：第一，學會認知（Learning to know）：為因應科技進步、經濟發展、社會邊變所帶來的迅速變革，每個人必須具有廣博的知識，才能對社會現象作深入的了解，並謀求解決。欲具有廣博的知識，個人就要作終身的學習。這是激發個人終身學習的動力，也是終身學習的基礎與憑藉。第二，學會做事（Learning to do）：這是指除了學會職業知能之外，並要學會具有應付各種情況和共同工作的能力，包括處理人際關係、社會行為、合作態度、社交、解決問題的能力及創造革新、勇於冒險的精神等。這些是目前學校教學中相當被忽視的一面。如果學生均能邊學邊做，能在學習活動中參加一些職業活動，進行學理的驗證，則「學會做事」的期望就能達成。因此。學校與工作之間的交替是相當重要的。第三，學會共同生活（Learning to live together）：由於地球村的形成，人類相互依賴日深，彼此相互了解、頻繁交流以及和睦相處的需要日益迫切，故必須學習尊重多元，以理智的、和平的方式解決衝突，相互合作，共同解決未來各種可能的風險和挑戰。第四，學會發展（Learning to be）：二十一世紀要求人人都要有較強的自主能力和判斷能力，也要求每個人擔負較多的社會責任。因此，要透過學習讓每個人所有才能均能充分發揮出來。準此，人類對自己與社群環境要有更深入的了解。

貳、現代化的觀點與迷思

　　現代化是企圖以「進步工程」的方式，對於「落後情境」進行全面的改造，整個社會將出現下列的轉化：技術方面，拋棄簡單、傳統的技術，引用新的科學知識；農業方面，放棄自給自足式的農耕，從各自務農為主到共事生產經濟作物；工業方面，不再用人力、獸力操作，邁向工業化，使用動力機器、僱請工人製造在市場出售的產品；生態方面，人們從農村湧向都會中心，交通、電力等基礎建設普及化。這個轉化過程還會伴著宗教的世俗化、政治的民主化、

以及社會結構的多元分化，使得現代人的人格特質不同於以往，如對創新持開放態度，有計畫的習慣、相信人定勝天、重視個人權益等等。現代化理論強調傳統社會必須從內到外、徹頭徹尾的改造，現代化與工業化必然會改變社會型態，成為與西方先進社會相似的模式，現代化理論提出了一系列的「發展指標」：1.都市化程度，2.識字率和職業訓練，3.報紙流通，4.政治的民主，5.自由企業，6.世俗化，7.社會流動程度，8.職業分化，9.商會、工會等自願結社的繁盛，10.核心家庭模式，11.獨立的司法判決。

　　在現今的社會，在地的（local）生存條件與生活形式越來越受到來自外地的（distant）因素的影響。甘力尼（García Canclini, 1998）曾採用「文化混血（cultural hybridity）」來說明現代文明的狀態。現代化是人類社會發展的過程。然而此一過程往往被寄予樂觀的期望，或是被賦予過多的功能，或是充滿天真的想像，甚至是充滿偏執的認知。我們將這些看法稱之為「迷思」。這些看法之所以是迷思，是因為它們掩飾了現代化實際上所發揮的作用及所帶來的問題。現代化迷思主要有下列五點：

　　第一是「現代化是一種社會進化歷程」的迷思。此一觀點主張，現代化是一線性演化過程，必然是從落後發展階段到先進發展階段。隨著社會的發展，每一部分既依賴於其他部分而生存，又是其他部分存在的必要條件。各部分之間的依賴性增強了。社會關係從一種模式轉向另一種模式。究此，如將「現代化就等同於進步」則無疑是一種偏狹的迷思，將忽略現代化本身所製造出來的嚴重威脅人類生存的社會問題。

　　第二是「現代化是一種整體聚合現象」的迷思。此一迷思主張，現代化將會對社會各團體、階層、或部門帶來相同的影響，產生快速和公允的社會流動。然而若就社會階層的觀點而言，現代化的歷程不全然是整體性的，不全然有利於公平性的競爭，甚至出現了階層化的加劇。社會結構的多層次分析，說明社會現象是錯綜複雜的。就此分析可以看出，並不是社會上每個成員都能適應現代化所帶來的改變。現代化的整體觀此一迷思忽略了現代化過程所製造出來的社會不平等問題。

　　第三是「現代化的進行是和諧穩定運作」的迷思。此一迷思主張，現代化的進行是不存在矛盾衝突的，即使出現矛盾衝突，也是可以被克服的。此一迷思忽略了現代化的發展動力往往是來自於正反矛盾作用力彼此之間的持續辯證關係。針對此種迷思，德國社會學家辛邁爾（Simmel）認為一個完全融洽和睦的社會是不可能存在的，社會裡的衝突是無法避免的。達倫多夫（Ralf Dahrendorf）在《權力分配的組合團體》一書中認為，只要人們聚集在一起組成一個社會，那麼，必然有一部分擁有指揮的人。具有支配他人權力的稱正支配角色；受他人指揮的稱為受支配角色。他認為這兩種角色有以下特點：(一)在每一個依賴權力關係支配的組合的團體內，正支配角色的人和受支配角色的團體，必然形成兩種針鋒相對的非正式的陣營。正支配角色的人將設法改變受人約束的現狀以求得自己的權力。(二)那麼，這兩者必然建立符合自己利益團體，各有自己的方針、計畫。(三)針鋒相對的利益團體會不斷地處於紛爭中，但紛爭衝突的形

式和嚴重性則常因實際情況與條件的不同而有差異。(四)衝突的結果可能導致正支配角色的權力丟失，而被受支配角色者奪得。

第四是「現代社會係單一因果律」的迷思。此一迷思主張，現代化的發展是由單一決定因素如經濟因素所影響。所有現代化的複雜關係都被化約成簡單的因果關係。此一迷思忽略了現代化是多元的發展過程，需要更為多面向的解釋模型。正如同結構功能理論強調社會結構中各部門是相互關聯的。由於人類社會是由一定社會要素構成的有機系統，社會這個複雜系統的發展同時牽涉到許多關係，其各種關係猶如一個大網絡，構成一種特定的社會結構。只有在各種關係相互適應、相互協調的情況下，社會有機系統才可能正常發展，社會結構才會協調。社會的文化結構寓於社會的實體結構之中，這兩種結構是合在一起發揮其功能的。因此社會的運作有其複雜性，並非以單純的因果論即可片面解釋。

第五是「現代化是傳統與現代二元劃分」的迷思。此一迷思存在著：現代化的發展是現代性取代傳統的過程，而忽略了傳統在現代化過程中並不一定會消失，而是現代與傳統同時並存，彼此競爭。根據美籍社會學家斯美舍（Smelser）論述，觀察社會變遷我們必須注意到變遷起因與變遷方向的多元性。因此，現代化涉及到下列多種主題上：(一)變遷環境因素：為什麼在某種環境裡，某種變遷會出現？更應該注意到該環境因素的存在是促成變遷，還是阻礙變遷的產生？(二)變遷動機：哪些因素和動機促成了變遷？壓力、失衡、緊張、衝突等都可能是促成變遷的主要動機。(三)變遷的過程：變遷的方向是什麼？變遷的速度又如何？(四)社會控制的運用：社會使用哪些方式來阻擋與控制社會可能發生的變遷？這些方式的運用效果如何？根據社會的實際發展，研究社會變遷的學者，目前已不再特別強調社會的均衡性，他們主張把社會看做是一種維護及緩衝社會各部門間的緊張成分與衝突性的組織。在此組織裡，變遷是正常的過程之一。是以對社會變遷的觀察主要依據分化（differentiation）、再整合（reintegration）及適應（adaptation）等三個概念。

參、現代社會與文化變遷

文化是指構成生活方式的信念、價值、行為與所使用的物品。社會學家區分精神文化與物質文化。隨著文化全球化引發的社會現象有，大量增加了「象徵性」的意象與物品在全球範圍上的流通，而且是以前所未有的強度、容量、及速度跨越時空的距離而到處流動。文化全球化造成社會生活的象徵密度（symbolic density of social life）的增加。（Held, 1999）在以往，主要是由在地的文化象徵系統及其制度機構，提供其社會成員所需的文化生活必需品如知識、意義、價值等。隨著現代社會的發展，越來越多這些文化生活必需品往往是在千里之外被製造出來，而為在地的社會成員者所取用。所以其接收的象徵事物則是持續不斷地增長。文化與社群生活息息相關，社會生活象徵密度的增加，是全球與在地連結之後在文化上所形成的結果，大大改變了在地社會成員現今的文化生活環境。

依據法國社會學者達德（Tarde）於 1890 年所著的《模仿法則》一書分析，文化的傳承多數倚賴模仿，文化之所以會變遷主要是因為創新（invention）、發現（discovery）與流通（diffusion）。文化要產生變遷是一個持續的過程，文化變遷必須包括以下步驟：第一，揭發核心價值與信念：這些核心價值與信念必須包括所陳述的價值與目標，同時它們也體現在組織的隱喻、神話、故事與成員的行為中。第二，承認、尊重與討論不同組織次文化的核心價值與信念差異。第三，尋找意識與潛意識信念與價值間不同之處，並由組織加以選擇採用，建立新的行為規範來彰顯價值期望。第四，長時間的重複這些步驟。當新成員進入這個組織之後，要確定他們接受的訊息夠清楚，同時，應該強化大家所期待的行為。在全球化的架構下，文化變遷就其類型來說共分為文化進化（cultural evolution）、屈服於外來的衝擊、文化再生（revitalization）三種。文化進化是透過「反應鏈（chain reaction）」（也就是動態均衡）而逐步產生變遷。屈服於外來的衝擊可能接受外來者的殖民、引入外國科技與其他結局。而文化再生則是透過團體成員有計畫的努力來建構更令人滿意的文化。（吳來信，2006）

文化產品在全球的大量產製與流動，是需要充分的基礎設施支撐才得以有效地運行。第一項是當代的通訊科技設施，如行動電話、網際網路、有線電視等，藉由這些設施的使用，在地社會成員能輕易克服時空的障礙，充分感受到全球化的即時性特色；第二項是出國觀光旅遊，在旅遊過程中，全球與在地的文化連結不再是經由傳播工具所媒介的（mediated），而是直接的體會與衝擊。當外來文化特質大量散播到一個社會時，經常會發生涵化（acculturation）的現象。接受新文化的社會顯著受到改變，經常會產生傳統特質與引入特質合併的文化融合現象。

經由全球化的過程，往往產生複製文化，該歷程涉及以下因素：第一，文化模式的複製。第二，文化特質的儲存。第三，文化內涵的傳輸（transmission）。文化之所以快速變遷的基本原因是因為與外在文化影響力直接面對面接觸，如由另外一個文化所入侵或由另外一個民族所殖民。

肆、後工業社會主要特徵

「後工業社會」一詞出於學者丹尼・貝爾（D. Bell）。引起包括卡恩（Kahn）等社會研究者的論述，例如：《西元 2000 年》、《將來的事物》和《未來兩百年》這三本書。卡恩認為工業革命之後，有些先進工業國家已有「超級工業經濟」（superindustrial economies）的興起，緊接著有所謂的「後工業經濟」（post-industrial economies），這意味著後工業文明是人類最終的文明型態，歷史的發展是前進再前進、進步再進步的。據卡恩的說法，「後工業社會」的特質是：

一、工業收入比起以前工業時期高出五十倍。

二、大部分的經濟活動將自第一紀元的農業領域，和第二紀元的工業領域，移轉到第三紀元的服務業、研究機構和非營利組織的領域裡。

三、私人企業不再是科學與技術發展的泉源。

四、自由市場的地位亞於社會服務。

五、大部分的工業將由模控學家（cybernatics）來主持。

六、主要的進步動力將來自於教育和技術的革新。

七、在交通上，時間與空間將不再是個問題。

八、高薪人員與低薪人員間的差異將不如今日之大。（Kahn & Wiener, 1967）

　　卡恩就這個後工業社會的展望，認為這個富裕的社會將使拉斯維爾（Harold Lasswell）對政治的定義「即稀少價值間的競爭」失去了意義。在這個富裕的世界且通訊和運輸發達的世界，哪還會有競爭與人間的敵視，卡恩深信後工業社會能消除人們的競爭、敵視與差異性。因是一個美好的新社會。

　　為了進一步釐清全球化概念的疑惑，我們可以藉助學者卡思特爾斯（Manuel Castells）的研究。在《網絡社會之崛起》（The Rise of the Network Society）一書中，卡思特爾斯詳細論述了如果研究者要想了解全球化的發展，必須去掌握資本的流動，資訊的流動，技術的流動，組織互動的流動，影像、聲音和象徵的流動等。網際網路的發展，造就出「網路現象」，網路和我們的關係越來越密切，已成為我們生活中不可或缺的一部分，漸漸的改變我們原有的生活模式與我們和互動模式。認識網路價值的根本立足點是：站在網路時代認識網路的價值。人類已開始進入網路時代，但是網路時代並不等於網路社會。在農業時代整個社會只有一種架構，即農業社會。進入工業時代以後呈現出兩種社會型態，一種型態仍是農業社會，一種型態則是工業社會，也就是說，即使在工業時代中，仍然有人選擇過農業社會生活。同樣的狀況也會發生在網路時代，即進入網路時代後，並非所有的人都會一起邁進網路社會，這個社會將呈現三種基本社會型態：農業社會型態、工業社會型態和網路社會型態。站在網路時代認識網路的意義和價值，就要防止以工業時代、工業社會的價值理念和思維方式看待網路的消極一面。網路時代的新思維具有如下特徵：第一，思維的全球性、人類性。網上進行的跨文化交流，其思維的取向、觸角必然是那些具有全球性、人類性的文化，而人類共通性的東西又蘊含於民族性之中，民族鎔鑄了世界性的內容和組成部分；沒有各個不同民族的文化及其交流，就不會有世界文化。第二，思維的技術性。在開展網上交流、對網上資訊進行分析和處理時，思維運作不是「純理性」的，而是理性思維與操作計算機、運用網路工具分析研究各種訊息資料緊密結合在一起的。第三，思維的融通性。進行網上寫作、網頁設計和製作、收聽網上音樂、進行網上作畫時，思維不僅藉助文字，還要善於運用圖畫、聲音、色彩、映像等，欲出色完成一件聲情並茂、圖文齊全、形神兼備的作品，作者非有較強的抽象思維與形象思維、技術思維貫通融合的能力不可。正因為網路時代主體的思維具有工業時代所不具有的新特徵，所以在進入網路時代後，不能用工業時代的價值理念和思維方式去評價網路跨時代的意義和價值。

結語

　　現代社會集合了後工業社會、全球化、網路化等特徵，促成了公共生活領域日益擴大，現代社會的生產方式和生活方式，決定了頻繁的和多方位、多層次的人際交往，故現代社會公德比任何一個歷史時代都顯得重要。現代社會公德規範兩種關係：一是人與人之間的關係，包括「個人文明舉止」、「人際交往中自尊和尊重他人」、「社會交往中誠實守信」；二是人與社會之間的關係，包括「遵守公共秩序」、「尊重與維護社會公益」、「愛護和保護他人勞動成果」。一個現代化社會隨著經濟的高度發展，國民所得大幅提高，教育知識日漸普及，導致社會大眾更加重視生活素質的提升。為了追求財富的公正分配，建立完整建全的社會體系，以期縮短所得之間的差距，使社會中現存的弱勢團體獲得正義力量的支持，人們期盼政府進一步建立完整的社會安全體系。在邁向現代社會之際，若能有效掌握先進社會經驗並有效結合社會文化內涵，並考量社會的背景、結構、文化特質，將能為邁向健全的現代化發展方向做出最適切的規劃。

經典人物──史賓塞

　　史賓塞（H. Spencer, 1820-1903）為英國人，在其出生前二十年的歐洲，正是自然科學興起的時代，史賓塞受孔德的影響，於 1850 年出版的《社會靜學》一書，展開了對於社會現象所從事的系統性探討，他認為社會為一個生物有機體，個人和社會的關係，有如細胞之於生物體，均採進化論的立場。史賓塞以個人為社會的單位，從自由主義的立場建構社會學。社會發展過程受「適者生存」的決定性影響。在 1857 年的《進步──其律則與原因》（Progress: its Law and Cause）中寫道：「演化原理是一種能普遍運用的法則，能說明物質界、有機界和社會界的發展。因此演化論提供一個統一各種科學基礎。不論研究什麼發展軌跡，這種演化運動總是朝向結構的分化（differentiation）與整合（integration）前進。各種系統不論是太陽系、生物系統或社會系統都永遠顯示一種傾向，從構成部分是同質而結構鬆散的狀態走向越來越異質和整合的狀態。因此史賓塞的《社會學原埋》（Principles of Sociology, 1876-1896）促使人們承認演化過程的普遍性。史賓塞的某些概念，如「分化」和「整合」等都作為社會學的工具而流傳下來，特別在帕森斯（Pasons）的社會系統（social systems）觀和新演化論（neo-evolutionary）的著作中得到運用。經由與生物有機體的類比，將社會視為超越個人存在的有機體，而提倡社會有機體說（social organism）。社會在其成長的過程當中，隨著結構的複雜化、功能的分化，各部門相互依賴的程度加深，即使組成單位的部分受到破壞，但是全體依然存續的主張，被認為和生物有機體之間有相似之處。人類社會的發展，係由同質性往異質性改變，而提倡由單純社會往複合社會發展的社會進化論。

　　總而言之，社會進化論將社會變遷看做是一種直線向上的進步過程。其中特別強調工藝技術在進化過程中的角色和重要性。史賓塞認為社會和生物有機體的根本差異性，在於構成社會

要素的個人具有各自意識的自由主體。他吸收當時普遍流行的自然淘汰或適者生存的原理，強調生存競爭為社會進化不可或缺的手段。所以，他的思想，一方在反對國家權力的強化、壓制，形成並發展自由主義社會。但在另一方面，他也把來自國家的社會福利等的救濟弱者的社會措施，當成違反了社會進化法則，而予以反對。他比較強調菁英分子主義的一面，亦即依據社會性淘汰的概念來看待社會的演化。

經典論著──《單向度的人》

《單向度的人：先進工業社會意識形態的研究》（One-Dimensional Man: Studies in the Ideology of Advanced Industrial Society, 1964）是著名社會學家馬庫色（Herbert Marcuse, 1898-1979）的論著。他是一位影響廣泛的德國社會理論家，曾在柏林大學和弗萊堡大學學哲學，師從德國哲學巨擘胡塞爾及海德格（Husserl and Heidegger），成為法蘭克福學派的重要代表人物。在納粹上台後和其他成員一道移居美國，至哥倫比亞大學和哈佛大學從事研究、教學工作。1979 年 7 月 29 日病逝。

單面向的社會出現在先進工業社會，據馬庫色的說法有四個重要特徵：第一，有豐富的工業與技術能力，並大量的消費、生產與分配奢侈品，用經濟學家的話來說就是「非生產性財質」（nonproductive goods）的大量消費。第二，有不斷提高的生活水準，並且延伸至以前權利被剝奪的那一部分人民。第三，有高度集中的經濟與政治權力，加上高度的組織，使政府涉入經濟活動之中。第四，為了商業與政治的目的，不論在工作或閒暇時，對私人團體行為，都有科學與偽科學的（pseudo-scientific）調查、控制以及操縱。

馬庫色是將現代科技視為促成先進工業社會的原動力，為「技術決定論者」。這意味著高度的科技帶來高度的生活水準，在「消費經濟」之下，淨化享受成了特殊的生活方式，且及於社會所有的階級，人們在消遣活動的麻痺下和一些表面民主自由的甜蜜語下忘了痛苦，產生了不容反對的單一社會系統、單一語言、單一的求知方式和單一的人類氣質。也就是說先前歷史上仍存有「多面向社會」，已為適於標準化功能設計的「單面向社會」所取代。用馬庫色的話來說，「出現了一種單面向的思想與行為，任何觀念、期望與目標在內容上超越了既存的討論與行動範圍，且被化約為既定範圍的詞語。」（Marcuse, 1964）可知單面向社會所強調的是，在行為上是單面向的生活方式；在社會的研究上，「行為主義」（behavioralism）和「運作論」（operationalism）當陽稱尊，使思想限於既定的現實之中，根本無法探討其他選擇的可能性，就此「行為主義」和「運作論」都是替現有體制服務，常有濃厚的意識型態味道，以及「治療特質和政治的特質」。在哲學方面有邏輯實證論的排擠證法和烏托邦的思想……這種種都意味著技術失去了其「中立性」（neutrality），技術理性變成了政治理性。這是種單面向的思想、單面向的人、單面向的社會。人們耽於富裕，受制於「虛假的需求」（false needs），當人們沒有了反思與批判的能力，便失去了自由，成為受到宰制的可憐蟲。

第三章

現代社會的人際互動

前言

　　一個人在發展的過程當中，除了體格、生物能力的增長之外，更重要的是經由社會互動的歷程，才能從一個「生物個體」，發展為一個「社會個人」。是以，在檢視「人之異於禽獸者幾希」？回答人類不同於其他動物，主要就在於人類具有社會互動，能夠主觀或客觀地看待自己。社會互動的形成，不但是一個複雜的過程，同時也是一種社會化（socialization）過程。此歷程使個人學習並適應個人所處社會之文化規範，意識到自我在該社會生活中所存在之位置與意義。社會生活是指有相互聯繫的人類共同體為了生存和發展而進行的各種活動，主要分為生產活動和交往活動。社會生活的目的包含了「生存」和「發展」兩個方面和層次；社會生活的內容和形式主要有「生產」和「交往」兩種，生產是人類創造社會財富的活動及其過程，包括物質、精神和人自身的生產和再生產；交往是人類為著溝通和享受生活本身，人與人之間相互作用相互影響的活動及其過程，包括直接交往和間接交往。

　　本章對於這些影響個人自我形成與人格塑造的社會互動，從社會學的角度提供相關的理論基礎，將有助於了解自我在現代社會所扮演的角色，與所處位置的公民作為。

壹、人際互動與現代生活

　　個人的發展與對自我的認知與所處的社會環境有密切的關係，從一個生物個體到一個社會成員的過程，我們稱之為「社會化」（Socialization）。學者羅斯（P. I. Rose）提出「社會化即是學習社會與文化的信仰、價值、規範與社會角色的過程。」強調為個人將團體規範內在化的過程，經由這個過程乃有自我的出現，以區別個人的獨特性；個人由此成為其所屬社群的一分子，即是他的一舉一動符合於該社會的民俗民德。觀察一個人在發展的過程當中，除了體格、生物能力的增長之外，更重要的是經由社會互動的歷程，才能從一個「生物個體」，發展為一個「社會個人」。此社會互動的歷程使個人學習並適應個人所處社會的文化規範，意識到自我在該社會中所存在的位置與意義。社會互動過程是社會代代傳遞、文化永存的基礎，個人透過社會互動始具有社會之心性、人格。因社會互動使個人與社會乃整合為一，文化的觀念情操也與個人的需要能力合而為一。在社會互動過程中，屬於同一社會團體的社會成員習得屬於該社會團體所共有的規範、文化、價值觀；同時，個人也在此過程中，形成一套對於自我的概念，發展成一獨特的個體。因此，人與人之間存在有某種程度的共同性，但每一個人又都是一個獨特的自我。這就如同著名的美籍社會學家米德（G. H. Mead）對社會化的理論，認為自我尚有一個未經社會互動、易衝動及有創造力的部分，這就是「主我」。主我代表自我未被組織與指導的趨勢與傾向。而經由社會互動的過程與學習制約薰陶下的自我，就是「客我」。客我是由他人的社會態度內化或組織而成的，常優先考量他人的意見。社會互動是一個持續進行的過程，雖然早期所接觸的

社會化單位及社會化經驗對於自我的形成是最具影響力的，但是當社會生活開展之後，所處的新的社會環境，又不斷提供新的學習內容，人也從中不斷學習新的規範或文化，修正自我，也修正對自我的認知；也就是說，自我的形成，也經由這樣的互動與參與歷程，持續進行著。

　　孔德（Comte）提出利他主義（altruism），強調關心他人的福祉基於關心自己的福祉。因此，利他行為是利己行為的對立面。利他用在人類行為方面，包括幫助他人的意圖；但是某些動物的行為被定義為利他時，即表明它有兩個可能的基本原則：意向性以及行為的效應。利他主義有四種可能的解釋：(一)基因遺傳：這種解釋提出對待自己親屬的利他行為（例如母性行為）有保存與自己相同的基因的效果；(二)認知發展：道德推理和「扮演他人的角色」的能力，隨著年齡增長，形成社會學習（socialization），包括通過觀察、模仿和向他人學習；(三)明智行為：幫助他人就會促使他人採取回報的行動。最後一項可被認為是(四)可疑的利他，因為它似乎包括對自身利益或相互利益的策略考慮，而不「純粹」是利他的行動。從這一角度來說，人類的一切行動就都成為利己的，但這就會使利他和利己行為之間沒有任何區別。心理學家們提到了利他的人格特點，即是說助人行為在某些人身上比在另外一些人身上表現得更為明顯。對待陌生人的利他，在福利國家（welfare state）背後的哲學上影響尤大。不同的學者對於自我納入團體參與社會生活的定義與發展有不同的關照角度。基本上這些定義或解釋的重點都與人性與人格有關；人性指的是人的生物本能，而人格則是人的社會發展。探討社會互動與現代社會的關係，有社會學、心理學、教育學等領域學者提出的觀點，較著稱的有：

一、顧里（C. H. Cooley, 1864-1929）

　　顧里是美國社會學家，出生於密西根州，1887 年畢業於密西根大學，曾任美國社會學會主席。強調人的社會屬性和社會生活不可還原為生物本能的特殊屬性。他認為人的自我意識是在與他人的互動過程中透過想像他人對自己的評價獲得的。在與他人的交往中，人們首先想像自己在他人眼中的形象如何，其次想像他人對自己的評價形成的「鏡中之我」，是一種社會性產物。家庭、鄰里和兒童遊戲夥伴是形成這種社會互動的主要群體。社會和個人是相輔相成的，是在社會互動中逐一形成。「鏡中之我」（looking glass self）的概念認為一個人轉變為社會人，主要是個體的「社會互動」的發展。換句話說，我們如何看待自己，是受我們如何考慮他人觀察我內容所影響。例如：我們為什會知道自己是漂亮聰明的，因為在社會互動中大家都這麼說；為什麼我會覺得自己能幹，是因為周圍的人都給予如此的評價。我們對自己的印象是從其與別人的互動裡得來的，正像我們從鏡子裡才能看見自己的影像一樣。顧里深信，最為主要的自我形象形塑是發生在社會互動。故一個人的自我形象與自我觀念的建立皆須靠社會互動完成，且以他人的標準來比較。自我乃由他人反應中學習而來，故別人對我的反應即是自我的一面鏡子。亦即把社會看成一面鏡子，如兒童常視其父母對待其的反應，認定自己是聰慧或愚笨，而表現何種才會被父母所接受或讚賞的行為，即個人依他人的判斷而表現。

二、達德（J. G. Tarde, 1843-1904）

法國社會學家達德（Trade）在觀察社會互動的型塑和人類的行為，於 1890 年建構了「模仿法則」的概念；認為：人們的社會行為只不過是個人與個人之間暗示和模仿的結果，超越時代的模仿其具體表徵為「流行」、「時尚」與「習慣」。透過彼此的模仿，使得社會互動的一致性較高，因此有助於人際互動，是以社群能穩健永恆的運作。依照行為科學研究者的分析，人天生有某種自然的行為傾向和趨勢，為謀社群的和諧發展，因此建構了如：民俗、民德、道德、法律等規範，並經由社會互動的過程，抑制違背道德的作為，俾成為依序運作綿延不輟。影響個體社會互動的機制包括：「家庭」、「學校」、「同輩團體」、「職業團體」、「傳播媒體」及「公眾人物」等。隨著傳播科技的銳意興革及人們生活型態的改變，傳播媒介深入每個家庭，牽動著人們的思維，型塑對外在環境的認知，並據為行為的章法已是不爭的事實。一般民眾多由電視、廣播、電影、報紙與網路系統等媒介，獲致社會價值、角色、行為模式。

社會價值與規範係源於社會互動的孕育而成，然而公眾人物的作為，多少衝擊著既有的規約，是以《三國志》中的〈管寧傳〉便曾記述：「管寧避地遼東，講詩書，陳俎豆，飭威儀，明禮讓，民懷其德，無鬥鬩之聲。」而受到傳播媒體所挾著無遠弗屆的力量，公眾人物對社會大眾行為的影響力更不容小覷，此種情形，就如同曾文正公所言：「風俗之厚薄，繫乎一、二人心之所嚮。」明儒顧炎武更嚴厲的指陳：「士大夫無恥，是謂國恥。」公眾人物應和著傳播媒體，使其行為言談動見瞻觀，影響所及絕非僅止於一己、家庭、服務單位而已，其且牽引著社會潮流，造成示範性效果，絕非一介升斗小民所可比擬。這是公眾人物社會互動，能為社會效法，以德風草偃領導群倫見賢思齊為民表率，善盡社會職責。

貳、符號理論的人際互動

為了析理社會互動，社會學家建構了「符號互動理論」（Symbolic Interactionism）及「交換理論」（Exchange Theory）。由於符號互動理論主要探究重點在於人與人互動的過程，是以亦簡稱為「互動論」（Interactionism）。交換理論（Exchange Theory）綜合實驗行為心理學、經濟學、人類學的基本理論而將人與人之間的互動視為一種計算得失的理性行為。基本上，交換論者試圖以經濟學分析方式來解釋非經濟性的社會現象，特別是在小團體裡的非正式社會互動。此理論認定各個人之間的交換行為乃是維持社會秩序的基礎之一。交換的對象並不一定是能看得見的物品，其他看不見的聲望、喜愛、友誼、贊同等也同樣可以做為交換的對象。同樣的道理，痛楚與難堪的避免，機會與利益也都可當做交換的對象。

符號互動理論的建立深受美國社會學家：湯姆斯（W. I. Thomas）、派克（R. E. Park）與米德（George H. Mead）等人的影響，其後並由布魯默（Herbert Blumer）總理其成，發揚光大。「符號互動理論」社會學者對此理論的主要觀點：

一、湯姆斯（W. I. Thomas）

湯姆斯認為：人具有一種力量用以抗拒重複做過去已做過的行動，我們稱之為抑制力。在表現出此抑制力之前我們通常會經過一個自我檢討與沈著考慮的階段，此階段亦即我們所稱之情境定義。不僅我們的行動依附在情境定義上，而我們的人格與一生生活皆受其影響。個人總是以滿足個人的樂趣為優先，而社會則常以社會安全為優先。因此，兩者之間自然會發生衝突。社會為了協調其衝突乃定有道德準則以節制個人的願望和行為。個人對情境所下的定義是真是假事實上並不重要，只要個人本人認為是真的，其所導致之後果亦就是真的。舉例來說：如果信徒相信上帝是真的存在，則他們就會對上帝的肖像膜拜。至於上帝是不是真的存在，都是無關緊要的事。換句話說，湯姆斯認為個人對事物的反應不僅受實物外形的影響，而且亦受個人對該物之主觀看法的影響。

二、派克（R. E. Park）

派克認為社會是由一群受傳統和受規範影響下的個人與個人間互動所組成。社會在基本上是一個互動性的組織，它的主要功能是組織、整合社會成員。因此，社會互動乃成為社會運作中的核心。一個隱定的社會係指社會互動的工具能成功有效地達成某種程度的協調。派克認為個人只是一個扮演各種不同角色的演員而已，經由其中的劇本和角色，我們才能落實自己的行為。我們對自己的看法和了解深受本身的職位和角色的影響，派克相信人的互動受環境、角色、社會規範等各種因素的形塑。

三、米德（George H. Mead）

對符號互動理論集大成者是米德。米德強調自我與社會是不能分開的，因此，個人的經驗必須用社會的觀點來理解，而社會是經由持續的溝通、互動過程形成的。人的姿態、語言、文字都直接間接影響社會的結構。他將自我（self）分成主觀我（I）和客觀我（me）。所謂主觀我是指自己感到是自己，是有意識的我；客觀我是社會的我。如果沒有他人的看法，我們根本無法知道自己到底是怎樣的一個人。個人以自己來判斷自己。因此，後來的社會學者將自我命題為五種主要功能：(1)自我可以用來做為人們形象互動的對象；(2)自我可以用來分析互動時的情境以做為反應的考慮；(3)自我是可供人們使用的；(4)自我可以用來判斷自己，也可以用來判斷別人；(5)自我給予人們某種認同，使人們知道自己到底是怎麼樣的一個人。簡言之，自我概念是在人與人之間互動的過程中產生的，自我（self）是個人行為和團體行為二者之間互動的結果，亦是社會互動的主要媒介。個人經由自我才能了解外界物品的存在，經由自我才能成為社會的一分子。而社會則是經由持續的交通、互動過程而形成的，人的行為、語言、文字，都直接間接影響社會的結構。他曾說：「個人的行為只能依照個人在整個社會團體裡的互動來了解，因為個人行為必然牽涉到社會互動。」

四、布魯默（H. Blumer）

布魯默認為符號互動是指在人類互動過程中的顯著的特點。因為人們在互動過程中並沒有完全依賴彼此行動而反應，是依賴對彼此行為所下的定義的了解而反應。人類社會應被看作包括一群動作中的人，社會的生命包括這群人的行動，行動的單位可以是個人，也可以是團體或組織。社會是由一群相互協調的個人所組成。個人融入在社會團體，但這並非就是說個人永遠是社會制度的奴隸，是毫無主見的。相反地，個人具有某種程度的自主性，且對自己的行為負責。在日常生活裡，個人必須對情況加以解釋並給予適當的定義以做為行為的準則。個人如何對某一情境下定義，如何加以解釋，才是決定個人行為的主要影響因素。

五、戈夫曼（E. Golfman）

戈夫曼主要研究即個人如何在別人心目中創造出一個印象。他研究如何使自己的行動來影響別人產生一種自己所希望的印象。他認為，在日常生活中，要給人印象，就是在別人面前演戲。戈夫曼將人們的行為分為兩種，即前台和後台行為，前台行為是裝給別人看的那些行為；後台行為則是對方看不到的行為。他認為，人們在交往中，有時要保持一定距離，這樣會使人產生一種崇敬心理，對一個人越熟悉，就越容易看不起他。戈夫曼的這種研究，除了應用了社會整體機構外，近年來他又將其理論推至觀察人們在街頭上、公園內、餐廳裡、戲院裡、舞會廳、會議室等公共場所的面對面的互動中。總之，戈夫曼的戲劇學是一種以戲劇上的概念和詞句來描述人們的日常行為，他認為人們的日常行動大部分是裝給別人看，希望別人能從個人裝出來的行為來看人，這種裝給別人看的行為是受社會的環境影響而產生的，人與人之間的互動都是裝出來的自我。

符號互動論的研究單位是互動中的個人，而非個人內在的人格，亦非社會結構。其重點在於研究互動的性質和過程。該理論強調社會只不過是由一群互動中的個人所組成。個人的互動行為不斷地在修改和調整，因此社會不斷地變遷。

符號互動論認為個人人格是在互動過程中發展出來的。雖然參考團體、家庭、情境、經驗等都可能對個人人格有所影響，但是影響最大的還是互動。一個人的行為方向受互動過程中的情境和互動對象的影響。個人的一舉一動，不僅決定個人本身行動的方針，同時影響互動對方的行動方針。譬如：當有人衝著你微笑。首先你要解決的疑問是：對方為何對你微笑？而後按照你對該行為的解釋而有所行動。你的解釋和反應同時也變成對方下一步驟的依據。因為情境的解釋和定義是抽象的。所以我們的行動反應常跟起初的本意有所誤差。因此，個人的行動與人們的互動過程是很難正確的了解。倘若，有一個人推推你，原本是開玩笑，無惡意的，但是你的解釋可能相反，認為對方是敵意，因而反擊回去，將小事變大，造成嚴重的衝突。這就是互動過程中形象運用的解釋和情境定義的模糊所致。

符號互動既是模糊不清和常變化的，人們在互動過程中為了適應情境的需要，很可能將自己好的一面表現出來，而隱藏不利的一面；也可能改變調整互動的物理環境以配合互動的需要。例如：相親時的互動過程中，為了能給對方好的印象，穿著整齊，言行斯文，這是將好的方面表現出來以期獲得自己所尋求的目的。

符號互動論認為社會只不過是一群互動中的個人所組織而成。因此社會裡所稱群眾（crowd）、團體（group）、組織（organization）、社區（community）都是社會，沒有將他們區分開來的必要。因為這些概念所指的都是同樣的一種行動：互動中的一群人。這群人不斷的在相互溝通，相互了解，相互調整，扮演角色，以及控制自我以配合他人。

從符號互動論的立場來看，社會只不過是一群以符號來互動的人群。這些人彼此互動，並共同發展出一套大家遵守的觀點和法則。簡單的說：個人影響社會，社會也影響個人；個人創造社會，社會更創造個人，此二者是不可分的。符號互動論的基本研究單位是互動中的個人，而非個人內的人格，亦非社會結構。其重點在於研究互動的性質和過程。社會只不過是由一群互動中的個人所組成，個人的互動行為不斷地在修改和調整，因此社會乃不斷地變遷。

參、社會交換與社會互動

交換理論的主要研究對象是社會中的個人，從個人研究入手，進而推論到團體、社會以及文化等的穩定性及變遷。主要是探討人與人之間的相互交往關係，它認為，人與人之間的互動是一種物質與非物質的商品交換。交換理論的學術淵源是功利主義思想，創始人是美國著名的社會學家霍曼斯。

一、霍曼斯（George C. Homans）

霍曼斯是美國社會學家，社會交換理論的創始人。他闡述了交換理論的主要思想，提出了交往頻率、方向及層次等基本概念，確定了活動、情感、相互交往的變量。交換理論五個相互影響的命題：(1)成功命題。即一個人的某一特定行為越能時常得到獎賞，該行為越會重複出現；(2)刺激命題。即如果在過去時間裡，某種特定刺激狀況的出現曾帶來某種報償，則當目前所發生的刺激狀況越類似過去的狀況時，類似以往的同樣行動就越可能重複出現；(3)價值命題。即一個人從事此項活動的價值越高，他就越有可能重複該項活動；(4)剝奪與滿足命題。即一個人重複獲得某種獎勵的次數越多，那麼這一獎勵對該人來說價值就越少；(5)侵犯與讚許命題。即當一個人的行動沒有得到他所期望的報償或受到意外的懲罰，他就會氣憤，並變為更經常地做出侵犯行為。而當一個人的行為得到預期的報償或沒有遭受到他所預期的懲罰，他就會高興，並變得更經常做出讚許的行為。交換理論的主要精神在於把人的生活看作商品，人的任何行動都是為了追求物質上或精神上的最大利潤。

二、布勞（P. Blau）

美國著名社會學家布勞以社會結構的原則來考察人與人之間的社會相互交往過程。認為社會交換與經濟交換是有差異的。社會交換過程中所預期的報償是模糊的義務行為，而經濟交換是建立在一個約定上的，所有用於交換的物品在雙方交換時就已講清楚。因此，布勞認為社會交換過程需要某種程度的信任。此外，布勞還區分了內在報償和外在報償，布勞的社會交換理論與霍曼斯的社會交換理論的不同點在於：前者重視心理因素和社會結構兩者在交換過程中的重要性，而後者則偏重於純心理因素的解釋。布勞的研究範圍涉及解釋交換過程中所產生的社會秩序、社會衝突、權力關係等社會結構。

三、愛默森（Richard M. Emerson）

愛默森指出，雖然個人是社會交換理論的研究單位，但是個人與個人間的社會交換關係才是真正的基本研究單位。社會交換理論裡所談的酬賞與懲罰、取與給、利潤與成本等概念雖然是以個人為單位為對象，但是它們也能被應用到解釋團體的特質。認為刺激人們活動的方式不但包括貨物和商品，還包括對人們的讚賞、尊重、愛戴以及其他一些非物質性的或象徵性的標誌。霍曼斯心目中的人是能對幸福和痛苦做出理性判斷的計算器，他們一輩子所熱切關心的就是增加利潤和減少損失。「當人感到他的活動的報酬越具有價值，他就越有可能去參加這項活動。」解釋為什麼在一個特定的社會環境中刺激和無刺激可以使具體環境中特定的人改變自己的行為。交換理論的主題既是稀有物資的交換，因此當這交換關係改變時，社會關係即有所改變，社會結構自然也跟著發生變遷。他認為，社會讚許的社會現象如貨幣一樣可被視為一種報償，而人所處的從屬地位同樣也可當作一種成本；而經濟學的「報償」和「成本」概念分別與心理學的「強化」和「懲罰」概念相對應。據此，把社會行為視為一種至少在兩個人之間發生的，為獲得報償或付出成本的有形或無形的交換活動，並在此基礎上，建立他的社會交換論。

社會交換理論的主要研究對象是社會中的個人，從個人研究著手，進而推論到團體、社會以及文化等的穩定性及變遷。主要任務是探討人與人之間的相互交往關係。交換理論的淵源可以追溯到功利主義思想。功利主義認為，在一個自由的、充滿競爭的市場上，人們都合理地期望從與他人的交易中獲取最大物質利益。他們會基於對市場情況的認識，再根據成本和收益而計算出的有利方案中做出合理的選擇。

肆、社會變遷與人際倫理

研究社會變遷的未來學者奈思比（J. Naisbitt）即言：「事實上，我們的生活已受到未來的主宰，二十一世紀像一塊威力強大的磁鐵，向人們發出吸引力。而這樣的社會是：人們情緒波動更大，社群變遷急遽加速，各項資訊充斥生活；因而我們需要重新審視自己，審視價值，審視

制度，以瞻望未來。」面對此景，檢視我們的社會，幾千年下來大家習以為常的五倫，直指的是以「人」作為對象而來的人倫守則，並且具體而微地展現在父子、君臣、夫婦、兄弟以及朋友等等倫理關係的互動準則上，亦同時藉由「四維八德」，以捍衛我們倫常社會，事實上，這樣一套以人倫為本的社會互動體系，是長久以來我們社會得以穩健運作的重要因素。只是，時空環境的劇變，讓過去包括五倫在內的整套人際互動規範，多少有著教人感到「時不我予」，因此，失去了的制約作用，甚至於不斷地脫序、惡化以致於演變成為當前世風日下、道德淪喪等等迷亂社會。同時，要重新檢視傳統跨越到現代的人際互動現象，那麼，包含：跨國的關係、網絡、活動與聯繫物質都可能跨越了國家的疆界，例如：全球金融系統的變動、跨國合作活動的大量增加、全球通訊與媒體網絡的存在、知識的全球生產與散布、大量人口跨國界流動，以及超越民族國家的制度權威（institutional authority，如：EU、WTO、WHO、OECD 等）以及其他的非營利組織（如：綠色和平組織、紅十字會等）的出現。事實上，有識之士早就有提陳針對泛指個人和一般社會大眾之行為互動等群我關係而來的「群我倫理」，而此一第六倫所對應的無非就是小者如在公共場所吸菸、亂丟垃圾、破壞環保、違反交通秩序等；大者如買票賄選、濫用職權、污染水源和空氣、貪污舞弊、偷工減料、假公濟私等等的諸多偏差與違法行徑。以相應於社會變遷下的人際互動，成為新興公民課題！

　　哈門（Willis W. Harman）在其著書《未來的一個完全指引》（An Incomplete Guide to the Future）宣稱：現代社會許多的層面和過去有所斷絕，也就是杜拉克（Peter Drucker）所謂的「斷絕年代」（the Age of Discontinuity），哈門認為新的斷絕現象有：

一、個人和政府同樣的感受到新匱乏的威脅，如充足的石油、礦產和自然乾淨的水；

二、許多人對政治和經濟現狀感到不滿、教育和自覺的提高、再加上溝通的發達，使得人們的期望普遍提高；

三、在已工業化國家有愈來愈多的人們對過去他們所接受的成長信仰失去信心；

四、資源成為現代社會的重要性因素；

五、一種「新先驗論」（new transcendentalism）的出現，人們和學者都強調直覺的以及精神上的經驗，這是個斷絕的年代。

　　於是哈門認為就較廣泛的歷史觀點來看，現代工業年代只是個簡短的插曲，也就是說我們的發展似乎是從前工業社會跳躍到「轉換中的工業社會」（transindustrial society），而「轉換中的工業社會」指的是：(一)人們較有能力來操縱其物質環境。(二)較重人道的成長與發展。(三)制度的建構是對人的服務為目的。(四)學習的多面，不只配合制度的需要。然而這只是表面的一些現象，最重要的還是在「工業年代典範」（industrial era paradigm）的崩潰這個判準上。工業社會裡所發展出來的典範，在技術的快速成長之下，面臨崩潰的危機；而新典範的一些線索，據雅克洛維其（Daniel Yankelovich）的說法是指較關注人文精神的價值，重視生活的品質而不強調物質價值和身分地位，他稱這些剛出現的價值觀為「新自然主義」（new naturalism）；而哈門認為不管這類的看法有怎樣的差異，他們都關注下列兩個論題：第一，舊有精神上「追求自我覺

醒」的再生，以及深知個人宇宙間的關係；第二，對社會問題和環境問題的關注，以及對現有社會系統的運作能力深表懷疑。就此而論，轉換中的工業社會相當重視「生態的倫理」（ecological ethic）以及「自我實現的倫理」（self-realization ethic），這意味著人道價值和自然和諧的觀念受到新的重視，其目的是在追求完美的社會。

結語

整體而言，在社會互動的過程中，自我會逐漸形成一套內在的平衡機制，在應對進退之間有一致的行為模式，並可以調節或因應生活中的起落。當此機制失去對於自我的調節功能時，便會出現異常的外顯行為。近代社會變遷迅速，尤其是自由主義興起，強調以自我為中心，傳統上的道德規範被揚棄，而造成社會問題叢生，引發了有識之士對道德教育的提倡。道德教育包括體貼、尊重、容忍、寬恕、誠實、合作、負責、勇敢、和平、忠心、禮貌等。面對我們今日社會的現象，我們實不宜疏漏道德教育。社會問題已引起社會大眾的關心，社會的健全發展，除了民眾需對社會的價值、思維有所了解外，同時，我們社會宜責無旁貸劍及履及地提供純淨善良的社會互動，以積極引導社會成員能見賢思齊，以建置社會的健全發展。斯金納（Burrhus F. Skinner）把研究動物時獲得的實驗資料用到對人的研究上，認為個人的外顯行為並非對外部刺激的首要反應，而是在外部環境各種刺激因素作用下形成的一種反射的複雜總體。他認為，人類行為和動物行為都可視為旨在獲得報償和逃避懲罰；人們在互動過程中彼此提供積極或消極的外部因素，從而形成各自的外顯行為。然而，符號互動理論則強調人際互動深受社會因素的影響：第一，自我和社會不是分裂的結構，而是人際符號互動的過程。如果人不具備適應符號的能力，那麼自我和社會就會處於一片混亂中。第二，語言是自我形成的主要機制，人和動物的區別在於人能使用這種符號，人際符號互動透過自然語言來實現，人經由語言這一機制認識他人。第三，精神是社會過程的內化，這個內化過程實際是人的自我互動過程。又運用人際互動，學得了有意義的符號，然後用這種符號來進行互動。第四，行為是人在行動過程中自己設計的，並不是人對外界的機械反應，人在符號互動過程中，逐漸學會在社會允許的範圍內行動。第五，一個人的行為受他人關於情境定義的影響。人關於情境的定義，表現在他不停地解釋或定義過程，正是一種符號互動過程。第六，自我有客觀我和主觀我，人既是社會的人，又是具有獨立性的主體。個人創造社會，社會更創造個人。這正是何以現代社會關注社會文化與公民互動的高度關聯性。

經典人物——韋伯

馬克斯‧韋伯（Max Weber, 1864-1920）是德國著名社會學家，也是現代社會學理論奠基人之一，1903 年任《社會科學和社會政策文獻》雜誌編輯，對社會學有著深遠的影響。韋伯對

社會生活中經濟、政治、法律、宗教和文化諸方面都做了廣泛而深入的研究。韋伯的社會學建樹，可以概括為兩個方面：第一是他對社會學方法論的研究，第二是他在不同社會領域中的具體研究。主要著作有《基督新教倫理與資本主義精神》、《經濟與社會》、《中國宗教、儒教和道教》等。

韋伯認為社會學主要的課題為「社會行為」的探討。社會學者在於經由理解的方法，對社會行為加以了解，以闡明其中的因果關係。社會學即為對於行為者所表現的有意義的行為，追根究柢到隱藏在背後的原因、動機層面，理解當中原因與結果之間的關係，以便對社會從事說明的科學。韋伯提出理想型的概念，做為說明社會行為時的方法。依據此種理念型的概念，從事社會行為的實際型態分析，以理解社會文化現象中，因果關係歸屬的方法，其性質可分為四種類型：一、目的理性，二、價值理性，三、情緒性，四、傳統性。

有關《基督新教倫理與資本主義的精神》一書是源於對西方經濟動力來源的探索，發現：喀爾文教派之信徒在經濟行為上的優秀表現，係源於：第一，資本主義是建立在一種合理的經營和勞資關係，喀爾文信徒具有此種態度乃源於其認為「上帝有決定之權力，且不受任何干涉影響，以決定孰能上天堂。」信徒為了能上天堂，因此採「禁慾」觀念，將經濟上的利潤轉為投資，勤勞儉樸、不浪費、不揮霍，以期建立合理的經濟行為，榮耀上帝，並期望獲得上帝之榮寵進入天國。這種動力引發喀爾文教徒建立資本主義的理念與作為。第二，因宗教的信念，導引到經濟行為的「理性化」作為上，即追求目的和手段的合理計算，即為資本主義精神。第三，宗教對經濟行為的指引，非直接的，而是一種微妙的、迂迴的「轉折」過程。第四，這種資本主義精神在開始確實影響西方經濟行為甚廣，但是經過三、五十年，也漸為「世俗化」的經濟理念，現所影響人們對資本主義的追求已為執著於基督教的倫理觀，而是源於大家為享有富裕生活以及慾望滿足和經濟競爭等「世俗化」的因素所影響。這也是韋伯認為許多理念的建構於完成後，其後反而成為人們必須遵行的「牢而不破」的框架。

有關韋伯的《社會科學方法論》一書，則有下列特質：強調運用「價值中立」的原則，以探究社會現象，而不宜注入濃厚的個人意念，以診斷社會現象。

韋伯社會學的另一個思潮，是社會變遷理論，該理論影響人們對工業化及現代化的思維，並引發對發展社會學的建構。韋伯認為「合理化」是現代化最核心的思想。脫離非理性觀念的束縛，亦即理性精神的普及。此意謂著個人採取理性的行為，取代了非理性的行為模式，社會成員不再受習俗、慣例、因襲、人情等的拘束，亦不受感情所左右，為達到目的採取有效且適切的手段。此種理性的態度，須以獨立的個人為主體。個人不再因身分、居住地的不同，而有不同的差別待遇，並脫離團體規範的束縛，個人能自由活動，擔負自己的責任，使傳統的社區與社會關係解體，個人相互之間的社會關係，基於功能的需要而互動。再者這些團體的組織、運作採目的理性的方式，使得組織出現科層制，成員的考績由能力、表現，取代年資，成員的評鑑方式也由個人主觀的任意認定改採依據正式規則。排除與生俱來的世襲特權，以教育的普及為首，各種社會機會廣泛的擴大為大眾化與平等化，使得競爭與社會流動頻繁的進行。另外

近代化社會，在政治方面採民主主義，在文化方面出現大眾文化，大眾傳播發達，特別是社會出現高度的都市化與產業化最具特徵。韋伯認為隨著社會變遷，人們由「價值理性」走向「工具理性」：是一種疏離的現象，也同時是西方文化內涵的一部分。

　　韋伯對現代化社會中「官僚制度」（Bureaucracy）的理論，是他對西方社會變遷研究中很重要的一個論題，「官僚制度」是現代社會的世界性命運，也就是說，韋伯認為西方社會發展的最大關鍵是理性化，它藉法律、經濟、會計和技術散布出去，整個生活就是一個功能效率與功能衡量的精神，是一種經濟化的制度（最小的成本最大的產出），這個態度不只是對物質資源，而且也及於整個生活，由於理性化的不可免，行政管理掌了權，而所有社會制度的官僚化也就不可避免了。就韋伯而言，技術知識的擴張以及工業經理和政府官僚的興起，是種新型態的控制，將來是屬於官僚階級的，而不是如馬克思（K. Marx）所言在於無產階級的手裡。

經典論著──《君王論》

　　馬基維利（N. Michiavelli, 1469-1527）是《君王論》（The Prince）的作者。馬基維利 1469 年 5 月 3 日出生在佛羅倫斯的一個小地方，是有名的政治思想家、史學家、劇作家、外交家和軍事家。雖然是出生望族，從小卻認真讀書，精通歷史與古典文學，在很年輕的時候（29 歲）就擔任公職，而且以獨特的才幹受任為佛羅倫斯政府的國家戰略機要祕書，深受國防外交委員會主席的欣賞，曾擔任三十多次的重要外交任務，表現優異。「君王論」不談這個統一而強大的國家該怎麼運作，而是告訴君王要怎樣做一個君王，怎麼做才是一個真正的政治領袖。

一、「做為君主，雖然沒有必要具備所有的優點，但是要讓人們認為你具有這一切」：讓人們認為君主有同情心、重信義、有人情味、光明正大，這點非常重要。如果說不得已要放棄這些德行的話，那你必須要具備相反的技能。為維護國家利益，有時不得不背信棄義，拋開大慈大悲之心，甚至喪失人性。君主首自應該做的是在最佳狀態下如何維護國家利益。如果成功了，對於你採取的任何措施誰都無從非議，誰都會表示讚賞。做為君主，也不應該缺乏找出這個「轉變」理由的能力。眾所周知，君主如果不玩弄權術，光明正大，是最難能可貴的。但是經驗告訴我們，不拘泥信義的君主，更能成就大業。善於操縱別人的君主，比信任別人的君主，從結果上來看，更能獲得事業的成功。要取得成功，一靠法律，二靠權力。

二、「君王論」強調的統治技巧：第一個方法是人性，第二個方法是獸性。然而我們都知道，光靠第一個方法在現實中往往是不夠的，所以只好藉助第二個方法才能取得更好的效果。這意謂著，做為領導者，有必要學習人性和獸性。這兩者，缺少任何一樣，都不可能長久維持地位不變。君主必須具有獸性的一面，從野獸的本質來看，最引人注目的是狐狸和獅子。單靠獅子不能從圈套中逃脫，靠獅子只可以趕走狼。要破圈套得靠狐狸，要趕走狼還得靠獅子。所以說，只當獅子就滿足的君主是因為他不明白這一點，同樣的，只當狐狸就

滿足的領導者，也是因為沒有參透這層道理的緣故。君主必須巧妙地運用狐狸般的騙術，要神不知鬼不覺地進行。

三、人是單純的動物，很容易受表面現象所蒙蔽，所以，想騙人的話並不是不可能：即使是對方掌權的人，如果認為給他新的恩惠，舊怨就會消失的話，那麼你就犯了無法挽救的錯誤。君主被認為小器並不可怕，因為這種所謂的「惡行」，不是掏空自己的金庫，也不是掠奪，而是為了統治。

四、培養他人強大者是自取滅亡。利用自己的力量和策略扶植某個人，當他一旦變得強大時，就會反過來覺得自己的生死大權掌握在你的手中，而產生戒心。對待人民的態度，要嘛是寬容的，要嘛是高壓的。人在遭受輕度侮辱時，會產生復仇心理。但如果遭受巨大傷害時，復仇之心卻會隨之喪失。因此，傷害他人時，必須採取不致讓對方產生復仇念頭的方法。人就是這樣，可能加害他的人，如果對他施以好處，會比一般人施加好處，更使他感動。

五、人總是這樣，當他估計要做一件事，哪怕只有一點點困難，都會表示反對的。人出於恐懼和憎恨的心理，都會做出偏激的行為。

第四章

現代社會與人口變遷

前言

　　人口的快速成長已經是全球共同關切的問題。人類還要面對人口爆炸危機，根據聯合國公布的最新人口報告：全球人口結構已經從高生育、高死亡率轉變為低生育、低死亡率，預估到2050年，全球人口總數將由現在的67億，暴增到92億。2050年，全世界的人口將達到92億人，比2007年多出25億，增加的數目，剛好是1950年全球人口的總數。人口成長主要集中在50個比較貧窮的開發中國家，另外在這個世紀中葉，將有46個國家人口減少，包括德國、義大利、南韓等，而受到生育率下降以及人類壽命延長的影響，到了2050年，60歲以上的人口將比目前成長三倍之多，大約是總人口的四分之一，歐洲和北美地區會出現老人多過小孩的現象，至於亞洲和拉丁美洲，就業成人人口，多於老人小孩的狀況，也只能再維持二十年左右，接著就會跟歐美一樣，步入高齡化社會。全球人口快速的成長，必然對現代人的生活造成許多影響。例如：生活的空間愈來愈擠、就業的壓力愈來愈大、塞車的情況愈來愈嚴重。

　　一個地區的人口組成與人口特徵並不僅僅是字面上的統計數字而已，而是含括社會的因素，並且影響到社會的發展。由於人口所具備的動態性，是以，當我們說「世界人口已經突破六十五億大關」，或是「某某地區老年人口已超過總人口的十分之一」、「某年度的新生兒出生減少了十萬名，出生率創歷史新低」等等人口統計數字時，這些數字事實上都已經過時了；因為我們必須要了解到人口數字或是組成結構具有動態的特質，因為出生、死亡、移動都持續在進行當中。然而，除非有特殊的因素，例如：戰爭中短時間內的人員死亡，否則人口不會是大規模的消長。掌握人口的發展與變遷方向是現代社會發展上重要的要素，包括：經濟、政治、教育、軍事、建設等皆受人口變遷的影響，若將之置於社會結構的脈絡中檢視，則又與社會階層、教育水準、職業結構、城鄉差別、婚姻狀態、族群背景等產生關聯的效應，是以研究人口與行政規劃與制定決策有高度的相關性；在人口議題中其重要的面向包括：人口數量的增減、人口結構的改變、人口分布的特徵、人口移動的方向、以及人口品質的變化。

壹、人口組成與社會發展

　　「人口」（Population）是指：「生活在一定時間及一定地域內，由具有一定數量和質量的有生命的個人所組成的社會群體。」人口有雙重屬性；一重是生物屬性，即人口作為一個生物種群，與其他生物一樣，有出生、成長、衰老、死亡的自然發展過程，有自身遺傳、變異以及全部生理機能，生物屬性是人口存在和發展的自然前提；另一重是社會屬性，即人口處於特定的社會關係之中，是這些關係的體現者，人口的本質屬性是社會屬性，因此人口組成與社會發展息息相關。根據2006年2月的《新聞周刊》和《經濟學人》報導：未來二十年抗老化醫學研究進展快速，2050年之前，勞工退休年齡將延長至85歲。平均壽命延長的趨勢，將對經濟、生活

方式、人口統計影響深遠。年輕勞動力減少，將迫使企業和各國政府延攬已退休的老人重回職場。「美國退休人士協會」調查後發現，半數美國勞動人口已經預期工作到 70 歲後才能退休。

在探討人口變遷與現代社會的課題時，人口發展的三個基本元素：出生、死亡、與遷移，這三元素之間具有相互影響的關係。人口是一個複雜的社會現象。要明白人口過程及其發展規律，就必須清楚社會生活的各個主要方面，這涉及各種社會關係，特別是人口與經濟、政治、文化、家庭等關係。人口是全部社會活動的主體，是社會的基本生產力，是生產關係及其他一切社會關係的承擔者，研究人口過程的人口現象，揭示和探索人口規律，對於人類自身發展，對社會經濟各方面的發展都具有極其重要的意義。因此人口的研究成為現代社會的重要領域之一。

一、出生

在人口研究上通常以出生率（crude birth rate; CBR）說明出生現象，出生率（crude birth rate; CBR）是指一年內某一地區每 1,000 位年中人口之出生數。此項比率的優點是計算簡單，且易於相互比較，以顯示人口生育力水準的一個指標。若是和婦女人口數做比較的相關統計，則用「生育」（fertility）一詞；生育率（general fertility rate; GFR）指育齡婦女人數與在一年之中生育活嬰數量之比，亦即一年內每 1,000 位育齡婦女平均之活產數。後者因考量實際具有生育能力的女性人口，因此在應用上更具有效度。生育率用在國際間或地區間的比較時，要比粗出生率更具意義，因為它已消除了粗出生率中所含性別與年齡組成中的部分因素（如男性、老年人和幼兒）。在此公式中，育齡通常係指 15-44 歲或 15-49 歲，但依國情不同，也有選用 10-44 歲或 10-49 歲，我國則提採用 15-49 歲。我們社會於出生上呈現著下列現象：

（一）新生數的快速下滑：根據主計處 2007 年引用聯合國最新資料，再加計台灣數據比較後發現，過去三十年間，國內生育率衰退幅度高達六成，高於全球平均衰退幅度，位居全球第十六高、亞洲第六。2007 年的新生兒人數僅二十萬四千人，連續第五年改寫歷史新低；比起二十年前的四十萬人，整整少了一半，平均每一位女性終身只生育一點一個小孩，生育率居全世界倒數第一名，值得正視。

（二）非婚生子女數的增加：由於社會風氣愈趨開放，國內婦女婚前懷孕及墮胎的比率始終居高不下，台灣省家庭計畫研究所完成的一項調查發現，婚前懷孕的比率高達三成八，也就是說，每十對結婚的男女中，將近四對的新娘是挺著大肚子走進禮堂；至於墮胎比率則隨著懷孕次數水漲船高，隨著社會的變遷，國內未婚生子比例創新高，每百個新生兒，就有四個非婚生；成年女子選擇孩子卻拒絕婚姻，已是台灣社會的新趨勢。種種跡象都顯示，成年女性選擇「可以同居生小孩，但不要婚姻」的態勢愈趨明顯。

（三）年輕一代「不婚、不生、不立」的現象，以及從而衍生的社會隱憂：每四個台灣人，就有一人終身不婚；每八個嬰兒，就有一個是外籍配偶所生；每兩個失業人口，就有一個屬於青壯族群。「三不」現象的形成，固然牽涉社會觀念的演變及個人價值的選擇；但不可否認，這與社會經濟的主客觀環境，乃至於國家制度的設計導引，均有密切關聯。當

每個家庭所生的子女數愈來愈少，甚至獨生子女愈來愈普遍時，在家庭中和同輩團體練習協調溝通的生活經驗就有限得多，在未來進入其他社會團體的互動特質就顯現出與過去的差異。同時因為子女稀少，將來形成一個沒有兄弟姐妹、伯叔姑嫂的社會，是一種「舉目無親」的社會。屆時年輕人也將非常辛苦，老人將成為年輕人無法承受的重擔。

二、死亡

出生與死亡這兩股力量推拉的數量與速度，決定了人口自然增加的數量與速度。死亡率（crude death rate; CDR）是為一年內某一地區每 1,000 位中人口之死亡數。一個地區或國家死亡率的高低並不意味著社會發展程度的高低，而要進一步影響到人口的結構。舉例來說，現在許多先進社會均面臨人口老化的問題，死亡率也就會偏高。台灣地區由於醫藥衛生之進步及社會的發展，已由高死亡率的型態轉變至低死亡率之型態，亦即由民國 40 年之千分之十一點五七，降至現在的千分之五點五。其與世界各國相較，粗死亡率似比歐美先進國家為低，此因我國人口的年齡結構以青少年年齡組人口較多之故。追求適量人口是個理想，可是，如何從當前的人口轉型成為所謂的「最適」人口，並不能一廂情願。實際上，在這轉型過程中，所要面對的是人口年齡結構的改變；簡言之，生育率下降的同時，因為平均餘命的延長，人口老化也愈來愈明顯了。舉凡軍事、國防、教育、交通、社福……等所有的制度，其主體都是「人」，台灣經歷五十年生育率下降，不僅現在仍在持續，還得面對即將進入快速老化的年代。雖然，許多先進國家也都曾經歷過少子化與高齡化，在台灣卻是因為變化速度過快，所衍生的挑戰也將特別嚴峻！一般而言，人口自然增減的規模或速率是可預期的，因此若有精準的估計，便可以及早做妥善的規劃，擬定因應之道，人口自然的變化對社會所帶來的衝擊便可以降到最低。

三、遷移

人口遷移（population migration）是人口動態的一種，普通限於涉及有較長期居住變更的人口遷徙，並非指任何一種人口移動。例如甲地人口移往乙地從事較長期的居留，這才叫做遷移。從甲地的立場來說，這種人口移動稱為人口外移（emigration）；從乙地的立場來說，則稱為人口內移（immigration）。在台灣早期的社會發展中，多數的先民是從大陸閩粵遷移到台灣，來台找尋經濟機會的移民，多為年輕男丁。因此，對於人口移出地而言，人口移出則減輕本地的人口壓力，但也流失了部分年輕的男性勞動人口，所以整體社會也較不穩定。人口遷移的類型：根據遷移的目的和動機可分為謀生求職與非謀生求職型；根據遷移的就業性質可分為產業性移民與非產業性移民；根據社會組織情況可分為自發性與計畫性、有組織與無組織、自願與強制性類型；根據移民遷移時間長短可分為：臨時性、季節性、間期性與永久性移民；根據遷移的空間範圍可分為城鄉流動型與地區間流動型；區域間流動又分為國內遷移與國際遷移等等。人口遷移受自然、經濟、政治、軍事和宗教等因素的制約，是一定社會生產方式下的產物，同時，它又對遷出地和遷入地的社會經濟和文化發展產生巨大影響。人口遷移貫穿人類歷史，越到近

代，人口遷移頻率越高，規模越大，遷移過程也大大縮短。人口遷徙會對一個社會造成影響，其影響層面約有下列四端：

（一）人口的影響：在移出國方面可以暫時緩和它的人口壓力或減少其人口數目，但移出者多為壯年男子，留下老弱婦孺可能影響他們的結婚率、生育率與死亡率。在移入國方面，它的人口必然因此增加，同時壯年男子的比例當然也會被提高。

（二）經濟的影響：就移出國來講，因為移出者多為壯年男子，它的勞動力必定因之減少而影響其農工商業等的發展；但從另一方面來看，如果它的僑民在外國發達，而有大量的現款匯回祖國，這也不無補償。再就移入國來說，移民對它的各種事業必然有很多貢獻，使其經濟更加繁榮，但同時也可能因為人數眾多，與當地居民容易發生經濟上的競爭與衝突，而遭歧視、排斥。

（三）政治的影響：移居先進國家的僑民，因受其政治思想和行為之影響，而將其灌輸給祖國同胞，可能引起政治改革作用。同時他們對僑居國的政治也有影響，例如移民政策的釐訂、選舉權的授與、族群認同的措施等。如果人數眾多而又有投票選舉權，他們對政治可能成為一決定因素。

（四）社會的影響：移民對於祖國及僑居國都可成為社會變遷的媒介，同時也可能造成若干社會問題。他們可說是文化的使用者，一方面既可以把自己祖國的文化帶到外國，另一方面也可以將僑居國的文化傳到祖國，而文化的變遷乃社會變遷的一個來源。但假定移民一去不復返，對祖國毫無貢獻，這又可能影響祖國社會的衰弱。又假定移民不能適應其新環境，以致於失業、犯罪或心理上發生變態等問題，這對於移入國難免會影響其社會治安並增加其經濟負擔。

　　根據美國人口普查局估計，過去五十年來的人口問題雖然有種種改變，有一點維持不變：人口增加最快的地方，往往是最沒辦法承受那麼多人口的地方。全球人口最多的前十名國家，亞洲占了六個，亞洲人口約占全球總人口的一半。根據 2005 年的統計，世界人口最多的國家分別是：中國大陸（十三億六百萬）、印度（十億八千萬）、美國（三億）、印尼（二億四千萬）、巴西（一億八千六百萬）、巴基斯坦（一億六千二百萬）、孟加拉（一億四千四百萬）、俄羅斯（一億四千三百萬）、奈及利亞（一億二千八百萬）、日本（一億二千七百萬）。針對人口的變遷在人口學的探討上有「社會毛細血管理論」，這是一種關於人口生育率轉變的理論。在十九世紀末期由法國著名社會學家、人口學家迪蒙（Demo）所創立。迪蒙認為人口出生率下降是現代社會文明發展的結果，是由於社會和心理因素造成的，在他看來，伴隨著社會文明的進步，產生了個人向上發展的強烈慾望，正像油燈的油由於毛細管作用會順著燈芯不斷往上飛一樣，受向上發展的慾望驅使，社會中的每一個人都努力往更高的社會地位上升。人人都有不斷向上發展的慾望和可能。上升的機會越多，上升的慾望愈大，社會毛細管現象也愈強。個人為了滿足自己向上的慾望和要求，寧願減少生育，以減輕養育子女的負擔，從而減輕向上發展的阻力，正是這

種「社會毛細管」運動，導致人們有意識地控制子女數量，使出生率得以不斷下降，而造成社會的人口移轉。

貳、人口結構與人口老化

人口可以採用不同的標準來研究。人口結構分為：第一，人口的自然結構，即以人口的自然屬性為標準來分析人口結構，主要包括人口的性別結構和年齡結構，這些構成情況是進行人口預測的基礎資料，也是國民經濟的重要依據；第二，人口的地區結構，即以人口的居住地區為標準來分析人口結構，主要包括人口的自然地理結構、人口的行政區劃結構和人口的城鄉結構。它影響各地區社會經濟的發展，是國家制定地區發展規劃和各項政策的依據；第三，人口的社會結構，即以人口的社會因素和經濟因素來分析人口結構，主要包括人口的階層構成、民族構成、宗教構成、職業構成、部門構成、文化構成等。是國家制定有關社會經濟政策的依據、互相制約，對人口再生產和人口發展產生重要影響。人口結構是一定社會歷史條件的產物，受很多因素影響，主要有生物因素、地理因素、生產力水準、生產關係等，同時各種人口結構對社會經濟發展也有不同程度的作用，使人口結構與社會發展息息相關。

自工業革命後，西歐與美國的人口快速成長，但在第一次世界大戰，有些國家如英國、法國及北歐國家的人口，已停止成長或將停止成長。社會科學家們謹慎地研究這種人口成長模式，並形成解釋的理論，這就是人口轉移論（the theory of demographic transmition）。其主要的內容強調：「社會現代化以前的人口，經由高死亡率與高生育率的均衡，形成一種穩定的成長數量。當他們開始經歷現代化的影響時，營養與健康標準的改善，減少了死亡，但生育率仍維持在高水準，因而引起人口的快速成長。後來，都市化與工業主義的發展，引起了社會變遷，而創造了有利於較小家庭的情境，生育率因此開始下降，而再次與死亡率達成均衡。」本理論正說明人口成長與社會經濟發展及現代化的關係，及人口轉移帶來的問題。既然人口具有變動的特質，那麼一個國家如何來掌握其人口的數量呢？基本上，有兩種人口資料可以用來掌握一個國家的人口數量與組成特質，一種為人口普查（census），另外一種為生命統計（vital statistics）。由人口變遷的情形而言，一個地區如果人口成長速度過快，勢將造成資源匱乏的窘境，如果成長速度過緩，亦將帶來整體社會新陳代謝的問題。這也是何以政府會重視人口計畫的主因，以企圖引導人口合理的成長。

由於過去二十多年來，台灣生育率一直下降，人口壽命延長，使老人愈來愈多。1994 年台灣人口結構中，65 歲以上老人已超過百分之七，達到聯合國所稱：「高齡化社會」的標準。未來台灣人口結構改變的速度將會更快，老年人人口成長速度會一直增加，年輕人慢慢減少，而小孩子更少。

表：台灣地區未來高、中及低推估之 65 歲以上人口結構

年別	65 歲以上人口				65-74 歲人口		75 歲以上人口	
	人數：千人（三種推估同）	占總人口（%）			人數：千人（三種推估同）	65歲以上人口：%	人數：千人（三種推估同）	65歲以上人口：%
		高	中	低				
2008 年	2,368	10.33	10.34	10.35	1,362	57.50	1,006	42.50
2009 年	2,414	10.50	10.52	10.53	1,379	57.13	1,035	42.87
2010 年	2,435	10.55	10.58	10.60	1,371	56.32	1,064	43.68
2011 年	2,469	10.66	10.71	10.74	1,378	55.82	1,091	44.18
2021 年	3,859	16.21	16.63	16.90	2,473	64.09	1,386	35.91
2031 年	5,562	23.34	24.61	25.48	3,169	56.97	2,393	43.03
2041 年	6,490	28.42	30.95	32.71	3,093	47.66	3,397	52.34
2051 年	6,862	32.33	36.97	40.23	3,170	46.20	3,692	53.80

資料來源：行政院經濟建設委員會，2006。（〈中華民國 95 年至 140 年人口推估〉）

　　四十年前的人口結構圖像埃及金字塔，現在金字塔底層已慢慢縮小，頂尖擴大，未來人口結構圖的形狀像一根直柱子。人口結構變遷的「苦果」，將會應驗在現在 30 歲左右這一代人身上。當然這一代人老了時，可能沒有小孩可以養他，如果自己沒有積蓄，可能必須度過淒涼的晚年。很諷刺的是，這一代年輕人重享受、消費、名牌，也不生育，也不儲蓄，這些人老了怎麼辦？而到民國 95 年，全國老年人口數為二百一十三萬人，不到五名就業人口就必須照顧一名老年人，負擔已相當沉重。台灣的高齡人口迅速增加，這不單是影響到「老人數量」的問題，還牽涉到「安養品質」的問題，其過程所伴隨而來的老人居住與生活照顧問題，對家庭已經造成極大的衝擊，政府必須有因應的策略和措施來調節。當老年人口成為依賴人口群時，其生活、安養、醫療、照護、育樂等的需求，自然成為社會的重大議題。事實上，人口結構的變化關乎整體社會的每一個分子。人口結構的改變，也吞食原本運作良好的社會福利制度。世界銀行在 1994 年「避免高齡化危機」報告中指出：「高齡化使世界上所有國家的社會安全制度都面臨危機。」日本在 2005 年通過立法，將原本 60 歲就能領老人年金的規定，延長到 65 歲。瑞典老年人口已超過百分之十七，1994 年瑞典政府決定將縮減對老人的補助，「如果不阻止債款增加，留給後代子孫的將只剩下債務而已。」「兩個孩子恰恰好，一個孩子不嫌少」的口號已經無人再提起，家庭計畫也改變了控制人口急速成長的主張，原因是：孩子出生率降低，而台灣人口成長在銳減。近年來，社會學家對老化理論的研究顯著增加，反映出當代老人所面臨的問題。這些困境非僅老人本身的問題，是有關價值系統、政治制度及社會經濟結構等均應負起責任；因此，幾種主要的社會學派思想，如結構功能學理論（Structural Functionalism）、衝突理論（Conflict Theory）及交換理論（Exchange Theory）等，相互提出不同看法；功能理論強調的是社會內各部門的協調和整合；從功能學的立場來看，老人對社會最主要的功能在社會化的過程中扮演著對下一代

文化傳承的角色。此派並主張社會裡所產生的老人問題，是社會結構影響下產生的，其原因可能不在老人本身，而是整個社會的結構問題。衝突理論則著眼於社會變遷的解釋與權力均等分配；因此，老人問題之所以存在，是因為在年齡階層裡，權力不均等分配的結果。在此狀況下，老人代表著一個受壓榨的團體，為了求生存，必須依靠老人團體抗爭，以改變其地位。交換理論強調；因為老人缺乏可以用來交換價值的資源，所以老人問題因此而產生；老人缺乏賦予別人的利益，老人在社會就受到冷落。上述理論，解釋了人類社會的一般結構與組織，同時也包含了對老人社會基本特質的說明。面對老人照顧服務工作的思考，宜有一套用以捍衛家庭得以穩健運作的政策立法、服務網絡和照顧管理，這才是現代社會的老人服務政策工程所在。

在政治變革的聲浪中，老人福利向來都是最熱門的話題，這不僅是因為老人人數的增加所造成的人口結構的轉變，因此人們預期將引發一連串的社會連鎖效應；另一理由則是老年人有投票的權利，每逢選舉就使得老人的議題備受重視。綜觀老人的福利議題，如敬老津貼、中低收入戶生活津貼、老農津貼和老人年金等，顯然大部分老人福利過分著重於救助或是補助，而模糊了老人福利服務的本質。現代國家無不積極以提高國民生活水準、促進國民生活幸福為主要目的，一般學者將之稱為：福利國家。並認為透過社會福利制度的實施，不僅能解決人類所面臨的貧、愚、懶、髒、病等問題，同時也能有效達到社會安全，增進福祉的功能。因此，今天各先進國家均以福利政策為施政重心，更在憲法中規定福利綱目，用以保障民眾的權益。而政府的角色亦由「權力國家」的觀念，轉為「福利國家」。就此，政府不僅應保障老人經濟安全、醫療保健、住所、就業、社會參與、持續性照顧等權益，更重要的是所有的服務要能維持個人的自立、增進社會參與、促進自我實現、獲得公平對待和維護尊嚴，以達現代社會所揭示的社會福利的目標。

參、人口品質與社會發展

社會學家對人口品質的關注，是因為該項人口現象，將影響到社會整體的發展。人口品質係指人口單位的生理和心理的特質。亦即，全體人口認識和改造自然、社會及自身而使生產力發展的綜合能力。其內容包括人的生理健康、文化素質和道德素質三個方面。生理健康是人口品質的基礎，為文化素養、道德素養的根本。人口品質的良窳不但影響個人的生存，同時也可以影響社會、經濟、政治、軍事等等的表現以及國家民族的前途。人口品質對社會和經濟的發展具有決定性意義，人口數量和素質之間的不協調是人口問題的核心。在一定生產力水準下，過快的人口增長，過多的人口數量，會使人口素質下降，所以必須實行計畫生育，使人口適度增長，以保證人口素質不斷提高。人口品質的影響既然是多方面的，它的來源當然也不只一個，普通分為遺傳與環境兩者。現今世界各國為提升其人口素質，無不採行優生保健的方法，以保護婦女健康、防止因先天性或遺傳性疾病所致的敗兒死亡與殘障。目前台灣地區人口因出生率降低，人口淨繁殖率已低於替代水準，為防止三、四十年後的人口結構嚴重老化，應促使生育

率回升到替換水準；除繼續加強宣導「兩個孩子恰恰好」的措施、倡導適婚年齡結婚和防止離婚率上升以提高有偶生育率，期能維持未來台灣地區人口之合理成長。工業化的結果，導致鄉村人口大量移入都市；為緩和都市人口過度成長，並促進人口與產業活動合理分布，應加強基層建設、開闢新市鎮以及分散各項重大經濟建設，期使人口均衡分布，並促使人口都市化現象趨於緩慢。

　　在我國社會已逐步邁向「少子化」及「高齡化」的時刻，社會安全體系的建構，成為多數民眾對政府的共同期待。誠然，不論是從當前的經驗或是未來的推估，都已指陳出來台灣的人口結構已經加速地少子化及老化；連帶地，相與因應而來的扶養、奉養與療養等等的人身負擔，就不單單只是高齡人口比率增加多少的量化意義，而是要更進一步地思索眼前以及未來各種服務措施的運作限制與可能選擇。之於「人口變遷」的問題聚焦所在就不僅在於數量，亦應遍及於品質，理當要將醫療照護、家庭社福、勞動經濟等等相關的政策制度做通盤的結構性整合。對於當前 40、50 歲的族群來說，更宜加速未來家庭長照的發展，因此，如何探究這一族群包括經濟安全、休閒養生、醫療照顧等等的需求評估與效益評估，這也是要嚴肅思考的和通盤性擘劃的。冀此，理當是要進一步擴大推動社會教育，讓近老族群有能力在退休前更多的充裕時間，來適應未來生活的身心調適。總之，相應於變遷趨勢所帶來的人口變動，建構縝密周全的機構，勢必是高齡化社會裡的重要課題之一。之於人口素質議題的論述思考，除了安養型態、補助機制等等工具層次的技術改革外，應該也要向上延伸至人倫觀念的價值廓清、家庭政策的角色定位以及向下擴充到服務網絡的制度建構和有效運作，方有尊嚴地迎接這一個社會發展階段！

　　現代社會的建構必須根植於下述兩項基本精神。第一是免於匱乏的精神：社會安全起源於人類互助的概念，其出發點在尋求免於匱乏，使人人可得到生活上的基本滿足，並具備公允的社會競爭規則，以實踐自我。第二是自助人助的精神：建立社會安全體系的目的，是經由團體的力量以協助個體，使其得到自立自強的結果。是以社會安全的運作應本諸於「取諸於社會，用諸於社會」，方能使整個體系穩健、良性的運作。如能本諸此些精神，將可促使我國漸次邁向現代化國家的目標。

肆、人力素質與教育作為

　　1996 年聯合國教科文組織（UNESCO）所強調的：未來人類要能適應社會發展，需要進行四項基本的學習：學會認知、學會做事、學會與人共處、學會自我發展。邁向開發國家的主要挑戰，在於是不是能夠提高人力素質，國家競爭的動力，來自於人力素質的不斷提高；而人力素質的持續提高，則有賴於教育機會充分而永續的提供。因此，在回應此種情景下，我們可以自一系列的教改工程中，發現這項「希望工程」所期望建立的是：

第一，以人為主軸，推動以全人為主體的教育，用以提升生活品質，並適應多元化生活的需求。

　　　　亦即將「個人、生活、志業」作有效的統合，以發揮人的潛能。經濟生活富裕之後，人

們必定尋求精神的充實與全人的發展。充實精神與發展全人的最佳途徑是學習。透過個人不斷的學習，可以持續獲得新知識，學習新技能，建立新觀念，激發新潛能，使全人得到圓滿的發展。經濟富裕過程的人文關懷，最基本的就是要提供國民均等的教育機會及全人發展的理想環境，來幫助每一個人開發其最大的潛能，實現其人生的理想。

第二，教育不應侷限於短暫的時間，而應該考量個人志業發展的需要、社會環境的變遷，隨時提供必要的教育機會，實施「終身教育」的理念。以建立學習社會，代替以學校教育為唯一學習管道的教育體制，是未來社會必然發展趨勢。學校教育在每個國民的學習歷程中，雖然扮演最重要的角色，卻只能幫助個人完成人生全程中階段性的學習，並不等同於終身教育。推展終身教育，即建立起廣泛學習的社會成為積極朝向全面性及前瞻性的發展方向。

第三，教育模式從閉鎖式轉向開放式，人民受教育的機會完全取決於能力，一個有能力者、勤奮者和學業成績優良者，即有接受教育的機會，而不受其出生地位、社會階級、性別和種族的影響。在富裕社會、資訊社會、開放社會及開發社會來臨之後，世界上進步的國家紛紛邁向學習社會。建立學習社會是教育的願景，也是社會發展的理想，其目的在求個人自由而有尊嚴的成長，社會多元而有秩序的進步。學習社會不僅是社會的產物，同時也是引導個人成長的必要途徑。

　　未來人類社會變遷及進步的步伐，只會繼續加速。在變動快速的新世紀來臨之前，世界進步國家已經感受到某些挑戰必須加以回應：其一是資訊時代已經來臨；其二是國際化的趨勢已經形成；其三是科技知識持續暴增；其四是經濟富裕過程中人文關懷亟待加強。這些衝擊使進步國家覺察到，國民的知識技能水準及自我修養能力，將成為個人潛能發展及自我實現的條件，也是社會繼續發展的關鍵因素，更是衡量國家競爭力的重要指標。「教育是人類進入二十一世紀的一把鑰匙」，「教育不是少數人的特權，而是人們隨時得以汲取的社會資源。」人力素質的提升關係到社群的進步，而人力素質的增進則有賴教育的作為，未來進步的社會必定是學習的社會，學習將成為國民生活內涵的重心。與此相對應的是，整個教育的願景中，於範圍上強調「面向的擴展」，於時間上強調「時距的延長」，形成「時時有教育、處處是學校」的目標。而此種教育改革的信念，是以人為主體，進行延伸，擴展多元，破除「刻板、侷限、單一」，以期培育「健康、自信、有教養、現代性、未來觀」的新國民，使「教育與個人發展」密切配合，使教育學習成為個人發展的重要歷程。

結語

　　工業革命後，人口卻激增，從 1900 年到 2000 年，短短一百年間，全世界人口增加了將近四倍。學者估計，全球人口將在本世紀中期達到一百億。儘管全球的總人口持續增加，目前全世界卻有九分之四的人口住在生育率低於「替代水準」（每對夫妻生育兩個小孩）的國家。各國

女性生育的子女數量越來越少，要維持「穩定人口」（人口的成長率與年齡組成固定不變）日益困難。聯合國預測，到 2025 年，全球平均生育率將跌破替代水準。中歐、東歐（從德國到俄羅斯）、地中海北部沿岸，以及日本、南韓等東亞國家，都在辛苦適應人口縮減導致的困局。日本與義大利等擁有現代化經濟的傳統社會，生育率下滑最嚴重。研究顯示，2030 年以後的日本與義大利，每兩個勞動年齡人口要負擔一個退休老人，到 2050 年，這個比例變成三比二。

經濟學人指出，對抗人口萎縮的最佳手段是延後退休年限。領取老人年金的法定年齡必須往上調，強制退休年齡必須廢除。公司行號不能把年紀當作是否僱用員工的唯一標準，員工的工作表現才是重點。行政院經建會依據台灣的人口資料，推估至民國 105 年，台灣的勞動人口數將會出現負成長。勞動供給力衰退將對經濟成長產生重大的負面衝擊。關於台灣的人口結構變化，大家都熟知生育率下降、進入老年化社會、新移民增加等幾個現象。勞動人口數量對經濟發展的影響力，隨之而來對社會發展也將形成全面性的挑戰。人類平均壽命延長和老年人口比率增加，是近代世界的普遍現象；而已開發國家的生育率快速下降，則是近數十年來的新興趨勢。台灣的情況又發展得特別快速，更顯極端。全世界都在經歷人口結構變化所帶來的衝擊。趨勢大師彼得·杜拉克在《下一個社會》的預測中就特別強調因應人口老化的必要性，並指出許多國家現行的退休金給付制度終將窮於應付未來情勢。比台灣更早進入高齡化社會的日本，已經認知十年後勞動力短缺可能高達四百萬人以上的事實，如今正在進行人力搶救計畫，要將銀髮人力、家庭主婦、打工族這些仍具勞動潛力的族群拉回就業行列。換句話說，有遠見的國家都將人口結構問題當成嚴肅的國家發展議題來迎戰。台灣的人口問題只會日益惡化下去，早年推行成功的節育家庭計畫曾經成為全球範本，如今卻快速面臨嚴峻的新挑戰，探討社會發展怎能不重視此一問題？

經典人物——馬爾薩斯

托馬斯·羅伯特·馬爾薩斯（Thomas Robert Malthus, 1766-1834），英國經濟學家。出生於一個貴族家庭，早年曾受教於做牧師的父親，後在英國劍橋大學學習歷史、哲學和神學。1799 年加入英國教會，並成為一名牧師，後來成為政治經濟學和歷史學教授執教於東印度學院，其主要著作有：《人口原理》、《政治經濟學原理》等。

關於人類的前途和未來，年輕的馬爾薩斯在 1798 年時，就以匿名形式發表了《人口原理》的小冊子，該書轟動一時。馬爾薩斯的《人口原理》全名為《論人口原理及其對於人類幸福的過去和現在的考察，附我們預測將來關於除去或緩和由人口原理所生的弊害之研究》。這本書巨大的影響經久不息。達爾文構思偉大的進化論時，就從《人口原理》中悟出了「物競天擇、適者生存」這一生存競爭法則。恩格斯也曾經指出：「馬爾薩斯的理論是一個不停地推動我們前進的、絕對必要的轉折點。由於他的理論，我們才注意到土地和人類的生產力。」馬爾薩斯對當代的影響可見一斑。

　　概括說來，馬爾薩斯提出了人口發展四個方面的觀點，即兩個「公理」、兩個「級數」。

一、兩個公理。馬爾薩斯的人口思想的出發點是兩個公理：「第一，食物為人類生存所必需。第二，兩性間的情慾是必然的，且幾乎會保持現狀。」這兩個公理，自有人類歷史以來，似乎就是我們本性的固定法則。在馬爾薩斯看來，第一個假定為無可辯駁之公理，第二個假定人們亦未能否定。儘管人類在智力上高於其他一切動物，但是不能認為人類必須服從的自然法則與人們看到的普遍存在於生物界其他部分的自然法則有本質的區別。人類的增長可能比大多數其他動物要慢，但是要養活人類，食物是同樣必不可少的；要是人類的自然增長力超過有限的土地所能長期提供食物的能力，那麼，人類的這種增長就必然經常為獲取生活物質的困難所阻礙。

二、兩個級數。即人口以幾何級數成長，而生活物資僅以算術級數增長。其進步意義在於首次對人口問題進行了社會制度的研究。在觀察生物界時，我們對動植物的繁殖力產生深刻印象。由於大自然的產物變化無窮，它們要達到的目的又各不相同，它們在這方面的能力的確幾乎是變化莫測。但是，無論它們緩慢增長還是迅速增長，只要它們以種子或以世代增長，它們的自然趨勢必定是按幾何級數增長，即以倍增的方式增長；在任何一個時期，無論它們按什麼比率增加，要是沒有其他障礙妨礙它們，必定以幾何級數增長。馬爾薩斯認為，儘管人類在智力方面遠遠勝過動物，但在繁殖上卻與動物無多大區別。按照自然法則，人類沒有食物就不能生存。不論在人口未受抑制的情況下其增長率有多高，人口的實際增長在任何國家都不可能超過養活人口所必需的食物的增加。但是，按照關於有限的土地生產能力的自然法則，對土地所生產的食物來說，其在同樣長的時期內所能達到的增長，過了一個短時期後，必然會持續下降，或者在最好的情況下停滯不前，以致只能按算數級數來增加生活資料。因此，情況必然是這樣：地球上絕大部分地區人口的實際平均增長率（它服從食物增長的同一規律）的性質必定和未受抑制的情況下人口的增長率完全不同。所以，人口的增值力比土地的生產力遠為巨大。人口在食物供給不受妨礙時，以幾何級數，即1、2、4、8、18、32、64……增長，25年總數要成長一倍。生活物質即使在最有利的條件下也只會以算術級數，即1、2、3、4、5、6、7……增加，這是一個普遍規律。實際上，在土地收益遞減規律的作用下，實際的增長速度較此為慢，土地給日益增長的人口提供糧食將越來越困難。因此，生活資料的增長速度趕不上人口增長速度。

經典論著——《國民財富的性質和原因的研究》

　　《國民財富的性質和原因的研究》是亞當・史密斯（Adam Smith, 1723-1790）的論著，被譽為是英國古典政治經濟學最偉大的代表，史密斯是經濟自由主義理論的主要創建者，素有「經濟學之父」的稱號。

　　亞當・史密斯 1776 年出版的《國民財富的性質和原因的研究》（簡稱《國富論》），其目的是闡明財富的起源以及其產生和增長的條件。該書的中心思想是基於人性論和自利心的自由放任思想，即經濟自由主義思想。史密斯所注意的有兩大問題。首先，他想揭示的是社會之所以能團結起來的機制。另一個引起他注意的問題就是社會將走向何處？在《國富論》一書中，史斯密分成五個部分來解決他的這兩大問題。

　　第一部分是分工、交換和貨幣理論。這一理論分成三點來論述：一、分工和交換理論。勞動生產力最大的增進，以及運用勞動時所表現的熟練的技巧和判斷力，都是分工的結果。分工不是人類智慧的結果，而是人類要求相互交換這個傾向造成的。分工的程度，總要受交換能力大小的限制。二、貨幣理論。分工確立後，一切都要依賴交換而生活。貨幣成為一切文明國家商業上的通用媒介。三、利己動機。經濟的出發點是人們的利己心，每一個人行為的動機，主要是在為自己求得利益，個人自私可以有助於整個社會福利。現代化工業的建立，來自於精密的分工和資本的累積。對於這兩種現象，都可用「自求利益」作為解釋。

　　第二部分是價值理論，這一部分史密斯分成四個步驟來論述。一、價值有兩個不同意義。它有時表明特定物品的效用，有時又表示由於占有某物而取得的對這種貨物的購買力。前者為使用價值，後者為交換價值。二、勞動是衡量一切商品交換價值的真實尺度。三、工資、利潤、地租是一切收入和一切可交換價值的三個根本源泉。四、商品是按照它的自然價格出售的。

　　第三部分主要講的是三個階級是指工人、資本家和地主。首先，工資是勞動的價格。勞動者希望多得，雇主希望少給，勞動者都想為提高工資而結合，雇主都想為減少工資而聯合。土地一旦成為私有財產，地主就要求勞動者從土地生產出來或採集到的幾種全部物品中分給他一定分額。地租，是地主借給勞動者使用的自然力的產物。

　　第四部分是資本、生產勞動和再生產。資本可用來生產、製造或購買物品，然後賣出去以取得利潤。這樣的資本可稱為流動資本。資本又可用來改良土地，購買有用的機器和工具，或用來製備無須易主或無須進一步即可提供利潤的東西，可稱之為固定資本。

　　第五部分主要講的是自由競爭與自由貿易。惟有對內對外的商業不受任何限制，方能使一個國家得到充分的發展與繁榮；應當分工，要提倡自由貿易。在自由競爭和自由貿易的狀況下，君主只有三個義務：第一，對外抵禦敵國，保護社會，使其不受其他獨立社會侵害；第二，對內執行司法，盡可能保護社會各種人不受侵害或壓迫；第三，建設並維持公共事業以及某些公共設施。亞當・史密斯還認為，政府和人民都應該高度重視發展教育。在自由國家，政府安定依賴有力的輿論，公眾教育程度越高，受教育者越普及，越有公正判斷的能力。所以，政府對於教育的輔導推動，實不可稍有疏失。

第五章

現代社會的兩性關係

前言

在談論兩性議題時，有些人會有所謂「男有分、女有歸」、「男主外、女主內」的觀念，這是對男、女兩性角色的一種期待。男女雖然有別，但是男性和女性究竟有何差異？這些差異是如何形成的？我們應該如何看待這些差異？本章將說明性別角色的形成、性別偏見與性別歧視問題，並探討我們要如何從法律、教育、日常生活等角度推動兩性平等，以建置具有兩性平等的社會。根據聯合國婦女地位委員會（CSW）2007 年 3 月 1 日所公布的一份報告顯示，全球女性國會議員席次雖已提升至百分之十七創新紀錄，代表性仍嫌不足。全世界二百六十二位國會議長中，只有三十五位女性，占百分之十三點四。CSW 主題即鎖定年輕女性，探討消除一切形式對女童的歧視與暴力，因應全球日益增加的 10 至 17 歲女性面臨各項就學、就業、婚姻、疾病等問題。聯合國副祕書長米吉洛（Asha-Rose Migiro）指出，不管是公共部門或私人企業，不管在和平時期或戰爭衝突期間，世界各地對女性的暴力情形依然十分普遍，需要各國同心協力改變男性陳舊的性別態度及行為。各國有必要儘速通過法律，改善及保證所有女性的人權及基本自由。本章介紹了生物性別之差異與社會性別之差異，以及兩者之間的關聯，並對於性別在社會建構之下所呈現出的性別關係提出進一步討論的方向。從了解性別不平等的過去、覺醒兩性關係的現在，寄望落實兩性平等的社會。

壹、現代社會的性別議題

根據社會學家的研究，社會經濟結構的型態，影響男女社會地位及角色分化程度。在社會發展的過程中，社會不平等最初源起於生物上的不平等；同一個社會的人可能因為性別、年齡或種族等生物上的差異，而獲得不同的社會待遇，也決定了不同的人生命運。

一個人出生之後，便由其生物上的性徵（sex）予以「男性」、「女性」的標籤，此為生物上的性別；但是也由於此生物上之區分，在其社會化的過程中，建構了社會性的性別（gender）。而當生物性別和社會性別畫上等號時，便是性別不平等之開始。「男女有別」——生物結構上確實如此，兩性生理結構之不同，除了表現在體型、骨骼、重量、肌肉等差異，也同時反映在生理功能、感官、認知能力上。在許多社會發展的初期，一旦男尊女卑的階層模式形成之後，便影響到後來社會角色的界定（例如職業區隔）、社會／家務工作的分配（男主外、女主內）、社會資源的分配（財產的分配與繼承）等。

表：台灣性別圖像一覽表（2007 年）

觀測指標	男性	女性
性別人口	11,591,707	11,284,820
新生嬰兒性別分布	107,378 人	98,476 人
有偶率性別分布	44.16%	43.77%
外籍配偶居留性別分布	7,674 人	76,906 人
15 歲以上一般戶長性別分布	4,622,645 人	2,768,353 人
有偶人口離婚率性別分布	12.6‰	13.1‰
再婚率性別分布	29.5‰	12.4‰
單獨生活戶性別分布	1,050,612 人	902,373 人
平均餘命性別分布	74.57 歲	80.81 歲
兒童性別分布	1,656,843 人	1,520,154 人
少年性別分布	1,006,560 人	923,624 人
65 歲以上老人性別分布	1,129,910 人	1,157,119 人
單身獨居老人性別分布	26,814 人	22,914 人
粗死亡率性別分布	7.28 人／千人	4.51 人／千人
自殺死亡性別分布	3,088 人	1,318 人
違反家庭暴力罪嫌疑犯性別分布	2,552 人	500 人
性侵被害人性別分布	84 人	3,242 人
受虐兒少性別分布	5,145 人	4,948 人
寄養兒少性別分布	1,012 人	1,019 人
身障性別分布	569,234 人	411,781 人
遲緩兒童通報性別分布	8,174 人	4,002 人
受理查報遊民性別分布	3,001 人	654 人
勞動參與率性別分布	67.35%	48.68%
申請留職停薪性別分布	172 人	4,127 人
失業率性別分布	4.05%	3.70%
性騷擾受理案件性別分布	1 人	57 人
低收入人數性別分布	108,099 人	110,052 人
取得國籍外籍配偶性別分布	314 人	52,416 人
國家考試錄取人性別分布	17,114 人	25,971 人
政務人員性別分布	90.5%	9.5%

資料來源：行政院主計處網站（搜尋日期 2007.07.31）。

一、性別刻板印象（sex stereotype）

　　所謂刻板印象是指因某種人的屬性或類群，而對某種人堅持一種固定且僵化的看法；而性別刻板印象便是因為性別的屬性，而對於特定性別產生的一種固定且僵化的看法，例如：男性為陽剛，女性必定柔弱。正因為我們的視野常受到性別刻板印象的限制，在傳統的性別刻板印象之下，往往會轉化成對特定性別的偏見，進一步造成性別歧視；而在現代社會中，許多統計數字也都顯現出男女性的就學比率在近年來已經達到相同的水準，但是因為性別的刻板印象，讓人對於特定性別的能力、特質有了先入為主的觀念，因而限定了本來應有的發展與表現機會。這樣的結果，又進一步強化了性別階層的僵化模式，這是追求性別平權社會所企圖突破的。然而根據媒體的報導：「她勢力」明顯抬頭，女性主掌購屋大權的時代來臨，大台北地區女生買房子的比例，直到 95 年底為止，不但高達買方的百分之五十四，超越男性一成，而且女生買房子的手筆也愈來愈大方，創下歷年來首度突破平均四十坪的紀錄，一戶總價動輒一千多萬元，與民國 90 年代之前，女生只買得起幾百萬元的小套房相比，顯然粉領族購屋不但自主能力大舉抬頭，甚至還超越男性，躍居為房地產市場上的「主力」。（中國時報，2007/03/07）兩性工作平等法實施以來，由於立法的保障與兩性平等觀念逐漸開放，近年來「紅粉族群」不管在教育程度、或是職場表現均有明顯提升，連房地產市場上，買房子是男人的時代也逐漸過去，現在女性已躍居為購屋主力大戶。顯示女性經濟能力逐漸拉升下，對自身居住需求條件越來越注重。

二、性別角色（sexual roles）

　　角色是指一個人在其所占的社會位置上擔任的任務與從事的活動。此與角色期望與角色表現有關，角色影響著社會成員於社會網絡中所從事的互動，例如母親角色是指母親所從事的活動。活動包含兩個層次，第一個層次是指擔任此角色者所應該從事的活動，也就是社會期望擔任此角色者所應該表現的行為，稱為角色期望，例如母親應該養育與關愛子女；第二個層次則指擔任此角色者實際所表現的相關行為，稱為角色表現。而兩性因其性別之屬性而在社會中依循著社會期待擔任某種特定任務或從事特定活動，則是所謂性別角色。從理性的社會分工的角度來看，角色的適當分配是有助於社會整體工作效率的提升；但是此任務或活動的界定一旦與性別之刻板印象連結之後，性別角色也會變得僵化，失去原本社會分工的理性精神。基本上，性別角色的概念包括兩種層面：性別角色期待與性別角色表現，前者指社會期待某一類性別的人從事的活動內容。性別角色的學習或是對於性別角色的期待，都是從一種社會化的學習過程。在這樣的角色塑造之下，造成個人能力受限於性別因素，是一個現代社會所企圖調整改善的。

　　2007 年 3 月 7 日工商時報刊載：「法律當靠山，五高粉領族竄起！」的報導：在法律保障愈來愈完備、粉領族消費意識抬頭的趨勢下，塑造女性在房地產上具有舉足輕重的地位，房地產公司統計發現，兩性平等法實施之後，產權登記在女性名下的比例，逐年遞增到百分之五十五，

現在已超越六成大關了。另外，有五到六成的家庭財務主要是由女性掌管，至於男性主導家庭理財的比例，不到二成，這也反映出女性扮演家中財務大臣要角。

　　性別分工到底是不是社會進化過程中必要的機制？它具有什麼樣的社會功能或反功能？功能論與衝突論提出了相異的看法。功能論認為性別分工是人類為了滿足生活需求而發展出來的社會制度，男主外（丈夫外出工作）女主內（妻子養育子女與照管家務）的角色模式是一種有效率的分工體系。但是，衝突論批評功能論的看法只是將支配團體（男性階層）的權力予以正當化而已。他們認為早期的性別分工是基於當時的社會條件，但是這套已不合時宜的分工體系之所以得以維持，是因為獲得利益的人不願意改變這種情形。根據他們的觀點，性別角色體系不僅不具有正功能，而且帶來性別不平等與性別歧視的問題，若要建立一個平等的社會，應該要推翻性別角色體系。例如：法國女性主義波娃（Beauvoir Simone de, 1908-1986）著作《第二性》（The Second Sex, 1953），檢視了父權制（patriarchy），提出了「我不是生為女人，而是被教育成女人。」她用黑格爾的用語說明「女性」在文化構成上與男性「不同」，這種「不同」來自性別分工（sexual division of labor）這一歷史文化事實，但也部分地是由婦女的性生殖能力所決定，並從而使婦女的自由比男人的自由受到更多的限制，她提出的唯一解決辦法是婦女應當不結婚、不生孩子和不承擔母親的責任。

貳、性別平權的思維主張

　　隨著社會型態的發展與轉變，這些生物基礎仍然影響著社會結果，其中，性別之間的差異性是最普遍存在的。兩性地位的差距，也建立起如「男主外、女主內」、「婦以夫為貴」等性別角色差異的刻板印象。這種對被強化，並融入律法、風俗習慣、社會禮儀，及對子女的教育模式之中，成為根深柢固的觀念。在此基礎下，塑造出兩性各不相同的「理想形象」；男性應扮演具有「男子氣概」的形象，諸如：理性、果敢、能幹、壯碩、獨立、堅強、冒險等作為；相對的女性應扮演具有「女子氣質」的形象，包括：感性、膽小、軟弱、被動、依賴、婉柔、矜持等作為。這種以性別角色區隔的基礎，使得男性具備「先天優勢」的條件以主導社會資源。兩性之間在生物上的差異是不容否認的，從生物學及心理學上的證據顯示出男女兩性在生物結構上以及人格特質方面的先天不同。但是這些先天上的生物差異並不足以成為後天社會差別的合理化基礎。性別，有沒有關係？兩性，要什麼樣的關係？是值得現代社會人審慎檢視的。然而，社會結構隨著產業的快速變革促使著性別角色的變遷。加以社會思潮的推波助瀾，促發人們需重新檢視性別角色。60年代以來，婦女運動即積極主張提升婦女的地位和福祉，削弱社會的性別歧視，達到平等正義、分享社會資源的目標。尤以著稱的人類學家瑪格利特・米德（Margaret Mead）所發表的《三個原始部落的性與氣質》、《男性與女性》等二書，也打破了男女性別分工是依據自然法則的迷思，易言之：兩性之間的差異主要的是文化與社會結構塑造的結果。近年來十分盛行的女性主義觀點（feminist perspectives）也極力批判性別角色導致性別不平等的現象。

一、生理結構

在社會發展的過程中，社會不平等最初源起於生物上的不平等；同一個社會的人可能因為性別、年齡或種族等生物上的差異，而獲得不同的社會待遇，也決定了不同的人生命運。隨著社會型態的發展與轉變，這些生物基礎仍然影響著社會結果，其中，性別之間的差異性是最普遍存在的。兩性之間在生物上的差異是不容否認的，從生物學及生理學上的證據顯示出男女兩性在生理結構、認知能力以及人格特質方面的先天不同。但是這些先天上的生物差異並不足以成為後天社會差別的合理化基礎。性別指兩性之間器官、外型、體能與感官知覺的異同。除了生殖器官不同外，兩者的差異相當些微，直到青春期之後，差異才逐漸明顯。基於這些差異，人們常指派男女從事不同的工作與運動訓練。當經濟結構愈依賴體力的社會，其性別角色的分化情形也就愈為顯著。所以農業社會中男女分工的程度遠高於工業社會。傳統農業社會的運作，需賴以強壯的體魄與力氣，這種以體力為勞動基礎的制度，使得男性獲得高於女性的優勢地位，本質上比男性纖弱，且有生理周期的問題，又限於懷孕、生育及哺乳的先天條件，營造出女性依賴男性給予安全保護的角色。社會制度也就依據這種生理學上的鐵律，以做為男性在社會所具有的支配力，並以此做為社會各項活動的基礎。

二、認知能力

《老子》有云「知人者智，自知者明。」「自知」是一種複雜的思考能力，雖然許多的認知測驗結果顯示男女在思考、推理或學習方面有不同的表現，但很難斷定這些表現是先天或後天因素造成的，因為認知能力的形成，一方面是天生具備的，另一方面是後天訓練的，又與個人的情緒、動機、自我期許有密切的關係。美國研究人員馬克斯‧普朗克（Max Planck）於美國《每日科技新聞》2006 年 9 月 6 日公布了他們的一項最新研究成果：當人類處在嬰兒期時，他們的認知能力、技巧與猿類動物極其相似，在記憶方式方面甚至完全相同。但隨著嬰兒年齡的增長，這種能力和技巧將會出現明顯的分化與區別。是以，經過社會有意的性別區隔，使得人類社群存在著性別的角色區分。包括：認為兩性之間在語文能力、數的能力與視覺空間能力三方面呈現著差異。然而當實驗研究顯示，若對於男孩與女孩施以相同的空間活動訓練，則兩性在視覺空間能力方面的表現差異可以完全消除。因此，關於兩性差異原因的合理解釋應該是，生理結構與活動經驗的交互作用，而形成性別認知能力的差別。

三、社會角色

社會角色受人格特質的影響迨無疑義，人格是指一個人以自我認定為基礎，加上與外在世界互動的經驗，所呈現出來的個人全貌，並左右社會中的角色扮演。它不僅顯現個體的自我概念，也反映在與人互動時的行為模式。根據弗洛伊德（Freud）的說法，當男孩意識到自己有陰莖而女孩沒有時，他會感到優越，而當發展到性器期（約 3 到 6 歲）時，他會發展出主動而

獨立的特質；相反地，女孩則必須對自己弱勢的性器官認同，因而發展出弱勢的情感以及被動和依賴等性格特質。在弗洛伊德的眼裡，兩性之間的性格差異是自然存在而非後天塑造的。現代學者對於兩性差異的研究，認為兩性之間的差距並不如人想像中的顯著與一致，過分強調生理差異造成性別角色差異正受到修正。至於針對職場與家庭角色，根據 Lambert（1990）所提出的外溢理論，即職業和家務兩體系會相互影響，這種外溢影響可為正向或負向，當角色負荷過重時，不僅會影響其家庭關係，也會影響其工作表現。總而言之，在傳統性別角色的意識形態下，女性的最重要角色是家庭主婦，主要工作即家務。家庭主婦的角色具有以下的特性：絕大部分的家務均分派給婦女；造成女性在經濟上對男性的依賴；家務不具有正式工作的身分；家庭主婦角色對其他角色具有優先地位，即使女性從事有給工作，其家庭主婦角色並不因此而消失。

四、社會化

當我們探討某些個體的行為或表現時，時常會想區辨它是先天的還是後天的因素造成的？自由主義的女性思維強調：男女是有生物上的差異，亦即先天上的差異，但是反對生物決定論，認為男女性別的差異主要是後天學習的成果，理論的核心價值是在強調個人有自由選擇的權利。其主張透過教育、法律和制度的修正來解決女性的次級地位，並且提供兩性平等競爭的地位。社會學家並不排斥先天因素的說法，但是更強調人與人之間的互動以及社會文化因素對於個人發展的影響。一個人從呱呱落地的那刻起，就不斷的與人或團體互動，展開它的社會之旅，最早接觸的是家庭，然後是鄰里社區、學校、同儕以及傳播媒體等，這些團體或機構將其文化（包括語言、文字、符號、價值觀、信念與社會規範）傳遞給個人，個人則經由這些社會互動學習社會期望並認識自我，一方面將之內化成為自我的一部分，另一方面表現於外，成為社會的一員。社會學家將這一個社會互動的歷程稱為社會化，並且相信個人的信念、態度或行為都受到社會文化的影響。

參、兩性關係與職場平權

根據國際勞工組織（ILO）1986 年 6 月在日內瓦召開大會之報告預測，全世界婦女參與經濟活動的比重，將從 1950 年的百分之五十五上升至 2010 年的百分之七十，亦即可預見的，婦女在未來經濟發展中將扮演更重要角色。我國婦女勞參率與世界各國相較明顯偏低，特別是因「料理家務」而未投入勞動市場者占整體勞動力人口兩成，蘊藏可觀的潛在勞動力尚待開發運用。

隨著時代不斷地在向前推進，工業社會的崛起，不僅影響到產業結構的改變，更進一步在政治、文化、社會各方面產生了影響，其中又以女性角色的改變最為引人注目，由於女性的學歷較過去大為提高、參與社會工作的機會增加、家庭組織趨向小型化、子女人數減少等等，都使得女性的地位有了顯著的變化，加上女性一旦具有經濟能力，其自主權也就相對地得到了發

展，於是男女的互動關係及家庭組織都產生急驟的轉變，至於女性的職業參與也有別於往昔，成為追求男女平等的一項基本權利。產業結構改變是影響女性勞動參與的重要因素之一。由農業及較重視勞動密集的工業轉到資本密集的工業結構，再由工業逐漸轉為較重視服務業的產業結構型態，正是台灣經濟結構帶動女性勞動參與最重要的原因。自 1961 年起，台灣地區農業總產值比率有逐年下降趨勢；工業生產值則升到 1986 年的百分之四七點六四，而後有稍降趨勢；服務業生產值則有逐漸揚升的現象。可見工業和服務業已變成產業的主流，尤其產業的特質傾向不需要體力勞動，因此有利於女性就業。究此，顯示女性就業受到產業結構轉型影響甚大。在工業部門和服務業部門的勞動力分布情形中，女性所占勞動比例有明顯增加的趨勢，其中服務業裡的女性勞動更見大幅成長發展確實吸引了女性勞動參與，也提供女性更多就業機會。而民國 77 年服務業勞動人口首度超過工業勞動人口。由於服務業的勞動性質與內容，頗能配合婦女勞動特質，故服務業的興起與擴大對婦女勞動參與有直接鼓勵作用。其次，我國教育在質與量上的大幅提升，造就出高素質的人力資源。反映在勞力市場上的變化是勞力素質的普遍提高。由於女性與男性有同等受教育的權利，故三、四十年來教育成果上很顯著的一項成就是女性平均教育程度的提高，縮小了與男性平均教育程度的差距。高級人才中如今不乏為數可觀的一群女性佼佼者。換言之，教育水準的提高造就出素質高的女性，也連帶地提高了女性的自我期望水準與工作成就動機，這點對婦女積極投入勞動力市場具有不可忽視的影響力。另外，社會對女性從事家庭以外的勞動行為，逐漸能接納並肯定。換言之，女性的角色扮演有更大的空間。社會對女性「主內」角色的執著愈益鬆散。這使得婦女在生涯的展望上，能有其他的選擇。社會價值觀期望於女性角色扮演上所產生的改變，也直接影響女性的勞動參與。除上述三項結構性因素外，家庭結構的改變，如小家庭的普及與生育子女數的減少，與現代化科技簡化了家務性，從而減少了對家務的投入時間。以上因素均有利於女性的勞動參與。從勞動供給的角度而言，女性勞動參與率的提高確實提供了寶貴的人力資源。

肆、性別階層化影響社群

性別階層化是社會階層化的一種現象。在階層化的社會中，社會資源的分配依團體的階層而不同，呈現出不平等的關係。有些團體因為屬於較高的社會階層而享有較其他團體多的社會資源。主要的社會資源有三種：(1)生活機會：指影響生活水準的各項利益，例如教育、健康、工作與財富等；(2)社會地位與聲望；以及(3)政治影響力：指權力，那些可以影響他人或團體決策的能力，或個人可從決策獲得利益的能力。擁有愈多社會資源的團體，歸屬於其中的成員越能在社會生活中獲得優勢。性別階層化就是指社會依性別將男性與女性劃分屬於不同的社會階層，加上父權思想，男性階層高於女性階層，以致於女性擁有的各項社會資源都較男性短少，形成兩性之間不平等的基礎。每一個社會在分配資源時，往往會根據一些不同的特質而將人分群或分層，並且讓不同群或層之間擁有的資源不相同也不相等，這種現象是社會不平等。當這

種不平等的現象重複又穩定的發生，並且形成比較定型化的結構，一代傳一代時，就是社會階層化的現象。「女性主義」（feminism）是一種要求女性享有身為人類的完整權力，並且反抗所有造成女性無自主性、附屬性和屈居次要地位的權力結構、法律和習俗。「女性主義」是對父權主義下所造成兩性不平等的關係，以及不合理的價值觀，所提出的抵制與反抗。雖然女性主義的發展，在不同時期，因不同的派別而各有不同所重視的觀點，但其基本上都脫離不開排斥：「父權體制」、「性別的體系」、以及「性別歧視」三種：

一、「父權體制」（patriarchy）：它的形成是由以男性為中心所產生的權力關係為基礎。父權源自於被父親所支配的家庭體系，並經由這種以性別角色所廣泛的社會化，而形成出一種以男為主（尊）、女為輔（卑）的價值。

二、「性別的體系」（sex gender system）：包括性別區隔、性別分工，以及隨文化與時間而有不同認定的性別相互因素。社會藉由這一套設計，將生物的「性」轉變為人類活動的依據，並以此做為社會活動的基礎。

三、「性別歧視」（sexism）：就是男性優於女性的一種社會關係。無論是男人或女人的行為、政策、語言或行動等都在說的一種被機制化、系統化或一致化的觀點：即女人是次等的。

　　無論是「父權體制」，或是「性別的體系」，還是「性別歧視」，都是被運用來區隔兩性在社會、文化價值下產生的不同標準，得以合理的基礎。這也正是女性主義者所要對抗的基本原由。隨著時代的推移，今日社會由於產業結構的改變，人們不再依賴體力為生產的主要憑藉，未來學家奈思比（J. Naisbitt）甚且提出「智慧、知識」將是引領人群進入二十一世紀的首要資源。同時女性接受教育的機會快速擴增，參與社會工作的比例也有大幅度的成長，加以家庭子女人數的銳減，使得女性同樣可以於職場上藉助個人優異的表現獲得肯定。做為一個現代人，我們實不宜再執拗舊社會的思維，以性別為享領社會資源的判準。男女兩性誠然有先天性的差異與生理上的區別，但是應有同等獲得社會公允對待與充分尊重的基本權利。

伍、性別平權社會的建立

　　我國憲法增修條文第九條第五項規定：「國家應維護婦女之人格尊嚴，保障婦女之人身安全，消除性別歧視，促進兩性地位之實質平等」，相關法規亦應配合憲法規定不得牴觸，使男女平等更為落實。要增進婦女權益以促進兩性實質平等，有下列幾方面必須同時保障：

第一，透過行政系統明定婦女福利政策：目前我國有關婦女福利服務的政策，一則分散在憲法基本國策和社會福利政策綱領之中，另則融入於各機關的社會政策之中，做為提供婦女服務的指針和依據。

第二，規定婦女福利服務的具體做法：為落實婦女福利服務，無論在政策或立法，都應該提出有效實施的辦法。王麗容（1994）認為方案的設計和落實才是達成政策之所在，台灣地區婦女福利的方案大概有六類：

1.女性保護服務方案：婚姻暴力防治，性騷擾預防及服務，未婚懷孕服務，人身安全保護，性侵犯及性利用防治。
2.女性經濟保護方案：單親家庭生活保障，受害婦女臨時生活補助，離婚單身婦女經濟安全保障，老人婦女經濟安全保障。
3.女性生活調適方案：婚姻諮商服務，親職教育服務，離婚問題諮詢和服務，單身婦女生活服務，老年婦女生涯規劃服務。
4.女性「顧職減壓」方案：育兒托嬰服務，兒童照顧諮詢和轉介服務，殘障照顧服務，托兒和養老服務，居家看護和居家護理服務。
5.女性社會參與方案：女性志願服務，女性休閒服務，女性工作參與。
6.女性成長服務方案：女性再教育，女性成長團體服務，女性家務管理成長，女性壓力管理服務，女性角色自覺服務。

第三，兼顧消極性和積極性的服務政策：近年來各國有關婦女福利服務的政策與立法，一方面消除性別歧視，保護被害婦女的權益；另一方面則積極協助婦女成長，增進婦女福利。因此，我國婦女福利服務政策應該兼顧消極性的婦女保護及積極性的各種婦女服務，也就是由消極的照顧擴展到積極的服務，諸如加強婦女職業訓練、就業輔導及二度就業，以提高婦女勞動參與率。

第四，積極規劃婦女福利單獨立法：我國婦女福利的推展，不若兒童福利、老人福利、殘障福利的強而有力，其中一個因素乃因婦女福利沒有正式的立法做為執行規範，以致工作內容鬆散，服務績效難以彰顯。今後為有系統的推展婦女福利服務，似可參考先進國家的經驗，積極規劃婦女福利立法，以確保婦女的福利。

第五，加強婦女與相關福利服務密切聯繫：傳統以來，婦女經常被賦予許多角色任務，包括就業、理家、相夫、教子，所以婦女福利服務工作必然涉及勞工福利、老人照顧、托育服務、親職教育及其他相關服務。因此，婦女福利服務必須與其他福利服務相互配合，相輔相成。

第六，設置婦女福利服務專司機關：婦女福利服務的實施，除了橫向配合之外，還需要縱向連貫，尤其需要一個強而有力的專司機關來進行縱向和橫向的整合。所以在政策上和立法上，都應參照先進國家的做法，規定婦女福利專司機關的設置。

總之，在政策上肯定婦女福利服務的重要，在立法上保障婦女的社會安全，才能有效增進婦女的福利。

結語

近年來，在許多關心婦女權益團體的運作下，修訂了許多保障婦女應有權益的法令；民國85年通過的「性侵害犯罪防治法」、87年「家庭暴力防治法」、91年「兩性工作平等法」、93年

「性別平等教育法」及至今仍一再修訂的民法親屬篇，對婦女基本的人身安全及婚姻保障，有了一定的基礎；而對於婦女工作權的維護。然而，在既有的成果下，我們應該聚集對婦女安全及權益應予重視的共識，讓婦女不只是在人身、婚姻、工作上獲得應有的保障，而是從最基本法律上權益的維護到觀念上對女性的真正尊重；如此一來，才能彰顯兩性的平等、平權的實質意義，而兩性共治的文明社會才能到來。因此，在完成各項兩性平等立法後，並希冀政府能積極落實，以為對當前婦女安全、婦女權益等相關政策；當然，法律的保障是在法律落實的基礎上，兩性平等平權教育的再推廣及法令的加強宣導、相關法律執行層面上的再檢視，都是現行政府單位不應輕忽的環節，而這也是兩性平等法政策所應堅持的原則及揭櫫的理念。

　　兩性的關係是互相影響的，當婦女新文化逐漸建立起來時，傳統的男性文化也必然受到衝擊。男女兩性將在更平等的立足點上建立互敬互重的關係。婚姻關係也必然跟著改變，兩性將可以更自由、更人性地選擇適合自己的角色，兩性的新關係，不但能增進社會的和諧，而且更增加人類生活的品質和幸福。隨著兩性平權的社會建立，亦將有助於我們對於弱勢者的關懷、對社會的重視、對環境品質的堅持、對社區民主的要求等，這些新興的領域，將會使整體社會改造運動添加更豐富而踏實的內容。兩性平等平權的概念，除了法律的保障，在更高的人性價值上，在基於對「人」的絕對尊重上，我們該讓所有社會成員在周延的作為和保障下；我們期許一個公允正義、兩性共治、平等平權社會的到來。

經典人物——涂爾幹

　　涂爾幹（Emile Durkheim, 1858-1917）為法國社會學家。1887年起分別任教於波爾多大學及巴黎大學，講授社會學和教育學，1898年創辦法國《社會學年鑑》。主要著作有《社會分工論》、《社會學方法的規則》、《自殺論——一種社會學研究》、《宗教生活的基本形式：澳大利亞的圖騰體系》等。

　　涂爾幹的社會學思想主要包括：第一，明確社會學的研究對象和方法。他認為，社會學的研究對象是社會事實，即獨立於個人並制約個人的物質事實和集體意識事實。社會學研究應該放棄以抽象的社會整體為對象的研究方法，而以具體的社會內容、要素為研究對象，對社會事實進行觀察、分類、比較、解釋。第二，勞動分工與社會秩序的理論。涂爾幹認為，傳統力量統治社會靠「機械連帶」來維繫，是一種建立在同質基礎上的社會體系。在近代社會中，由於社會分工的發展，擴大了人們之間的差異，但是社會分工又增強了社會成員對整個社會的依賴感，從這方面，分工就像社會的紐帶，因此形成社會的「有機連帶」。社會連帶是由集體意識所產生的集體象徵，外在於個人的心理，對個人產生拘束。社會現象不能還原到個人的單位來探求。當個人在從事團體生活時所出現的行為，與個人在獨處時的狀態迥然不同，此時是以集體為參考架構而採取行為。涂爾幹認為此種外在於個人，並對個人加以拘束的集體意識，才是社會學探討的主題。涂爾幹認為社會的發展是源自於社會的分工所造成。至於社會發展的類型，

是以社會連帶（social solidarity）為區分，包括：機械連帶的社會（mechanical solidarity society）和有機連帶的社會（organic solidarity society）。第三，自殺論。涂爾幹從社會與個人的關係上解釋自殺的原因。他把自殺分為四種類型，即利己型自殺、利他型自殺、脫序型自殺和宿命型自殺。社會的人需要一個高於個人的社會目標；對這個目標所負的義務不至於使他失去自主；他的慾望應受到社會秩序給予的一定程度的範定。如果一個社會不能提供上述三個條件，一些心理脆弱的人就可能會自殺。個體的行為受到社會的影響相當深遠，是以自殺並非僅是受個體影響，由此以印證社會集體意識的重要性。第四，宗教理論。涂爾幹認為，宗教是一種重要的集體意識，並透過對澳大利亞原始圖騰的實際考察揭示了宗教的起源和本質。涂爾幹的上述思想，對社會學的發展產生了深遠的影響。

涂爾幹的「分工論」（Division of Labour, 1893）形式化，提出以下十個命題：

一、分工越細，越能形成共識；

二、連帶越緊密，每個成員聯繫的人數越多；

三、與每個成員聯繫的人數越多，越能形成共識；

四、共識愈大，拒絕偏差者的數目便愈少；

五、分工越細，拒絕偏差者的數目便愈少；

六、每個成員聯繫的人數越多，拒絕偏差者的數目便愈少；

七、分工越細，社會連帶就越緊；

八、社會連帶越緊，就越有共識；

九、每個成員聯繫的人數越多，分工就越細；

十、社會連帶越緊，偏差者的數目便愈少。

誠如涂爾幹把社會現象當作社會的事實來看待，認為必須把它當作具體的事物加以考察。對於社會事實的理解，必須去除主觀的先入為主，而以客觀的自然科學方法來加以處理，以了解社會事實相互之間的因果關係，以進一步尋找出社會的法則。涂爾幹希望以「社會事實」為社會學的基本概念，以期與心理學（重個體）、哲學（意識）加以分別，建立社會學的領域。社會事實的特徵：具有強制性，是外在的，是可驗證，可測量的，並非個人所獨有，產生於社會組織的需求。經由對社會事實的探索以了解社會的發展與變遷。社會事實可分為二部分；一是物質的：具體、可觀察的。另一是非物質的：必須是以間接的方法來探索、體察。這些思維不僅影響到社會學的建構，也影響到社會科學的形塑。

經典論著——《交換與權力》

《交換與權力》（Exchange and Power, 1964）是美國著名社會學家布勞（Peter Blau, 1918-）的社會學專論。布勞生於奧地利維也納，後移居美國，畢業於伊利諾斯州的艾姆赫斯特學院，1952 年在哥倫比業大學獲哲學博士學位，他曾先後任教於康乃爾、芝加哥、哥倫比亞等大學。

布勞的著作有：《科層制動力學》（The Dynamics of Bureaucracy, 1955）、《正規組織：一種比較研究方法》（Formal Organizations: A Comparative Approach, 1962）和《美國職業結構》（American Occupational Structure, 1967）。在《交換與權力》一書中，布勞強調社會交換論，認為人與人之間的交往是物質與非物質商品的交換。布勞把社會交換與經濟交換區別開來，他認為社會交換比經濟交換更人格化。布勞指出了個人與社會之間的交換關係，力求從個人之間的交往中，找出支配社會和社會關係的複雜結構。在《交換與權力》中，布勞認為，「社會交換」是「社會生活的中心原則。即使像愛情和友誼這樣的關係也可以被分析為交換關係。」簡單社會中的物物交換制度，具體而微地反映出社會交換的根本原則，例如「互惠創造了地位相等的人們之間的社會聯繫，不互惠則造成了身分的差別。」如果沒有回報反應，這些行動就會終止。

　　布勞認為：「社會交換是指個人為了獲取報償而又真正得到報償的自願性行動。」社會交換行為與經濟行為是有差異的。因為社會交換過程中所預期的報償是模糊的義務行為，而經濟交換是建立在一個雙方約定。無論是口頭上或文字記載，所有用以交換的物品在雙方交換時就已講清楚。但是在社會交換時，當一個人幫了另一個人的忙，卻不可能講明希望另一個人在將來報償或用什麼報償。將來的回報是對方的義務，盡不盡義務是對方的事。因此，布勞認為社會交換過程需要某種程度的信任。此外，交換者之間的關係程度，交換過程中得與失的成分，交換當時的社會背景都可能影響交換過程。雖然每一個人在交換過程中總是盡可能付出最小的代價以換取最高的利潤。但是事實上，人們對得失、代價和利潤的計算並非全是合理的。如果每一個人的計算全是合理的話，則就不可能有輸家。但在雙方交換過程中總有一方要稍微吃虧些，也就是說交換的過程自然會產生一種不均衡狀態。這種不均衡狀態乃是了解社會團體結構與社會權力產生的主要因素。一方服從造成了另一方的權力，資源富有的人有權力支配服從他的人按照自己的意志來行動。並且，權力的出現進一步鞏固了這種不平等的現象，並使得地位的分化持久下去。

　　布勞的社會交換理論把報償分為兩類：即內在報償和外在報償。內在報償對交換雙方可能是沒有實用價值，也沒有得與失的問題。也就是說，交換雙方是為交換而交換，任何一方都沒有得到什麼或丟掉什麼，所換來的可能只是一種兩情相悅的關係而已。外在報償則是指交換一方是得，另一方是失。價值觀念在這種關係中相當重要。因為交換雙方都是為了獲取某種報償而交換的。布勞認為，大部分的日常交換行為，都是這種外在報償。雙方行為的交換既然常是為了外在報償，則當某一方給與對方某種東西時，他自然期望對方回報給他同等值的報償。如果對方無能力回報，則給與的一方常能以權力來支配未回報的一方。但是如果沒有回報的原因，是不願意做而不是無能為力，則給與的一方就很可能撤出交換的過程。因此，社會行為能否導致為交換，必須受到兩個條件的限制：第一，在與他人相互交往時，某人的行為必須能夠達到他自身的目標；第二，他必須採取合適的手段以期確實能夠達到這一目的。

第六章

現代社會的家庭生活

前言

男女兩性經由婚姻關係，共同組織家庭，這是個古今中外普遍存在的一種社會制度，觀察在社會變遷的過程中，家庭結構與功能已有所轉變：根據民國 95 年的統計，台灣地區已婚婦女生育率百分之一點一八，比 OECD 平均生育率還低，名列世界最低國家之一。老年人口占總人口的比例，從百分之七升高到百分之十四所需的年數，日本二十三年，台灣二十六年，英國四十五年，台灣已是世界上人口老化速度最快的國家之一。離婚率名列亞洲第二。新移民家庭的新生兒，已經占總體的七分之一。這些家庭現況皆使人們意識到家庭變遷的足跡。

「不婚、不生、不立」是台灣社會的「新三不」，剖析當前社會趨勢中出現「新三不」：不婚——源於質疑「已婚者」傳統角色；不生——起於「子女價值」的改變；不立——肇於「家庭資源」的依賴現象，可說是現代社會中，教育、經濟獨立等新增個人資源與傳統社會規範交互作用的結果。因此，我們若要了解當代婚姻與家庭的本質與面貌，不能只觀察眼前的家庭狀況，必須從整體社會結構與社會變遷的角度出發，分析婚姻家庭制度與其他社會制度互動的過程中，家庭如何被影響以及具有何種影響力，方能透析現代社會中的家庭。

壹、現代社會的婚姻家庭

人類的婚姻與家庭制度歷經工業化的影響，呈現核心化的現象，產生了功能上的變化，許多的家庭問題也隨之發生，例如老人安養或是幼兒托育的工作都已逐漸成為現代家庭無法履行的任務。隨著資訊化社會的來臨，婚姻與家庭的型態、功能或其可能出現的問題將更多元化，人們對於婚姻以及家人關係所抱持的價值觀也將不同於傳統社會。婚姻是家庭的基礎，現代家庭問題的產生不少源自於婚姻問題，而婚姻的成功與否又與擇偶行為有密切的關係。擇偶是一種社會互動行為，個人的選擇必然與其所處的社會脈絡具有密切的關係，因此，我們若要了解擇偶行為的本質與現象，不能只觀察眼前的與個別的狀況，必須從整體社會結構與社會變遷的角度出發。

一、擇偶方式

人們擇偶的行為受到民俗、民德與法律等規範的約束。配偶選擇的主要方式有兩種：「自由選擇」或「婚姻安排」。「婚姻安排」的方式盛行於傳統的社會，所以盛行是因為農業社會以家庭為經濟生產單位，家族的影響力很大，透過婚姻制度，家族之間交換彼此的社會資源，進而擴大社會關係，整體社會則藉由家庭之間的婚姻連結進行社會整合。因此，家庭一直被視為社會的基礎，婚姻是為了延續與發展家庭命脈而設計的制度，並非單純的男女之事。自社會學的知識建構以來即有「社會靜學」、「社會動學」的觀點。其中家庭是社會靜學方面最基本的單位，是聯繫個人和社會不可缺少的中介；社會起源於人的社會本能，而社會本能和個人本能可以在

家庭中相互調節和配合。認為家庭功能不彰則真正的秩序也無法建立。孔德之後，英國社會學家史賓塞在《社會學原理》中，研究了社會的供給系統、分配系統和組織系統，以社會制度為主要研究對象，並直接分析了家庭、政治、宗教、工業等制度的社會控制作用，同樣的強調家庭的意義。孔德等的思想探討人類結合的形式，強調個人在社會中的活動和人與人之間的合作，社會群體如何控制個人，家庭制度即為社會學所探究的主要主題，足見家庭對人類社會的重要意義。隨著工業化與都市化發展，大多數的年輕人必須離開原生家庭，獨立在工作地區謀生，來自親屬團體的約束力或影響力因而逐漸減弱，同時，透過就業關係，異性之間的互動機會大為增加，使得當事人在選擇婚姻伴侶時，擁有的自由度較以往為高。此外，工業社會流動性較高，都市的居住空間較為擁擠，過去盛行的擴大家庭逐漸由父母和未婚子女組成的核心家庭所取代。核心家庭的主軸是夫妻關係與親子關係，人們仰賴從中獲得情感的支持，因此十分重視伴侶之間的情感契合，婚姻的結合講究自由的選擇與戀愛的基礎。社會學家伊慶春根據社會調查研究，分析國內民眾的擇偶行為，即發現從民國 40 年代到 70 年代，由父母主導的婚姻由五成降至二成，大多數的現代夫妻都以自由選擇的方式完成婚配。無論是自由選擇或婚姻安排，人們總是期待「有情人終成眷屬」，但是並非每對情侶都能夠通過各階段的考驗而達到「彼岸」。一般來說，婚戀無法成功的主要原因可能是(一)雙方情感的凝聚力不夠；(二)彼此個性無法調適；(三)受到時空距離之阻礙；(四)家庭反對，滋生阻力；或(五)雙方社會及文化背景差異大，適應困難。一旦男女雙方發展出穩定的感情，大多會考慮締結婚姻關係。每個社會都有其婚姻儀式，訂婚可以說是婚前準備的普遍方式。雖然訂婚並不具法律上的約束力，但是它具有先期社會化的功能，使得雙方在社會讚許的情況下，學習扮演未來的婚姻角色，可以說是一對情侶由戀愛邁向結婚階段的緩衝時期，對於穩固婚姻產生明顯的效用。

　　一如其他商品市場的交易行為一樣，準備結婚的男女必須遵守市場規範進行交易以選擇伴侶。根據社會交換理論（social exchange theory）的觀點，擇偶，本質上是一種資源交換的行為，交換的基本原則是爭取個人的最大利益，在人人都想爭取利益而不想吃虧的前提下，可選擇的對象由龐大的數目逐漸縮小，而「討價還價」（bargaining）的結果，配對成功的對象通常是條件相近的「相稱對等」的伴侶。所謂「相稱對等」是指哪些資源而言呢？也就是，當人們選擇結婚伴侶時，會考慮並比較自己以及對方的哪些條件呢？一般而言，金錢財物、社會地位、家庭背景、聰明才智、性格特質以及相貌身材等經濟性的與非經濟性的資源都是重要條件，但是每一項條件的重要性卻因人而異、因地而異或因時而異。從社會交換理論的觀點來看，婚姻市場中的男男女女應該都有同等的機率找到婚姻伴侶並達成公平的交易才對。但事實不然，婚姻市場存在的一些現象使得某些群體擁有優勢，另一些群體落入劣勢，較普遍的現象有「婚姻排擠」（marriage squeeze）與「婚姻坡度」（marriage gradient）兩項。「婚姻排擠」與「婚姻坡度」的現象往往造成婚姻市場中不同群體之間擇偶機率之差異，但是這些差異如果擴大到影響整體社會之結婚率，則人們可能反過來調整婚姻市場的規範。擇偶雖然是一種個人行為，但卻脫離不了社會的約束與影響。人們擇偶行為的變化基本上反映出社會變遷的軌跡。以此觀點便能明白

現代社會所存在的外籍配偶現象。另外，傳統社會重視家庭經驗的傳承，但是現代社會變遷快速，過去以年齡為基礎的權威體系逐漸瓦解，同時伴隨著人際互動的多元化。因此，在擇偶過程中，即使父母參與其中，也都只是提供意見而非主導或干預。由於家庭結構趨向核心化，家人關係趨向平權化，婚姻伴侶的選擇強調個人需求遠勝於家族利益，自由選擇也就成為現代社會擇偶的主要方式。

二、現代家庭

傳統社會裡，結婚是兩個家族的事情，講究家族間是否門當戶對，因此社會地位與家庭背景之考量相當重要。此外，女性角色以提供性服務、養育子女、侍奉家人以及料理家務為主，故重視其相貌、身材與性格特質；相較之下男性擔任保護與養家責任，故聰明才智與金錢財物之條件較為重要。相對地，現代社會重視婚姻中的情感因素，考量雙方個人條件之配合遠勝於家庭條件，性格特質的重要性較從前提升許多。社會變遷除了帶來這些家庭結構變化之外，也改變了傳統的代間權威關係。年輕人「三十不立」，仰賴的仍是家庭所提供的資源和支援。現代人的老化大事之一，是「祖父母期」變長。以前小孩在十歲前，祖父母都已經過世了；但現在很多四十歲的人，祖父母都還健在。同樣的，青春期與童年期也變長。所有的生命周期都延後、也拉長了。在少子化與老年化的社會裡，「不立」族群的出現背景，因為這世代的父母供養得起；在文化價值上，父母也認為未就業的子女都是家長的責任。所以，25 歲了還在念書，父母繼續養育；不僅學費，連第一輛車、第一棟房子，都是父母出的錢。30 歲不立，也不太有社會壓力，因為周圍參考團體多，很多人都這樣，見怪不怪。家裡像是「六星級旅館」，要什麼有什麼，還不用付錢。年輕人的青春期、成熟期一路延後，外在環境的工作機會也愈來愈少，父母也供養得起，於是「三十不立」一族產生。由社會經濟結構變遷來看，這些「富裕世代」成長的孩子，創新力比上一代豐富，生命選擇也多，不必為了生存而折腰委屈自己。因為生存的事交給父母扛著，他們能有追求理想的奢侈，這是四十年前的年輕人不敢想的。

雖然現代婚姻強調選擇伴侶的自由與情感的基礎，但不表示伴侶的選擇不受任何限制。任何一個社會都會運用社會規範，包括民俗、民德或法律等方式來規定或限制配偶的選擇範圍，不論男女，若要選擇婚姻伴侶都很難超越社會所設計的範圍，這個範圍就是所謂的婚姻市場（marriage market）。不婚，源於質疑「已婚者」傳統角色。不結婚，因對婚姻期待提高。台灣這幾年來的不婚、不生現象，但年輕人為什麼不結婚呢？兩個原因：一是教育普及，個人條件提升了，婚姻的期待也提高了；另一個是性別角色態度的差異，女生往前走了，男生還留在原地。多年來，世界各國的研究都有相同結論：對性別角色的期待，女性比男性有更現代化的取向。比如說，女性會要求丈夫分擔家務，也是心靈伴侶；但男性對妻子的期待，還停留在傳統刻板角色，希望另一半是家務提供者。當女性期待平等的婚姻關係，但男性還是傳統期待，這樣就很難配！此外，教育水準提升、產業結構變化和社會規範鬆動，使得個人資源增加，可以獨立生活，許多人因為不滿「已婚者」的傳統角色，寧為「不婚族」，同居和未婚生子的比例也

增加。但是，這些「特例」需要有特殊條件才能應付社會壓力，所以很難普遍化。例如，當社會知名人士未婚生子，有些人就很雀躍，覺得終於有個勇敢女性，可以不需要婚姻與男性就能獨力養育子女。但因為她有足夠的資源可以完成任務，且對抗社會規範的壓力；如果條件不足者也要對抗規範，結果可能是烙印多於祝福了。在社會的民調中，超過七成未婚男性表示可以接受學歷比自己高、賺錢比自己多的太太；但只有一半的未婚女性，能接受學歷及收入都不如自己的先生。這樣的落差顯示，台灣女性對「往下婚配」仍感受到不小的社會壓力。至於男性樂於打破男尊女卑的「婚姻斜坡」而向上婚配，原因應該是太太的高學歷、高所得，會增加家庭的「資源」，所以何樂不為？同樣地，未婚男性對於年齡比自己大很多，或外表不理想的女性接受度低，也和這兩項條件都難以轉換為「資源」有關。由調查數據也可看出，大多數民眾可以接受「不婚」，卻不能接受「同居」，而且只有四分之一的人可以接受「未婚生子」，顯示台灣民眾對於「家庭制度」的服從性仍高：你要單身、不想結婚，可以；但同居、未婚生子，原本是在家庭內才能做的事，一挑戰到家庭價值，支持度就低了。

貳、現代家庭變遷與挑戰

　　根據聯合國 1996 年報告「家庭：未來的挑戰」中提及「做為人類生活、演化的社會組織，家庭，正面臨歷史上最困難的挑戰。」社會變遷太快，是家庭主要的壓力來源。世界各地的家庭，都需要支援，才能適應未來的變化。

表 1：台灣家庭型態變遷一覽表

家庭型態	1988 年	2004 年	增減率：%
全體家庭（千戶）	4,735.2 （100%）	7,083.4 （100%）	49.6
單人家庭	283.3 （5.98%）	704.1 （9.94%）	148.6
夫婦家庭	362.3 （7.65%）	1,003.7 （14.17%）	177.1
單親家庭	273.2 （5.77%）	548.3 （7.74%）	100.7
祖孫家庭	39.5 （0.83%）	81.8 （1.15%）	107.3
核心家庭	2,799.7 （59.13%）	3,307.2 （46.69%）	18.1
三代家庭	790.4 （16.79%）	1,077.5 （15.21%）	36.3
人口數（百萬人）	20.0	22.7	13.7
平均戶量（人／戶）	4.1	3.2	-0.9

資料來源：行政院主計處網站（上網日期 2006.07.27）。

　　值得重視的是：歷經全球化、科技化的變遷，家庭樣貌急速改變，全球各國已將家庭政策視為國家競爭力的基石。1994 年，聯合國發動「國際家庭年（International Family Year）」，各國政府與民間組織，紛紛展開一連串的研討與行動方案。把過去被認為是「私領域」的家庭議題，第一次帶到政府公部門與國際公共論壇上。近四十年來，「家庭」遭逢了史無前例的挑戰，改變的規模與速度，難以控制，而且影響深遠。2004 年，「國際家庭年」第十年，在愛爾蘭首都都柏林舉辦的十週年紀念論壇中，歸納了「家庭」的變因與走向：

一、人口結構——老年化與少子化：世界各地的生育率普遍有降低的趨勢，而嬰兒潮世代步入老年。以歐盟二十五個會員國為例，2002 年平均生育率只有百分之一點五，十年內總人口只成長了一千萬人，占總人口的百分之二點七。另一方面，2002 到 2025 年間，65 歲以上老年人口數目，預計會成長三分之二，而 80 歲以上人口，將從一千五百萬竄升至三千八百萬人。在歐洲，目前每五個具生產力的工作者，支援一個 65 歲以上的老人；但是未來五十年，這個比例很快會降到兩個人以下。意味著家庭單位愈來愈小，但照護扶養的責任卻愈來愈重。這也意味著社會必須提供更多老年人口的照護、醫療支援，不致使得老年人口成為家庭照護的負擔。

二、女性勞動力崛起——新兩性關係：女性勞動人口的比例愈來愈高，代表著父母都在工作的雙薪家庭將成為主流。如何幫助雙薪家庭擁有工作與生活的平衡，已經是先進國家政策的最大挑戰。在急速老化的社會體系中，亟需女性勞動力的挹注，填補「工作人力」的缺口；但是鼓勵女性投入職場的同時，社會必須提供足夠充裕的老人孩童照顧體系，企業必須更積極開放各種彈性工作模式，使得雙薪家庭不致因為時間和資源的匱乏，失去了教養下一代與照護老幼的能量。也使得身負多重責任的中堅成員，擁有家庭與工作間，「真正」的選擇權。另一方面，當女性角色日益現代化、走向多元的同時，男性角色的「低度開發」也受到關注。如何重新教育男性，肩負起照顧子女和分擔家務的責任；如何讓家庭中「照顧者」，不論是男性或女性，擁有社會同等的尊重，也是各國亟欲探討的主題。

三、不生——起於「子女價值」的改變：生不生，不再著重需不需要。現居比利時的法國精神分析專家兼作家珂琳娜‧梅耶（K. Mayo），最近出了本引發爭議的新書《不要小孩：不生小孩的四十個理由》，她在書中反覆強調生小孩只會帶來身心痛苦與財務負擔，更奉勸女性切勿輕易嘗試母職。此書引發諸多爭議，不僅因為梅耶措辭強烈，也因為梅耶自己就是有一雙兒女的母親。現年 43 歲的梅耶說，她反對生小孩的第一個理由，是折磨產婦的「陣痛」。她說，就算有麻醉劑幫忙，生小孩的痛楚還是「妳能感受到最嚴重的痛苦」。此外，懷孕會使身材走樣，與伴侶的性生活也會受影響，生了小孩就別想賴床，除了每天辛苦上班，下班後還要煮飯、打掃。放假時，只能帶小孩到速食店這種適合小孩的餐廳，不然就是陪小孩看一些無聊的兒童電影。不過，也有強烈反對梅耶的說法。他們認為，當母親是「全世界最好、最重要的工作，為人父母讓你變得比較不自私，迫使你為另一個人付出，也讓你有機會重溫童年，體驗與兒女重新認識世界的興奮感受。」

　　過去認為孩子帶給父母的價值不外是三個面向：物質、經濟與情感，除了孩子帶給父母的情感滿足之外，農村社會還非常仰賴孩子提供的勞力（物質面向），老了需要孩子提供養老資源（經濟面向）。但現在各國研究都發現，對孩子的情感需求比重都是上升的，反倒是功利性功能需求降低；現代人生不生小孩，是看個人有多愛孩子，而不再著重「需不需要」孩子。

四、全球化——家庭的助力與阻力：全球化使得企業和經濟體的競爭日趨加速。比利時大學教授克里克（Robert Cliquet）分析，全球化使得國與國間的經濟活動、資本進出、交易都日益頻繁，各種層面的競爭都白熱化。處於全面競爭下的人們，得對抗工作的高壓力，面對高失業和被迫提早退休的威脅。因此，社會政策，尤其關於家庭的福利政策受到嚴重的挑戰。一方面對於長期的風險有著高度的警戒心與不安全感，另一方面，又無法抗拒全球資本主義熱烈的消費宣傳。因此人們總是處於焦慮的核心，如同跑轉輪的白老鼠，永遠停不下工作。跨國的居民移動，不但深深影響移出的家庭，也對移入國家的社會和文化有適應的衝突。因為移民帶來愈來愈普遍的跨國姻緣，數量上快速成長，在某些國家，幾乎凌駕了傳統的婚姻，也讓政府社會福利資源分配，被迫得重新思考。

五、科技——價值崩解的加速器：先不談複製人、生殖科技對傳統「家庭」定義帶來多大的挑釁，光是避孕藥的發明，就讓夫妻生育的選擇控制權，從過往「要生到什麼時候」，轉變成「要生或不生」，以及「什麼時候生」。不論東方或西方，價值觀走向愈來愈個人主義，而科技有推波助瀾的力量。資訊與傳播科技的進展，從電視、電腦進入網路，溝通變得有效率又便宜。新的價值得以最快的方式大量傳遞。世界各個不同角落的人們很容易就吸收到類似的資訊，形成一致的態度。

六、家庭的變形——多元化：各種力量驅動著家庭變貌。過往，多數人代代傳承的「傳統家庭」：父親賺錢，母親持家，一個家庭生育多數的下一代的家庭樣貌，已經愈來愈為罕見。在西方國家，「婚姻」已經不再是家庭構成的「必要因素」。「法律上的家庭」將大幅減少。因為愈來愈多人選擇同居取代婚姻關係，不婚和不生已是許多人肯定的選擇。法國的新生兒中，百分之四十是屬於沒有婚姻關係的父母所生的「非婚生子女」。「單身家庭」也快速增加當中。以歐盟會員國為例，單人家戶（single household）從 1961 年的一千四百萬人，預計 2025 年將會增加到六千萬戶，占所有家庭的三分之一。英國的稅法和政策已經因此而改變。家庭政策支援輔助的對象，不僅限於「有婚姻關係」的家庭，而擴及到所有形態的「家庭」。變種家庭的崛起已經是現實。單親家庭、沒有婚姻關係的家庭、同性家庭、繼親家庭（父母離婚再組新家庭）等不斷出現，更新的組合不斷挑戰人們對於家庭的想像。在「離婚像換工作或換房子一樣平常」的德國，每六個德國家庭中，就有一個是所謂的「多元繼親家庭」。這種由不同血緣關係的父親、母親和孩子組成的生活共同體，有逐漸改變德國家庭面貌的趨勢。如何教養來自不同家庭的子女，如何傳遞多元的價值觀，成為德國輿論界最熱門的話題。

　　「家庭重要，是因為家庭帶給人們愛、溫暖和歡愉，家庭是我們在快速變動的世界裡，安定人心的力量。許多人認為，家庭是私人事務，但是對一個國家而言，如果我們的家庭無法提供家庭成員支持的力量，後果會影響整個社會。因此，整個社區都應該支持家庭的建構和穩定。……因為家庭很重要，不僅對我們個人，也對新加坡整體。」這是新加坡「重親情，享倫理工作委員會」的宣言。家庭，已經不再只是私領域的「家務事」，世界先進國家都已經認知，有活力、具生產力的家庭，是未來發展的基礎，是下一個世代的搖籃。家庭的強弱，將大幅反映每個國家社會的競爭力。以新加坡為例，在擬定家庭政策前，政府就先透過全面的調查和研討、溝通，萃取新加坡人共同認同的「家庭價值」。最近十年，世界各國都大舉投資於「家庭政策」，把「家庭」的需求，納入未來國家發展計畫中。2004 年，新加坡政府投入八億坡幣（約一百六十億台幣），創造「友善家庭環境」（family friendly environment）。他們下定決心，打造新加坡成為「幸福家庭的樂園（Making Singapore a great place for families）」。例如新加坡的家庭價值鼓勵重塑家族照護力量，政府就補貼買房子買在父母附近的新婚夫婦，一戶補貼八十萬台幣。也提供扶養 65 歲以上老人的家庭，各種減稅優惠與福利。如同 1994 年柯林頓在美國通過了品德教育夥伴計畫，由中央政府補助各州，讓孩子的品格教育，不獨是家庭的責任，而是結合社區和學校，共同面對與解決問題。

　　家庭的需要，以「孩童照顧」為核心。以歐盟各國的政策作比較，北歐社會福利國家在孩童照顧政策規劃最完善。譬如，在瑞典、挪威和丹麥，政府提供父母在新生兒出生十二個月內，帶職帶薪的育嬰假。研究也顯示，北歐國家父母對於新生兒的照顧，讓嬰兒的健康情況和其他成就上有明顯的改善，同時在孩童時期的抗壓性也明顯提高。北歐國家政府也補貼家庭育兒的支出。丹麥政府補貼三分之一，瑞典補貼兩成，芬蘭補貼百分之十五。在丹麥，小孩一直到 9 歲前，都有政府的補助托育園幫忙在放學後照顧小孩。也因此，丹麥的母親有七成七是職業婦女，丹麥兒童的貧困比率百分之二點四，是國際經濟合作與發展組織（OECD）國家當中最低的。其他歐盟國家如法國和比利時，雖然沒有提供如同北歐豐富的孩童照顧資源，但是也提供了兩成五到三成補助，讓 3 歲以下孩童享有全日照顧支援。義大利、西班牙、葡萄牙等歐盟會員國，也都陸續加強投資孩童照顧和托育設備軟硬體。2007 年的法國大選，孩童照顧和家庭教育政策，成為候選人辯論的政策重點。近年來，法國因有效的政策引導，生育率回升到百分之一點九，被喻為世界的「奇蹟」。投入於孩童照顧，是促進婦女就業最有效的政策。1971 年，愛爾蘭女性就業率只有百分之二十，2004 年，已經升至百分之五十五。因為愛爾蘭投入相當可觀資源於兒童照顧政策上。認為為孩童照顧建立家庭支援網路，是在知識經濟時代不得不做的長期投資。強調投資下一代，就是投資我們自己。把家庭教育，當成兒童教育的基石。人力素質和競爭力數度名列國際組織排名前茅的芬蘭，認為家庭教育才是教育成功的關鍵。政府不但投入資源補貼父母對小孩的照顧，如同「聘僱」父母做孩子最好的保母。給小孩的生活補助與福利金，部分限定為教育、文化用途，鼓勵父母帶孩子到與政府簽約的書店、美術館等文化教育單位消費，從學前開始擴展文化視野。

先進國家的家庭政策，早就脫離補貼與補救弱勢的「後見之明」，而是把投資於所有家庭的穩定與健康，當成投資於未來的「國家計畫」。聯合國經濟社會事務社會政策發展部強調，在家庭議題上，政府必須扮演關鍵角色，提出有策略性的、整合勞工政策、社會保護、教育、健康、住房政策等的總體規劃。

參、現代社會的家庭機能

德國為了拉抬一蹶不振的生育率，推出了「爸爸計畫」。產假和育兒假不再是母親的專利，做父親的一樣可請假，假期可長達十四個月，且還可照領六成七的薪水。「爸爸計畫」已在生育率全歐最低的德國引起效應。愈來愈多男士因無後顧之憂，相繼請假在家照顧孩子，新政策不但可以提高育兒率和經濟生產力，也為現代男性提供了另一個角色扮演的可能，在家養育孩子還可加深他們和孩子的關係，使他們感到更獨立，也更有責任感。有鑑於過去德國政府將育兒福利政策全放在婦女身上，使得德國成為全歐生育率最低的國家，平均每個婦女生育一點三七個孩子，甚至低於瑞典的一點七五個。新政策將對德國新一代家庭倫理觀念產生重大影響，也有助於生育率的提高。

在一個現代家庭裡想扮演「好父母」的角色，的確帶給人們不少壓力。雖然今日社會對父母親的刻板印象已經改變，但面對扮演著稱職角色而言，仍不時感受到焦慮與緊張。做為一位現代父母親似乎無法憑藉著原有的本能，而可以理所當然的進行對其子女的生育、保育、養育、教育的施為，因為處在今日社會中資訊快速而且大量的引導著人們目不暇給，尤其周遭諸多不安全因素，如同：各種環境污染的傷害，不良食品和藥物的後遺症，以及人為傷害，如綁架、誘騙、車禍等。還有對孩子學習上的恐懼，擔心幼兒的教育啟發得太遲、害怕才藝學得太少、害怕學校功課成績差……等等，乃至於害怕自己教養方法錯誤，處理失當，太過民主會造成孩子的嬌縱、無法無天，以致於要承受「養兒不教父母之過」的責難；但另一方面，照顧太過周到，將使子女缺乏獨立的訓練，又會被冠上「占有慾」太強的指評。管教太嚴或是功課壓力太大，或許會遭到孩子的反彈；但是沒有給孩子一點壓力就形同放棄管教一般，孩子會認為「只要我喜歡有什麼不可以」是合理的，會造成孩子不會體諒別人的感受。既要「關心」又要「放心」，時時都在尋求蹺蹺板上的平衡點，生活在焦慮和不安的情境裡。

的確，扮演父母親並非本能，而是需要許多的調適與學習才能漸入佳境。擔任一位父母親其實就像做所有其他的事情一樣，需要推敲、琢磨、實行，而在其過程當中，焦慮與滿足的感覺可能會交替出現。所以親職教育專家指出，父母親養育孩子的過程，其實就是在學習如何克服焦慮。在一個邁向現代化、都市化的社會裡，人際網絡交錯繁複，社會景象百態多元，加上愈來愈多的家庭是屬於夫妻均有專職的雙職家庭。身兼數職的父母，「事業」是尋求自我實現發揮能力的園地；「家庭」的固有角色皆要善盡扮演，如果這些都是個人無法割捨的，又要恰如其分地演好每一種角色，緊張、焦慮、壓力等症狀都將襲面而來。

　　現代社會宜建立適宜的家庭政策,以回應社會現象而且能引導未來發展方向,中華民族的發展脈絡中極重視家庭,爰此,隨著現代社會家庭正面臨極大的挑戰時,家庭既是社會的基礎單位,政府和國家不但需正視問題的存在,也需有明確的政策來回應社會與家庭的問題。翁毓秀教授認為,家庭政策應該包括下列幾個層面:

一、提升出生率與促進出生性別比正常化:由於本國婦女生育子女人數每年在逐年減少中;外籍配偶(含大陸、港澳)所生子女數七年來成長將近一倍。(內政部兒童局,2007)外籍配偶所生子女數占全部出生嬰兒百分比從 1998 年的百分之五點一逐年上升至 2005 年的百分之十二點九。台灣地區這幾年出生性別比一直維持在 110 比 100 左右,可以明顯看出民眾偏愛生男嬰。這種趨勢的持續發展將使得未來的男性將更難找到結婚對象,促使更多的男性需向外發展,將進一步提高外籍配偶的數量與外籍配偶所生的子女數量,形成多元種族與文化的地方。

二、家庭功能的維護:出生率降低將使 0-14 歲人口所占比率逐年下降,也就是說將來進入 15-65 歲人口的人將逐年下降,老人指數持續上升,勞動力將負擔十分沉重。政府需要以積極的促進生育政策來提升生育率。積極的政策包括:減稅、低收費又可靠的托育服務、課後輔導、育嬰假、產假、普及性的生育津貼、托育津貼及兒童津貼等等措施。

三、家庭政策宜周延回應社會變遷:當晚婚與遲婚成為了某種變遷趨勢的社會事實時,這使得少子化及其家庭內涵的改變,也成為一項預料之中的發展後果;連帶地,扣緊年歲稍長的婚配組合和家庭運作,那麼,諸如自我概念、心理狀態、夫妻互動、親職關係、家庭生計、退休安排以及經濟安全,更是需要社會安全制度的縝密規劃。

四、多元的家庭政策內涵:核心家庭雖然在台灣地區仍然是占大多數,但是單親家庭、外籍配偶家庭、隔代教養家庭等等家庭型態也逐漸增加。家庭政策除了要能夠明確建立國家對家庭的遠景,更需要能夠滿足家庭的需要。

　　根據學者杜佛(E. M. Duvall)對傳統與現代父母親的角色做下列的詮釋,傳統好父母親的角色是:照顧孩子的起居飲食,訓練孩子的規律,培養規律的習慣,教養、糾正孩子,要求服從、獎勵好的行為,使孩子成為一個有品德的人。隨著時代變遷現代好父母親的角色是:訓練自我獨立、教導如何適應生活、協助孩子社會發展、指導孩子的遊戲、提供心智成長的刺激、愛孩子、如朋友般對其言行充滿興趣、冷靜、愉悅、有幽默感、時常微笑給予孩子鼓勵……等等。教養行為是藝術又繁瑣的,對為人父母更是充滿挑戰的終生工作。亙古以來,上帝創造人類,但是無法照顧每個人,於是請父母親做為天使呵護所有的孩子。

肆、正視家庭的受虐兒童

　　近年來台灣地區經濟不景氣,失業或卡債的風暴,使許多家庭都嚴重受害,父母親承受不起經濟打擊,為不使其子女留在人世間沒有人照顧,父母攜子自殺的案件屢見於媒體。兒童常

不了解大人的世界，但卻無法逃避父母的安排而無辜地喪失寶貴的生命。經由社會報導所揭示令人怵目驚心的兒童虐待致死的案件發生，兒童虐待的案件與問題的嚴重性，雖有政府與民間的共同努力試圖減少兒童虐待的案件已有段時間，但案件似乎並沒有減少的趨勢。家庭本來應是安全、溫暖、形塑兒童人格的地方，但是非常不幸，台灣地區每年都有許多兒童生活在這類的家庭環境裡。

表 2：兒童及少年受虐人數一覽表

年度	合計	兒童：人	少年：人
2000 年	6,059	4,093	1,966
2001 年	6,927	4,466	2,461
2002 年	6,902	4,278	2,624
2003 年	8,013	5,349	2,664
2004 年	7,837	5,796	2,041
2005 年	9,897	7,095	2,802
2006 年	10,094	6,990	3,104

資料來源：兒童局網站，2007.04.03。

雷德門（A. Riedmann）綜合了兒童受虐待發生的理論及行為，而成為「兒童被虐待之歸因模式」，共有八種，分別為：

1. 心理動力模式：強調兒童被虐待的發生，是受到施虐者內在心理動力所影響。這類父母的人際交往缺乏信賴感，具有社會孤立的傾向，其婚姻關係缺乏有效支持。虐待兒童的父母，在生活上所遭遇的危機和壓力即導致虐待的導火線。

2. 人格特質模式：認為虐待子女的父母是人格較不成熟者，較自我中心，且具衝動的性格。此類父母性格嚴苛，具強迫性，缺乏溫暖及對事物合理對待的方法。

3. 社會學習模式：施虐者無法從父母角色中得到滿足，他們經常忽略兒童正常的發展需要，對兒童的期望過高，不懂兒童行為的適當標準，育兒知識也往往是錯誤的，他們會用一成不變的體罰來管教孩子、訓練孩子。

4. 家庭結構模式：著眼於家庭成員間的共通性，如聯結、情緒牽絆；私生子及不被期望下出生的孩子最易成為被虐的兒童。在被虐兒童的兄弟姊妹中，父母可能特別偏袒某些人，而特別對受虐兒童不友善。另外，「替罪羔羊」亦是另一個經常發生的狀況。父母可能會把工作上挫折情緒發洩在孩子身上，或是在夫妻爭吵後洩憤在孩子身上。

5. 環境壓力模式：強調「壓力」是發生虐待的主要原因。貧窮、教育程度低落及職業方面的壓力是導致兒童被虐的主因，若沒有這些環境壓力，虐待便無由發生。

6. 社會心理模式：強調挫折與失敗是兒童被虐的重要因素，加上人格特質的不成熟、控制力低及精神失調，在心性浮躁下，往往不由自主地闖下大禍。

7. 心理疾病模式：受虐兒的父母有一部分是屬於此類，由於心理疾病導致不自覺的傷害子女。

8. 社會文化模式：將子女視為私人財產，同時社會的傳統觀念裡，嚴厲的管教及棒下出孝子的做法，是被社會大眾認可的，因此，兒童虐待的案件便在這種扭曲的觀念下產生了。

精神分析學家弗洛依德在「一個兒童正被責打」的研究報告中，認為父母對待兒童的態度，是潛藏著一種無意識傷害兒童的概念；所有的成人皆有撫育兒童的慾望及摧毀兒童的衝動，但由於了解社會無法接受這種破壞性傾向；因此弗洛依德相信父母們是將之埋藏在無意識中，及否認其存在。加上上述的分析可以了解「虐待兒童」這個嚴重的問題並非單純的突發事件。兒童被虐待情形在台灣地區有逐漸增加的趨勢，很值得社會大眾及父母注意及改進。兒童被虐類型中，以監督疏忽、生理虐待、精神虐待及醫藥疏忽四種情形最為普遍。相關研究亦發現：大部分的施虐者在童年時期也是受虐者；且兒童被虐與其家庭收入有顯著的相關性，家庭收入愈低者，兒童受虐情形愈嚴重。

鑑於兒童受虐日益嚴重的狀況，期許家庭、社會、政府能做以下幾點改進：

第一，加強保護兒童有關政策法規的研議及學術研究，以做為保護兒童的基礎。

第二，配合兒童福利法的規定，成立專門負責推動兒童保護機構，並進用兒童福利專業人員。

第三，加強對「兒童被害者」之研究，以提供必要的防制之道。

第四，運用各項社會教育的機制，倡導保護兒童的觀念與做法。

第五，加強緊急保護安置的措施，暫時隔離受害者與施虐者。

第六，落實兒童受虐通報制度，使兒童能即時獲得必要的援助。

兒童遭受惡意遺棄、虐待的新聞，不僅駭人聽聞，更令人不忍；童稚之齡，手無縛雞之力，竟遭受親人如此對待，何其不幸何其無辜。任何一個兒童都有快樂而安全成長的權利，我們應努力建構一個祥和適當的環境，提供兒童的成長及需要。因為，唯有健康的兒童，才有健康的社會及未來。

伍、關注單親家庭的現象

隨著工業化的進展，傳統的價值觀快速變遷，亦使得家庭型態有所變動，其中之一即單親家庭：也就是一個家庭內有若干子女，但卻只有一位家長（父親或母親）的型態正快速增加。雖說台灣地區家庭型態仍以核心家庭為主，但是單親家庭數卻持續增加中（內政部兒童局，2005），這可以從離婚率持續上升有密切的關係。自 1985 年離婚率為千分之一點一，離婚對數為 21,165 對；至 2005 年粗離婚率為千分之二點八，離婚對數有 62,650 對，根據內政部統計處，2004 年的單親戶數大約為八十七萬一千戶，若以家庭平均子女數為 1.3 計，台灣地區大約有一百一十三萬左右的兒童少年生活在單親家庭裡。將離婚的家庭數目，加上喪偶、分居或夫妻兩地分離者，台灣去年約有七十四萬戶到二百二十萬戶（全國家庭數的三成）處於單親或假性單親（即夫妻分隔）狀態。在這些單親家庭中，以女性為戶長的單親家庭占百分之六十八點一一。

（主計處，2003）由於女性在職場中的弱勢，女性單親戶又普遍比一般雙親家庭或男性單親家戶更容易落入貧窮。（劉清富、薛承泰、周月清，1995；Mark，2002）女性單親常需維持家計的同時尚需獨立照顧子女，使女性單親與子女長期處於嚴重的家庭壓力中。單親家庭在西方的先進國家中相當普遍。過去二十多年來，美國、英國等國家的單親家庭數目已增加了兩倍多。而以台灣地區離婚率的統計數字，可以預測的是單親家庭的增加勢所必然。

　　不管是甚麼樣理由所造成的單親家庭，多少會面臨以下的問題：

一、經濟的問題：單親家庭中，由於單親父或母必須身兼雙職，獨自承擔家庭經濟責任，容易造成壓力過大、經濟拮据、就業時間不夠分配等困擾。尤其是在台灣女性戶長單親家庭的收入低於一般家庭，僅為百分之六十七點八，同時由於我國社會福利的措施還不普及，單親家庭只能靠自己的努力解決生計的問題。

二、工作的問題：單親家庭由於人手的缺乏，所以家長必須同時肩負：維持生活所需、養育子女、料理家務等多項角色，往往造成過度的負荷。

三、教養的問題：由於經濟的不穩定，以及身兼多職所產生的分身乏術現象，使得單親家長對子女的教養多半無奈與力不從心。由於沒有良好的家庭教育，自然不易導致良好的教育效果。此外，子女受到單親扮演父母雙重角色，勢將影響對性別角色的認同，在社會化不足的情形下，將不利於子女未來的婚姻與家庭。

四、再婚的問題：儘管再婚可以帶來很多好處，然而再婚也是有其遭受的阻力，由於單親家庭的家長本身已經離婚或喪偶，加上照顧子女的負擔，論及再婚的確較為不易。

五、心理的問題：包括，離婚或喪偶後的心理適應；生活的安全感；社會對離婚者的偏見等等，均會造成個人調適上的困難。

六、社會的疏離：受到既有社會價值的影響，使得離婚者容易遭受到親友疏遠、歧視等。因此，在社會關係方面較易形成缺乏安全感、歸屬感，以及親友疏遠等情形。

七、法律的問題：離婚者在法律上將面臨包括：子女的監護權、探視權、親權的行使、財產權、繼承權等。由於父母在離異之時，為了爭奪子女的監護權，往往是採取平分的方式，如此一來，即拆散了手足之情，剝奪兄弟姊妹共同生活的自由。

　　面對上述的問題，社會提供解決單親家庭的策略，一般可分為：第一，提供必要且適當的經濟補助，以克服生活上的困窘。第二，針對不同的單親家庭類型提供服務，例如：職業訓練、子女課業輔導、兒童照顧服務、寄養家庭及心理輔導等。第三，法律保障方面：例如夫妻財產制的修訂、有關於家庭法律的修改等。第四，針對不同背景的單親家庭提供必要的福利措施及協助。第五，調整國人觀念，以正確的態度看待單親家庭。由於單親家庭背景不一，需求與所面臨的問題自然也不相同。因此，只有充分了解單親家庭的情形，才有助於對其衍生問題的解決。

　　對我們社會而言，單親家庭是一個早已有之於今為烈的社會現象，不僅數量漸增，問題也漸次嚴重，甚至成為一種次級文化。目前單親家庭其發生的原因，雖然是以喪偶的因素居多；但隨著社會的轉變，因離婚、未婚生子等原因所產生的單親家庭將逐漸增加，這類的單親家庭

所要面對的問題，以及它對社會帶來的衝擊將更大。為免在既有社會結構下造成家庭成員的傷害，社會應及早因應，妥適建立單親家庭的支持網路及調適之道。

結語

　　當人類出生時，家庭便負起哺育、養育、教育的責任，家庭左右個人的人格發展，也塑造個人的態度、信仰和價值。透過父母兄弟姊妹的互動，個人得以漸次成長並參與社會，只有在家庭，兒童才能滿足一切需要，經由家庭引導並學習社會角色，是以家庭提供了一個人人格形成、人格教化及人格發展的條件。根據弗洛依德的分析認為：發展兒童的「超我」（super ego）是家庭對於個人教化的主要功能，它慢慢地灌輸給兒童有關道德價值及社會規範，於是兒童獲得了控制其行為的有效指導，也因而能夠順利參與社會生活。中國傳統上有「三歲看大，七歲看老」的俗諺，亦說明了家庭對個人人格陶冶的重要性。良好而健全的家庭教育將使兒童能清楚認知社會角色，並且使得個體能夠圓順地展開在日後的生活，家庭對於個人人格發展的確具有絕對性影響力。事實上家庭所扮演的功能是總合的、多樣性的，個人的許多問題，如果能夠在家庭內加以解決，則此項問題就不必延伸到社會；因此，家庭不出問題，社會的問題也較少；相對的家庭不能加以解決的問題，勢將造成社會需花費更大的成本加以解決。就學理而言，一個個體能夠順利完成社會化以進入團體生活，端賴：家庭、學校、同輩團體、職業團體、大眾媒體等機構對個人的教化，其中家庭是個人社會化首要單位，也是最重要的單位。而學者研究亦發現，家庭環境是導致少年行為形成的主要因素，包括：父母對子女親情的剝奪與虐待、管教態度過於嚴苛、教養觀念紛歧、家庭功能解體、家庭氣氛惡劣、家長社經地位偏低、父母親不正確的價值觀與社會態度等。足見家庭功能不彰，對兒童及青少年的深遠影響。強調並運用具體行動倡議家庭發揮對子女教育的功能，和父母親的關愛不僅將有助於子女健全的成長，亦將能夠解決社會日益嚴重的沉痾。另外，就整個社群的運作而言，家庭生活是：凝聚親人溫情以為創造未來的動力；學校生活是：琢磨璞玉以為發展自我造福人群的準備；社會生活是：傳承文化以為孕育血脈相連的天地。家庭正是這些生活中的焦點，是希望的依託，也能讓我們的社會在未來充滿著希望。

經典人物——葛芬可

　　葛芬可（Harold Garfinkel）是美國社會學家和俗民方法學（ethnomethodology）的創始人。1917 年生於新紐澤西州，1952 年畢業於哈佛大學獲哲學博士學位，1966 年起任加利福尼亞大學教授。葛芬可在帕森斯（T. Parsons）的指導下學習，因而思想受到帕森斯（T. Parsons）、舒茲（A. Schutz）、胡塞爾（E. Husier）的現象學、社會學的影響，主張從社會成員極平凡的日常活動的考察中，提出關於如何維護社會秩序的基本觀點。他認為社會現實是人們相互交往的社會活動，

是社會活動參與者對現實的社會構造。社會現實是社會交往的自身過程，它存在於日常生活之中。因而不主張以實驗方法說明社會結構，即由其所倡導的民俗學方法論，以解釋和理解的方法對常民性行動和情境過程進行說明。葛芬可 1967 年發表其代表作《民俗學方法的研究》而一舉成名。葛芬可在社會互動過程方面的獨到見解，為社會互動理論做出了一定的貢獻。

俗民方法學（ethnomethodology）是社會學的一種理論和特殊的研究方法，又稱民俗方法論。俗民方法學力圖揭示我們做為社會群體的成員自己來建構我們對社會現實的感覺時所使用的方法和社會能力。俗民方法學認為大多數的社會學家並未對成員擁有的社會能力進行研究，甚至對此一無所知，僅僅把成員視為「文化從屬者」（cultural dopes），而不承認社會現實是由個人創造的。俗民方法學者認為社會現實應被看成是個人的「理性成就」（rational accomplishment）。傳統的社會學家如涂爾幹（Durkheim）在《自殺論》（Suicide）一書中所說，或象徵互動論者，被認為把行為者建構「意義」的能力僅僅看作為一種未經檢驗的「來源」，但是俗民方法學則把成員擁有的「方法」和默會知識（tacit knowledge）變為一個分析的課題。俗民方法論者要做的是分析成員在特定情況下提供的說明（accounts）因而廣泛運用日常談話的紀錄。在這一點上，俗民方法論與象徵互動論（symbolic interactionism）存在著一些相似之處。

葛芬可深受舒茲（Schutz）的影響，他在《俗民方法學的研究》（Studies in Ethnomethodology, 1967）一書中的論點認為，傳統的社會學忽視了對於社會普通成員所擁有並運用於社會生活正常行為中的俗民方法的研究。葛芬可聲稱他透過非正式實驗的結果揭示了這些方法，例如在實驗中他鼓勵他的學生在自己家裡扮演顧客。葛芬可認為這些實驗和類似的實驗表明，在社會互動中存在著「視為當然的假設」（taken-for-granted assumptions）和成員說明（accounts）的索引性。成員說明的特徵以及成員的創造能力，同時被認為使得大部分傳統社會學的科學立場歸於無效。

葛芬可強調，自反性（reflexivity）的觀點是涉及了：1.一種說明和理論指涉自身時所具有的能力，如知識社會學。2.俗民方法學（ethnomethodology）和象徵互動論（symbolic interactionism）專指一種觀念。認為我們日常的實際敘述不但是反身自指，也對其所指的情況具有社會建構性。根據這種說法，自反性也是社會行為者所具有的一種能力。這在區別人類行為者與動物上具有決定性的意義，各種自反的敘述與理論都具有一個特點，即能重新產生或轉換自己所指的社會情境。各派社會學家都十分注意這個問題對社會學理論分析所具有的意義，這可以說是葛芬可對社會學的重要貢獻。

經典論著──《現代性之後果》

安東尼・季登斯（Anthony Giddens, 1938-），英國當代著名社會學家。在 1990 年所著的《現代性之後果》中，季登斯嘗試利用其「結構性理論」的部分核心論點探討了現代人當前面對著的是一個怎麼樣的世界，及在這種情況下所感受到的困惑和可見的出路。他認為，現代社會走

向後現代化局面的形成是空間的宏觀社會制度構成及微觀個人行為演變互動的結果。對於現代化之後，他強調人類社會的未來是依賴我們對當前的局面有充分洞悉後，所願意做出的一種未必知曉是否有理想效果的承擔。所謂「現代性」，季登斯指的是十七世紀以來出現於歐洲的社會生活方式與組織方式，其影響隨之向世界各地蔓延，在世界範圍內產生了巨大的影響。現代性的特徵是它使我們中的大多數人都陷入了大量我們沒有完全理解的事件之中，現代性的出現並非像許多社會理論所解釋的那樣，是歷史隨著某一既定的發展線索內部自身演進的結果，相反，非延續性或者說斷裂是現代性的基本特徵。現代性帶來的生活型態以前所未有的方式，把我們拋離了所有可知的社會秩序的軌道。

季登斯認為，制度性轉變是由四個不同層面所構成的：資本主義、工業主義、監視及軍備力量。資本主義是一個以商品生產為主導，並以資本家與無產階級工人之間的關係而構成的一個以階級制度為軸心的體系。資本企業是完全依賴市場及由投資者、生產者和消費者等之需求和供應作價格的指標。工業主義是指一種利用非生命性的物資力量去生產商品，並在生產過程中配合機械的生產方式去運作的形態。工業主義經過兩個多世紀的蛻變，已令現代工業對世界的生態產生了不可思議的影響，人造環境成為了現代社會中比比皆是的現象。現代國家具有完善的行政管理系統，而此行政管理的集中化亦標誌著其強大的監視能力。監視能力是指對其管治範圍下的人口之活動的監察。此種監察可以是直接或間接的，但最常見的是以資訊管制方式的間接性監視。此種監視能力若能成功發展便能引出第四個現代國家的獨特性：軍備力量之專利化下所容許的行使暴力的專利權。軍備力量和工業發展所帶來的可怕後果是「戰爭工業化」。這四種制度化的層面不但把現代社會的性質及規模與傳統的分開，更由於其發展動力所催生而促成了「全球化」現象的出現。

面對全球化的時代場景，季登斯勾畫了四種個人的適應行動：第一類型是「現實認同型」，當現實中大部分事物皆在人的控制範圍以外，暫時性的獲得便可能是個人所能計畫及盼望的了。第二類型是「持續樂觀型」，這是對人性樂觀的想法，蘊含一種直覺地相信人類終歸會化解任何危機的態度。第三類型為「悲觀嘲弄型」，那些對於高代價的危機十分恐懼的人，他們在沒法忘卻這些危機所帶來的心理惶恐的情形下，使用一種嘲諷的或厭倦世界的形式去發洩他們的憂慮感。最後一個類型是「積極參與型」，這是一種對現狀做出一種實在的評估後，對要面對的危機做出直接的回應的人。他認為面對著各種制度性轉變因全球性導向而急劇化的局面，只有社會運動才能為人們提供一條有可能的出路，如果沒有了此類社會運動的抗衡，未來社會便難逃離惡性的發展。

第七章

現代社會的社區生活

前言

　　社區生活是一種「生命共同體」的社群，也是共有、共治與共享的生活區域，我們的日常生活幾乎是在自己所屬的社區範圍內進行，我們的生活方式與人格發展多半受社區組織的影響。有了社區組織，個人生活便獲得許多便利，這也是它普遍存在的重要理由。雖然「社區」的概念可能範圍大小不一，並沒有明確的界線。這些區域皆有以下的特質如：第一，社區接觸多為直接的，人與人的關係密切；第二，社會行為標準較為單一，風俗、道德、習慣勢力較大；第三，生活方式是固定的生活；第四，生活以家庭為中心，血緣方面的關係較為濃郁；第五，人口數量少，密度低，變動少，因此，具有較多保守心理，社會變動現象不明顯。有了社區個人生活便獲得許多便利，使得我們的日常生活幾乎是在自己所屬的社區範圍內進行，人類生存機會是因社區而增強，這也是它普遍存在的重要理由，也因此我們的生活方式與人格發展多半受社區組織的影響。

　　本章的重點在說明社區的意義、社區的重要性、傳統社區的特色及其演變，以及現代社區的特色、問題與解決，並藉由社區、社區意識（Community Consciousness）、傳統農業社區、現代都市社區、社區總體營造、社區工作（Community Work）與社區參與（Community Participation）等重要概念，逐一論述社區的相關理念與事實，期使我們能對社區的形成有進一步的認識。

壹、現代社會的社區生活

　　所謂的社區（Community）是指由居住在某一地區裡的人們結成多種社會關係和社會群體，從事各種社會活動所構成的相對完整的社會實體。雖然「社區」的概念可能範圍大小不一，並沒有明確的界線，但是，它卻是一群人的生活空間。譬如說台北市的艋舺、大稻埕與大龍峒等概念均可說是社區的最佳寫照。社區具有三個要素：第一，它是一個有一定境界的人口集團；第二，它的居民具有地緣感覺或某些集體意識與行為；第三，它有一個或多個共同活動或服務的中心。社區一詞在希臘語中指「友誼」或「團契」之意。自柏拉圖以來，社區一直被視為是研究人類社會的重要單位。亞里士多德、莫爾、歐文等人都曾從社區的角度分析人類的行為或描寫理想的社會。不過，社區理論的形成，則是十九世紀社會學問世以後。德國早期社會學家杜尼斯（Tonnies）在他 1887 年著的《社區與社會》中，第一次比較系統地描述了社區。他所說的社區，指的是一種禮俗社會，頗接近我們現在所說的傳統鄉村社區，而「社會」乃指一種法理的社會，表現為區別於公社關係的社會關係和各種團體、聯合組織及國家。杜尼斯把社區和社會做為兩個相互對立的概念來說明社會的變遷趨勢，認為社會發展是理性不斷增長的過程。社區和社會就歷史發展而言，接近於傳統農業社區與現代都市社區，是社區的兩種主要表現形式。農業社區是指某地區居民及其制度所保有的結合形式，在此地區的居民或為散居農村，或

是集居村鎮，而以村鄉為其共同活動中心。農業社區或鄉村社區有四個主要特徵：第一，以農業為主的一群人；第二，生活在某特定地區的人有密切的互動關係；第三，享有相同價值與規範；第四，有強烈的我群觀念，並帶有濃厚的共同意識。至於都市社區則是一個以非農業人口為主的地區，人口密度高、社會流動大、個人匿名性高與高度專業分工。它所展現的是一種異質性現象、職業機能互賴、科層制的發展、理性與個人主義導向的人際關係，並且依賴形式的社會控制。

「社區」（community）的定義可依不同觀念而有不同說法：

第一，社群與地域觀念：社區是地理、社會與地域組織的單位，所以必須有一定的地域條件；也是居民在特定地理界限內從事共同互賴生活，並具有地緣感或集體意識的人口集團。居民是社區主體，其人口特徵則表現在社區組合上；地理空間也是生活空間，包括自然資源與公共設施等；「社區」本身具有雙重意義，「社」注重社區中的人際關係，「區」則有地區或環境的意涵，指涉人與環境的結合體。

第二，情感與意識觀念：社區居民間有相當的共識、認同與歸屬，並且形成一種心理依附，進而追求共同目標。社區是具有我群感、認同感或共同價值觀的人群，實踐日常生活與社會互動的情感單位。社區問題的產生和解決與整個社區的自然資源、人文環境及風俗習慣等息息相關，因此，社區發展政策必須與社區習俗和文化密切配合。

第三，經濟與職業觀念：社區必須以一定的社會關係為基礎組織起來的，進行共同生活的人群，在有一定的生活服務設施，如商業、服務業、文化、教育等設施；社區是一個相對完整的社會功能整體，即能夠滿足人們的基本生活需要。社會互動是居民發展社會網絡的關鍵，也是社區持續生存的動力；社區不同於行政區，而且是動態的，具有高度彈性的，並非硬性的規定或劃分；社區是與職業密切相關的經濟單位，例如新竹科學園區、大學城或軍事單位等。

第四，政治與國際觀念：社區是一種組織結構，必然有社會組織運作的現象；國家與國家間的互動隨全球經濟與政治變化而日趨頻繁，國際社會若有唇齒相依的深切感受，便會積極加入「國際社區」，例如聯合國、世界銀行與亞太經濟合作組織等。

社區生活是為了滿足社區成員為目的，隨著社會的變動社區必須積極朝向社區發展的道路。社區發展的目的是：一、提倡互助合作精神，鼓勵社區居民自力更生解決社區的問題。二、培養社區居民的民主意識，吸引其參與本社區公共事務。三、加強社區整合，促進社區參與（Community Participation），理性進行社會變遷，以加速社會進步的過程。過去，由於我們較重視社區硬體建設，相對忽視居民的社區認同，致使社區發展理想與實際間落差過大，甚至有名無實。因此，當前社區發展政策的首要任務即是如何強化居民的社區認同與社區意識，如何透過各種社區活動的辦理，加強居民的社區參與與情誼，進而使他們自動自發、相互合作，融合成社區生命共同體，形成社區發展的動力。參採 1955 年聯合國在《通過社區發展促進社會進步》的文件中，提出了社區發展的十項基本原則：一、社區各種活動必須符合社區基本需要，並以

居民的願望為根據制定首要的工作方案；二、社區各個方面的活動可局部地改進社區，全面的社區發展則需建立多目標的行動計畫和各方面的協調行動；三、推行社區發展之初，改變居民的態度與改善物質環境同等重要；四、社區發展要促成民眾積極參與社區事務，提高地方行政效能；五、選拔、鼓勵和訓練地方領導人才，是社區發展中的主要工作；六、社區發展工作特別要重視婦女和青年的參與，擴大參與基礎，求得社區的長期發展；七、社區自助計畫的有效發展，有賴於政府積極的、廣泛的協助；八、實施全國性的社區發展計畫，需有完整的政策，建立專門行政機構，選拔與訓練工作人員，運用地方國家資源，並進行研究、實驗和評估；九、在社區發展計畫中應注意充分運用地方、全國和國際民間組織的資源；十、地方的社會經濟進步，須與全國的進步相互配合。實際應用的社區發展基本原則，常因各國或各研究者的不同而相異，不可強求一律，除了基本原則外，還有具體工作時應遵循的技術和行動原則。

貳、社區類型與現代社會

社區是一個公民社會（Civil Society），因為其是指占有一定區域的一群人，因歷史背景、地理環境、社會文化、生活水準、職業聲望或其他方面的差異而造成各種不同的地域，並且形成彼此相互依存的關係。在社會學研究中，一般按社區結構和綜合表現，把社區分為兩大基本類型，即都市社區和農村社區。這兩類社區具有各自發展的歷程，普遍存在於各個國家和民族之中，是人類社會生活的最基本環境。但伴隨著社會生產力的發展，都市化過程的加快，落後的農村社區日益向都市社區演變。都市社區將成為人類生活的主要舞台，這也是社區發展的普遍趨勢和基本規律。社區的範圍很難界定，既非行政界域，也無明確界線。然而，對於某一群人而言，社區卻是個人發展認同感與歸屬感，並擁有某些權利與義務的具體存在生活空間。社區也是一種制度、組織或體系，這種組織或體系依其空間分布來說，即是一種區位結構或區位體系。社區有自己特有的文化、制度和生活方式，每一個社區的居民，對於自己所屬社群能產生一種情感和心理上的認同感，即有一種「我是某個地方的居民」的觀念。上述各要素的有機結合構成了活生生的社區整體。

社區具有群體、公社和共同體的含義。它們的構成本身就體現出人與自然、人與社會、人與人之間的諸種關係。社區是一個相對完整的社會實體。就是說，它不僅包括一定數量和質量的人口，而且包括由這些人所構成的群體和組織；不僅包括人們的經濟生活，而且包括人們的政治、文化生活；不僅包括生產關係，而且包括其他社會關係；不僅包括一定的地域，而且包括人們賴以進行生命活動的生產資料和生活資料。總之，它包含了社會有居民共同生活的領域，是宏觀社會的縮影。由於社區是一個歷史範疇，是人類活動的產物，是隨著社會的發展而發展的。社區類型很多，依據不同標準，可以劃分出許多不同類型。如以社區發揮的功能為標準，可分為工業社區、農業社區、商業社區、文化社區和旅遊社區等。以社區的地理狀況為標準，可分為平原社區、山地社區、濱海社區等。以社區發展程度為標準，可分為傳統社區、發展中

社區、發達社區等。社區發展是一種綜合性工作。要做好社區發展工作，需要整體社區居民參與，並在參與過程中，培養居民的社區意識，使居民認同社區組織，關心社區事務，進而利用社區資源維護自己的社區環境，深切體認社區是「利害相關，休戚與共」的生命共同體。社區發展指社區居民在政府機構的指導和支持下，依靠本社區的力量，改善社區經濟、社會、文化狀況，解決社區共同問題，提高居民生活水平和促進社會協調發展的過程。社區發展運動興起於工業革命以後，主要是針對當時工業發展帶來的一系列問題，在社區內開展的一系列社會工作。第二次世界大戰後，為了社會環境的重建，社區發展得到更廣泛的重視。1954 年，聯合國建立社會事務局社區發展組織，在世界許多國家和地區積極推動社區發展運動，並得到了一些國家和地區政府部門的重視。而隨著時間的推衍，社區型態有所嬗變，目前大抵上可區分為；

一、傳統農業社區

　　傳統農業社區是由居住在一有限地域內具有共同利益，並有共同滿足其需求方式之人群所組成。農業社區所下的定義是：「面對面結合的一個地區，比鄰里大，在此地區內，多數居民利用其集體生活所需之社會、經濟、教育、宗教及其他勞務，並對於基本態度與行為有一般的投合，通常是以村或鎮為中心。」早期的農業社區有如一個原始部落，自成一個小世界。農民自己生產東西，製造工具與服裝，而將其剩餘產品售給鄰市。近代一般先進國家的農業社區因受現代化、都市化與工業化影響，先前的自給自足現今多半已不復存在，轉而必須依賴都市；一切生產、運輸、交易與消費可說是以都市為轉移中心。同樣的，由於台灣土地改革成功，工業日漸發達，農民生活水準大幅提升，農業社區也有很大的轉變。

二、現代都市社區

　　一般社會學者認為：都市特性在於它是一種心理與物質結構，也是人類共同營生的地方，其主要特徵是它的社會組織與制度。因此，現代都市社區係指一個集中在有限地域內的人口集團，在法律上具有社團法人的地位，在經濟上具有分工與互賴的特色，在政治上具有地方政府的體制。它的主要營生方式不是直接依賴耕種與捕魚等來獲取食物，而是靠著工商業、人事服務與其他專門技能以謀生。在社會互動與社會關係上，它也多半是集體的與間接的。都市社區大致可分為五種類型：(一)傳統市街：位於都市較老舊地區，居民世居比例高，住商混合性最強，社區凝聚力也高，但因發展時間長，房屋外觀顯得簡陋，土地與建築物的產權相當複雜，例如台北的迪化街、萬華一帶與延平北路某些地段。(二)零散發展型社區：原可能是老舊平房或日式大宅院，經地主改建或建商合作而成為較新式住宅區。由於它是新舊雜陳居住型態，都市景觀相當零亂，新住與原住人口間缺乏一體感，彼此情誼較傳統市街淡薄。(三)公共服務部門所提供之住宅：包括國營事業提供的宿舍社區，如中油與台糖等；政府機構提供的員工住宅，如中興新村眷舍；以及居住地狹小但各種福利齊備的傳統眷村。(四)市地重劃區：原為農業用地，經重劃後改成建地，屬於新開發社區，住戶的社經地位也較高，例如木柵與大直重劃區。(五)民間造

鎮計畫社區：大多選在都市外圍地區，有不少為山坡地帶，透過大面積土地與低廉地價的整體規劃與設備而開發完成的社區。這類社區發展上的最大困難是居民社區參與意願低，相對缺乏認同感與我群意識。

三、網路社群

「網路社群」（online community）指的是將實體社會中的社區、團體概念延伸到網路上，網友可以依據各項宗旨在社群網站中成立不同的團體，並藉此進行聯絡與溝通，做為一種新興社區營造的網路社群，最大的意義乃是在於：網路社群利用人有與其他人產生互動、情感維繫以及得到更多資訊的需求，藉此提供一個虛擬空間，讓關心相同主題的使用者群聚在一起並且分享資訊。因此，網路社群等於免費提供了一個虛擬的交流空間，讓有共同需求的人可以很方便且無時差地擁有討論的空間以及自由的資訊空間。此外，網路社群也稱為虛擬社群，最早的虛擬社群可回溯至 1980 年代早期，美國一個連結各大學電腦中心的網路 USENET，其主要的目的是傳播不同主題的「新聞」，參與者可以根據各種主題張貼訊息或讀取他人所張貼的訊息，形成一個交流經驗、分享興趣的虛擬社群，最主要是供學術使用；直到 1990 年代，全球資訊網（www）出現後，才開始為虛擬社群加入了商業氣息；至於，到了 1990 年代中期，隨著網際網路逐漸在全球各地普及開來，其開放性的架構讓任何連上網際網路的人都能在同一個網站上與全球各地志同道合的人，針對同一主題發表意見、互動交流，這種自由、開放又具隱匿的特性，更讓各式各樣「網路社群」如雨後春筍般地冒出。截至目前為止，「網路社群」尚未有一標準的定義，以下列舉部分學者的看法：（方興東等，2002）

表：網路社群的定義

學者	定義說明
Rheingold（1993）	虛擬社群來自於網路上的社會累積，當擁有足夠的人數持續在網路上公開討論，經由互動的增加，隨一定的時間，這些人便累積了相當感情基礎，便會在網際空間裡形成人際關係網絡。
T. Fernback（1995）	一種在網際空間中經由一次次在某特定環境中（如：Chat）互相接觸及討論相同興趣主題所產生出的社會關係。
C. Adler（1998）	一個允許具有共同興趣的人們透過網路空間，如：以 WWW 或 MSN 來彼此交流、溝通及分享資訊等的空間。
Inbaria & Shayo & Olfman（1999）	社群通常是形容許多種型式的電腦媒介通訊，特別是指在群體間的一種長期的、以文件媒介的溝通方式。
C. Kannan（2000）	一群到達臨界數量的網際網路使用者因相同興趣或情感而在網際網路上參與討論區討論，於聊天室中與其他人互動，並且交換資訊所產生的人際關係。

資料來源：修改自方興東等，2002。

　　無論是農村或是都市社區，居住於社區的人對於所屬社區有一種心理上的結合，亦即所謂的「同屬感」、「歸屬感」；認為該社區與其關係密切，正如同一個人對自己的家庭、故鄉、社會及國家等懷有特別的情感。這種「我群」的意識，使社區成員對於該社區的建設成就有一種認同與榮譽的感受，對於隸屬該社區的活動，都有相當的關注，此種心理的反應便是參與社區建設的動力基礎。「社區組織」（community organization）是指在某一特定區域內的社會生活方式，或各種社會制度相互關係的總體結構。任何社區都是社會關係的一環，也是有組織的體系。這種組織或體系依其空間的分布狀態，我們稱之為「區位結構」（ecological structure），而就其各部分關係來看，它又是一個區位體系。近年來，社區組織原則與方法經常被應用至農村地區，社區發展工作也從農村擴展到都市。因此，社區組織與社區發展間的差別日微，甚至有相互通用的趨勢，其目的皆在尋求社區的永續發展，充分運用社區資源以適應社區需求，並促進社會團體協調與提升社區生活品質。具體而言，社區發展的重點是：第一，利用社區資源解決社區問題；第二，讓地方人士體認避免衝突與相互合作的重要性；第三，社會福利機構的建立、調整與工作配合；第四，社區民主自治與專家合作關係的建立。

參、社區意識與社區發展

　　「社區意識」（community consciousness）是指社區居民對於其所居住社區有一種心理情感，亦即歸屬感與認同感。他既認同這個社區，也屬於社區成員的一分子，好比自己對故鄉與國家的情感一般。這是一種對於所屬社區的責任心與榮譽感，也是參與社區活動的動力。正如同虛擬社區（Virtual Community）的概念，就此意義而言，社區意識至少有三個要件：第一，居民對於所屬社區具有「我群」的認同與情感；第二，居民關心社區事務與社區發展事宜；第三，居民願意表達看法或採取集體行動以解決社區問題。社區意識是社區發展的基礎，也是形成生活共同體的基本要素，但卻需要透過居民互動來培養。台灣地區現共有八千七百五十五個村里，共有五千六百六十個社區，亦即每個社區約涵蓋一至二個村里，如能落實社區建設的工作，不僅反映著草根式民主的價值，也能達到地方自治的體現。這正如同現代社會所提倡「生命共同體」的觀念時，論及：社區雖然是最基層、規模最小的單位，卻是我們社會建設最重要的基礎；因此，應以社區活動為重心激發社區意識，以匯集眾人的智慧和力量，共同建立一個現代化的社會。台灣的社區發展已有四十年以上歷史，追溯社區發展歷史軌跡，我們當可發現：第一個十年計畫是以農村社區為主要對象，基礎工程與生產福利是主要的工作內涵。第二個十年計畫則以都市社區為實施對象，精神倫理建設是強調的重點。近年來，社區發展層次從早期的硬體建設擴展到公民社會的建立，並且著重整合政府與民間資源，共同改善社區經濟、環境、治安、交通、衛生、福利與教育文化等事務，企求重建鄰里關係與社區發展。長期生活於社區的成員，對社區型態多所了解，與民眾關係密切，對地方尤有情感，因此更能體驗居民於生活上的實際需求。如能以社區建設為服務主軸，顧及社區居民是處於一個共同的生活圈，容易產生地緣的

感受,及從屬的集體意識和行為,彼此相互隸屬、相互依賴,並能以集體行動實踐共同的目標時,則必能落實公民社會的理想。社區是一個占有一定區域的一群人,而形成的自然團結、自然地域,在該地域中生活的契合,使彼此間存有相互依賴的關係。其因具有「地理區域」、「社會互動」、「共同關係」等要素;因此對於地域內共同的利益、共同的問題及共同的需要等,遂容易形成一種共同的意念與想法。而社區發展必須把握能有效解決社區居民切身需求問題,鼓勵社區居民的積極參與,同時培育居民的自助自發是社區發展能否成功的關鍵。綜觀,社區發展可說是一種組織與教育民眾的過程,也是一種社會運動。社區發展的目的在鼓勵社區居民參與,協調各社區關係,運用社區內外資源,採取社區自助行動,達到引導社區的社會變遷與提高居民的生活品質。

「社區參與」(community participation)是一種社區居民自我覺醒的過程,也是居民對於周遭生活環境關心與投入程度的標誌。透過社區活動與公共事務的參與,除了可拉近彼此的心理距離,也可改善現代都市社區的冷漠面貌。因此,社區參與不僅反映出公民權利意識的覺醒,也進一步形成以社區為行動單位的集體力量。然而,社區參與並無一定的模式可循,最直接有效的方式是相關經驗的學習與傳承,確認社區的問題與資源,以及尋求適切的解決方法。更重要的是:參與過程的所有組織、協調與執行都應由社區居民自動自發的參與,其他相關專業團體或組織則應以促成方式居間協調社區居民。因為倘使居民具有我群的意識,自然會流露出對生活環境的關懷和參與。這種社區歸屬感,也將使社區居民易於產生與地方休戚與共、榮辱共存的心理意念,不僅有助於造福鄉梓,同時社會與國家的關係都能有健全的發展,這項有意義的工作,將不只是社區領袖的使命,也是社區成員的共同期待。展望未來,隨著公民社會的到來,社區組織宜發展出一套社區居民參與公共事務的策略,經由集體意識詳細規劃未來社區藍圖,期使形塑成社區居民的社區參與。

肆、社區總體營造的主張

「社區總體營造」(total community construction)這個名詞主要結合日本「造町」、英國「社區建造」(community building)與美國「社區設計」(community design)等三個概念,強調社區生活共同體、社區意識、社區參與和社區文化。社區總體營造所要達成的目標是建構符合現代社會的公民社群生活。因此,在社會興革上,推動民主化與公共化概念,強調「由下而上」的居民參與,讓社區居民管理自己,也思考其未來;在經濟發展上,著重「文化產業化」,試圖尋求「在地性」與全球視野相融合的經濟發展策略,藉以維持地方產業與生態環境之平衡;在精神倫理上,藉由社區總體營造的社會運動改造社會風氣,培養公義價值觀,重視社區互助與人際互動,積極參與社區事務,期使社區居民成為社區的真正主人;在文化推展上,藉由文化保存與重建地方文化特色,宏揚地方歷史古蹟與文化遺產;在基礎設施上,強調美化居住空間與

景觀等社區建設運動凝聚社區意識，並且形塑社區居民的共同記憶。是以，其內涵包括社區工作所強調的「生產建設」、「福利建設」、「倫理建設」、「基礎建設」。

　　社區民眾自長期生活的經驗亦最能貼切了解實際生活的問題與需求，因此經由民主自發參與過程，更宜持守民胞物與的精神參與地方建設，則不僅體現服務社區居民的職志，也是建構一個能令自己與鄉親同胞安身立命之所。「社區總體營造」強調善於運用並充分發揮「社區資源」（community resources），所強調的是指社區內外所有可以動員，並且有助於解決社區問題、滿足社區需求、促進社區成長與達成社區目標的力量總稱或動力因素。它不僅涵蓋有形物質資源與無形精神資源，也包含兩者整合後所創造的力量。有形物質資源包括人力、物力與財產。無形精神資源則指社區意識的力量，其中融入信仰追求與社團宗旨所形成之個體意願與整體目標。其中，但最常用的社區資源可分為五種類型：第一，自然環境資源：包括地形、地貌與自然景觀等；第二，人力資源：例如社區中的親友、師生、社團幹部、政治領袖人物與工商企業人士等均屬之；第三，物力資源：包括社區活動所需器材、工具、房舍、物料與設備等；第四，財力資源：例如活動經費、捐款、補助與經費等；第五，組織資源：包括社區內的學校、社團、工商企業、公司團體與基金會等。社區總體營造理念代表的是一種寧靜的革命或思想模式的轉變，其結果不僅在營造新社區的形成，也要營造新個人、新社會與新文化的風貌；不但要找回個人的感性，也要營造可以永續經營的家園。社區資源能否充分運用，有賴社區資源的發現、規劃、整合與動用。然而，社區資源的整合不限於社區內，也可超越社區。藉由各種社區活動與組織的運作，可以促使資源網絡的形成、茁壯與擴大，並且有助於達成整體社區發展的目標。社區建設所強調的是：民眾自己與政府機關協同改善社區經濟、社會及文化情況，把這些社區與整個國家的生活結合為一體，使它們能夠對國家的進步有充分貢獻的一種程序。此一程序包括兩項基本要素：第一，居民本諸自動自發精神以改善自己生活水準。第二，運用自助互助的精神以發揮效力的方式，提供技術和服務。亦即，社區建設是經由回應社區民眾的需求性，引導其參與各項計畫與工作，並以自助的原則，達到社區發展的目標。由此，可知社區被稱作「民主的社會工程學」。

　　德國社會學家杜尼斯（Tonnies）運用意識的概念，建構了「社區」（Gemeinschaft）到「社會」（Gesellschaft）的基本類型。此觀念很適合於對社區變遷的剖析。傳統的社區多半是基於自然的意願而形成的結合，由於同理心的發展、習慣的接近、共同的宗教信仰等因素，遂形成自然的生活團體，現代的社區則多半是基於理性意願的結合，主要是著眼於共同利益，為達成特定目的而建立的契約關係。傳統社區較著重於社區利益與社區價值的維繫；現代社區則往往是個人利益的考量高於一切。因此使社區關係呈現著「體系性」、「複雜性」、「利益性」和「多元性」等特色。就此種景象，更需賴社區中的領導者運用社區意識的強化，重新組織社區，使社區發展順遂開展，以裨益社區居民。「社區工作」（community work）涵蓋社區組織與社區發展，也是社會工作專業者協助社區居民凝聚社區意識與推展社區事務的一種專業活動。早期，先進國家的社區工作常與教會和醫院結合。近年來，則積極運用義工以協助多樣化的社區工作，例

如社區環保、美化環境、守望相助運動等，藉由社區活動以增加社區意識與社區認同。社區工作必須活絡運用社區資源，鼓勵居民參與，採取自助自動的行動。這些組織、教育、協調、自助的發揮，是新科基層代表的使命與責任，以增進民眾對社區的認同，達到社區建設的目的。

西方學者密爾森（Fred Milson）肯定社區居民參與社區工作的價值，並主張：「社會變遷雖由於造成變遷的因素過於複雜而不易為人所控制，但是社會科學研究者仍能藉由已知的各種地理、人文、文化、心理、生物等因素，對社會發展加以掌控，使社會的計畫變遷有實現的可能。其中社區發展工作就是要積極的指導人類發現社會的問題和需求，發揮人群分工合作的精神，組織既有的人力、物力資源，使社區生活能在有效的建設和調適關係中獲得更高的發展與加速的進步。」經由「社區建設」的強化，將有助於型塑「生活共同體」，乃至於落實「生命共同體」的體現。

經典人物──帕森斯

帕森斯（Talcott Parsons, 1902-1979）是美國著名社會學家，結構功能主義、社會行動論學派的奠基人。帕森斯的主要代表作有《社會行動的結構》、《關於行動的一般理論》、《社會系統》、《家庭、社會化與互動過程》、《經濟與社會》、《社會體系與行動理論之演化》等。帕森斯深受韋伯、涂爾幹和帕累托等人的影響，其社會學理論的中心是對結構功能的分析，基本原理是：社會是趨向「價值一致」的系統，社會的各個結構都具有一定的功能；事實上，社會就是社會結構以及這些結構的功能的相互作用的總和。被譽為二十世紀最有影響的美國社會學家和功能論（functionalism）首要的倡導者。帕森斯的理論在 60 年代後遭到越來越多的批評。這主要有：第一，過分強調道德價值觀的作用；第二，過分強調社會系統的協調均衡和社會系統的穩定；第三，不能解釋社會變遷；第四，忽視個人的作用等。

帕森斯認為，任何生命系統（包括社會系統）要得以生存，必須具備某些基本功能並滿足某些必要條件。一方面是處理系統內部狀態和對付系統外環境，另一方面是追求目標和選擇手段。於是，他由這兩分法進而推論出行動系統的四個基本功能條件。其中的外部的功能為：適應性功能及目標實現功能。而內部的功能為：模式維持功能及整合功能。

一、適應性功能（Adaptation）：即系統必須具有適應環境和從環境裡獲得資源的能力，並分配給系統內部各部分，以便能生存於所處環境之中。

二、目標實現功能（Goal attainment）：即系統必須能夠調集資源以便實現系統的目的，並且確定一組目的先後次序。

三、整合功能（Integration）：即系統必須能夠協調系統內部的各部分之間的關係，以便維持一定的和諧。

四、潛在模式維持功能（Latency pattern maintenance）：即行為有機系統（即生物體）、人格系統、社會系統、文化系統。在社會系統中也必須具備四項功能：即經濟體、政治體、社會體和文化傳統集合體。

帕森斯認為 AGIL 是社會生存的四個問題，不僅每一個社會有這四個問題需要解決，而且社會裡的每一部門都有這四個問題。帕森斯結構功能主義理論的中心是社會體系的穩定、整合、均衡，AGIL 的功能調整的最終目的不僅在於使社會繼續生存下去，而且在於維持社會體系的整合。

功能學理論分析研究社會文化體系內各種社會文化現象的功能。功能學理論認定社會是由一群相互關聯的部門所組成，因此單獨一部門是不能與整體分開來研究的。任何一部門所發生的變遷都會造成整體的失調。因此，其他部門亦必有所變遷以適應調整此失調現象，並導引社會重新朝向社會的整合與均衡。帕森斯理論中心是社會體系的穩定、整合與均衡。AGIL 的功能調整的最終目的不僅在使社會繼續生存下去，而且在維持社會體系之整合。帕森斯並無意否認體系內變遷的可能性。他指出為了達到社會體系之整合，其各部門必須時常調整內部結構與各部門間關係，此類調整乃因內部之缺乏均衡而起，是一種變遷。換句話說，社會變遷由此而生。

帕森斯以緊張（strains）這概念來解釋社會體系內部之失調。緊張乃是指任何影響正常規範下來往的二個或二個以上的單位的狀況。換言之，任何影響到社會整合的因素即是緊張。帕森斯指出緊張的結果常常會產生差異行為，需要有效的社會控制加以校正。緊張、差異行為、社會控制的結果自然而然牽涉到體系的變遷；校正偏差單位使其恢復原有之功能或創造新單位以補充代替偏差單位。

帕森斯融合進化論來解釋長期的社會發展與變遷。他指出歷史發展是一種進化的過程，人類社會的進化是「適應能力」（adaptivity）的增強。所謂「適應能力」乃指一個社會克服環境的種種困難而達到各種目標的能力。舉例來說：一個能控制傳染病散布的社會比一個無控制能力的社會的「適應能力」高。同樣地，一個工藝技術高的社會比一個初民社會的「適應能力」高。簡單地來說：適應能力係指人類改變自然環境而為人類所利用的能力。

結構功能學理論（structural-functionalism）一直被批評為一種保守的靜態烏托邦理論，因為它把人類社會看做一種靜態的整合平衡體系。雖然如此，結構功能學理論裡並未完全忽略社會變遷的解釋，尤其近年來一些功能學領袖融合新進化論階段概念，用以解釋現代化過程的努力是相當值得注意的。

經典論著──《美麗新世界》

《美麗新世界》是由阿道司·赫胥黎（Aldous Huxley, 1894-1963）所著。其中所揭示的「公共、相同、穩定」，這三個關鍵的名詞，是這個美麗新世界的同義詞，也是其宗旨所在。主張每個人在出生之前，也就是每個人的命運，都已經決定好了。要讓每個階層的人都能固守在自己

的工作崗位上，並且從事符合自己身分、地位的工作，畢竟不是那麼容易的事。因為每個活生生的人，多多少少都會有他們的個性、脾氣。然而，所幸行為科學派的學者已經發展出一套說法：當人們不斷地接受相同的刺激，人的行為就會逐漸像反射一樣產生一致的反應，成了人天生的「本能」，一輩子如影隨形。就像那個著名的俄國科學家巴芙洛夫（Ivan Petrovich Pavlov, 1849-1936）所做的「狗與鈴響」的實驗一樣，每次只要鈴一響，就讓食物出現在狗的面前，這樣實驗數次之後，狗每次聽見鈴響就會不由自主的流口水。狗被「制約」了。當然，人也可以。從這個層面來說，人類和動物的不同點就是人複雜得多，所以光靠制約是不夠的，還必須不斷地社會化，也就是讓所有的人都一而再、再而三的學習這個新世界的文化標準、價值觀，而最有效而快速的方法，就是採用「催眠教育」。那是一項令他們得意的劃時代的成就，讓每一個人從嬰兒時期到成人之前，每一個晚上都在重複的口號中入睡：「每個人都屬於每一個人」、「一克蘇麻（麻藥）好過一句咒罵」……。這些口號是那麼地簡短有力，沒有任何一個人能在睡眠中抗拒。它們一點一滴不斷不斷地注入每個人的腦海裡，緊緊的附著在每個人的記憶深處，就好像每個人天生就記得這些話，而且時常不知不覺地就從嘴裡說出來。催眠教育讓「公共、相同、穩定」的理想，又獲得了一層保障。

不過，即使這項社會化功能已經徹底發揮，不可避免地仍然會有偏差行為出現，這是絕對不被允許的，因為「公共、相同、穩定」並不只是口號而已，還必須確確實實地實踐。所以新世界裡還有第二道防線——蘇麻（soma）。只要一小片蘇麻，所有惱人情緒全部一掃而空，取而代之的是舒爽的好心情。如果量再多加一點，整個人就會輕飄飄的，全身充滿了令人陶醉的幸福感受。這種麻藥，帶給人們的，只有快樂，不斷增強的快樂。這種快感，模糊了自己原有的身分，也美化了所處的險惡環境，它像鴉片一樣，不過沒有鴉片的副作用。它是種福利，一種人人都應該定期享用的福利。德國著名的共產主義始祖馬克思（Karl Marx, 1818-1883）曾說：「宗教是人民的鴉片。」而在這裡，蘇麻是人民的宗教。

為了達到新世界的理想：「公共、相同、穩定」，社會階層是必須的。只有在每個階層的人都堅守在自己的位置上，社會才能最有秩序的進步。從低階層到高階層，每一個人都好比一個堅固耐用的齒輪，沉默地運轉身上每一顆鋸齒，然後再帶動更大的齒輪，一個接連一個地，帶動整個社會穩定的朝著進步之路。基於同樣的理由，制約是必須的。催眠教育也是必須的。為了新世界的穩定發展，為了能夠使「每個人都屬於每一個人」，每一個人也都必須付出一點「自由」當代價。

然而，精細的分工，使每個人都只是成品的一小塊零件，不但看不見完整的產品，甚至根本不知道自己的工作將會製造出什麼東西來。就好像蜜蜂築蜂巢一般，與生俱來的本能使牠們無須藍圖就能建造巧奪天工的蜂巢來。而在這烏托邦裡，人人也都被期待像隻勤勞認分的蜜蜂就好，人的意識，只被視為亂源。或許就如同馬克思所說的：「人只有在他的動物功能上，才能感覺自己在自由地、自動地活動。」這裡的人類創造了一個社會，只有當他們像動物一樣功能運作時，才允許他們感覺快樂舒適。

　　《美麗新世界》所揭示的正是書名的相反意義：「這是一個一點也不美麗的世界」。這也是德國社會學家韋伯（Max Weber, 1864-1920）所擔憂的「理性化的世界」。所謂的「理性化」，是一種過程，在這種過程中，社會日漸由效率、可計算性與破除神祕性的規範和價值支配，最後終歸造成「去除人性」的社會。也就是說，在邁向現代化的路徑上，社會因為愈來愈要求科學、理性的價值觀，以及辦事效率和可預測性，使得整個社會也相對地愈來愈沒有人情味。韋伯認為這是一個無法逃脫的鐵籠，但是每個人都終將自動地向鐵籠走去。

第八章

現代社會的族群關係

前言

我們每天都生活在團體之中，家庭是一個團體，學校是一個團體，族群也是一個團體。人類社會的政治、經濟、社會、宗教與文化等活動，均以團體組織的型態出現。譬如說，家庭、鄰里、學校、社區、政黨、教會、公司、學校與族群等，都是為了達到特定目標而發展出來的團體組織。這是因為人無法遺世獨立，幾乎不可能離群索居，所以必須和群體共存；這是何以我們從出生以來就不斷的參加或接觸許多不同的團體組織，它們皆提供我們物質與精神的需要，團體都對我們的觀念和行為產生影響。團體各具有不同的功能與特色，團體內外成員的互動關係有時是既競爭又合作的，結社的目標則是為團體成員謀取最大福祉。

當法國人民選出匈牙利移民後裔的沙科吉（Nicolas Sarkozy）為 2007 年新任總統之時，不知在台灣的人們感想如何？我們社會能否脫離「統獨爭議」、「本土意識 vs.黨國復僻」的窠臼，反映的是現今社會的族群議題。族群關係所探討的重點是，為何不同族群間的互動會產生問題，以及如何面對與解決世界各地的族群問題。所謂「族群（ethnic group）」根據學者王志弘的說法為：「最早是指共同祖先或血緣，既非基督徒亦非猶太教的異教徒，或羅馬帝國時代認定的外國人。或泛指相對於自身的通常地位較差的其他人群。而是指共同組成一個大社會裡的群體，主張或相信自己有某種血緣、體質、文化、意識、宗教、語言、風俗等共同特性，足以在和其他人群之間建構有意義的區分。晚近和多元文化主義有關的族群分類方式，藉此進行我群和他人差異的識別，以便對社會資源與權力，進行有代表性的分配。」族群關係是一個複雜的議題，對事實真相的認知與相互尊重，是解決族群問題最重要的步驟。不同的社會如何面對族群的差異與維繫，以及共同生存在一個社會中，並以此背景為基礎，對族群關係的發展作一客觀的分析，進一步從多元文化的觀點，思考族群關係發展的願景。

壹、族群認同的理論基礎

團體是一群人的集合體，「種族團體」在社會學上的定義為：具有明顯的社會特徵，並已經形成了它自己的次文化，以及懷有「自己人的共有感情」的團體。社會學家韋伯（Weber）強調種族團體是指：「人們把那些由於生理或風俗習慣上的相似性，或由於殖民開拓和移民的歷史的原因，持有一種主觀信仰的人類團體。並且，此種信仰在其團體形成的宣傳中，必須是絕對的。」文化人類學家認為要區分種族不是從其生物特徵面，而是從其文化面：這是由於人們根本無法研究純粹的種族類型，加上要區別後天學到的行為、先天遺傳的行為、以及測量智力和感情的特性有種種的困難。所以，人們很難確定種族之間的智力和感情特性間的差異。

族群認同涉及種族的概念，所謂的種族團體（racial group）依據，社會達爾文主義的意涵：將人類當一種物種，而不同的種族群體（譬如以膚色分黑白黃褐等）就是此一物種的分支，並

認為這是種族適應環境所產生的群體。種族（race）是一種將人分類的模式，以生理特徵（例如膚色、面貌特徵）為基礎來區分人類，而這些生理特徵被假定是來自基因遺傳。種族主義（racism）在意識形態與制度下的意涵是指實施種族主義（種族隔離或差別待遇）的國家內，主流支配下形成的人群分類等級。族群或族群團體隱含族群具有兩個重要的特質：第一個特質為族群團體內的成員因持有共同的文化，並透過與其他族群團體的互動，產生一種社區式的自我群體認同的感覺，此種「我群」的自我認同是產生族群中心主義（ethnocentrism）的重要基礎。第二個特質是族群團體在其所生存的社會中，會因所擁有的資源多寡而占有或被賦予某一特定的社會地位，此一社會地位的排序構成「族群階層」，族群階層阻礙族群的社會流動與資源分享，造成族群間更不公平的資源分配導致社會長期的衝突裂痕。在特定社會的族群關係中，這兩種特質所造成族群間的緊張與衝突是一種惡性循環。

為能說明族群關係，針對族群（ethnicity）、種族（race）、民族（nation）的關係加以說明，三個詞彙早期意義相通，都是指一群血緣、語言、文化等相同特質的「自然」形成的「他者」。但晚近研究主張，這些人群類型並非自然形成，而有其特殊的歷史形塑過程。不同過程中所關聯的不同類型他者，使得這三個字詞的意義有所差別。族群和歐美國境內不同移民團體的形成，和文化多元主義、族群自我意識有關，族這個字原來是指擁有標誌的狩獵或武力集團。古代多用以指氏族、鄰近部族為核心的有旗幟標示的武力政治集合。逐漸演變為指家族或宗族領域，進而指特定親屬關係，例如九族、三族等親等的禮儀界定。種族和歐洲擴張、殖民主義、種族歧視，以及黑人民權運動有關。民族則和近代主權國家形成、國族建構及二十世紀殖民地獨立運動有關，當代我們使用民族、國族與種族等概念則是十九世紀從西方和日本習得的。三者相互影響但並不等同。客觀的生理與文化特質如膚色、語言、宗教等，固然是構成族群的必要條件，然而這些生理與文化的共同特質與差異，必須被族群內部成員與其他群體成員認知，並逐漸由對共同特質的認知形成自我認同進而產生「我群」的意識，在與其他群體接觸與互動時，會排除非我群成員參與群體目標的建構與資源及榮譽的共享。

社會學在詮釋族群意識時，常引用「符號互動理論」（symbolic interactionism）中有關「自我概念」（self-conception）。符號互動論的學者米德（Mead）認為象徵符號是社會生活的基礎。人們透過語言、文字、手勢、表情等象徵符號進行交流，達到共同理解。在這方面，他反對那種只觀注表面可觀察的行為，而強調內隱的行為方面，尤其是心智能力，應該得到重視。米德認為，自我是一種行動的有機體，而非被動的刺激反應物。他將自我分為主體我和客體我。主體我是本性的、自然的我；客體我則是個人經社會情境後的反應。客體我可以指導人的社會行為，而主體我則有創新的能力。自我可由「自我互動」的運作而引導自己的行為。兒童的自我意識，來自於他對語言等符號的學習，理解他人扮演的角色並獲得社會反饋。米德把這一過程分為模仿、遊戲和競賽三個階段。另一位學者顧里（Cooley）使用「鏡中的我」（looking glass of self）來詮釋族群意識的塑造過程。當我們與他人互動時，我們可以從他人所表達的符號（包括語言、姿態、行為等）中觀察到自我的倒影。因此，他人對我的觀點或評價就好像一面鏡子，

成為我們建構自我概念的要素。由於我們一直持續與他人互動，不斷的詮釋他人的姿態，以便調整自己的行為，使得互動關係得以持續進行。共同的文化象徵意涵，是讓互動的雙方可以知道他人的期待，以及他人可能的行動。因此，共同的社會與文化條件，也成為個人型塑自我概念過程中不可或缺的重要條件。

針對族群議題，德國社會學家阿多諾（Theodor Wiesengrund Adorno, 1903-1969）出版了《權威人格》（The Authoritarian Personality, 1950），其中包括對種族偏見、民族主義和權威主義的研究。認為：族群有人為建構性，是社會分類的一種，但並不代表可以任由個人意志操弄，族群建構必是個社會集體行動、集體意識逐漸建構、複製的過程。族群的知識架構一旦開始支配社會組織運作，族群身分經常對於個人形成如同與生俱來不可改變的意義（強調連續性和自然形成），個人也被社會的族群分類所歸類定位，形成強大的約束力。但是當歷史發生巨變，族群認同也會隨之發生危機和轉變，族群認同危機特別容易發生於受支配的少數族群身上，因其面對優勢文化的壓抑，被迫服從和遺忘自己的文化和過去。

貳、族群認同的形塑過程

社會學者 Melvin Tumin 將族群定義成：「族群團體是指在一個較大的文化與社會系統中，因其所展示的或被其他群體認定的組合特質，而占有或被賦予某一特殊地位的社會團體。」文化人類學家認為要區分種族不是從其生物特徵面，而是從其文化面。這是由於人們根本無法研究純粹的種族類型，加上要區別後天學到的行為、先天遺傳的行為、以及測量智力和感情的特性有種種的困難。所以，人們很難確定種族之間的智力和感情特性間的差異。在族群認同的建構過程有部分外在的客觀條件，是來自群體成員共同的生存地理環境、血源關係、生活習慣以及歷史經驗。對於族群的成員形成一種外部的制約力量，使個人和自己族群過去的光榮或恥辱、族群的未來發展、族群的其他人形成一種「我群」的感知。（張茂桂，1999）個別族群對自己族群均有較正面的自我認同，對於其他族群則採取比較保留的態度，而各族群用來顯示評價的正面與負面觀點，也相當程度的反映該族群持有的道德價值觀點。族群、種族與國族都是文化認同的形式，是論述與建構（discursive-performative）的過程。族群、種族與國族是依時勢而定且不穩定的社群，藉由自身的認同。它們並非普遍或絕對的存在「事物」，而是經過規制的、談論我們自身的方式，這些認同並非任意而為，因為它們會暫時的被社會實踐所持恆作為，成為社會互動中的關鍵（nodal point）。（Barker, 2000: 193）影響著種族與族群再現與論述的各種方式，包括：分類機制、中介管道、效應，以及演變史。例如各種大眾媒體、影片、音樂、廣告、教科書、小說、博物館展示，乃至於日常用品之中的種族與族群之再現議題。在一個多元族群社會的族群互動過程中，個別族群會因成員身體以及文化的特質，與掌握社會資源的支配族群不同，而被排斥並給予不公平差別待遇的族群團體稱為弱勢（少數）族群。弱勢族群有時並非是數量上的少數，而是因該族群位於社會邊緣地位，且對於社會資源分配不公的狀況不具影響力。

種族歧視（racism）的態度涉及了相信生理特徵本身便可以證明其他特徵的歸屬，而這些其他特徵不僅是生理上的，還暗示了一組確定的能力、習性或行為形式的存在。在群體的表現上，如果一個族群在外來的壓力下，承認另一族群的優越性，進而放棄自己的文化認同，轉而接受並模仿對方的社會與經濟體系。這是一種族群的調適，指社會調適，即人與人、群體與群體、文化與文化之間互相配合、互相適應的過程。調適的具體方式主要有以下幾種：(一)和解。即放棄衝突中形成的敵對態度，轉而建立相互容納接受的友好關係。(二)妥協。即社會互動各方經歷了衝突仍勢均力敵，不分勝負的一種暫時息爭。妥協的雙方既沒有改變敵對態度，也沒有達到各自的最終目的，所以妥協是一種暫時的調適，一旦均勢打破，衝突就會再起。(三)統治與服從。衝突的結果，一方戰勝一方，一方成為勝利者，另一方為失敗者。勝利者成為統治者、主宰者，失敗者成為被統治者、被支配者。如果是被迫形式的統治與服從關係，族群調適未來的互動模式可能有兩個：一是待條件成熟後重新發起衝突，進行新的較量；二是處於服從地位的一方被奴化。(四)順應與同化。順應是指由於衝突的一方無力改變自己的被動局面，不得不部分地改變自己的態度、觀點及行為方式，以適合對方而停息或避免衝突的行為模式；同化是指衝突的一方全部改變自己的態度、觀點及行為方式，完全變成另一單位——群體、種族或民族成員的行為模式，經過調適，產生彼此和諧的關係。人們可以透過調適，即部分地改變自己的行為方式或生活習慣，更好地適應環境的變化。英國的史賓塞（H. Spencer）說：「生活即是內在關係與外在關係的調適。」現代化措施，促進社會交流，將有助於族群關係的和緩。族群關係的發展，要立基於平等、尊重等原則，以建立彼此的互信，族群的隔閡將有助於緩解。

參、族群階層與社群流動

　　翻開人類的族群關係史，不乏族群融合相互攜手合作的諸多實例，但也呈現著如：北愛爾蘭衝突、1992年洛杉磯暴動、盧安達種族屠殺、前南斯拉夫聯邦的各族裔獨立戰爭、以巴衝突、印尼族裔騷亂、歐美新納粹和白人至上主義的反移民風潮等。「衝突」（conflict）是指兩個或兩個以上的個人或團體直接且公開的鬥爭，彼此表現敵對的態度與行為。衝突是個人間或群體間產生以壓倒對方為終極目的一種互相對抗的行為方式。面對族群的互動，不應該是一種畫地自限式的封閉思想，而應該是一種具有海闊天寬的心胸，去開創新時代的支撐或引導力量。在這種思維上，族群融合是為了有更大的氣度與能力來包容和接納各種不同觀點或事物，從而創造出更耀眼的成就。

　　衝突與合作相反，它是兩個或兩個以上的個人或團體對立的社會互動過程。衝突所以發生，主要是因為雙方都認定只有壓制、阻撓、挫傷、消除或擺平對方才能獲取目標；況且，社會資源是有限的，當雙方在追求稀少資源時，往往會發生利益衝突。擊敗對手是手段，衝突的焦點在於對立的對方而非目標；每個人為實現自己的願望，而表現出盡可能的壓制他人。衝突的特徵是破壞，常常帶來不幸、痛苦與毀滅，所以，往往被視為負面的。然而，社會學者卻認為：

衝突也有其正面的價值與意義。吾人不禁要問：為何人類間的族群關係到處充滿不公平與衝突？多族群和往來移動造成族群混居和混雜，優劣勢族群的不對等關係，以及族群身分的模糊和消失的威脅，都很容易引發族群衝突與仇恨。十九世紀英國思想家哈茲立特（William Hazlitt, 1778-1830）的觀點說明了此種現象。哈茲立特出生於民主初興，英國各教派和各地域互揭瘡疤，都在把歷史當做政治籌碼，《直言集》裡，寫下〈恨的樂趣〉這一章。其中有：

——「仇恨之可以讓人快樂，乃是它有如含毒礦物質，會腐蝕掉宗教心，並將之轉化成一種怨恨的仇外及偏執；把愛國變成對別人家園放火，散布瘟疫和饑饉的藉口；把美德變成摻砂子挖牆角；以一種褊狹、嫉恨，有如宗教陪審團委員的眼光盯著別人。」

——「他們操弄歷史，……把我們帶回到血仇相殺，強烈的妒恨與反感，以及野蠻過去的那種大蹂躪、大破壞、錯誤及復仇之中，從而讓政治和宗教的偏見與致命的敵對性有了基礎……，讓我們丟開了文明的規範和心性的脆弱面紗。」

——「人的本能由恨造成，如果不拿甚麼來恨，我們的思想和行為就會失去源泉；生命如果沒有仇怨和無法駕馭的激情，彷彿就變成了一灘死水。我們自己幸福的光芒，必須把周遭全都盡可能塗黑；否則即無法突顯。……這不正是人性弱點或邪惡嗎？而在這裡面，其實有著一種祕密的相近關係，人的心裡，對邪惡有著一種渴望，它以一種對災難採取幸災樂禍的態度，因為這才是永遠不會失敗得遂所願的來源啊。純粹向善，會讓人疲倦而想要變化，痛苦的滋味雖苦而甜，永遠不會吃得太飽。愛的耽溺沉迷會造成冷漠倦怠，而只有恨會永恆不朽。」（南方朔，2007）

社會學家 Noel（1968）認為在同一個社會中為了競爭有限的稀少資源，必然促成了階層化的發展，若族群中心主義扮演將資源競爭沿著族群的界線進展的推手，擁有權力的多寡就決定了那個族群團體能夠支配其他的族群。如果該統治勢力是一個異族的統治者的話，在外來異族政權的統治之下，該社會的各族群在異族統治者的壓迫之下，被挑激起「非我族類」的同仇敵愾。整個局面將變成是一個「民族問題」，亦即統治者對被統治者對立的問題。因此，族群階層與社會經濟階層十分類似，是建立在一個族群壓制在另一個族群的基礎上，生存在此種族群結構中的族群團體，必然經常性的處在衝突的關係中。在現代社會中由於教育的普及開放，階級之間上下流動的機會大增，社會經濟階層也相對的開放，階層之間的界線也逐漸模糊。那些原來處在較低階層的個人，至少在理論上可以依賴其個人的成就，向上流動取得並占有比較高的社會地位。相對於社會經濟階層，族群階層系統內的界線區隔卻是更加僵化。因為對於大部分的人而言，族群屬性是自先天的繼承而來的，若族群的區隔特質因素包括了身體上的差異（例如膚色或髮質），族群間的界線也越明顯，個人的族群屬性通常也是終其一生未曾變更也無法變更的。在一個族群階層區隔非常僵化的社會（如卡斯特 caste system），階層的流動是被社會習俗或法律所明文禁止的。因此一個多元族群的社會中，族群階層的存在意謂著某些族群成員，比另一些族群成員享有更多的資源，而資源的分配並非依個人的成就或對社會的貢獻所決定，而是依據個人的出身的族群背景決定，且世代不能變更。當族群之間資源分配不公的現象未能合

理的解決，族群間的競爭與衝突也就會持續的發生。這其中出現相對剝奪（relative deprivation）這一看法認為：人的態度、願望和憂傷大部分取決於他們所設想的參考框架。例如當某個社區看到另一個類似的社區或參考團體比較繁榮，就產生一種在作比較前不存在的被剝奪的感覺。這一概念在使人聯想到人類的忌妒時十分有用，但它未能確定在那一點上這種剝奪成為絕對以及相對的標準。

推動廢除種族隔離政策的南非前總統戴克拉克，在推介南非的族群和解經驗，強調「過去的對立不會就此消失，都會一直存在我們的生活中，總有人會再想起。大和解不一定需要政治人物來進行，有時公民社會領導者更適合發起大和解，因為在政黨中，反而容易陷入政治競爭，必須挑起對立，就不會從異中求同。和解必須超越族群考量，各族群之間擁抱共同價值！」

肆、族群階層的維繫運作

美國前總統柯林頓 2007 年 6 月 7 日在哈佛大學畢業典禮的演講提到「根據人類的基因排序，在三十億個人類基因庫中，類似性超過百分之九十九點九。驚人的是，我們每天還花百分之九十的時間，去想我們之間小於零點一的差異。」有權力者刻意操作人與人之間的些微差異，而忽略「生而為人」超越百分之九十九點九的共同性，及其所衍生的共同需求與平等權利。如果只要是「人」，不論種族、膚色、地域，基因排序的差異都不超過千分之一，那麼政治人物行為中卻仍不斷刻意擴大、突顯這先天極其微小的差異，而忘却那「生而為人」的共通性。因此，同樣是「人」，所期待的共同需求及權利，硬要操作成不相同；甚至人的生命亦被人為操作成不等值。種族偏見是人們根據舊框框或概括對人、物或形勢的一種判斷；當事實證明它是不真實時，他仍抱著事先形成的判斷不放，於是偏見便形成了問題。與其他觀點和態度一樣，這種先入為主的判斷也是透過社會化學到的。從人際互動來看，當帶有偏見的態度轉化，轉化為對人或團體的不公正的或不公平的待遇時，歧視就發生了。偏見和歧視未必要同時發生，但在通常情況下兩者是互為補充的。歧視可以合法地、正式地被建立在社會體系中，而且它甚至還可以存在於日常生活的非正式模式中。

在一個多元族群的社會為甚麼會產生族群階層呢？多元族群社會族群階層是否無可避免？到底支配族群利用哪些機制來維繫族群階層的存在，以便繼續自族群階層的不公平結構中謀取利益？根據社會學者的觀察，所有社會中的族群階層均是不同族群團體接觸後的產物。換句話說，多元族群社會是由來自不同地域的群體（特別是屬於不同的政治結構體的群體），以不同的方式接觸並組合而成的族群社會。不同的接觸與組合模式決定了誰將掌握較多的資源，並占有較高的族群階層地位。一般而言，來自不同的政治、社會與文化背景的群體接觸的模式有下列四種：征服（conquest）、併吞（annexation）、自願移民（voluntary immigration）與非自願移民（involuntary immigration）。（Marger, 1997）歷史中許多邊陲部落國家，被以武力或和平的方式自願或非自願性的被兼併成為強國的一部分，這些新加入的族群面對強勢的族群自然成為境內

的弱勢族群。讓族群覺得在制度上有起碼的公平待遇，尤其是菁英之間，是防止族群衝突的重要原則，避免任何族群有「無立足之地」的認知。近十餘年來，台灣廣泛接納東南亞外籍配偶、大陸配偶、外籍勞工的結果，開始呈現出「新移民社會」的面貌，由此衍生的社會議題日益增多。台灣的外籍配偶和大陸配偶已有三十五萬人之多，新生兒當中每七個就有一個為外籍配偶所生。這些「新台灣之子」占台灣人口結構的比率只會日漸加重，他們的母親更是台灣家庭照護和勞動市場中的重要貢獻者。但是，台灣做為「婚姻輸入國」，很多民眾儼然仍抱有優勢姿態，甚或因過去新舊移民互動的不良經驗而產生歧視心理；外籍配偶在台灣成為弱勢族群，乃無可否認的事實。而大陸配偶受到兩岸人民關係條例的約束，待遇比外國人還不如甚多，既非外國配偶也非本國配偶；從結婚面談到身分取得，都備受差別待遇。這樣不友善的環境中，發生大陸配偶「離婚率偏高」和「對台灣認同度不高」的現象，寧非事出有因？這些都是在族群議題上需要認真看待的。

　　族群中心主義以及各族群間不平均的權力分配，使得特定的族群團體具強烈意圖並獲得足夠的力量，依其主觀意願建構族群階層體系，將其他族群團體安置在族群階層底層，並持續從族群階層的排序中獲得利益。針對此種現象耶魯大學史學教授彼得‧蓋伊（Peter Gay）在反省歐洲十九世紀政治意識形態時，就在《恨的培養》一書裡指出，利用歷史當政治工具，以一種一半拉抬自己，一半提供發洩，同時也是製造敵對，但卻經過精打細算的「恨的政治學」遂告興起。他認為這是一種「色情式的民主」（erotic democracy），因為這種在歷史裡找仇恨用以煽動的民主極為廉價而有效，並且很容易讓群眾的侵略本能獲得鼓勵，而藉著準色情式的煽動言辭，而讓煽動家和徒眾之間建立少有的感情親密連結，在仇恨中團結，其實也是民粹主義的最高境界！恨的政治學之所以天下無敵，乃是它透過清算式的修辭，製造出了不容許出聲的氛圍。它透過占領過去的歷史，而要占領未來。檢視大部分的多元族群社會，很容易發現不同的族群被安置在不同的族群階層排序中，而各族群在特定社會的族群階層中的排序，以及各族群所享有的社會資源與影響力，長期以來均呈現相當緊張的狀態。偏見與歧視就成為支配族群用來排擠弱勢族群分享資源，維繫支配族群特權的主要工具。為了長期的壟斷社會資源，支配族群除了必然會設置各種制度保障該族群成員的利益，並阻止其他弱勢族群接近各種資源外，也會在社會上針對特定弱勢族群散布一種觀念及信仰，指稱該族群因天生的缺陷不配與支配族群共享資源。這種針對特定族群團體所散布的負面觀念與信仰，用以貶抑弱勢族群並強化支配族群的優越性即是偏見。支配族群為維持其在族群階層的優越性，會利用其掌握的各種社會化工具，例如學校教育以及各種大眾傳播媒體，散布及強化這種觀點，以便形成一種普遍性的信仰，賦予支配族群拒絕分享資源的正當性，並保護支配族群的優勢地位不受弱勢族群的挑戰。一個多族群移墾的社會，縱使該社會確實能夠提供諸多族群間協力合作的社會條件，各族群間可能因為原鄉地習俗的互異，以及經濟利益的衝突難免有所齟齬不合。這時，如果有第三者的介入，很容易釀成族群間大規模的衝突，進而進行「族群重組」。該社會的社會問題終將變成是個「族群問題」。對弱勢族群的歧視可分為兩個類型，第一類稱為個人性的歧視，第二類稱為結構性的

歧視。所謂個人性的歧視，是指個人或小團體在日常的互動場合，拒絕給予弱勢族群成員公平的機會或應該享有的利益，以致對其造成利益上的傷害。結構性的歧視指的是，對於弱勢族群成員給予不公平待遇的安排，已經明訂在法律中或已成為習俗的一部分，且被社會成員認為是理所當然的行為。由於這類的歧視活動已行之有年，而且通常是在無意識下進行，要完全根除這類的歧視有賴於有識之士更多的努力。同時，如能採取文化相對論的觀點將有助於以包容的心態面對族群的差別。文化相對論（cultural relativism）與種族中心主義相對，指一種強調每一不同文化都有其獨特價值標準的觀點和理論。它認為每一種社會的文化都是該社會與其特定的環境相調適的產物，只有理解了這一特定的環境，才能理解和評價該文化的結構和內容；要判別某一文化特質的優劣，也沒有一個統一的標準，必須視這一文化特質在整個文化體係中的作用而定，必須將其放在特定的環境中評述。在某一文化中被認為是好的，而在另一個文化中並不如是，反之亦然。比如，愛斯基摩人將喪失勞動力的老人遺棄的做法，對於其他民族來說是殘酷的行為，但愛斯基摩人卻認為是必要的、恰當的。文化相對論最早見於美國歷史學派代表博雅斯（Boas）等人的著作中。他們都認為，一切道德評價都是相對的，各種文化都有它相對的價值，不應該以自己的文化標準來評價別的民族文化的價值。只有深入研究各民族文化的思想，並把它們的文化價值列入總的客觀研究範圍，才能建立嚴格的科學。這種思想到二十世紀4、50年代發展成為一種相對主義的文化理論，認為，判斷是以經驗為基礎的，而對經驗的感受則是視人所受的文化的教化而定的；每一種文化都具有獨特的性質和價值，不能以強勢文化的價值觀來評定其他民族文化的內涵。

結語

「同化」（assimilation）是指不同文化中的個人或團體融合成一個同質文化的過程，亦即衝突的一方放棄自己的團體特質與價值規範，進而接受另一團體的價值規範。就種族與民族的關係模式而言，同化係指少數團體放棄自己的文化特質而接受多數團體的文化。社會學者將同化過程分成三個階段：第一，爭取立足點；第二，開始學習優勢團體的文化；第三，完全同化。同化是社會調適的進一步發展。同化和調適的區別在於：同化的行為模式全部改變了，其改變過程也是長期緩慢的，並且是在不知不覺中進行的。而調適的行為模式的改變是部分的，並且是有意識的、自覺的。引起同化的社會原因有四個方面：一是通婚：不同民族、種族的人通婚組成家庭，這個家庭處在本地民族文化的包圍之中，新進入這個家庭的外族成員就必須順從當地的生活習慣，開始也許是有意識的、勉強的，久而久之則習以為常了。二是移居：一家人或一批人移居到一個新的地方，在那裡定居，年深日久也會被當地民族的文化所同化。三是入侵：外族入侵帶來異族文化，異族文化與當地文化發生矛盾和衝突，在衝突過程中淘汰劣等文化因素，保持優良文化傳統，融合成一種嶄新民族文化。四是文化傳播：現代社會國際交流頻繁，

大眾傳播媒體先進，世界各國各民族間互相溝通的範圍不斷擴大，每個國家、地區、民族的人都不斷地接觸到外來文化，長期的接觸必然會和本民族的文化相互融合。

文化是具有民族性，一定形態的文化總是存在於一定的民族範圍並表現出各自不同的鮮明特徵。當代的社會大多數均由多元族群所組成，不同的傳統與文化特質仍然是造成社會區隔的主要因素，雖然多元主義或尊重多元文化的觀念已漸漸普及，但是長久以來已形成主流價值或習以為常的社會制度，往往隱藏著對社會弱勢族群的歧視與不公，為建構更和諧的族群關係需要：教育上必須讓人有相互尊重的起碼認識，社會上要有包容多元文化的價值，政治上要有起碼的公平參與機會及管道，如此，才有可能進一步談族群和諧上的建構。

經典人物——喬治・米德

喬治・米德（George Hebert Mead, 1863-1931）是美國社會學家，符號互動論的奠基人之一。先後就學於奧伯林學院、哈佛大學以及萊比錫和柏林大學。1894 後到芝加哥大學哲學系執教，從事哲學、心理學研究，直至去世。米德的符號互動論（symboic interactionism）是要說明意識的發生過程，即要說明自我怎樣在人的行動內部和人的行為中出現。他所論述的人的行為就是為了自我保存而適應環境的行動。這一學說在心理學界和社會學界產生較大影響，成為二十世紀 20 年代美國社會學中的一個重要流派。米德本人把自己的社會學與社會心理學研究法稱為社會行為主義（social behaviorism），以區別於華生（Watson）那套更加正統的心理行為主義。他受和其本身屬於同一哲學學派的杜威（Dewey）及顧里（Cooley）的影響，因而他的社會學與心理學都強調社會行為者（social actors）的意識心理、自我意識，以及自我節制。在米德看來，自我是從社會互動中產生的。主要著作有《當代哲學》、《19 世紀思想運動》、《心理的定義》、《精神自我與社會》。米德其學生根據他的原創思想整理的《心靈、自我與社會》（Mind, Self and Society）一書，在 1934 年出版，是涵蓋了行動與心靈、語言與意義、自我與社會等重要主題。米德秉持實用主義及社會行為主義的觀點，一方面強調心靈、自我等個體行動的社會形塑背景，另方面著重組織、控制等社會結構的行動溝通基礎。藉此，他主張並期待一個融合自主行動與開放社會的民主時代的來臨。

米德把自己的心理學體系稱為社會行為主義，認為象徵符號是社會生活的基礎。人們通過語言、文字、手勢、表情等象徵符號進行交流，達到共同理解。每個人都有兩個自我，第一人稱的我（I）亦即主觀的我，與第三人稱的我（me）亦即客觀的我，每個人（I）在任何情境下都會將客觀的我（me）視為對象，正如我們察看其他客體——他人、汽車、房屋等一樣。當我們與他人互動時，我們可以經由閱讀他人的姿態或了解他人對我的觀點，獲得「我是誰？或我是怎樣的人？」的印象。米德強調：人類在互動中「扮演他人的角色」（taking the role of the other），從而把真實的其他人和想像的其他人的態度都轉化為自己的，他運用顧里的「鏡中自我」（looking-glass self）這一概念，提出一種假說，認為（如自身實在情況的）「主我」（I）和（如

別人所見的）「客我」（Me）之間不斷地交相影響。後一種自我代表著社會群體（即「概化的他人」）的看法，並且經由扮演戲劇中的角色和「在想像中排練」（imaginative rehearsal），把社會群體的價值觀內化為自己的價值觀。由於不斷將他人對自己的看法反映在自己身上，我們逐漸勝任於生產與表現社會象徵。米德「概化的他人」（generalized other）指「其他社會行為者」（other social actors）的一般概念，即個人從其他人的態度和行動中發現的共同因素加以抽象而成，個人由於「扮演概化的他人的角色」，將共同的價值內在化，並由此能參與複雜的合作過程。米德認為人的本質是演化過程和自然界的一部分，但語言和象徵的傳播作為，這種演化過程的一個面向其重要意義是促使人類的活動擺脫自然決定的影響。米德關於自我與社會之間關係的論述，代表了芝加哥學派的縮影。布魯默（Blumer）擴充及深化了他的社會學理論，並且提出了象徵互動論這個術語。

經典論著──《利維坦》

　　《利維坦》是英國學者托馬斯‧霍布斯（Thomas Hobbes, 1588-1679）的鉅著，霍布斯和培根、伽利略以及笛卡爾同時代，都主張徹底批判中世紀經院哲學與古典哲學，使學術發展脫離了中世紀，邁向了近代。他試圖建構一套全面性的哲學理論，來處理自然科學、政治科學及科學方法學。霍布斯寫了《論物體》（1655）、《人》（1657）及《公民》（1642）。其中最著名的政治論文就是《利維坦》（1651），它被認為是以英語寫成的最偉大的政治哲學名著之一。

　　「利維坦」本是一種怪獸，霍布斯用它來比喻國家，以顯示國家的龐大和威嚴。霍布斯對自然狀態下人們的心理狀態及生活狀況的分析，認為在任何政治都還不存在的自然狀態下，人人欲保持個人的自由，但是又欲得到支配旁人的權力。這兩種慾望都受自我保全的衝動主使。由於它們的衝突，發生了一切人對一切人的戰爭，把人生弄得「險惡、殘酷而短促」。在自然狀態下，沒有財產、沒有正義或不義；有的只是戰爭，而「武力和欺詐在戰爭中是兩大基本美德」。霍布斯是要解決人類如何結合成若干個服從一個中央權力的社會，從而免除上面所提到的那些惡弊。他認為是透過社會契約而實現的。他這樣設想：有許多人匯聚起來，同意選擇一個主權者或主權團體，對他們行使權利，結束總體混戰。霍布斯說，人類給自己加上約束，目的在於從我們愛好個人自由和愛好支配旁人因而引起的總體混戰裡得到自我保全。霍布斯還研討了人類為何不能像螞蟻和蜜蜂那樣協作的問題。他還說，同蜂房內的蜜蜂不競爭；它們沒有求榮慾；而且它們不運用理智批評政府。它們的協同是天然的協和，但是人類的協和只能是憑藉盟約的人為協和。這種盟約必須把權力交付一個人或一個議會，稱作主權者。霍布斯這裡的盟約不是後來洛克和盧梭講的那種公民與統治權力者之間的盟約，而是為服從過半數人要選擇的那個統治權力者、公民們彼此訂立的盟約。公民做出選擇之後，他們的政治權力即告終止。少數派也和多數派同樣受約束，因為這盟約正是說要服從多數人所選擇的政府。政府一經選定，除這政府認為宜於許可的那種權利以外，公民喪失掉一切權利。反叛的權利是沒有的，因為統治者不

受任何契約束縛，然而臣民要受契約束縛。如此結合起來的群眾稱作國家。這個「利維坦」是一個凡間的神。

在霍布斯的體制中，主權者的權力沒有限度。他對一切意見的表達有檢查權，主權者主要關心的是維持國內和平。主權者可能專制，但是哪怕最壞的專制政治總強過無政府狀態。所以君主制最完善。在霍布斯的體制中，主權者一經選定，人民便最後退了場。主權者的繼承，如同羅馬帝國在沒有叛亂擾攘時的慣例，須由主權者決定。他承認，主權者通常要選擇自己的一個子女，或者若沒有子女，選擇一個近親，但是他認為任何法律也不該限制主權者選其他人。主權者握有管制對外貿易的權力，他不受民法約束。主權者手中的懲治權並非由什麼正義概念來的，而是因為他保留了在自然狀態下人人持有的自由，在自然狀態下，誰加害旁人也無法怪罪他。所有教師都得做主權者的僕役，只講授主權者認為有用的東西。財產權僅只臣民對其他臣民講有效，對主權者講不成立。

總之，在霍布斯這裡我們見到了現代政治學主流論述的基本特徵，比如個人權利的根本重要性、政治世界與道德世界的分離等，他的契約理論所導出的結果雖然罕有後人加以接受，但契約論本身一經他開創，對憲政理論的發展產生了非常積極的作用。這一切都使霍布斯當之無愧地成為現代政治哲學之父。

第九章

現代社會的社會階層

壹、階層體制與現代社會

　　根據美國《新聞周刊》2005 年 12 月 11 日的一篇財富分配的報導預測，未來將產生新的富富差距（rich-rich gap），富人階級逐漸分成兩類菁英分子，一類是國內菁英，受到委外作業的威脅；另一類是國際菁英，因全球化而賺取暴利。此時，社會階層中，將最先進經濟體的人力分成三個階層：最底層的是提供個人服務的員工，主要分布在零售業、餐廳、飯店和醫院。中間階層是在工廠或辦公室從事生產的員工，進行簡單重複的工作。最頂層是「符號分析師」，像工程師或律師，幾乎都有大學文憑，是新經濟的知識員工。近幾年，美國百分之五工作者擁有百分之八十五的財富。這三個階層的巨大變化，最頂層和最底層的成長，以及中層的減縮速度比預期得快。現在「符號分析師」占先進國家工作機會的五分之一以上，十五年前為百分之十五。這個階層在開發中國家的收入激增，在中國大陸，最富有的百分之五擁有銀行存款總額的一半。印度的符號分析師已成為新菁英階級。有兩種不同的符號分析師崛起：國內和全球性的。多數符號分析師仍在國內工作，在電腦輔助下操縱各種符號。他們是中產階級的核心，包括會計師、工程師、律師、新聞從業人員和其他受過大學教育的專業人士。但在最頂層出現一個新的團體，他們是全球化企業的執行長和財務長，以及全球性投資銀行、律師事務所和顧問公司的合夥人或高階主管。不同於國內的符號分析師，這些全球性的符號分析師幾乎完全使用英文工作，彼此分享一種日益同化的世界性文化。多數全球性符號分析師的教育背景相同，出自美國長春藤大學、牛津、劍橋、倫敦政經學院或柏克萊加大。他們在類似的環境工作，像世界各大城市的玻璃帷幕辦公大樓、噴射客機和國際會議度假飯店。他們不論在紐約、倫敦和日內瓦，或在香港、上海和雪梨，同樣感到自在。他們工作努力，不工作時生活優渥，享受高爾夫和頂級飯店。他們的收入和財富遠超過國內的符號分析師。這群全球性符號分析師的崛起有其經濟背景。如今全球商務規模大，複雜性又高，沒有單一商業合約能完全涵蓋，也沒有單一法律制度能充分執行。因此，全球性交易商必須更仰賴他們信任的人脈。這種信任建立在個人關係上，也就是所謂「關係資本」。他們花很多時間使用電腦和電話工作，也花很多時間在各地進行面對面會議。符號分析師人數的成長也促成最底層的個人服務員工的成長，這類員工過去占先進國家人力的三分之一，現在增至將近一半。原因是忙碌的家庭把家事「外包」、人口老化和老人照顧的需求增加。另一個原因是最富有的百分之十人口有更多閒錢，他們僱用教練、按摩師、司機、園丁、廚師和各種治療師。

　　社會階層（social stratification）一向是社會學家的中心議題，也是社會學家在了解社會不平等所使用的重要概念。社會學對於社會階層的定義通常是指：社會上對於有用的資源採取不平等的分配狀態。這其中的社會資源係包括：物質資源（財富）、政治資源（權力）和文化資源（知識和學憑）等範疇。這些資源對於滿足個人需求與實現社會功能是有必須的，因而社會成員皆希冀獲得它們。因而被賦予特殊的價值。每年富比士財富雜誌在發表國富調查報告時，一項不

爭的社會事實反覆再三的被確認：我們是生活在一個不平等的社會裡，過去如此，現在亦然，未來想必也是當然耳。事實上，幾乎沒有社會可以達到所謂人人平等的境界。在各種社會生活的場域裡，如嫁娶、擇屋、工作保障及升遷、教育及醫療資源的取得、收入、休閒型態與社會事件影響力上均處處可見所謂不平等的現象。社會層級指根據一定的標準，把人們劃分為高低有序的等級層次，用以描述社會差異，認識各層人們的社會表現，以便影響社會政策的制定和預測社會不平等現象的發展趨勢的一種理論。該理論認為，應根據不同的研究目的，採用不同的分層指標對人們進行分層，而不應固守於某一特定指標。其指標主要有收入、財產、權力、聲望、職業、教育程度、技術、種族、信仰等。

德國社會學家韋伯（M. Weber）曾提出一個由階級、地位、權力組成的三位一體的分層模式。韋伯把「階級」定義為「社會上的機會」。他認為，「階級是人們為了收入而出賣貨物或技術能力而決定的。」「所以該定義被西方社會學理解為經濟收入的多少。」所謂「地位」韋伯定義為對榮譽、聲望的肯定或否定的估計，而聲譽和聲望是由人們的身分、儀態、風度、生活方式、教育水平等因素決定的。所謂「權力」，他定義為個人或群體為了達到自己的目的而反對其他對手的實力。可以理解為一種資源能力。韋伯認為經濟不是階層的唯一標準，地位和權力都可以單獨地成為社會階層的尺度，並且這三者密切相關，但又是各自獨立的。地位的原始根源是經濟，但地位體系一經確立，又可以不依賴於經濟。經濟是容易失掉的，而地位是不易失掉的。有了地位就有了聲譽。簡言之，舉凡人類文明所知的每個社會，沒有一個社會不具階層化的屬性，而在全球化、科技新世紀的時代裡，階層體制的持續、運作及演變無庸置疑地成為我們觀察現代社會運行與變遷的重要指標。

貳、階層體制的歷史脈絡

就人類社會的發展觀察社會階層的發展歷史，基本上有三種形式：喀斯特、封建與階級體制，其中的內容為：

一、喀斯特社會

喀斯特是印度階層體制的特色，也是所有階層體制中排他性最強的。喀斯特係指社會成員無法在階層體制裡的不同層級間移動，不同層級之間的成員也因宗教信仰與規定極少接觸。成員的階層位置或社會身分是與生俱來的、固定的、不能被改變的，他的子孫幾乎是完全承繼由父執輩所傳承下來的社會身分。印度實施近四千年的喀斯特社會，把社會成員區隔為婆羅門、剎地利、毗舍、首陀羅（即奴隸）與賤民等五種階層，階層與階層之間嚴格禁止社會流動，並且嚴禁彼此通婚，所以在這種社會之內，完全由血緣決定社會地位。皆屬固定的層級，並且無世代間的變化，這種社會的流動模式，毫無垂直的流動，至多只有部分的水平流動。由於印度人的宗教信仰，喀斯特身分被認定是上天所賜予的，也是他們應得的後果。

二、封建社會

中古世紀的歐洲是一個封建社會。封建社會以土地所有權界定社會階層的高低。國王是最高階的領主，是轄內疆土的所有人，是各階層履行義務的對象。為了有效控制領土，他將土地出租給諸侯，諸侯則宣誓效忠並允諾在必要時為國王執行軍事活動以為回報。同樣地，貴族將土地劃分成若干莊園，依次出租給階級比他們低的貴族與騎士。而這些擁有土地的領主屬於封建社會的第一高階者，其次是教會的神職人員如主教、修院住持或牧師，接著是商人、工匠、自由身的農夫，而社會的最底層是在土地上勞動的奴隸，即農奴。封建領主式的階層體制明定階層之間沒有法律上的平等。高階領主比低階領主有較高的權貴，低階者依據法律必須對高階者履行義務與責任，譬如農奴每星期必須固定天數在莊主的農場工作。個人地位、身分、權責與聲望絕大部分因出身而命定，極少數人因傑出的軍事貢獻而受贈土地與封號並進階社會流動，社會流動是非常有限的。與喀斯特社會一樣，透過「內婚制」，封建社會的階層體制成為安定社會的力量。其中角色和地位兩者的關係是一體的兩面。地位是一個人在社會體系中的位置，或者說在社會生活中與他人發生關係的社會位置。例如校長、市長、立委；農民、工人、演員；父親、女兒、朋友等，都是地位。在社會生活中，每個人都有一定的地位。角色是地位的動態表現形式，地位一定經由角色行為表現出來。沒有地位，角色也就無從談起。沒有角色，地位也不好捉摸。如老師是一個地位，使得在社會時該職務有一定的評價和期待，至於，備課、講課、批改作業、考核學生的成績就是老師的角色。正因為地位和角色密不可分，所以有時候也把它們當作同一概念使用。

三、階級社會

當工業革命開啟西方社會邁向工業化、都市化與民主化的過程中，產生一波波農民遷往城市尋求機會的城鄉移動，不但帶動改變他們所熟悉的工作環境、生活習慣及社會關係，也完全鬆散了封建體制的社會秩序。自十九世紀中葉起西方工業社會的新秩序正在形成與發展當中，中產階級的興起顯示階層間的藩籬是可以突破的，而向上層流動的規模更是前所未見。換言之，以階級為主軸的階層體制乃是工業化的產物，亦是現代社會的特色。現代社會的階層體制，其階層之間的界線相當模糊，例如中產階級的起始線與勞工階級的終極線如何區辨與劃分是難上加難。階級間的流動乃頻繁而稀鬆平常，且不受傳統、慣例或法律上的約束，階級間的通婚亦無法律或宗教上的限制，神聖與宗教的力量也逐漸式微。個人在生產、分配與消費等經濟活動中的位置與處境大部分決定了他在階級或地位的高低、財力的雄厚與權責的輕重。大體而言，階級社會是一個開放流動的階層體制，與喀斯特社會、封建社會截然不同。個人的努力、資歷與技術是決定其階層位階的首要因素，「成就地位」是取得社會地位或階級身分的主要模式。

國內家庭「富者越富、貧者越貧」的跡象明顯。根據主計處統計發現，高所得家庭中，股票投資的股息股利所得是重要收入來源，甚至可占家庭收入比重一半。根據財政部財稅資料中

心統計，把全國納稅戶以所得高低分成十等分，所得最高的股利所得是最低一級的四十一倍。高所得者錢滾錢累計財富的速度，的確讓薪水階級望而興嘆，許多富爸媽利用租稅規劃把股票過給子女，也造就許多新富階級。像是企業界的大老闆，一年光是領公司發放的紅利就十分驚人。此外，許多企業家很早進行租稅規劃，將自己名下的部分股票過到子女名下，讓子女甚至還在就學階段就已經晉升高所得者之林。

以上三種不同類型的社會階層體制有助於我們觀察、分析與了解變遷中的社會及其所衍生的問題與困境，也提供我們以比較的觀點放眼看世界，鑑往知來、開拓視野。

參、社會流動模式及影響

台灣已是 M 型社會，由政府的統計資料，以及生活消費趨向，可以發現台灣的所得分配惡化速度驚人。2005 年台灣的痛苦指數（失業率加上物價指數），創下二十年來新高，達到六點四三。台灣的名目平均薪資年增率低於消費者物價年增率，這中間的落差代表的是，我們的荷包不斷縮水。依財政部的統計，金字塔頂端百分之五的所得，與最底端百分之五的所得相比，在 1998 年為三十二倍，到了 2003 年增加為五十一倍，顯示台灣貧富不均的情況日益嚴重。整個社會的財富無法流動，中產階級要賺錢翻身的機會也將變少。勞委會比較 2002 年與 2006 年員工薪資，分析勞工薪資流動性，結果發現，服務業薪資確已出現 M 型分布。薪資在 2.4 萬元以下者約占 14 萬人，超過 4 萬元以上有 13 萬人，都明顯比中間的兩級薪資人數多，顯示薪資向兩端集中。另，根據主計處「2005 年家庭收支調查」，最低前百分之二十所得家庭的可支配年所得僅 29.76 萬元，但最高所得組為 179.68 萬元，兩者差距高達六點零四倍。此外，根據內政部的統計，台灣的低收入戶，從 2000 年的 6.6467 萬戶、15.6134 萬人，大幅增加到 2006 年的 8.6702 萬戶、21.1975 萬人，從以上的統計數字來看，顯示台灣貧富不均的情況日益嚴重。此外，各縣市內貧富差距也拉大，甚至出現「一個縣市，兩個世界」的差距。然另一方面，豪宅愈蓋愈多，不論從總銷金額與戶數，都呈明顯的成長，台灣台北房價創十年新高，大安區出現每坪 120 萬元起跳的預售豪宅案。且根據台北市主計處的調查報告顯示，2006 年北市房價所得比為九點四三倍，創下五年來的新高點，而北市購屋負擔最重的區域為信義區，房價所得比為一一點九六倍。不僅豪宅熱賣，高級豪華汽車市場亦熱滾滾。根據車商統計，2007 年，國內雙 B 與凌志汽車總計賣出 4000 多輛，銷售量比上一年成長百分之二十三。對照一般民眾薪資與所得停滯不前，國內車市寒風刺骨，台灣的豪宅大賣、高級車高成長，正是貧富差距拉大、M 型社會形成的表徵。

社會流動指社會成員的社會地位、職業的變化，是人們從一個階級、階層轉到另一個階級、階層的社會移動，是從一個社區到另一個社區的空間變化。引起社會流動的原因很多，大致可以歸納為三個方面：第一，自然方面：洪水氾濫、疾病流行、地震災害等。第二，社會方面：社會某因素、某方面的變化等。第三：個人方面，現實生活內容變化及生活的理想、要求、慾望等。社會流動是一個複雜的現象，根據不同的標準，可以把它分為垂直流動、水平流動、代

內流動、代際流動、結構性流動和自由流動等類型。各種類型的社會活動不是孤立存在的，而是相互聯繫的。社會流動的特點有兩個，一是個人或群體在具有差異性的社會位置間移動，二是個人或群體社會位置的變動會引起社會資源的再分配。社會流動的狀況總是與社會開放的程度相適應。在封閉式的封建社會中，等級森嚴，社會地位世襲，阻礙社會流動特別是阻礙向上流動，整個社會中流動的規模小、頻率低。在開放的資本主義社會中，由於生產力發達，科技文化水平較高，整個社會中流動的規模較大、頻率較高。然而，社會的流動是建立在生產資料私有制及資產階級形式上平等、自由的基礎上。封閉式的社會流動模式：社會流動在傳統的社會裡，頗為不易，尤其是社會地位的提升，一個平民要變為貴族是絕對不可能的事，因為社會呈現的是靜止的，社會地位有固定的組織，沒有特殊原因是不會變動的。

針對現代社會的社會階層流動情形有菁英循環論（circulation of elites theory），該理論是由社會學家帕累托（Plato）提出，他認為社會體系中的各階層是不平等的，這種不平等來源於處在不同社會等級中的人的先天差別。由此，社會區分為統治的上層和被統治的下層。社會統治的上層可分為直接或間接地參加社會管理的「統治上層」和不參與管理而從事藝術或科學活動的「非統治上層」。雖然社會結構的不平等是永恆不變的，但結構中的成員卻是流動的，統治上層的成員不斷演變。社會下層中的優秀分子向上升，補充統治上層的隊伍；統治上層中的墮落成員則往下降，成為群眾。經由這種不斷的更替，使統治上層在數量上和質量上得到更新。同時，社會上下層之間的這種成員流動，為具有管理品質的社會下層人提供了上升到上層的通路，從而避免了革命的發生，有效地保持了上層社會與下層社會總體結構的穩定。

隨著現代社會生活的富裕、進步與發展，到底「後工業化社會」、「後現代社會」或「先進資本主義社會」的階層體制會以什麼樣的型態、風貌或模式出現呢？又會有哪些運作的原則與機制？以美國為首的西方社會學家，尤其是功能學派相信在個人主義、開放社會及民主國家的社會脈絡下，人類社會有可能邁向一個沒有階級的社會。然而正如同法國社會學家索瑞爾（Sorel Georges, 1847-1922），他因倡導「神話」（myth）和暴力（violence）在社會事務中的作用而聞名。他最有名的著作是《暴力論》（Reflections on Violence, 1908）。索瑞爾相信透過階級鬥爭推翻資產階級的說法。他的主要目的是揭露理性主義和資產階級的狹隘性與虛偽性，認為工人階級的偉大神話便是總罷工，這種信念鼓舞他們從事革命行動，而革命暴力由於使工人在鬥爭中像兄弟姊妹一樣相依相靠，從而提高了他們的團結。暴力也有同樣的情形，只要不是壓迫的和侵略的，它便是解放性的；運用暴力可以消滅軟弱分子和妥協派，從而推動一種強大的、赤誠的工人運動，可以推翻的資產階級社會。二十世紀初，索瑞爾的觀念在法國和義大利具有一定的影響，後來他的思想影響漸漸式微，現在那些觀念的意義是做為二十世紀初政治社會學思想之非理性主義傾向的一種重要表現。

肆、台灣社會的階層變遷

　　台灣社會在第二次世界大戰後經歷重大而快速的社會變遷，無論是政治、經濟、人口或社會等各方面的變動都在形塑台灣社會的階層體制。與其他西方或先進社會一樣，在邁向現代社會的過程中台灣社會也正在經歷著，如工業化、都市化、人口轉型、國家建立、現代化等多重力量。戰後台灣社會的階級結構明顯有快速上升的社會流動。由於農業人口隨著都市化與工業化的腳步迅速消失，勞工與中產階級應運而生，也因此產生大量農家子弟遠離田園步步高升的社會流動景象，此即機會結構的高度擴張。同時，階級在生育率上的差異也促進了此時機會結構的持續上揚。除此之外，由於產業的型態，促使有一定比例的頭家、中小企業主、或又稱自營業者也許亦是台灣階層體制的獨特風貌。然而，由於參與國際經貿組織，經濟朝向全球化的方向，面對自由市場日益增強的競爭與壓力，產業外移，稅收減少，外商自由進出……凡此種種，都足以減低原先的經濟生活保障；另一方面，人口結構的改變（如高齡社會的來臨）及國民對於社會安全的需求大為提升。換言之，民眾對社會的福利需求日益殷切，使得政府宜認真而周密的建構完整的社會安全機制，以應國民的普遍需求。隨著全球化時代的到來與台灣產業面臨轉型的時刻，二十一世紀的台灣其階級型態與結構上將會出現新的變化。

　　許多當代社會學家繼續沿用古典大師的理論基調來詮釋現代社會的階層體制。二次大戰後，美國社會學界隨著功能學派的蓬勃發展，提出一套功能論的階層體系，但自 1980 年代起功能論述開始沒落並遭遇嚴重挑戰。取而代之的觀點則強調檢視階級、種族或族群、及性別所交錯而成的階層體系乃刻不容緩，也唯有如此，造成社會不平等之終極源頭方可真正釐清。另一方面，從 1990 年代起，先進社會（又稱後工業化社會、後現代社會或資訊社會）的經濟體制面臨三大重要變化，其一是全球化，其二是資訊科技的快速發展，最後則是服務業的高度成長等因素皆影響階層現象的建構。

　　研究國際趨勢的學者大前研一提出 M 型社會的概念，台灣也跟進討論「中產階級消失中」的現象。但與其說是中產階級向貧、富兩端擴散，恐怕台灣社會更普遍的感受是：窮人變多了，此一現象有客觀的統計數字做為佐證。

表：台灣社會貧富差距統計

年次	超過 100 萬者		不到 20 萬者	
	人數	比重	人數	比重
民國 90 年	737,191	6.68	1,291,974	11.70
91	761,260	6.74	1,286,492	11.39
92	770,369	6.73	1,210,867	10.58
93	837,832	7.20	1,193,267	10.25
94	856,117	7.26	1,188,018	10.07
95	925,170	7.65	1,222,850	10.11

註：表列百分比為年薪 100 萬以上與 20 萬以下人數占全部所得收入者的比重。資料來源：行政院主
　　計處（96.8.25）公布於網頁資料。

　　在現實生活中，從中產階級向貧窮線方向墜落、尚未被列入低收入戶的數字恐怕更加驚人。
很多過去以中產階級自居的民眾，如今就算仍然衣履整齊地坐在辦公室，卻可能另有切身感受：
為什麼我變窮了？最近國內所公布的「上班族貧窮痛苦指數大調查」顯示，有七成五上班族自
認「貧窮」。另一人力銀行的調查也發現，四成上班族都有負債。白領階級的景況尚且如此，則
藍領勞工大眾乃至失業族群的處境，恐怕更加艱難了。這不禁令人想起二十年前的台灣，高教
育程度、具有專業技術和管理權者，加上傳統中小企業業主的「小頭家」，共同為台灣的「中產
階級社會」建構起脊柱。那是一個未聞亮麗的年代，民眾在「從無到有」的踏實作為中建立起
公民信心。

　　全球化的浪潮中，世界各國都出現貧富差距拉大的現象，貧國和富國之間的財富差距也更
形擴大。這是資本主義經濟的副作用，也已形成一國際關切的議題，並非台灣獨有。不過，二
十一世紀的國際景氣維持繁榮，從 2000 年至今達成全球平均每年增加百分之三點二的經濟成長
率；雖然分配的公平性不理想，但窮人或仍有機會從「餅做大了」的榮景中分一杯羹。問題是：
台灣卻沒有那樣幸運。台灣過去六年來的經濟表現，特別是與蓬發的東亞經濟相較，頗有「眾
人皆樂我獨憂」的落寞感。台灣的經濟發展一路下滑到落於南韓之後，成為四小龍之末。也因
此，台灣的「中產階級消失了」的感受更為明顯。台灣當年從孤立貧瘠中創造出經濟奇蹟，國
際研究常歸功於政府經濟政策方向正確，國內學者則不忘著墨於「拎著○○七手提箱」闖蕩世
界的中小企業台商。台灣人民肯吃苦又敢闖，早年以「均富」為主軸的發展策略和相對公平的
教育機制，更促使社會流動快速，為一般老百姓造就「肯努力就能出頭」的生涯願景；這曾經
是台灣非常可貴的社會資本。但是，如今面臨著經濟前景不確定、老年社會到來、貧富差距擴
大的不利環境條件，實有賴我們認真的面對。

結語

　　M 型社會係指在全球化的趨勢下，富者在知識優勢中，大賺全球的錢，財富快速攀升；另一方面，隨著資源重新分配，中產階級因失去競爭力，而淪落到下階層，整個社會的財富分配，M 的左邊是低收入者，右邊是高收入者，兩者人數會越來越多，中間的中產階級人士則越來越少，在中間這塊，有了很大的缺口，跟「M」字型一樣。大前研一描述日本及全球普遍的發展趨勢，對照台灣的現狀，令人心驚憂懼，代表富裕與安定的中產階級，目前正快速消失中，社會從倒 U 型轉變為 M 型。這代表的是台灣經濟與社會板塊的大變動。全球化的趨勢已席捲台灣，隨著購併案越多，人員被精簡的機會越大，更多中產階級將被淘汰，當浪潮落下，台灣的財富將被重新分配，貧者越貧，富者越富，人民對立加深，社會將更動亂與不安。根據先進國家的經驗，社會安全的建制，可以舒緩階級的對立現象。這一個理念的動力在於對現代生活的風險有著更深刻的體認。當無法歸諸個人因素的結構性失業一再發生，當現有家庭形態無法負擔照養老人的任務時，希冀透過社會集體的力量來求取個人的安全，便成了不可避免的趨勢。於是，我們對於社會福利或社會安全的理解就不當再只限於透過社會集體的力量來照顧因著經濟發展所造成的受害者而已，甚至也不應只理解成是對因著性別、年齡等等各式差異所造成的弱勢族群的照顧而已。社會安全所強調的是：在現代社會中，任何人都有遭致意外或不幸的可能，其責任的歸屬往往並不清楚也無法在社會中獲致共識，同時即便做出明確的歸責也未必能帶來何種實際的效益，因而不再以是否可歸責於個人做為濟助與否的判準，而轉由運用集體力量來分擔個人所遭致的風險，以群體的努力來維護個人的基本生活。社會安全制度便是相應於這種想法的一種體制，以期能改變傳統社會中「日頭赤焰焰，隨人顧性命」、只有「愛拼才會贏」的營生方式。消除貧窮建立均富社會並非一朝一夕的工作，是要政府、非政府機構及社會各界共同努力及合作，真誠地為社會上處於較弱勢的一群提供機會，並在政策及措施上消除及避免製造不公平的現象。為求達到社會安全機制的建立，政府在社會政策上宜朝向下列方向努力：

一、保障社會成員人性尊嚴：為能保障每個人最低生活需求，應建立殘補式的救助體系，協助對於低收入戶者、弱勢族群的照顧，以維繫每位國民的基本生活品質。

二、確保國家資源公允分配：藉財富分配來達成每個人在生存、教育、就業、稅賦方面的均等，並建立公正的資源分配制度，達到社會公平的境界。

三、維持基本生活不虞匱乏：在社會保險實施下，對個人在遭受其所能控制範圍之外的社會風險致使其生活水準下降時，保障其已獲得的生活水準，經由建立完整的社會保險體制，使和衷共濟、危險共擔的社群得以形成。

經典人物——巴烈圖

巴烈圖（Vilfredo Pareto, 1848-1923）是義大利經濟學家和社會學家。從 1893 年起，先後被洛桑大學聘為政治經濟學終身教授。1906 年出版了《政治經濟學教材》，其中特別提出最優狀態概念，從而奠定了現代資產階級福利經濟學的基礎。1916 年著作《社會學通論》，該書主要觀點為：第一，認為社會學是法學、政治經濟學、政治歷史學、宗教歷史學等多種專門社會學科的綜合，其目的在於研究整個人類社會，揭示人的行為、社會結構、社會均衡和社會變動的決定力量；第二，提出應當用邏輯實驗論來研究社會，對社會現象總結時要排除倫理學和一般價值因素的干擾而必須嚴格遵循邏輯的準則；第三，提出菁英及菁英流通理論，認為菁英的流通被阻塞，就會破壞社會均衡，就會使社會秩序紊亂，為此，必須開拓新的流動管道；第四，對邏輯性行動與非邏輯性行動、團體利益和有益於團體的利益做了區分。

他對史賓塞（Spencer）的演化論和馬克思（Marx）的社會主義都持批判態度，因為他把「才能的不平等分布」（unequal distribution of capacities）當作社會學理論的基石。他既不接受自由主義也不接受馬克思主義的社會進步概念；相反地，他認為出現在歷史上的是無窮盡的菁英循環（circulation of elites）。他認為「一種政治制度中，『人民』不搞派系、集團、陰謀、遊說等就能表達自己的意志的情形，只能在理論家的虔誠願望中存在，在西方世界或任何其他地方古往今來也從未見過這種情形存在。」

在巴烈圖看來，大部分社會生活都是由潛存的非理性心理力量支配著，他認為以前大部分理論家都忽視了這些因素，只有他才做出了適當的科學分析。最重要的是，他將「邏輯」與「非邏輯」的行為方式區別開來。以前的理論家高估邏輯行為的範圍，並且又高估人類社會中從非理性到理性的轉移，所以他認為社會的均衡只能理解為情感與利益錯綜複雜地交互作用的結果。

他對菁英論（elite theory）的貢獻和「社會系統」的概念，影響過許多人，其中包括墨索里尼（Mussolini），菁英（elite）字面義為社會中最出色和最有才能的人（如教育菁英）。在此，菁英論認為在菁英和大眾之間存在的界限是所有複雜的現代社會一個必然的特徵，而且也認為激進的民主主義者宣揚人民能夠進行統治的願望是錯誤的。菁英論認為在複雜的現代社會中必然存在政治菁英的假設。這一理論的最初形式是社會學對現代民主運動相對上是失敗的、未能達到自己所設定的最高目標做出的反應。現代民主政體的產生並未帶來人民的權力，而是為菁英成員提供了新的基礎。

巴烈圖最佳分配（Pareto optimality）是指：某種理論上的經濟狀況，即如果要改善任何一個人的經濟福利分配，便不能不損及另外的人或是更多其他人的福利。因此，當資源的分配使得一個或更多人的狀況都改善時，就是「巴烈圖改善」（Pareto improvement）。所以不論在任何情形下，只要可能存在一個以上的最佳狀況，巴烈圖最佳分配就不能成立。

經典論著——《工業社會中的階級和階級衝突》

《工業社會中的階級和階級衝突》一書是由達倫多夫（Ralf Dahrendorf）所論著，達倫多夫是德國出生的社會學家，曾經是英國上議院的成員，在英國做了大半生研究工作，曾任倫敦政經學院院長。他最著名且有影響的著作是《工業社會中的階級和階級衝突》（Class and Class Conflict in an Industrial Society, 1959）。他在書中提出改造傳統上以生產工具擁有與否做為階級的主義，代之以基於權威模式的階級定義。他仍然保留階級衝突的概念，卻指出在多數發達的資本主義社會中，階級衝突已經經歷了制度化（institutionalization）的過程。他還寫了多種比較研究的著作，以檢驗現代社會中的公民權（citizenship）和民主（democracy），包括《德國的社會和民主》（Society and Democracy in Germany, 1967）和《新自由》（The New Liberty, 1975）。他反對建立在權力（power）差別之上的利益衝突可以消除的想法，認為那只是一種烏托邦的想法，但他主張維護公民權利和擴大機會均等（equality of opportunity），這樣就有減少和控制衝突的可能性。在《工業社會中的階級和階級衝突》一書中認為，只要人們聚集在一起組成一個社會，那麼，必然有一部分擁有指揮的人。具有支配他人權力的稱正支配角色；受他人指揮的稱為受支配角色。他認為這兩種角色有以下特點：一、在每一個依賴權力關係支配的組合的團體內，正支配的結合的團體內，正支配角色的人和受支配角色的人必然形成兩種針鋒相對的非正式的陣營。正支配角色的人將設法改變受人約束的現狀以求得自己的權力。二、那麼，這兩者必然建立符合自己利益的團體，各有自己的方針、計畫。三、針鋒相對的利益團體會不斷地處於紛爭中，但紛爭衝突的形式和嚴重性則常因實際情況與條件的不同而有差異。四、衝突的結果可能導致正支配角色的權力丟失，而被受支配角色者奪得。

達倫多夫宣稱：大多數的現代工業社會，已不再是個資本主義社會，而應稱之為「後資本主義社會」（post-capitalist society）。該階段社會的特色有下列四端：第一，階級結構的重組。第二，社會流動的普遍化。第三，社會平等的擴張。第四，階級衝突的制度化。達倫多夫指出衝突理論的基礎是建立在那些不可避免的社會變遷與社會衝突上。因此他說：「衝突論的最終目標應是社會變遷的解說。」達倫多夫的理論總結成下列幾個主要要點：第一，每一個社會無時無地都經歷變遷，因此社會變遷是無情與不可避免的。第二，每一個社會裡都有紛歧衝突因素，因此社會衝突是無法避免的。第三，社會裡的每一個單位都直接間接地促成了社會的分化與變遷。第四，強制性的權力關係是社會的基礎。社會分子的關係事實上即是支配與受支配的權力分配關係。因此，主張社會體系內每一部門都是相互關聯的。但是他更進一步指出在此種關聯裡，一定會有緊張、失衡、利益衝突等現象。不同社會部門的操作、運行方式與過程並不一致，因為各部門對社會體系的整合與適應是不一致的。他指出因此暴行、紛離、變態以及衝突在某些情況下對社會是有益的。社會整體內各部門間的失調必導致各式各樣的衝突，此等衝突引起社會的重組，增強其適應彈性，用以解決社會變遷等問題。衝突可能導致新行為模式和新社會制度之產生。

第十章

現代社會的都市生活

前言

　　現代社區，大部分坐落在都市裡。這是因為在工業化的過程中，鄉村的居民為了謀生的需要，紛紛遷移到都市的結果。人口由鄉村遷移到都市，或人口由小城鎮向大都市集中的過程，稱為都市化（urbanization）。據估計，至 2030 年，可能會有五十億的人口住在都市，占全部人口的百分之六十，可見都市化是全世界共同的趨勢。

　　都市的形成主要是受到人類生產方式和經濟發展的影響，從早期的採集和游牧形成部落，演變到以農業為主的村莊，工業革命之後，鄉鎮人口紛紛往都市集中，形成大都會。雖然，在人類歷史上，也曾出現過很大的城市，如希臘城邦和羅馬古城等。但是從社會變遷和發展的角度來看，都市化是一個歷史性及全球性的趨勢，十九世紀初全世界只有百分之二點五的人口住在都市裡，經過兩百年，全球將近有一半以上的人居住在都市裡。而且，近三十年來，都市人口的成長和集中主要來自開發中國家，墨西哥的墨西哥市、印度孟買和巴西的聖保羅都因人口超過一千五百萬而擠身成為世界前十大都會。所以，都市化，是這個時代、世界各地多數人生活的共同經驗。

　　了解都市化在不同時期和不同地區的發展，有哪些共通性和差異性是一個有趣的議題。現代都市的特性和共通性，在人口特質方面，包括人口數量大、密度高、異質性高等。而生活特質方面，人際關係較疏離、生活方式較多元，以及思想模式較彈性等。另一方面，都市化發展的差異性，在城鄉發展方面，學者認為亞太地區人口密度較高的國家，城市鄉村發展往往形成帶狀發展，而不似西方國家有明顯的郊區化。此外，都市化發展的新趨勢也和傳統的都市化意涵有所不同，因應資訊和網絡社會的來臨，新型態的工作和生活方式也在改變人們的都市生活模式，所謂的都會帶（metropolitan area）已經跨越國界，將許多不同國家和地區的人連結在一起。我們可以說，都市化是工業革命以來，人類社會之地理和歷史的時空變動趨勢。

　　台灣自 1970 年代工業發展經濟起飛，都市人口也進入快速成長階段。目前有將近百分之七十三的人口居住在都市地區。但因人口自然成長的速度減緩，人口遷移所帶來的社會成長，成為都市發展的動力。台灣地區地狹人稠，隨著高速鐵路建設、環島公路和都會捷運完成，將會促成台灣地區各都會人口的消長，並帶動新的都會生活形態。

壹、現代社區與都市發展

　　社區是指由居住在某一地區裡的人們結成多種社會關係和社會群體，從事各種社會活動所構成的相對完整的社會實體。社會學家杜尼斯（Tonnies）在他 1887 年著的《社區與社會》中，認為社區由以下幾個基本要素構成：一、必須有以一定的社會關係為基礎組織起來的，進行共同生活的人群；二、必須有一定的地域條件；三、要有一定的生活服務設施，如商業、服務業、

文化、教育等設施；四、要有自己特有的文化、制度和生活方式；五、每一個社區的居民，對於自己所屬社區有一種情感和心理上的認同感，即有一種「我是某個地方的居民」的觀念。上述各要素的有機結合構成了活生生的社區整體。它們的構成本身就體現出人與自然、人與社會、人與人之間的諸種關係。

　　都市的形成主要是受到人類生產方式和經濟發展的影響，從早期的採集和游牧形成部落，演變到以農業為主的村莊，工業革命之後，鄉鎮人口紛紛往都市集中，形成大都會。探討都市現象可自描述和解釋人類如何進入地域空間，及如何運用其中的物資資源，乃至建構人文關係等加以分析；它涉及人類居住環境及改善它的各種企圖。因為地球在自然、人類和經濟特徵上千差萬別，都市研究主要是按區域進行描述。它需要把搜集到的關於大多數地區的大量而多樣的資料加以整理和相互聯繫，以說明當地的生態環境和當地居民的生活情況及如何相互影響。關於都市化研究的內容，從時間的序列上可以區分為：工業革命時期、工業化和現代化、以及資訊化網絡社會，不同時期的都市化議題也有不同的理論偏重和趨向。社會學家卡爾‧博藍尼（Karl Polanyi）的著作《鉅變》一書，就是從英國近代史來看現代人習以為常的「市場」和「社會」是如何產生的。馬克思（Karl Marx）和恩格斯曾就都市的工人階級生活狀況做詳細的調查，當時工人的房舍擁擠不堪，廁所在地窖裡，街上到處都是垃圾。新的工業城市連基本的市政服務設施都沒有，飲水和洗滌水都相當缺乏。這種邋遢和擁擠的環境帶來的傳染病，使工人階級的生活更加辛苦。當然，新的工廠所提供的技術工人職位，使得人民的生活獲得了改善，隨著工人越來越多以及自由市場的運作越來越順暢之後，才慢慢出現勞工組織以及保護工人生活的法律。現在世界還有許多國家在工業化和都市化的過程，都市的環境和條件也沒有比英國早期的環境更好。所以，都市化的艱辛過程，並不是隨著時間的演進而走向美好的明天，而是在不同的地理空間中，我們看到歷史不斷重演。

貳、群聚生活的變遷歷程

　　在社會學研究中，一般按社區結構和綜合表現，把社區分為兩大基本類型，即都市社區和農村社區。這兩類社區具有各自發展的歷程，普遍存在於各個國家和民族之中，是人類社會生活的最基本環境。但伴隨著社會生產力的發展，都市化過程的加快，落後的農村社區日益向都市社區演變。都市社區將成為人類生活的主要舞台，這也是社區發展的普遍趨勢和基本規律。現代人常宣稱自己是文明人，事實上，文明化的歷程和都市發展也有不可分的關係。德國社會學家伊里亞斯（Elias）從日常生活的研究著手研究「生活態度」的轉換，發現十九世紀後隨著工業化、政治民主和都市化的過程，工人和農民大量湧入城市，使得原先在都市中布爾喬亞階級的文明擴散開來，雖然農民和工人因經濟條件不同而有各自的生活方式，但他們卻都嚮往模仿自宮廷生活的布爾喬亞的生活方式。現在都市文化中普遍的價值，例如：強調個人空間和隱私、房間的格局、有了私人臥室的、餐桌禮儀、主從位置關係等，演變成今日的普遍文明，或

稱之為大眾文化。都市化是現代社會的主要趨勢，它也是衡量一個國家的現代化水準的指標之一。美國社會家沃思於 1938 年發表的《作為一種生活方式的都市性》典型代表了這一見解。隨著都市的發展，也帶來了許多問題，如環境污染、交通擁擠、資源和能源緊張、治安惡化等等。故而 70 年代在西方一些發達國家，開始出現了一個新的趨勢——反都市化，有的學者稱其為是都市化過程的彎路。

隨著工業化發展往往伴隨著都市化，都市化是指落後的農村社區變為都市社區的一種多方面的綜合的社會經濟運動，是農村社區人口變為城市人口，農村固有特點的消失和城市特點的增長並逐漸發展為都市社區的過程。它的實質是由於社會生產力的發展，人類在居住場所方面變化的過程。都市化是伴隨工業革命而出現的。它最早出現在工業革命的策源地歐洲，特別是英國。英國成為都市化速度最快的國家。都市化有兩個顯著的特徵：第一，表現在都市的數量上大量增加，規模上不斷擴大，而且是越來越大。預測到二十一世紀初將會出現二十多個人口超過千萬的巨型都市。都市規模擴大的另一種表現，即都市群（帶）的出現。在都市帶中，都市連成一片，中間幾無農村。第二，表現為都市人口在總人口中的比重越來越大。到二十世紀末，都市人口已占世界總人口的百分之五十一點五，造成都市化的內在原因有：一、工商服務業較之農業並具有更強的吸收勞動力的能力；二、農業本身的發展趨向於工業化；三、都市的現代文明吸引農村居民。由此表明，農村都市化不僅是社區發展的普遍趨勢，同時還有客觀必然性，是社區發展的普遍規律，是不依人的意志為轉移的社會歷史過程。但其實現必須要具備一定的條件，主要有：一、農業生產的發展是農村都市化的必要前提；二、國家工業化是農村都市化的直接推動力；三、第三產業的發展是農村都市化的必要條件。隨著都市化的迅速發展，其特有的生活方式、思想觀念和文化模式也必將向農村地區傳播、擴散，導致城鄉之間的文化差異逐步縮小。

在世人想像中，諸如倫敦、紐約、東京等超級都會才是人們追名逐利的天堂，全世界的經濟和政治都為大都會馬首是瞻。在過去半個世紀，人口超過一千萬的大都會已從兩地增加到二十地。可惜這一切都如同明日黃花，大都會人口成長率已經趨緩，大都會時代很可能馬上就要結束。美國著名的《新聞周刊》於 2006 年 6 月報導，80 年代大都會的人口成長率還高達百分之八，最近五年已降至不到百分之四。未來二十五年，大都會數目可能會停滯。未來將是規模較小的「第二都市」的時代。第二都市可能是超級都會的遠郊，也可能是地區中心、度假城鎮或地方省會。在 2000 年到 2015 年間，小型都市（人口不到五十萬者）將增加百分之二十三；中型都市（人口一百萬到五百萬之間）將增加百分之二十七。造成這種趨勢的因素不一而足，包括全球房地產泡沫化、國際移民增加、新科技發展以及嬰兒潮世代已屆退休年齡等等。是以，中量級都市漸嶄露頭角。《新聞周刊》特別製作了全世界十個最重要經濟體成長最快速的都市排行榜，可以看出第二都市的興起。根據聯合國對所有人口超過七十五萬的都市所做的最新預測，前十大排行榜只包括莫斯科和倫敦兩個著名首都，其餘都是中量級都市，包括中國大陸江西省省會南昌、法國土魯斯、德國慕尼黑和美國拉斯維加斯，不然就是知名度不高的都市，如巴西

的佛羅略拿波里、印度的加吉巴德、南韓的高陽市和日本的福岡。某些第二都市一旦嶄露頭角，馬上就和老大爭天下，這就是為什麼土魯斯會和巴黎爭取 2016 年夏季奧運舉辦權，福岡也和東京爭辦奧運。在一百五十座成長速度最快的第二都市中，中國大陸最多，五十五地；印尼次之，十二地；印度第三，十地。已開發國家沒有任何一座都市進榜。美國第二都市成長速度要比歐洲和日本快。美國和中國大陸的成長都市以超過百分之二的速度在成長，導致小都市星羅棋布。相形之下歐洲第二都市的成長速度可能還不到百分之零點五。成為第二都市的關鍵，可能在小都市能不能利用機會，逼迫居民和商業從大都會流出。交通便利是不可或缺的先決條件。高陽市所以能夠成為南韓成長最快的都市，原因之一就是從首爾搭地鐵到高陽市只要三十分鐘。

參、都市呈現的生活方式

「都市狀態（urbanism）」指的是一種特殊的人類社區或生活方式，也就是工業革命後，多數人集中在都市中生活所呈現的生活樣態。「都市狀態做為一種生活方式」由美國社會學者瓦茲（L. Wirth）提出後，成為都市社會學家闡述都市特性時的爭辯焦點。根據瓦茲的看法，都市狀態的主要特徵包括：一、複雜的分工，有各種特殊的職業結構，以便形成社會階層的主要基礎。二、有很高的地域及社會的流動性。三、人口分工上有高度的依賴性。四、人際的互動上呈現匿名性，角色之間的互動只是部分的人格表現而已。五、依賴社會中正式的控制和規律。六、人們的道德標準不一致，有較高的容忍度。這幾個特點是說人在都市之中，受都市影響所形成的生活方式和態度，但並不是說每一個個體私人的人格特質。在這個學說的基礎上，有許多學者針對這些特性再提出修訂或補充。例如 1960 年代，美國學者甘斯（Gans）和路易思（Luwis）研究墨西哥式的農村移民並不受大都市生活方式的顯著影響；另外，1970 年菲雪爾（Fischer）提出「圈內文化論」則認為，大都會中，易於結集相似社會背景的人群，並形成圈內文化，並造成不同的文化衝突。所以都市狀態做為「一種」生活方式的說法，將隨著都市的擴展，不同群體的融合而產生歧異性。隨著全球化的分工和發展，許多都市也要面臨外籍勞工和各國移民的問題。為了處理新的電子資訊技術造成社會斷層的問題，成人教育和終身學習也成為都市政策的重心。此外，為了吸引外國資本的投資以及觀光旅遊人潮，各國都市治理開始朝向「永續發展城市」的規劃方向邁進。

社會的工業和經濟快速成長，導致了都市化和大都市的發展，在亞洲地區從事都市研究三十年的都市社會學者麥吉（T. G. McGee）提出衍生型大都會區理論（EMR, Extended Metropolitan Regions），主張，研究亞洲的都市化，應以「地帶」（region-based）而非「城市」（city-based）為基礎，在亞洲的國家，諸如日本、南韓、台灣、印度、越南、中國、泰國與印尼，許多區域演化後呈現：一、在核心城市之間，有一個混合農業與非農業活動的帶狀走廊，二、除了人口由農村往都市遷移外，仍有大量在地人口（in situ population）存在該走廊或所謂的農村之中。分析層次：為解釋該空間經濟的特質，城鄉混合都市化理論認為社會變遷、交易、技術進步與

全球化會影響此都市化類型的發展。在區域與全球的辯證（local-global dialectics）思考下，人口、商品、資本和資訊的區域、國家與國際移動，構成城鄉混合的帶狀走廊可以是發生在區域、國家與國際之間。此衍生型大都會區理論，以台灣西部走廊的沿線發展最為明顯。

　　2006 年 6 月《新聞周刊》報導「極限通勤族上下班開車三小時」，為了享受寬敞大宅和庭院的生活，願意長時間通勤，以實現夢想的美國人不但越來越多，且人數冠於以往任何時期。每天上班至少開一個小時車的美國人已經接近一千萬人，比 1990 年增加五成。南加州州際公路沿線，每間隔一個出口閘道，房價就可節省數萬美元。是以，民眾紛紛遷出大城市，已使美國有如一個游牧國度。根據人口普查局統計，上班必須至少開一個半小時車的「極限通勤族」成長最快，他們擁有強大的經濟實力，從房地產以至速食店菜單都深受其影響。許多企業已經開始爭取這些通勤族所節省下來的財富。據統計，美國人平均一年在車內用餐三十二次，開車途中向餐館訂餐的比例達四分之一。麥當勞趁勢推出多種可放在車內飲料架上的產品。便利商店不落人後；美國的希茨連鎖便利店乾脆把點餐的觸控螢幕固定在汽油泵上，開車族加完油，三明治也已準備妥當。汽車製造廠利基最大。標緻、本田等大廠紛紛推出可為極限通勤族省油錢的混合燃料車款。不過，駕駛座的改變，最為明顯。自從 1982 年車內飲料架推出，如今數量已經高於汽車的座位。日產的 Altima 駕駛座就配有三個飲料架，分別放瓶裝礦泉水、咖啡和果汁，甚至還有專門放瓶蓋的空間；道奇新推出的 Caliber 車系手套箱可選擇改裝為冰箱，前座折平後就是餐桌。其次是坐再久也不累人的舒適座椅。美國是世界潮流的領導者，只要東西一流行，馬上就會傳遍全球。在歐洲，長途開車通勤的社會現象已非一朝一夕，亞洲則正由日本擴散到其他地區。

肆、都市問題的因應之道

　　針對美國社會學家歐淡（Odum）曾指出每一個大都市都會面臨人類共有的生存問題，如食物、安全、住宅、衛生等。另外也會有其各自特殊的問題，例如市政、運輸、社會福利、娛樂等，還有都市生活的緊張、孤立、犯罪等問題。都市問題究其範圍，有狹義和廣義的看法，廣義而言，凡都市社會中足以發生危害全體或部分居民之安全或對其生活不利之任何情況都可稱為都市問題。社會學者所關注的則是狹義的，多半專指所謂的「社會病態」，例如犯罪、賣淫、貧窮、自殺、離婚等情形。

　　湯浦深（William I. Thompson）在其著書《黑暗與幾許曙光》（Darkness and Scattered Light）中以「超工業社會」（metaindustrial society）來描述現代社會，以期和貝爾（D. Bell）的「後工業社會」有所區別。「後工業社會」只不過是個後期的工業社會，並沒有「超越」（beyond）的意思；所謂的「超工業社會」是指超越傳統體制社會的意思。超工業社會具備的主要特徵為：

　　一、國家的行星化（the planetization of nations），意指行星般可獨立共存，尤其是戰後的民族自決運動。

二、都市之疏散化（the decentralization of cities），由於資訊技術的發達使得都市集中失去了意義。

三、科技的袖珍化（the miniaturization of technology），設計產物多朝向短、小、精、薄、輕的方向發展。

四、意識的內向化（the interiorization of consciousness），強調內在自省，重視沒有浪費、沒有污染、沒有剝削、沒有市場操縱、自給自足、與自然共生的和諧社會。

這四種力量自然會抵制「社會洛杉磯化」（Los-Angelization：都市集中、高速公路密集、空氣污染……等現象式的發展）以及「國家霸權化」（多國籍企業和新帝國主義式的向外擴張）。此種社會並非回歸到從前的農業社會，而是依據地球生態、人類生態、社會安定性，以及「有機的人本經濟」……等等綜合而成，因此是一種融合：

一、東方的有機農業操作和淳樸的生活方式；

二、蘇格蘭的宗教社會；

三、美國麻省的「新道者研究所」（New Alchemist Institute），該研究所以最新的科學方式、最合生態、最經濟的原則，利用電子的自動控制系統，從事有機生態農業研究，且以太陽能、風力、水力以及可再生資源進行社區重建研究，再配合自己的研究成果，綜合構成超工業村落的可行方案。

總之，超工業社會是個更合理、更合乎地球生態循環原則的一個新社會。

隨著資訊化時代來臨，網路和數位化的生活直接衝擊原有的都市生活方式，也正在改變都市的生活型態。都市研究者開始討論一種新的都市發展範型（paradigm）技術和組織創新藝術、娛樂和文化都被視為活化都市的動能。威廉‧米契（W. Mitchell）提出位元城市的看法，認為位元城市不是根植於某一特定地點，不是土地或房價而是連線和寬頻創造了它，生活在其中的人，使以別名或代理人的多重身分出現。但是這並不一定否認了傳統城市的存在，以多媒體或寬頻為主的工業和服務業與藝術文化的結合，使得一些城市的中心區擴充和高級化，從事新興行業高所得的工作者，進駐高科技的數位辦公和住宅大樓，以便更加親近都市的數位影像以及周邊服務。但並不是所有生活在資訊時代城市中的人都有這美好的遠景，事實上只有很少數的人可以加入新興的工作行列獲得高收入。大部分的人只能從事其他更廉價的勞動，或兼職做一些非長期的工作。所以，有社會學家也提出雙元城市（dual city）的看法，也就是因為都市生活中貧富差距越來越大，以及都市中許多地方公共設施或建設不足，貧民區和破敗的老社區不斷發生在都市中，和都市的高樓大廈形成強烈對比。這個現象在歐洲的福利國家已經出現。世界勞工組織也發現，第三世界快速擴張的巨型城市，都市不平等發展的問題更嚴重，除了噪音、交通和環境污染外，還有強烈的種族排斥、性別歧視、童工被剝削以及貧民區的犯罪等問題。

面對現代社會都市問題的因應，提出都市再發展（urban redevelopment）以為對應，這是在都市發展的自然結果之上，以政策和規劃方案對都市生活條件和環境進行改善，較常聽到的名詞是「都市更新」，將都市中老舊的社區重建（rehabilitation）、維護（conservation）和開發

（development）。一般由上而下的方式由政府執行。但生活在都市中的人，對於自己所住的建築物、周圍環境或通勤購物等，有各種不同的希望或不滿，隨著民主化的程度和資訊交流，民眾參與社區營造的意願往往能夠被社區工作者鼓動並催化，達到民眾參與社區成長的機會。然而，隨著全球化的腳步越來越快，世界城市之間的競爭也越激烈，因此，在都市發展除了強調技術和組織創新，藝術、文化及娛樂也被視為都市經濟主要的驅動力。此刻，都市的功能躍升為加入全球經濟的競爭角色。這種策略聯盟可能會打破國界，形成區域城市治理的新模式。

經典人物——索羅金

《社會流動與文化流動》是索羅金（Pitirim Sorokin, 1889-1968）在探究社會領域的專論。索羅金是俄裔美國社會學家，他擔任過《社會學新觀念》雜誌主編和彼得格勒大學社會學系主任，1917 年曾任俄國臨時政府總理克倫斯基（Kerensky）的祕書。1922 年被逐出國，1923 年赴美，而後加入美國國籍。他最早的英文社會學著作是《革命社會學》（Sociology of Revolutions, 1925），其資料來源是他在俄國革命中的經歷。1930 年任哈佛大學教授，1936 年被選為國際社會學會會長，1968 年病逝。他獨闢蹊徑的研究著作《社會流動》（Social Mobility, 1927）強調社會流動的破壞和創造作用。索羅金寫過一系列社會學專著《社會與文化的動力》（Social and Cultural Dynamics，四卷本，1937-1941）、《當代社會學理論》（Contemporary Sociological Theory, 1928）和《現代社會學理論》（Sociological Theories of Today, 1966）。主要著作有《社會學原理》、《社會學體系》、《社會和文化動力學》、《社會、文化與個性》、《社會流動與文化流動》等。他終身從事社會學的教學與研究工作。他不僅是社會階層論和社會流動的創立者之一，還曾提出了文化變遷的理論。

索羅金並不接受流行的演化論或發展論模式，他認為最好是把社會看成經歷著循環的（但卻是不規則的）變遷模式。他認為只有透過新的利他主義才能解救社會免於解體與文化危機。索羅金認為，人的交往過程涉及三個基本方面：做為主體的這個人；指導人的行為價值和規範；外在的物質現象。索羅金在循環理論（cyclical theory）認為人類社會文化有三個很明顯的體系：

一、理想型體系（ideational system）：在此一體系裡是建立在神聖的信仰上。

二、意識型體系（sensate system）：在此一體系裡是建立在經驗科學和理性上。

三、理念型體系（idealistic system）：此為上述二體系之綜合，其特點是強調人類心靈的創造力，表現於藝術、文學、思想上。

索羅金相信人類文明的變遷並不是一致的，文明內部可能傾向於上述任何一體系，再轉至另外二體系。因此文明的變遷可以說是上述三體系的升降循環問題。哲學思想家們很早就將人類社會的變遷看做是一種無休止的循環過程。從古希臘的思想裡和舊中國的思想家這種循環論（cyclical theory）到處可見。原則上這些理論相信人類社會歷史的變遷過程與自然生物界的生老病死過程是很相類似的，他們認定不論社會怎麼變，歷史總是會重演的。進步的最後終極到

頭來還是破壞和毀滅，正如人類生命歷程一樣，自出生經成年而衰老，終至死亡。但是死亡並不意味終止，因為新的生命會替代持續下去，再經歷另一類似的旅程。

英國歷史學家湯恩比（Arnold Toynbee）也把社會發展史看做一種循環過程。他認為每一循環的起點是當人類面對自然界的挑戰而需在社會結構上加以調整時。為了應付挑戰，社會發展出一套反應的策略，如果這策略有效，則社會繼續生存下去並發展以應付下一步的新挑戰；如果這策略失敗，社會即破壞滅亡。在這過程中，文明之間可能融合在一起。文明可能繼續成長，但成長的結果造成破壞、衰退。這種循環繼續不停的在人類文明裡運行。

經典論著——《未來的衝擊》

《未來的衝擊》是托夫勒（Toffler）奠定聲名之作，本書的論述主要是強調，在社會的劇變下，短暫性的訊息不斷襲擾人類的感覺，新奇性的事物不斷撞擊人類的認知能力，而多樣化的選擇則不斷攪亂人類的判斷能力。當人類無法適應這三股連袂而來的變動刺激時，便導致了變動的疾病：未來的衝擊。未來衝擊的大風暴此前早已席捲一些發達國家，許多人一提起「未來」便為之色變。他們患了「未來的恐懼症」，開始逃避「未來」，盲目地走回「過去」。在未來的襲擊下，他們開始退卻，拒絕介入社會。嬉皮避進荒野之地，流落到孤島，不願再食人間煙火，寧願去過著一種「單純而愚昧」的生活。他們開始抽大麻煙，因為神經麻痺之後便不會再去想到未來。他們追求銷魂的高潮經驗，因為這種高潮經驗可使其忘我。他們走向神祕主義，因為神祕主義可使他們返回過去的幽遠之鄉。

當今世界的特點和問題是什麼呢？托夫勒認為，我們這個時代的特點是不斷要求變革，而要適應變革的要求，卻越發是一件苦事。一方面，由於這種變革的速度像賽車一樣，現實有時就像一個失去控制的萬花筒。另一方面，加速的變化不僅僅衝擊了工業國家，而且成了一股強勁的力量，深入到我們個人生活內部，逼迫我們扮演新的角色，使我們像患精神病似的極度不安。托夫勒將這種新的病症叫作「未來衝擊」（future shock）。這是「由於社會行為及價值觀念的急劇改變使人受到壓力而產生無所適從的感受。」托夫勒認為未來衝擊是指未來過早地來臨帶來的令人頭暈眼花的迷失感，它可能是今後社會最主要的病症：12 歲的孩子沒有孩子氣，而半百的人像 12 歲的孩子一樣天真；有的富人裝窮，有的電腦程式編制員靠麻醉品提神；有些無政府主義者骨子裡卻是十足的唯唯諾諾之輩，而貌似守法者，卻是地道的無政府。未來衝擊與這個加速發展的時代的速度有直接關聯。而我們今天日常使用的絕大部分物資，還只是在最近這第八百年裡發展起來的。

在本書的論述中，發達國家今日所面臨的危機，乃是過去盲目、單向發展科技所致。因此，倘若我們能借鑑其中，計畫性地去發展全面和諧的社會，則不僅可以減少許多西方過去所遭遇的危機，而且即使我們經濟起飛到達先進階段，也可克服許多未來衝擊的危機。

第十一章

現代社會的社會問題

前言

社會不是在真空的狀態下以無中生有的方式形成,而是在特定的歷史結構條件下所發展出來的特殊人類社會型態。而且每個地區在發展成為現代社會的過程中,所面臨的歷史條件並不相同,也因此,不同的地區往往會出現不同特徵的現代社會。探討現代社會是必須把握這些現代化的歷史形成因素。

有社會學者認為,現代化至今已經出現過二或三次重大轉折。此處轉折指的是既存的社會運作原則與機制急遽的變遷,進而改變到整體社會秩序的維持。轉折其間可以看做是社會處於「巨變」的狀態,其所改變的不僅是社會結構呈現重大的變革,其社會成員的生活方式也隨之發生劇烈的變化。

部分的變化當令人感覺不安,而必須結合社會力量共同解決的問題,就是「社會問題」(social problem)。如果是偏離社會所訂定的規範,無法獲得社會大眾接受的行為,就是偏差行為(deviant behavior);因此,社會問題與偏差行為若不加以解決或防治,社會進步便遙遙無期,人們也將難有安定的生活。

壹、社會問題與社會運作

社會問題是在社會發展過程中,由於某些社會活動和社會關係發生了與現實的社會環境失調,致使社會全體成員或部分成員的正常生活乃至社會進步、社會秩序發生障礙,從而引起了人們的關注,需要以社會的力量來解決的現象。一個社會問題的形成,一般得具備如下條件:第一,這種現象是一種有違平常狀態;第二,對社會全體或部分人的正常生活有影響;第三,首先由社會上的少數人發現,隨之引起大多數人的注意,並有改善和解決的願望;第四,需要依靠社會的力量才能解決。任何一個社會問題的形成,既有歷史的根源,又有現實的社會背景。現代社會中社會問題產生的根源和背景,不是單一的「經濟原因」或「主觀原因」,而是複雜的多種因素,即人口的、心理的、社會的和文化的。這四種因素當中的任何一種,都可能導致社會問題的產生。首先,人口做為生物因素,如任其自然增長,就要產生人口過剩和高人口壓力現象,隨之會產生墮胎、溺嬰、貧窮、移民、住房擁擠以及環境惡化等社會問題。其次,社會價值、生活態度做為社會心理因素,如社會態度和宗教信仰等價值觀不同則至發生衝突,就可能導致種族歧視、盜竊犯罪、家庭悲劇、自殺等社會問題。再次,社會組織做為社會因素,許多社會問題產生往往是由組織失控、功能失調所引起的。最後是文化因素。文化影響著日常的心理和行為,是人們的行為規範。如果某部分文化發展得快,某部分文化發展得慢,就會發生「文化失調」現象,並成為許多社會問題的來源。社會問題的範圍是非常廣泛的,它的分類也很難依據某一標準。多數社會學家都是依照當時社會發生的問題,用舉例法來進行分類的。常

用的分類法是依據人類生活的範圍，指出如下社會問題，並可細推：(1)人口問題；(2)種族問題；(3)家庭問題；(4)經濟問題；(5)政治問題；(6)國際問題；(7)犯罪問題；(8)宗教問題；(9)教育問題；(10)生活問題；(11)環保問題；(12)交通問題；(13)災害問題等等。社會問題不同於個人問題，它必然是因集體生活而產生的，也必須透過集體力量才能夠解決，現代法治社會大多以制定社會政策的方式來解決社會問題。

　　台灣到底有哪些主要的社會問題？在社會解體下，社會一旦喪失統合性，則各種規範對於成員的統制力，便發生減退，成員便易有更多的異常行為。當個人無法有效面對及調適新的社會型態即易造成反社會行為，心理疾病問題的日益嚴重，便是其中彰顯的現象之一。專家學者他們往往根據客觀的社會事實做出評斷；也可以調查民眾的看法，透露他們主觀的認知。社會學家孫末楠（Sumner）所說：「民俗締造了真理，於此同時亦建構了好與壞、對與錯的社會規範。」因此不論在何種時代、地點，都會有社會問題的發生。瞿海源教授曾經根據台灣地區社會變遷基本調查資料，比較 1985 年、1990 年與 2000 年民眾對於台灣社會問題的認知情形，列舉出十數項嚴重的社會問題。如下表：

表 1：1985 至 2000 年民眾對於社會問題認知之變化趨勢（單位%）

	1985	增減	1990	增減	2000
交通問題	68.8	+12.9	81.7	---	---
少年犯罪	81.3	+2.1	83.4	+6.1	89.5
環境污染	51.9	+25.1	77.0	+0.5	77.5
貧富差距	42.4	+26.9	69.3	+8.2	77.5
色情問題	67.9	+5.3	73.2	+6.6	79.8
貪污舞弊	58.4	+1.5	59.9	+20.0	79.9
老人奉養	43.4	+12.5	55.9	+19.8	79.7
升學問題	59.0	-9.7	49.3	---	---
就業問題	68.4	-33.4	35.0	+57.6	92.6
治安問題	64.1	+15.0	79.1	+5.5	84.6
選舉賄選	54.5	+17.8	72.3	-1.2	71.1
物價上漲	30.5	+38.7	69.2	---	---
道德敗壞	56.1	+6.7	62.8	+15.3	78.1

資料來源：瞿海源〈台灣社會問題的變化〉，收錄於伊慶春主編之《台灣民眾的社會意向》（頁 1-40），修改而成。

　　從 2000 年的資料來看，近年來，我們的社會在現代化的潮流衝擊下，歷經了快速的社會變遷，使社會型態與個人生活有著急驟的變化，同時人們的價值及意念也有相當的變異。在變遷的狀況中，社會規範及價值等這些紐帶，顯得鬆弛或者斷絕，因此，有人隨著心之所欲，而自由的採取行動；同時在社會與團體當中，由於它的功能出現障礙，因而，人群的不滿、挫折、緊張、以及相對的缺乏感等特別容易產生，是以造成不擇手段等偏差行為的情況。民眾認為最

嚴重的社會問題依次是就業困難、少年犯罪、治安不好、貪污舞弊與色情問題等。若與十年前（1990 年）比較，除了就業困難外，貪污舞弊與老人奉養問題惡化的程度最高。此外，比較這三個時期的資料，我們可以發現社會問題具有變遷性，但某些問題卻頗具持續性。例如少年問題一直被認為是最嚴重或次嚴重的社會問題，三個時期中，認為這個問題嚴重的受訪民眾都超過百分之八十；就業問題變化的幅度則相對較大，由 1990 年的百分之三十五提升為 2000 年的百分之九十二點六。

值得注意的是，社會問題是對社會既有規範的反動，儘管開放的社會可包容相當數量的偏差作為，而不會產生太過嚴重的影響。但持續性或牽涉廣泛的社會問題對社會上就會有若干的反效果，包括：第一，妨害人際之間的互動系統。第二，搖撼團體中他人遵守規範的動機。第三，危害團體生活所需的互信互賴。社會問題的認知會因性別、教育程度以及居住地區之都市化程度不同而有差異。例如：根據瞿海源教授的分析，女性受到社會問題威脅的程度較大，所以認定老人奉養、色情道德敗壞、治安與少年犯罪等問題的嚴重程度較男性高。這種現象顯示，性別、教育程度與居住地區之差異帶來不同的社會地位與生活經驗，使得人們對於社會問題有不同的看法與評估。因此，社會問題的認定常常出現見仁見智甚至南轅北轍的現象，這也是社會改革經常面臨的棘手問題。來自行為科學研究者的研究得知，現代人生活的主要壓力源，包括：生活的緊湊忙碌，意外事件的威脅，環境中充滿兩難情境，處處面對選擇的困境，知識過分的充塞，過度成就感的期盼，人際關係複雜多元，社群生活中競爭性太高，物質文化過度充斥，日常生活中要做獨立判斷的困難，體力長期透支，環境中缺乏穩定性及安全感……等等。在現代生活中一切追求快速的回應及面對繁複的人際關係，所以環境裡往往充斥著不穩定與不安全感，一個人要能在日常生活中，對生活種種的可能做必要的選擇，且一旦選擇後能心安理得，不會猶疑不決，的確不易。再加上台灣地區特殊的地理與歷史條件，使生活更充滿了迷惘與不安。因此一個人要能夠安然接受環境及種種事實，是需要有很大的調適，當調適不良便可能形成行為偏差，乃至造成心理或精神疾病。

探究社會問題時，往往會藉助於社會均衡論（social equilibrium）的思維，這是一種把平衡絕對化的進化論和機械論社會學學說。它認為平衡是社會的常態，是無條件的、永恆的，而不平衡則是反常的。社會均衡概念最早見於英國經濟學家馬歇爾和社會學家史賓塞的著作，其含意是指社會生活在功能上保持一種整合的趨向，社會體系中某一部分的變遷都會給別的部分帶來相應的變遷，其結果是社會趨於平衡。之後在社會學的發展中，一些社會學家沿用這一概念，並把重心放在對社會系統平衡問題的探討上，從而形成了社會均衡論的觀點。社會系統的各種主要特徵的變化是充分的，整個社會系統就將相應地發生變化，以達到一種新的均衡；如果社會系統的某一方面變化不充分，它就要受到來自社會系統其他方面的壓力，以維持社會系統原有的均衡狀態。這種均衡即是社會變遷，也是社會系統從一種均衡狀態向另一種均衡狀態的轉變。

貳、社會問題與社會政策

　　社會穩健發展是眾人關切的焦點。因此，如何解決社會問題才是研究社會問題的真正目的。由於工業化及都市化的影響，淡化了社會人際網路的和諧及親密度，窄化我們生活的空間，極化了社會秩序與個人情緒。這種疏離文化充斥於我們的血緣關係（如家族、姻親）、地緣關係（如鄰居、朋友）以及僚屬關係（同學、同事）中，使我們的人群關係逐漸地式微；雖然空間距離很近，但社會及心理距離卻很遙遠。我們正暴露在一個疏離文化的環境中。人類針對社會問題進行社會改良工程大概是從十九世紀中葉開始的。當時的歐洲社會受到工業革命與資本主義盛行的影響，出現了資本家與勞工階級，資本家統制生產工具與分配權力，不斷累積財富，而成為社會的第一階級，勞工則淪為資本家支配的無產階級，雙方因利益衝突而逐漸形成對立的關係，致使勞工生活陷入貧窮與艱困。勞工問題遂成為當時工業國家致力解決的社會問題。針對這些影響社會運作的現象，1873 年德國成立「社會政策學會」，建議政府以制定社會政策取代社會革命的方式來解決社會問題，從事社會改良，得到當時德國政府與大多數民眾的支持。德國的勞資問題與勞資關係因而獲得改善並建立積極的合作模式，也成為日後其他國家借鏡的對象。

　　對於民主國家而言，社會問題與社會政策具有相互依存的關係，社會政策透過資源再分配的方式減輕、解決或預防社會問題，而社會政策的主題與內容也會因應社會問題的變化而修改或消失。我們可以舉一些例子來說明兩者之間的對應關係：

表 2：社會問題與社會政策

社會問題內涵	社會議題	相關政策
收入低、住宅缺、食物乏	社會資源缺乏	社會救助政策、國宅政策等
婚姻衝突、親子關係不良	家庭危機	兒童保護政策、人口政策、親職教育或家庭教育政策
生理或精神疾病	各種身心殘障	殘障福利或保健政策
缺乏自由與人權、社會與種族歧視、性別歧視、宗教歧視	個人權利低落	種族平等政策、兩性平等政策等
失業、教育資源不公平或不充足等	機會剝奪	教育政策、就業訓練、失業保險、勞工保障等

資料來源：李欽湧《社會政策分析》，57 頁。

　　誠然社會政策是解決社會問題的有效方法，但是社會政策的制定有其複雜的過程，而每一過程又涉及不同的決策模式，所以產出的政策法案常常具有濃厚的妥協味道，距離解決問題的初衷頗遠，當然效果也就打了折扣。社會政策的形成基本上考量三個關鍵性的問題：第一，哪些社會問題應該優先獲得解決？第二，應該由誰來提供資源，解決這些問題？第三，應該提供什麼樣的資源？以什麼樣的方法來解決問題？這三個問題都涉及選擇與決策。哪些因素直接而

明顯的影響社會政策的選擇與決策呢？學者提出多種決策模式來說明。第一種是價值取向的決策模式，指社會政策的選擇受到菁英分子的價值觀影響而非真正考量一般人的意見與需要，菁英分子認為嚴重的社會問題往往獲得優先解決；其次是利益團體的決策模式，指涉及相關利益的人往往透過組織的活動，經由參與政治的途徑，以遊說或施壓的方式來影響政策的抉擇，所以社會政策很難發揮社會正義，優先解決弱勢團體的社會問題；第三種是政治系統決策模式，認為包括行政與立法機構在內的政治系統才真正掌握政策選擇的權力，政治系統為了維護自身的生存與權益，往往運用各種內在或外在的環境的資源，以推行合於自己權益的政策，換句話說，社會政策其實是政治系統的意志力表現，其目的不是實踐解決社會問題的理想，而是增強系統與外在環境的關係，進而鞏固政治權力；最後是漸進取向的決策模式，這派的觀點認為現代社會問題相當複雜，決策者往往由於時間急迫、財政困難以及缺乏完整資訊而無法對於社會問題做通盤而審慎的考量，因此社會政策的選擇或制定往往是「蕭規曹隨」或「換湯不換藥」，以現有的政策方案及支出水準為基礎來增減或修改，並無解決社會問題的理想。綜合這些觀點，我們可以見到社會問題錯綜複雜的本質以及社會政策充滿妥協的性格，也就不難了解為什麼人們寄望透過社會政策之執行來預防或解決社會問題，卻往往感到失望的理由了。古今中外的任何社會幾無可避免會有社會問題的存在。此誠如社會學家奈思比（J. Naisbitt）所言：「不管社會是多麼簡單和穩定，沒有可能完全免除社會的失序、偏差的困擾。從人類行為的比較研究中，我們可以清楚看出，只是偏差行為的類型及其強度，因為文化的差異和時代的不同而略有差別而已。」

參、犯罪問題與社會運作

犯罪學（criminology）是對犯罪行為進行的科學研究。隆布羅索（Cesare Lombroso, 1835-1909）被認為是犯罪學的創造人，他把犯罪行為和罪犯的體格特徵相聯繫的理論，是最早由道德和社會以外的觀點來解釋犯罪。影響所及，包括在研究精神缺陷、性格和體質因素之間的關係，罪犯的遺傳特徵，例如：染色體變異是造成行為偏差的原因等。犯罪學研究包括關於犯罪統計學、犯罪行為心理學的研究，以及對特殊性質的犯罪的研究，如白領犯罪。當代犯罪學家傾向於著重採取來自專業學科的探討方法，例如社會學、心理學、精神病學、統計學、遺傳學的方法。

由於民眾普遍而迫切期待社會治安的改善，以能擁有起碼的安全生活保障。然而若根據內政部所公布的犯罪統計數字則明白顯示：自民國 80 年至今，國內刑案發生率、犯罪人口率、被害人口數等方面，皆有大幅增長，顯現治安惡化的情況。犯罪行為引起的社會問題卻是較為嚴重且應迅速解決的。所謂犯罪行為是指違反社會規範的行為，而社會規範包括民俗、民德與法律；違反前二者稱為社會偏差行為，違反法律者稱為犯罪行為。從社會學的觀點來看，無論社會偏差或犯罪問題都不可能杜絕，但是當犯罪行為的人數有明顯增加的趨勢或行為後果已威脅到社會安全時，犯罪行為就成為大家亟思解決的問題。

從近年的社會調查資料來看，犯罪問題一直被民眾視為非常嚴重的社會問題。雖然犯罪行為是人類諸多行為中的一種，但我們卻不能因此無視於犯罪事件越來越多，犯罪年齡卻越降越低，犯罪領域越來越擴大的趨勢，以致影響到社會的正常運作。雖然犯罪行為普遍存在於人類社會中，不論在任何時代、地點、年齡皆有發生的可能性；但根據法務部所公布的犯罪統計數字則顯示：犯罪案件有日益增加，犯罪人口卻有逐漸年輕化的趨勢。由實證的研究證實：愈早進入司法體系的青少年，將來停留在司法體系的時間就愈久；也就是說，今天的少年犯極可能是日後的成年犯。如果任由犯罪行為恣意地出現於這群刻正成長的社會成員身上，則我們將來的發展如何可期？針對該等行為的矯治，恐非僅憑事後的司法體系的保護管束措施可以克竟全功，而尚須經由恢復家庭的應有職司，以發揮積極性的教化功能。法國社會學家涂爾幹（E. Durkheim）曾以行為迷亂的概念，說明社會出現無規範的狀態。他發現，在社會快速變遷的時代，傳統的規範已無法有效範定個人行為及社會環境，個人的慾望如同脫韁之馬般快速衝撞社會結構，以往強調以漸進程序提高生活水準方式，已不能讓人群感到滿足。既有道德對於個人的行為，所產生的控制力亦逐漸喪失。社會結構崩壞，即目標、價值、標準、規範、行動模式、社會資源等相互之間，存在著不均衡的關係，社會功能產生障礙，導致成員之間的統合性喪失，造成社會病理現象普遍化，諸如：偏差行為、犯罪現象、高度人際疏離感……等等。而在解體狀況下，原本用以規範人們行為的紐帶顯得鬆弛或者斷絕，人的不滿情緒、挫折感，及相對的剝奪感等感受特別容易產生；加以個人意識的抬頭，因而造成不擇手段、為所欲為等情況，均是急速變遷社會中犯罪情況嚴重的導因。

肆、白領犯罪的社會影響

就一般大眾的印象及官方的犯罪統計資料均顯示：犯罪行為發生在社會低階層的比例較高，而在高階層中則比較少見。人們總以為犯罪行為的產生，是因為受到貧窮以及和社會特性如：低能、精神病理、偏態、貧民窟和墮落的家庭等因素有關。實際上，這些認知皆導因於犯罪樣本的偏誤，因為其中忽略了包括如：商人、專業人員、高社經背景人員的犯罪行為，亦即是白領犯罪所致。日本朝日新聞於 2007 年 3 月 15 日的報導：日本前網路新貴、活力門公司（Livedoor）創辦人堀江貴文，因違反證券交易法遭日本法院判決有罪，刑期二年六個月，是日本商業界少見要入獄服刑的案例。日本檢方指控，堀江貴文以不實會計手法虛報公司獲利，哄抬股價，在收購日本放送系統（NBS）的過程中也散布不實消息，涉嫌詐欺，違反證券交易法，向法官具體求處有期徒刑。以日本過去的類似案例來看，堀江貴文的懲處相當重，這是他犯罪的後果。堀江貴文曾是日本商界異軍突起的一顆明星，現年 35 歲的他創立 Livedoor 網路公司，擁有財富，並發起多次併購案，收購目標從歷史悠久的棒球隊到主要的商業電視台。

根據犯罪學者蘇壽南（E. H. Sutherland）對白領犯罪的定義為：一位高社經地位者，運用其職務上的便利，在其職業活動中，違反了刑法的規定。其類型通常包括：商業型——如違反信

託規定的經濟犯罪；專業型——如密醫；政治型——如利用職權上的貪污。這類型的犯罪由於犯罪者善於運用其智慧、能力和職守等，使得該類型的犯罪較他類型的犯罪在影響上要大上好幾倍，這亦使得我們必須更注視此類犯罪的內涵。白領犯罪之所以引起社會的關注，除了是因為此類犯罪具有：犯罪證據的不易提示性，公眾招致的財產損失甚至遠超過其他犯罪損失的總和，同時其將造成道德低落和社會解組的危險。由於白領犯罪，是來自一些高社經地位者，以其專業智能和職守所形成的犯罪行為，如果我們不健忘，當對 2001 年底起，由於「恩隆案」而引發的一系列美國企業醜聞，仍然記憶猶新。這些醜聞都非個案，而是政商勾串，企業造假，會計公司協同舞弊，政府的調控機構如證管會、能源調控委員會、國內稅務局等功能不彰等所有弊端的累積，它成了勾引出企業界貪婪意志的大黑洞。當時美國曾做過調查，有三分之一公司都程度不等的涉及各種舞弊。因此，美國當今最主要的政經評論家，普林斯頓大學教授克魯曼（Paul Krugman）遂在他的著作《大揭露：裙帶資本主義真相》裡指出，美國的這些弊案醜聞，其實並非單純的「公司治理」的問題，更重要的毋寧是「國家治理」。「公司治理」只能存在於有效率、有能力的「國家治理」前提之下，如果政商勾結，政客為不法企業家護航，政府所有的調控機構都在金錢權力下低頭，弊案又怎麼可能遏制？以美國為例，聯邦政府提高投資者對公司提出詐欺訴訟的門檻，讓公司經理人可以為所欲為，聯邦政府對金融投資機構、會計公司、稅務稽查等方面紛紛棄權，其實才是弊案發生的主因。

自然對社會產生了示範性的作用，造成人們的師法與學習，是以直接衝擊著既有的道德、規範，因而造成社會解體。尤其是由於白領犯罪者往往是與執法者屬於同一類屬的人，因而其社會地位能影響到立法和刑事的執行。同時被害者與諸相較則顯得是較為脆弱，通常不具有成功控訴所必需的正確訊息。因此，使得白領犯罪者可以恣意的運用其聲望和權力以阻止控訴的發生。柏克萊加州大學教授吉哈‧羅蘭（Gerard Roland）對前共黨國家的經濟轉型做了深刻的系統化研究，他即指出「經濟轉型」乃是一組複雜且需政治長期支持的過程，否則即難免失控倒退。而在傳統結構逐漸邁向現代社會的時刻，面對整個社群環境，我們亟需建立新的行為標準、道德價值、規範律法，並且自心靈的改革做起，經由道德重整、心靈教育，發展人心本有的良善，認清生存的價值和生命的意義，匡除社會亂象。當然，除經由個人自心靈世界產生深刻的自省，嚴格的自律及澄明的心靈，以尋求穩、實、安、命的定位外，以更為崇高的目標做為人生發展的標竿，以及經由家庭、法治、教育、文化、宗教、媒體、輿論等機制的共建，以重新形塑符合今日社會的規範、律法、社會風氣等，則的確是整體社會亟待共同努力的方向。

伍、社會控制與社會發展

社會控制原意是指社會經由各種規範來控制人的偏差行為，限制人們發生不利於社會的行為。現在通常把運用社會力量使人們從社會規範，維持社會秩序的過程，都稱為社會控制。社會問題的擴大會影響社會機能失去功能的（dysfunctional），失能是指一個有機體或社會系統無

法正常運作的過程；如果為這一有機體或社會系統的利益、要求、目的和意圖服務，它便是有功能的。如果這一過程干擾了它們，它便是失去功能的。社會控制是整個社會或社會中的群體和組織，對其成員行為是否符合社會規範進行指導、約束或制裁；社會成員之間的相互影響、相互監督和相互批評，也是社會的控制過程。沒有社會控制，就沒有正常的社會秩序和穩定的社會局面。社會控制的形式很多，概括起來說，有強制性的社會控制形式，如政權、法律的紀律等；觀念性的社會控制形式，如習俗、道德、宗教等，以及自我控制形式，即人們透過社會化過程而樹立的世界觀、社會集體意識，自覺地運用社會規範來指導和約束自己的行為。社會輿論是社會控制的一種重要工具。各種控制形式，構成了社會控制體系。每一種控制形式在社會控制中都占有一定地位，也形成著不同的作用，其中強制性的控制形式，占有主導地位，產生主導作用。一切社會控制方式，都是由該社會的經濟狀況即社會制度的性質所決定的。

社會控制是針對人類面對情境的一種規範性反應。人的行為是一種有意識、有目的的活動，是個體與環境交互作用的結果。人的行為是在人的生理、心理等內部身心狀況基礎上，因時、因地、因所處環境的不同而表現出的不同反應。影響人的行為的因素主要有如下幾點：第一，個人因素，包括個人的家庭、教育、生活經驗和工作經驗、身心健康狀況、個人心理特點等；第二，環境因素，包括自然環境和政治、經濟、法律、倫理等社會環境；第三，文化因素；第四，情境因素。即透過製造一種情勢來改變人的行為。人類的行為複雜多樣，根據不同標準可劃分為不同的種類。依行為主體不同，可分為個人行為、群體行為和組織行為；依行為的特殊性質和內容可分為經濟行為、政治行為、社會行為、宗教行為等。人類的行為除了「本能」外，都是經由學習和實踐獲得的。了解人的行為的特點及其規律，有助於更好的了解和控制人的行為，充分激勵人的積極性。

社會問題是在社會發展過程中，由於某些社會活動和社會關係發生了與現實的社會環境失調，致使社會全體成員或部分成員的正常生活乃至社會進步、社會秩序發生障礙，從而引起了人們的關注，需要以社會的力量來解決的現象。社會問題不同於個人問題，它必須透過社會的力量才可能加以改善或解決。許多無法透過社會政策這種直接而有效的管道解決問題的民眾，也會嘗試以社會運動的方式，舉辦遊行或集會，企圖引發社會共鳴，並對政策資源分配者施壓。社會運動通常以正式的科層組織做為抗爭的對象，可以說是一種以體制外的手段解決社會問題的方式，所以它通常很容易和利益團體產生連結，而逐步變成正式的組織，進而影響社會政策的制定。

因應於當前台灣社會的諸多亂象，有別於過去的五倫守則，法鼓山聖嚴法師對此提倡包括家庭、生活、校園、自然、職場、族群在內的新六倫準則，誠然，從所謂的「舊五倫」到現代的「新六倫」，背後實則隱含的是更為深邃的論述思考。從封閉型的傳統社會演變到多樣化的當代社會，如果過去的人倫規範體系主要是直指出來試圖在每個人的心中畫出一道行為舉止的人身量尺，那麼，快速社會變遷底下，人與人之間關係內涵蛻化所產生的質變，這使得過去相濡以沫的機械連帶（mechanic solidarity），不至於淪為自我本位的有機連帶（organic solidarity），

以此觀之，如何找出跨越個體層次並且進一步擴及到涵蓋家庭倫理、生活倫理、校園倫理、環境倫理、職場倫理與族群倫理等等集體層次的社會一把尺，這需要的是對於自我、社群、生態乃甚至於文明的再一次啟蒙運動！

根據社會運動的性質與目標，社會運動可以區分為四種類型：轉型運動（transformative movements）、改革運動（reformative movements）、救贖運動（redemptive movements）與改造運動（alternative movements）。與社會問題關係最密切的是改革運動，參與者通常對於特定的不平等或不正義的社會現象深度關懷，並期望透過社會的力量加以改變，例如：婦女團體發起的救雛妓運動就是一例。台灣近十年來歷經快速的社會變遷，各種社會運動發展蓬勃，除了勞工運動外，環保運動、教育改革運動、女權運動或消費者保護運動都已形成十分堅強的組織並發展出獨特的意識型態，而這些發展的終極目的仍在透過社會政策或民眾自覺的方式，解決社會問題。

結語

要慨嘆「這個社會病了」、「現在人不一樣了」是很容易的事；但這類慨嘆並無濟於事，因為社會需要的是對症下藥的治療，而不是自怨自艾的感嘆。只有坦然面對問題並理性尋求癥結，才能找到矯治之道。如果我們把目前的台灣社會定位在「轉型中」，則不管是結構變遷或個人改造，要從過去的威權控制中「解放」出來，大概難免有一番過猶不及的嘗試。不論個人或社會，如果推翻舊有規範、從禁錮中解放的目的，是為追求個人的自主，則這種重新尋求定位的過程，必然涉及深刻的自省及嚴格的自律。如果只是一味地鼓吹解放，卻沒有同時教導人們成熟、理性的態度；亦即只是懂得開放而不懂得認真，只是追求享樂而忘卻後果，結果造就了放縱與不負責。

帕森斯認為，社會各系統一般處於平衡狀態，因此，社會被看作是一個體系，這個體系能夠藉助於適當的社會機制，在一切由於外部或內部力量的作用而破壞了均衡的地方力圖恢復均衡。他試圖用這個理論回答霍布斯的問題：「究竟是什麼因素使社會維持一個整體？什麼因素使社會生活有秩序地進行，而不致發生與人相爭，混戰一團呢？」帕森斯認為，社會的道德規範調節了人們的行為。規範經由體制化過程體現在社會的體制中，又透過社會化過程使人的性格和動機符合規範。並且，規範規定了角色與角色之間的行為標準。如果社會過程都按規範進行，就會使社會處於平衡狀態。

經典人物——帕克

帕克（Robert Park, 1864-1944）是美國社會學家，芝加哥社會學派最有影響的學者。他師從威廉·詹姆斯（W. James）和文德班（Windelband）及齊默爾（Simmel）。1887 年，大學畢業後擔任記者，在此期間，逐步萌發把都市世界做為一個社會實驗室的想法。1899 年，帕克至哈佛

大學學習，並於 1904 年獲得博士學位後，成為芝加哥大學社會學系的教授並在專業研究上有突出貢獻。

帕克的社會學理論和觀點集中表現為：第一，定義社會學為「集體行為的科學」，同時闡明社會控制是「社會的主要事件和中心問題」，「社會無處不是一個控制組織」。第二，劃分出四種主要的社會過程，即競爭、衝突、順應、同化。第三，認為社會變遷包括順序排列的三個階段，即由不滿而引起的騷亂和社會動盪開始，進而導致群眾運動，最後以一種包含於重建的法律秩序之中的順應而告結束。第四，認為應明確區分生態學上的群體與社會群體，前者以共生、分工、競爭性合作為特徵，後者以交往、社會化、集體行為、結成組織為特徵。第五，提出著名的邊際人概念，認為「邊際人，相對來說是更為文明的人類。」他最有影響的著作是《社會學導論》，其他還有：《人類行為原理》、《城市——對都市環境研究的建議》、《社會學原理大綱》等。

他最受人稱道的是對都市社會學（urban sociology）和種族關係研究的貢獻。他和芝加哥學派（Chicago school）的其他成員影響了社會學的研究方法，強調社會學經驗研究，特別是以參與觀察（participant observation）為基礎的研究，產生了新的方向。帕克就都市結構提出了「邊際狀態」（marginality），在一個社會群體中部分是局內人而部分是局外人的狀態。邊際狀態一詞於 1928 年首次使用，指的是「文化混血兒」，這種人「具有兩個不同的社會群體的生活方式和文化傳統」。帕克特別注意移民，強調邊際狀態使人產生無所歸依的效果。然而這個概念顯然可以用來指很多類型的社會邊際狀態，例如暴發戶和被污辱者等的邊際狀態。

經典論著——《道德的演化》

《道德的演化》（Morals in Evolution, 1906）一書是霍布豪斯（Leonard Trelawny Hobhouse, 1864-1929）的論著，霍布豪斯是英國社會學家。主要貢獻是發展社會學（sociology of development），他的研究是理論與實踐相結合的典範。認為市場和增加個人自由的計畫之間必須保持平衡，在所著《社會正義的要素》（Element of Social Justice, 1922）一書中有最好的闡述。《道德的演化》中認為社會發展本身可用四個標準來衡量：

一、控制和引導社會的效能提高；

二、社會組織在規模和複雜程度上增大；

三、為滿足人類需要的社會合作擴大；

四、人類成就的能力提高。

《道德的演化》利用歷史和比較的證據來說明社會發展階段與知識進步之間有總體的關聯。這表現在科學和技術的進步、道德和宗教的深思以及藝術發展。其最終關注的是以道德標準來檢驗發展。為此，他運用其《合乎理性的善》（The Rational Good, 1921）的理論指出：發展是為了促進社會的和諧與人類能力和潛力的發揮。進步並不是必然導致道德素養的提升，第一

次世界大戰的爆發就證明了這一點。然而在 20 年代，他持謹慎樂觀的態度認為工業社會的秩序、效率、複雜性已真正地顯示出與個人自由和互助是相容的，進步已經實現，並透過民族國家之間的合作和自覺努力還會進一步發展，歷史將會證明他的謹慎要比他的樂觀更為合理。

第十二章

現代社會的教育作為

前言

分析台灣教育的現況，問題當然很多，尤其是對生活在這塊土地上的人，愛之深，責之切，總是認為我們的教育體制有改不完的問題，例如升學壓力沉重、學制太過僵化、高等教育國際化不足、十二年國教遲遲不能實施、中輟生逐年增加、弱勢族群學生教育尚未落實、幼兒教育入園尚未達百分百、技職教育逐漸萎縮、私立高中職招生大量不足，但這些也許僅是局部性的問題，有些只要挹注更多的經費就可解決，有些解決僅是時間的問題而已，然而影響台灣未來發展最嚴重的莫過於國民基本素養的低落，也就是教育的基本面，全人教育、人本教育的不能落實。

近日，若干有識之士將現代社會的焦點置於在歐洲被譽為凱爾特虎（Celtic Tiger）的愛爾蘭經濟奇蹟，這個傳奇，在於短短二十年間每人國內所得超越英國。2004 年愛爾蘭每人 GDP 四萬四千九百二十三美元，遠高於英國三萬五千五百六十六美元。在洛桑管理學院針對六十個國家競爭力評比上，愛爾蘭吸引外人投資持續保持在前三名；在創新力指標上，愛爾蘭的人才與科技技術成長率得分〇點八九，遠高於第二名芬蘭〇點六，甚至美國〇點三三、英國〇點一五。分析凱爾特虎奇蹟的研究，通常會歸諸於因社會對教育的重視所帶來的高品質人力素質所導致。愛爾蘭政策都有其目標，一些看似僥倖的隨意，其實背後都有規劃的邏輯。愛爾蘭很清楚，未來高成長的行業是科技、生技與金融。愛爾蘭小，要參與高成長產業，一定要有高素質的人力。以位在都柏林，1989 年設立的國際金融服務業中心（IFSC）為例，愛爾蘭不跟英國、紐約爭金融中心，卻定位為跨國銀行進軍歐陸的後勤中心。以花旗為例，十二年前在都柏林只有八十人，如今卻在都柏林建立後勤中心，負責全集團十大業務，員工超過一千一百人。而競爭基礎平等的新興領域——如資產管理，愛爾蘭則以低稅率，讓許多公司願意把基金登記在愛爾蘭名下。洛桑國家競爭力評比中，愛爾蘭管理資產金額全球第一。這是因為愛爾蘭人才的品質與態度，更深化跨國企業對愛爾蘭的依賴。

教育的扎根與發展絕非偶然。在還很窮的 60 年代，在愛爾蘭念高中就免學費，90 年代更擴大，念大學也免費。六成愛爾蘭孩子，擁有大專以上學歷，使得愛爾蘭人力素質高。台灣在 1970 年社會尚未富裕時，也投資了國民義務教育。兩者最大的不同，或許是教育的理念和態度。早年貧苦時，兩國的父母都相信，多讀書，就可以找到好工作。但是，愛爾蘭人從來都沒有忘記，教育的中心價值是——服務人群，這與愛爾蘭傳統的宗教責任信仰有關。愛爾蘭不羨慕牛津、劍橋或哈佛、耶魯，因為他們覺得愛爾蘭的大學也很好。愛爾蘭的大學沒有一個進入全球排名百大，甚至連前兩百大的排名都沒有，可是，愛爾蘭認為教育素質平均，提供公平教育環境，比僅有一、兩所明星大學重要，愛爾蘭所講求的卻是每個大學都應有嚴謹的教育水準，並維持通才教育的平衡公平和水準。愛爾蘭的教育，用遠見主導思想，讓歷史和地理給予它們的限制，全都翻轉成了新的契機和發展，深值得我們借鏡。

壹、現代社會的道德教育

　　一個國家的發展，尤其像台灣這樣一個自然資源不足的國家，最重要的就是人力的素質。而人力的素質不僅要具備生產的能力（Productivity），全體國民基本素養的提升更是根本的因素。這數十年來升學壓力的沉重逐漸侵蝕了優良的國民基本素養，學術、知識、技能也許提升了，但國民的整體素養卻沉淪了，這才是台灣教育的真正隱憂。社會學家季登斯（Anthony Giddens）認為，現代社會正處於劇烈變遷的狀態。不同於後現代主義者宣稱「現代性的終結」，Giddens 稱此一變遷狀態為現代性的激進化（radicalisation of modernity）。根據 Giddens 的社會理論觀點，現代性的激進化已經對人類行動的知識技能（knowledge ability）造成相當大的衝擊。不管是在日常生活中進行什麼樣的社會活動，人類皆需要能夠掌握與運用特定的知識與技術。這些行動綜合要件也就是所謂的知識技能。知識技能的重要性在於，它是每個人過生活的實用知識技能，使日常生活能夠順利的運行，因而提供個人生存的安全感（ontological security）；相反地，若是這些知識技能出了差錯，將會為個人帶來存在的焦慮感（existential anxiety）。今日科技（尤其是生化、電信領域）的日新月異、新的社會制度（例如教育改革、推行健保）的引進等，這些變革都會對現代人既有的知識技能產生衝擊，挑戰原有知識技能的適用性。處於此種社會型態人際之間的互賴性越高，相對的道德的規範也受到更多的強調。

　　教育改革中的九年一貫課程就是希望能透過課程的改革，達到落實全人教育的目標，雖然新課程的理想崇高，方向正確，但其是否能落實，關鍵還是在國中畢業後的多元入學方案是否能夠成功，升學壓力是否能紓解，如果真能建置一個可以落實新課程的環境，甚至於將九年一貫的課程延長為十二年一貫的課程，則教育的基本任務，提升國民素質，才有真正達成的一天。道德問題從來就是人的問題之根本。道德的思考也一向是所有思考的核心，也是教育中的重要環節。西方先進社會在大學通識教育裡，道德推理（Moral Reasoning）為核心課程及主要的學習目標。隨著教育理論的不斷發展，對於道德教育已逐漸由傳統學科或學校教育朝向活動或課堂以外之延伸教育，是以道德教育已廣為使用在許多正式和非正式學習活動中。而各類的社團活動，或富有教育意義的各類營隊活動便成為陶冶學生、寓教於樂的課程活動之一。根據 Smith, Stanley & Shores 指出，課程是學校為了以團體思考和行動方式訓練孩子和青年所設計之潛在性經驗。而 Oliver 也將課程定義為教育方案，分成學習方案、經驗方案、服務方案和潛在性課程。由此來看，學校以外的非正式活動和學科以外之潛在性課程便成為規範學習不可或缺之一環。道德在教育中不僅是「薰陶教化」，而是人要成為一個人，社會要成為社會，甚至自由民主得以落實的根本前提。道德教育強調的是生命意義的探索，是一種系統性的人文思考。諸如文明的定義，自由民主的前提等涉及價值的問題，以達成全人（Universal Man）的目標。若非如斯，則易衍生：法律教育遂淪為訟棍教育；財經教育成了各式各樣的賺錢機器，對職場倫理和企業倫理完全無所裨益，一堆科系在這種一知半解自以為是變成了積非成是，不但教育達不到全人培育，甚至於連道德的最低限度的要求也一併被顛覆。近代西方由於時代變遷，價值重建，道

德及倫理學的地位日益提高。美國的企業界從最高的大老闆組織「企業圓桌會議」到大公司的員工訓練，有關企業倫理的課程或演講，都是主要重點，各著名大學的倫理及道德哲學教授也都一個個成了講座，這種趨勢企業界稱為「回到根本」，足見倫理道德教育對現代社會的重要性。

貳、教育作為與社會互動

　　為提升國家總體競爭力，在台灣教育制度是被積極改革的對象。1994 年行政院成立「教育改革審議委員會」，於 1996 年提出「教育改革總諮議報告書」，其所主張的教育改革理念包括：教育鬆綁、學習權的保障、父母教育權的維護、教師專業自主權的維護等。由兩百多個民間團體共同參與的「四一〇教育改造全民大結合運動」，提出四大訴求：落實小班小校、廣設高中大學、推動教育現代化、制訂教育基本法。誠然，「窮不能窮教育，苦不能苦孩子！」是有其做為推動教育改革的重要、正當性，但是，正確的教育目標卻有它適當手段以及縝密思維的配套性作為，當檢視我們社會推動教育改革十餘年後，目睹實況與成效，學者特別提及「借鑑芬蘭經驗」，「芬蘭，目前被評為全世界競爭力第一的國家。芬蘭怎麼做？答案是投資及改善教育，且成功的轉型為知識經濟。近年來，芬蘭的教育改革一直被當作模範國家。芬蘭在 OECD（經濟合作發展組織）的四十一個國家國際學生評比中拿第一，且不但教育第一，其他方面的表現也極優異，國際競爭力連續第三次第一，政治透明度第一，已是第十五年被評為世界上文字能力最高的國家。」（高正忠，2005 年 12 月 11 日，聯合報）分析其成功的經驗為：

一、以學生學習為本的教育：台灣升學壓力沉重，考試領導教學，學生求學的主要目的僅為通過下一階段教育的入學考試，因此不僅與入學考試無關的科目學生不學，就是與入學考試有關的科目，學生所關心的也不是真正學到什麼，最關心的還是如何應付考試，如何拿高分。因此，學生被訓練成「考試的機器」、「解題的技術工」，至於與日常生活有關的各種素養，則因升學考試不考，學校不教、學生不學、家長不管，造就了一群有學歷卻無氣質的年輕人。芬蘭以往的教育也是實行學生分班，以考試為主，但有感於要應付多元的新世界，已不能再用舊的教育模式，因此改為平等教育，尊重學生的自主權，每個學生自訂學習計畫及目標，學生不必在同一時間做同樣的事。

二、重視自主學習的教育：在文憑主義的催化下，許多人一出生，就註定了追趕升學主義的歲月。在這樣迷思的指引下，究竟一個人有多少自我主張的機會，甚至是自我實現的可能，答案便顯得令人遲疑。在追求明星學校光環的籠罩中，在汲汲於爭取高分填鴨的驅使下，一元化的智育發展成為學校教育的圭臬，升學主義也就變成了顛撲不破的巨人。芬蘭的小孩回家會自己閱讀，並培養小孩如何安排時間，這是養成學生負責態度的重要因素。也因此，芬蘭學生是為了學習樂趣去上學。芬蘭學生上課加做功課一周約三十個小時，寒暑假不出作業，也不安排輔導課。

三、培養對自己負責的教育：檢視今日升學教育呈現著只要準備好學校的功課，「飯來張口、茶來伸手」，日常生活所需的基本禮儀及能力在學校中不受到重視，在家中也同樣受到忽視，結果培育出了許多沒家教、沒規矩、沒禮貌，而且無法自行生活的粗魯小子，等到社會之後，「愛拼才會贏」，比硬鬥狠，造成了社會的動盪、不安。社會發展最主要的原動力來自有優良素質的國民，而優良素質的國民首重生活素養，因此，生活素養，如日常生活的基本禮儀、生活規範、守法精神、人文關懷、團隊精神、良好生活習慣、親子關係、社區生活、愛鄉愛土情懷等，都應是國民教育中最重要的一部分，在學校、家庭、社會教育中都不能忽視。芬蘭從幼稚班就讓小孩自己給自己打成績，決定給自己笑臉還是哭臉，如果是對自己負責，有必要自欺欺人嗎？老師重視的是孩子是否建立自己的學習方法，而不是成績；老師不做考試競爭、不批評學生，學生學不好，老師會檢討教學方法，而不是怪學生不學習。

四、強調機會均等的教育：芬蘭教育未若美國式的個人英雄主義。他們不鼓勵考第一名，不鼓勵跟別人太不同，但是每個人依然是獨立而特殊的。每個人「與眾相同」地「與眾不同」，每個人都是「一樣的特別」。如果社會上每個人在做相同的事，總效益自然會降低，甚至因為競爭造成惡性循環。是以，教育資源廣及於接受者，沒有小孩因為成績不好而被老師討厭，反而得到更多的照顧，資源是給表現差的學校，不是給表現好的，這種關懷且扶弱精神，使他們的學生表現並不因家庭背景或經濟因素而有差異。芬蘭是在經濟比我們更蕭條的情形下投資及改善教育，另外一個國家愛爾蘭也是如此，投資教育讓愛爾蘭由曾經有饑荒的貧窮國家，蛻變成歐洲第二富有的國家。

五、重視獨立思考的培育：北歐的教育制度，是造就北歐國家競爭力的重要因素之一。它一方面培養了穩定的高素質人力，同時也促進個人潛能的發揮。北歐重視獨立思考能力，從小學開始，北歐的教育就非常重視團體活動與討論，凡事都必須經過成員充分表達意見，一旦做出決議，就不可任意更改。有的人或許會認為北歐人有時很堅持，其實跟這個思維不無關係。

參、教育興革與社會文化

　　教育的對象是人，教育的主要本質是人本的教育，而教育最重要的目標是使學生能在現代社會中快樂的生活、快樂的工作，然而因受到升學主義及功利主義的影響，中小學教育的主要目標已轉移成為升學做準備，生活所需具備的基本素養已不再是重點，大專教育僅重視工作專業技能的培育，通識教育也僅是形式而已。在這樣的教育思潮下，做人處世的道理已不再是教育的重點，國民的基本素養也日漸低落，如果不能及早因應，社會的危機遲早要來臨。許多人不禁要問？為什麼多元入學方案反而讓學生在廢除聯考後，又被更沉重的升學壓力禁錮，為了應付推甄入學，除了課後的英數理化補習，還有人假日補習籃球。一些學校每月改選班長及幹

部，學生爭著當空殼社團的幹部，為的是讓學生有社團及服務表現以利升學，完全本末倒置。原本的教育改革是為解除學生壓力，讓孩子有一個快樂的學習歷程，卻成為更長期的折磨？為什麼自國外引進的教育體制，竟變成學生的夢魘，家長的負擔？

　　十餘年前，國內掀起了一波大規模的教育改革運動，希望能藉由教育的鬆綁，發展適才適性教育，暢通升學管道，提升教育品質，以及建立終身學習社會等方面，來紓解學生的升學壓力，達到活化台灣教育的目的。而大學教育位在學術的頂峰，引領各學門領域之發展，對於社會及國家的競爭力影響深遠。是以，大學必須因應大環境的變遷，進行體質之更新，才能營造良好之學術環境，激發知識之勃興與創新，達成與產業之間最後一哩連結以接軌國際的目標。近十年來，國內教育生態急劇變遷，包括大學數目擴增、大學錄取率攀升、教育經費下滑、少子化等，不僅衝擊著傳統大學的定位，亦使得大學辦學日益困難。在歷經教改下，大學暨學院數量不斷地擴張，由 1997 學年 78 所增至 2006 學年 147 所，十年間增加 69 所。隨著高等教育的快速擴張，大學門戶幾乎洞開，2007 學年的大學考試分發入學錄取率百分之九十六點九三更創下歷年新高。菁英導向式之高等教育結構幾乎瓦解，大學招收學生平均素質日益降低，實乃影響國家的發展至深且鉅。

表：十二年國教配套措施一覽表

措施	目標
縮短公私立高職學費差距	補助公私立高職學費差距
提升優質高中職學校	全台 111 所高中、90 所高職
高中職社區化	重新規劃學區
調整高中職入學方式	逐年增加申請入學比率、基測做為門檻、社區高中職免試入學
建置十二年一貫課程體系	銜接九年一貫課程
建立質差學校退場機制	高中職評鑑
結合技職教育與產業發展	執行學產合作
推動大學在地化	大學繁星計畫、高中生入在地大學
精進高中職師資人力發展	教師專業發展評鑑等
學生生涯規劃與輔導	弱勢學生補救教學、預防中輟等
鼓勵家長參與教育	家長參與學校教育計畫
修訂相關教育法規	高級中學法與職業學校法合併修正為高級中等學校法

資料來源：教育部，2007.02.28。

　　聯考因行之有年，其錯綜複雜的糾葛已形成一種文化，譬如學生爭明星學校，學校搶優秀學生的心態，又如學生及家長斤斤計較的心態，學生只準備考試會考的科目，拒絕其他學習，學生只會做測驗卷，不會利用圖書找資料整理資料，學校的圖書館形成空洞的倉庫……等等，

這些都是因為聯考帶來的弊端。如果教育改革沒有整套的措施，未能思考社會文化的特質，則單憑多元入學方案要來取代高中職聯考，將無法有效而且全面的解決問題，反而帶來更多的問題。

由於一路追趕升學主義，競逐明星學校，致使教育的核心價值未能彰顯，老師、家長和學生往往忽略了志趣才是生涯最重要的選項，多數人在乎的是志願選填技巧，如何才能以既有的成績換取排行最好的學校；加以基於學費的考量，盡以「國立優於私立」為主要原則，也可能喪失了自我生涯發展的機會。在志趣的考量不能主導生涯發展的情況下，很可能埋沒了一個具有某方面潛力者，甚至造成無法媒合於產業發展的失業人口。教育改革的目標，不僅是針對聯考制度的弊端所進行的改造，以避免學生深陷於升學主義的壓力下；也是讓教育回歸正途，讓青少年擁有青春亮麗的生命，讓學生自惡補的泥淖中解放出來，讓長期的表現取代一試定終身，讓多元評量取代智育為尊。然而，如何以更好的制度取代聯招，卻非一蹴可幾。以高中多元入學方案來看，如果缺乏配套的措施，如調整高中高職比例、廣設社區高中、增加完全中學、把直升門檻放寬、打破明星學校的迷思、再輔以大學入學制度的改革，則台灣的升學主義傳統依舊根深柢固，難以改變。是以，近十餘年來，受到教改不確定政策的推波助瀾，對於 U 世代的孩子來說，似乎未曾告別父母親時代所受的升學壓力，反而是承載了更多的負荷和期許。君不見，他們近視的年齡提早、近視的人數變多，他們的書包設計得更大、裝得更多、背起來更重；他們補習的科目變多、補習的時間更長，凡此種種，均是升學主義作祟的結果，當初教改所立下的良法美意，卻已導致教育的異形和變調，不只讓升學主義的馬拉松提早開跑，更貽誤了教育正向的發展。

檢視我們社會由於普遍存在的「學歷至上」、「文憑第一」的風氣，於是既有的聯招制度或是行將全面實施的多元入學方案，皆成為每個升學同學的最大噩夢。是以，雖然推甄制度的設計是有意要解除現在的聯招考試對國中生升學壓力的魔咒，但我們幾可以確認，如果「士大夫觀念」依舊存在，「萬般皆下品唯有讀書高」依然唯尚，則升學制度的改革將不易奏效。誠然，標舉多元化入學管道雖然是讓大家都有受教圓夢的可能，但是，當進大學變得如此地輕而易舉甚至是唾手可得時，轉而出現的則是朝著排名前面的幾所明星學校，做難度更高的入學競爭，因此，「免試升高中」或是「十二年國教」就不應該只是淪為一種解決有無入學機會的絕對性剝奪問題，而是要深層思索不同成長背景學生彼此落差的相對性剝奪，是否有隨之加速擴散、惡化，特別是整體國家的競爭能力！因此教育再怎麼改，學生的壓力永遠存在，家長的期待將難於避免，而「快樂學習」只是一種遙不可及的憧憬。多元入學只是教育改革的方案之一，目前所遇及的各種困難，其實是社會改革過程中，必然會面對的。由於社會制度的推行必定與整體社會文化息息相關，是以社會改造自然宜考量社會文化與人心特質，否則易為事倍功半。在一路追趕升學主義下，可能錯置部分人才學用之配對，也讓我們的孩子生活在永無止境的煎熬中，未來必須重視個人需求導向的生涯發展，才能使得教育不要有遺珠之憾，同時要讓人人有機會成為多元明星。因此，當我們皆有不能再重回聯考老路子的想法時，更不能讓孩子再陷入僵化教育的泥淖，唯有以更全面的改革，更深化的從學生、家長、教師、到教育體制及社會文化的

整體改造，而且探討現行聯招的文化機制，去做配套解決的工夫，才能走出升學主義的深淵，使教育改革所追求的目標克竟全功。

肆、終身教育與社會發展

隨著知識的快速推陳出新，人們面對科技帶來的衝擊越是明顯，以往僅憑著學校教育所提供個人一生適應環境所需求的知識，早已不足以因應急驟社會的需要。面對新的挑戰、新的情境、新的資訊，人們必須有隨時吸收新知的作為。因此教育必須做根本性的變革，讓教育體制成為一個學習性組織，達到時時提供民眾需求，處處滿足民眾求知，這就是終身教育的主要理念。此種學習型態包含了：成年教育、技能教育、推廣教育、婦女學苑、長青學苑等，經由社區居民共同參與，不分年齡、性別、資歷，只要有興趣或需要，即使是 5、60 歲人，也可申請入學就讀。終身學習主要目的是在開發個人潛力，以接受新式知識，創造充實生活；此外，該學習型態亦可與社區團體共同合作，針對如：失業者、年長者、單親者等特殊對象，以提供最佳的學習環境。

知識的爆炸及知識半衰期的縮短促成了終身學習社會的產生，生活或工作所需的智能已不再是獲得最後一張文憑之前可以學習完成的，「時時學習、處處學習」，「活到老學到老」已不再是口號，而是日常生活的準則。在學校固然需要學習生活或工作所需的智能，然而學習「如何學習」可能比學習知識與技能本身更重要。如何尋覓適當的學習管道？如何利用各種管道有效學習？如何確定自己最適宜的學習方式？如何利用圖書館、網路學習？如何管理時間有效學習？凡此種種，都是重要的學習技能，是終身學習社會中不可或缺的技能。為了達到民眾終身教育的目標，宜做到學校資源社區化，促使學校成為社區民眾終身學習的場所，其理由係考量：

第一，學校普遍地設置於每個社區，以全國各級學校的總數高達近八千所，已經散布在全國各個角落，加以學校已有健全的師資、設施、教材，就其普遍性而言，自然易於快速、便捷地滿足社區居民終身學習的需求。

第二，有助於落實社區生活共同體的理念：由於工業化及都市化的效應，造成社會高度的人際疏離，一般人的生活極少以社區為重心，造成如犯罪、脫序、冷漠等現代居民症候群；若能妥慎運用學校資源結合社區居民，將可有效增加民眾的互動與情感，形成強固的社區意識。

第三，學校與社區相結合，能有效掌握社區居民的需求和社區的特色，不僅有助於繁榮地方，且可培育社區建設人才。

第四，社區有充分的人力資源，可與學校相互配合，以發揮教育的效果：由於社區中擁有如高齡退休者、婦女、志工等，皆可以與學校相結合，成為學校推動終身教育的助力。

隨著知識世紀的來臨，成功的保證，不再是權勢和財富的累積，而是擁有學習知識的能力，因此能夠不斷接受新知的民眾，將是未來社會的翹楚。隨著生活型態的改變，人們可供運用的

閒暇時間日益增加，如能有效推動學校資源社區化的構想，將學校資源與社區民眾的學習需求相結合，使得終身教育的作為能注入日常生活中，當能促使國人擁有真正高品質的生活，並建立一個知書達禮、勤而好學的社會，這也將是我們再次創造台灣奇蹟的最佳資源。

結語

全球化是新世紀人類無可抗拒的課題，不論在政治、經濟、教育及文化方面，各國是既競爭且合作的關係。由於時空的無阻隔，人物、物流、金流、資訊快速流動，形成「時間緊密的地球」，加上知識經濟時代的催化，知識成為區隔強國與弱國、核心與邊陲之鴻溝，知識激發、創新和應用的重要性可見一斑。為了因應全球化後，世界已連成一張緊密的學習網，以及配合知識經濟的發展，產業快速更新，和知識半衰期的縮短，教育必須積極進行調整和創新，才能擺脫磁吸和免於被淘汰的命運。是以，1996 歐洲終身學習年白皮書就指出：「未來的社會是學習社會。在這方面，教育體系中的教師及其他社會參與者應扮演重要的角色。教育與訓練是個人自覺、歸屬感形成、自我改進及自我實現的主要管道。個人得自正規教育、在職教育或非正規教育管道的學習，都是決定自己前進與未來發展的關鍵因素。」現代社會應該是一個學習社會。推展終身學習的社會，不僅能夠重建社會的價值，而且可以合理解決目前的教育問題。學習社會的建立，將成為延續富裕、科技、資訊、開放與開發社會的基礎。就教育制度的興革而言，現代社會宜強調：從學前兒童到高齡者，形成繼續性的教育過程。在橫的方面，它包括正規、非正規及非正式的教育活動。在縱的方面，它涵蓋家庭、學校、社會三種教育活動。對學習主體而言，它提供每個人隨時隨地均可學習的教育體系。終身學習含蘊對學習主體的尊重，提供所有學習者一生學習的機會，強調全人的發展，重視個人自由，使教育成為一種生活，擴展人生的意義與目標。

經典人物——哈伯瑪斯

哈伯瑪斯（Jürgen Habermas）是德國社會學家，法蘭克福學派（Frankfurt school of critical theory）主要代表人物之一。早年就讀於戈爾根大學、蘇黎世大學和波恩大學。1962 年在海德堡大學任教，1964 年任該校社會研究所所長。1974 年起擔任法蘭克福大學名譽教授。主要著作有：《通向理性社會》、《溝通與社會演化》、《溝通能力理論》、《社會的結構變化》、《理論與實踐論文集》、《作為意識形態的技術和科學》、《知識與利益》、《論重建歷史唯物主義》、《與馬爾塞的談話》等。哈伯馬斯被認為是法蘭克福學派批判理論的繼承者。他主張把各門社會科學與哲學結合起來，鼓吹創立哲學、社會科學一體化的「科學」。在社會結構方面他認為「經濟基礎」範疇只適用於早期資本主義社會，試圖重建一種當代的「馬克思主義人類學」而取代階級論；同

時試圖建立一種包羅各種人文科學在內的批判的辨證認識論。指出發達資本主義國家的政府干預導致了政府合法性的危機。

　　哈伯瑪斯將社會建構（social formations）分成下列幾個階段：「原始社會→傳統文明社會→現代文明社會→資本主義社會→自由資本主義社會→計畫式資本主義社會→後資本主義社會→後現代社會」，其中的原始社會與馬克思的部落社會相比；傳統社會包括古代帝國社會和封建社會；自由的資本主義社會指的是馬克思所知的十九世紀資本制度；而我們這個世代的西方社會就是計畫的資本主義社會最好的例子；哈氏就政治菁英對生產工具之處理方式，將國家社會主義之社會（State-socialist society）歸類為後資本主義社會。而後資本主義社會有兩個主要特徵：

　　一、為了保護經濟體系的安全與穩定，政府開始干預市場的運作。

　　二、科學研究與工業技術密切配合，使科學成為最重要的生產力。

　　他認為現代社會最重要的問題並不是階級的問題，而是工具理性（instrumental rationality）膨脹所造成的意識僵化。也因為工具理性的講求，才形成了所謂的技術專家政治（technocracy）。於是民主制度變成了有效率的科學組織，人民只要效忠，不必參與，是任憑專家安排的可憐蟲。

　　在《正當化危機》（1973）中，哈伯瑪斯將注意力集中於研究發達的資本主義社會中的危機傾向。他描述這些社會的特徵是持續的經濟和階級矛盾；行政決策的更加政治化，這是由於經濟矛盾需要不斷加強國家干預的結果；而這些政治干預造成新的矛盾。「正當化危機」的一個顯著趨向出現在下列情況下：以前的正當性基礎沒有被更新，同時新的社會取向（如新的福利專業主義）開始做為資本主義內部的「外來體制」發生作用時，遂產生了更批判性的政治文化，潛在地威脅著資本主義。哈伯瑪斯承認資本主義社會中這種導致危機的趨向，是能得到成功控制的，而且沒有人敢說資本主義將會被取代。儘管如此，他仍堅持認為一旦批判性理論的程序開始作用，資本主義社會中的經濟與階級矛盾和理性扭曲的現象就會明顯地浮現出來。

經典論著——《階級、代碼和控制》

　　《階級、代碼和控制》是伯恩斯坦（Basil Bernstein）的論著，伯恩斯坦是倫敦大學教育學院教育社會學（sociology of education）教授。他最負盛名的是他在社會語言學（sociolinguistics）方面的開創性工作，以及對社會階級與兒童在家庭與學校環境中所掌握和運用的語言之間的關係的研究。他在二十世紀 60 年代所寫的一些早期論文中，確立了在正式和公開語言中存在著工人階級使用的「限制」代碼和中產階級使用的「精密」代碼。這些關於語言的理論和他的經驗性研究在英國和世界其他各地廣為傳播。人們大多注意伯恩斯坦著作的社會語言學方面，因而忽略了他更深遠的旨趣：權力分配和社會控制的原理。這種旨趣表現在他的《階級、代碼和控制》（Class, Code and Control, 1977）中。他的研究方法基本上是結構主義的，而且他從涂爾幹（Durkheim）的著作汲取了許多東西。這可從他關於教育知識的組織、傳布和評價的作品中清楚地看到。教育基本上是一種知識代碼的形式；它怎樣被組織、傳播和評價，則反映出了社會

控制的模式。課程構成以某種方式分類（classification）知識單位，有的分開有的結合，這種分類指涉各知識領域之間的界限。課程這個詞是與「構架」（framing）的概念並行的，這個概念指的是教育知識傳播的方式。伯恩斯坦的意思是說從經驗上看，分類和構架的訊息系統就實現在支撐學校的課程的集合和整成兩種代碼中對於秩序與控制會產生效果。集合代碼（collection code）是經過嚴格分類和劃定疆界的，學生們只能選擇明確劃定的內容，這些內容的形式就是專門界定的課目，例如歷史、地理、化學、物理和生物學。整成代碼（collection code）由彼此有開放關係的內容構成，例如社會研究和科學。因此知識的組織反映在附著於每一種代碼的教育哲學中，及其與權力和控制原理的關係中。

　　集合代碼意味看講授式的教學，即反覆灌輸事實；整成代碼意味著一種以個人或學生小組自我調整為基礎的教學論。由是可以看出伯恩斯坦以一種更複雜和更徹底的知識傳遞代碼理論，發展了他最初的關於社會語言學的著作。實際上，限制性代碼與集合代碼相關，而精密代碼則與整成代碼相關。集合代碼建立在限制性選擇和有限許可結合方法的原則之上，而整成代碼則有更大的選擇和結合的自由。

第十三章

現代社會的媒體傳播

前言

「今天的民主政治的確有很大的問題。我認為這有一部分的原因，是電視媒體對於平面媒體壓倒性的勝利，完全改變了資訊的生態。在現在的電視媒體上，所有的資訊都是單向的，收看電視節目的觀眾沒有反映意見、參與討論的有效管道。雖然現在網路給予每個人一個重新參與民主團體討論的機會，但是電視媒體仍然是主流。電視有一種魔力，會抓住人，觀眾就是盯著看，幾乎進入半催眠狀態。也許在台灣的情況與美國不同。美國人現在每人平均每天看電視四小時又三十九分鐘，這個數字實在很驚人。這也影響了民主的品質，因為觀眾在電視前面是被動的接收訊息，被動的接收廣告、企業訊息、娛樂節目，沒有出去接觸社區、鄰居，沒有參與政黨活動。所以民主相對於強而有力的利益團體的廣告訊息，就非常脆弱。」這是美國前副總統高爾的談話，相當程度反映對傳播媒體生態的看法。

另外就網際網路（internet）做為一種虛擬學習社群（Virtual Learning Community）的社會事實，無非是它兼具有即時、方便、大量、繁雜、快速、免費、平等、雙向、親和以及官能刺激等等的競爭利基，這多少指陳出來假借網際網路之名所可能出現的脫序、迷亂情形，這是因為：網際網路本身所集結的知識訊息，還是有它之於完整性、正確性、全面性、參考性、深度性以及真實性等等的結構性限制；連帶地，使用的當事人缺乏相與對應的專業判斷能力，更是讓透過網際網路所截取下載的資訊知識，多少還是停留在問題疑惑的直接解答，而非是藉由資料找尋、書本細讀、歸納整理、消化思辨等等的精緻、內在化過程，以讓知識獲得與吸收的同時，能夠對應出當事者的認知模式和思考能力。

壹、傳播媒介的主要類型

對於傳播的社會現象進行系統探討是二十世紀40年代隨著新聞廣播和電視事業的發展而首先在美國誕生和形成的。因為這時的美國，新聞和廣播事業已有相當規模，電視也開始普及。1950年美國開始發展彩色電視，1962年首先利用通訊暨衛星進行電視轉播，擁有電視機的家庭到50年代末期已占總戶數的百分之九十五。是以，傳播媒體深入家庭影響個人已不言可喻。

電子傳播媒介的興起，引起了傳播領域的革命。而傳播領域的革命，除了科學技術的基礎以外，又與社會政治、經濟情況的發展變化有很大的關係。政治界要擴大自己的影響，宣揚自己的主張，必須要利用傳播媒介；經濟界要加強競爭能力，擴大生意範圍，也要求助於傳播；文化的蓬勃發展，也要透過傳播媒介來完成；教育界與傳播媒介的關係則更為密切。傳播媒介促進了社會的繁榮與發展，使人類生活更加豐富多彩；但它也給社會帶來許多消極的東西，如傳播過程中有一些低級、庸俗的內容，對青少年的心靈有妨礙作用等。隨著傳播的迅猛發展，學術界開始研究：電視、廣播和報刊這些新聞媒介的特性、發展前途和社會功能，各種新聞媒

介的相互聯繫，大眾傳播的效果表現與影響效果的諸種因素等問題。這些問題，引起了政治學、新聞學、社會學和心理學研究者的普遍關注。他們通力合作，對上述問題進行了廣泛的研究，從而促進了傳播社會學和大眾傳播學的形成和發展，形成一門新興的綜合性學科。

隨著大眾傳播事業的發展和對外開放政策的實行，學術界針對其內涵、對人們的影響、對社群的關係，著手研究傳播理論。大眾傳播媒介（mass media of communication）指的是在訊息傳播途徑上專事搜集、複製及傳播訊息的機構，一般專指報紙、雜誌、廣播、電視及最近興起的網路媒體。大眾媒介這個名詞，最初問世是在 1928 年，當年出版的牛津大詞典正式收錄了這個名詞，其背景是廣播做為一種新媒體的興起。在此之前，人類傳播的歷史經歷了親身傳播時代（原始社會的非語言傳播）、印刷傳播時代。廣播及隨之而來的電視，將人類推進到了大眾傳播時代。在不到一百年時間內，大眾媒介的影響可以說無孔不入，滲透到了社會生活的各個角落。透過大眾媒介攝取訊息，獲得休閒和娛樂，成為大眾重要的生活方式；人們對大眾媒介的依賴也越來越大，這種依賴性所採取的是滿足某些需要的形式。隨著依賴性的不斷增大，大眾媒介所提供的訊息改變各種態度和信念的可能性亦將會越來越大。這種可能性使大眾媒介在政治社會化的平台上發揮影響的空間，幾乎是無限地擴大了。

一、報紙

在大眾媒介系統之中，報紙的歷史最久，其影響也最深遠。所謂報紙，是指「以刊載新聞、評論、副刊、廣告為主的，面向公眾的、定期、連續發行的出版物。」做為一種印刷媒介，報紙具有如下特點：主要使用文字，輔之以圖片，可詳可略，適合對事件的背景、原因做深度的分析報導；訊息含量大，內容廣泛；有較強的時效性，尤其是比之於雜誌；做為消費者的讀者有較強的自主性，可以自由控制閱讀速度、時間、內容等；便於保存，攜帶方便，可以核對，有較強的可信度；讀者以長期訂閱為主，受眾市場比較穩定；價格便宜，有利於普及市場開拓。報紙在歷史上的出現，是十六世紀末十七世紀初的事情。報紙做為一種傳播工具，其產生、發展和演變，其社會的高度組織化、有序化的進程是一致的。報紙的力量來自於它報導的客觀、真實和公正。特別是公正，正如同紐約時報以「追求事實真相為目標。」這種公正意味著報紙在報導事實、提供消息和各種意見時，能夠保證一種形式上的公平姿態。正式由於這種品質，報紙可以用來充當政府的監督者、渾沌世界的照明燈、商品及服務情況的市場發言人、提供娛樂消息的介紹人、重大事件和不可預測事物的旗手、符合大眾趣味的常識傳播發源地。所有這一切，使得報紙的作用直接地影響到個體的社會化。從而更有利於促進個體的自主冷靜的思考；另一方面，報紙又是一種可以社會化工具。

二、廣播

廣播（Radio Broadcasting）在大眾媒介系統中占有十分重要的地位，其歷史僅次於報紙。廣播指的是經由無線電波或導線向廣大地區或一定區域播送聲音、音像節目的大眾傳播方式。

與報紙相比，廣播主要有以下幾個特點：一是滲透力。在大眾媒介系統之中，就性能價格比來說，廣播的優勢是最為明顯的。一方面，它經由電波進行訊息傳輸，只要發射台具有足夠的發射能力，尤其是透過衛星轉播，可以在盡可能大的範圍內瞬間傳播資訊，比起報紙需要廣大的發行網絡來，它省事經濟得多了；另一方面，從受眾本身來看，購買一架收音機付出的，比訂一份報紙、買一台電視或買一台電腦要便宜得多。特別是在一些經濟不甚發達、文化教育不是很普及的國家和地區，由於訊息傳播的基礎設施比較落後，廣播便成為大眾最主要的交流工具。二是及時性。廣播透過電波傳播訊息，電波傳輸的速度每秒高達三十萬公里，而且在傳播者與接受者之間，只是通過機器轉換訊息，沒有印刷、發行、運輸等環境的制約，如果現場直播，還可以節省編排和後期製作的時間。藉助於廣播，人們幾乎也可以同時分享全球性的訊息資源。三是生動性。由於電波與語言的結合，電波還原聲音的技術使得廣播進行的傳播具有印刷媒介難以企及的現場感和生動性。由不同的聲音展現出富有個性的主持人風格，能夠比報紙吸引更多的訊息接受者。四是想像力。從廣播裡我們只能聽到聲音，而看不到人物的活動和形象。廣播能夠告訴聽眾的，除了文字語言表達的訊息外，還有文字語言外的訊息，這些資訊從內容的編排、節目的風格、主持人的聲音語調等可以領略體會得到。要完全地理解廣播所傳播的訊息，必須充分地運用人的想像力，張開人類思維的翅膀。五是參與感。與紙質媒介不同，廣播可以邀請聽眾同步參與廣播節目，藉助於電波，主持人和聽眾可以就社會焦點問題進行分析、評價、發表自己的意見，以實現傳播者與聽眾的雙向交流。人們透過廣播，接受訊息，學習知識，了解社會，適應社會角色。是以，社會學者深信在現代化及社會興革中，傳播正扮演著重要啟蒙者的推手。

三、電視

電視（Television）是傳送圖像或聲音的一種廣播、通信方式。它應用電子技術對人、物、景的影像及聲音進行光電轉換，然後用電信號傳送出去，使別處或遠方的電視接受機及時重現圖像和聲音。二十世紀30年代電視問世時，僅僅只有一種無線電視。如今電視已經發展成為一個大家族，在傳播形式上有有線電視、無線電視、衛星電視；電視是二十世紀最偉大的發明之一，隨著技術的普及和生產力的發展，從覆蓋率、絕對受眾數量來看，稱電視是當今世界影響最大的大眾媒介是不過分的。電視做為大眾媒介除了具備廣播所有的那些特點，如表現能力和現場感強、有較高的時效性、便於觀眾參與、訊息容量大以外，還有自己更獨特的地方。首先，電視主要是一種娛樂化媒介。電視基本上是一種娛樂性的媒體，它報導的範圍還包括了它的娛樂事業，如電影、唱片；是最有影響的社會化媒介的觀點，雖然它並非像父母和學校老師那樣，有意使我們社會化。雖然所有的兒童看電視的主要動機是為了娛樂，但我們不能低估伴隨著娛樂無意中學習的數量。其次，電視還是一種感情化的媒介。與其他媒介相比，電視擁有更多戲劇化的表現手段，以渲染戲劇性的場面，從而更容易刺激觀眾的情緒。再次，電視媒介還是一種極具「親切性」的媒體。電視做為大眾媒介在人們社會生活中的地位大大提高，收看電視在

人們時間的支出上有越來越大的趨勢。電視就是一種產業，其影響力之大猶如一種宗教式的力量，代表了一種經濟和政治勢力。它不僅影響到人民的生活，而且影響到社會生活。影響力比報紙、廣播要大得多。但是，電視做為大眾媒介也存在著不少問題。且不說網絡興起對電視的挑戰，僅就電視的節目內容而言，其在個體政治社會化中的消極影響不容忽視。首先，電視造成了人們對社會的冷漠感。因為人們把休閒時間放在電視上，自然減少了相互之間的接觸，疏遠了感情，削弱了他們之間的團體意識。其次，對負面行為的示範作用。不少學者認為電視上的暴力使觀眾或至少部分觀眾在現實生活中產生暴力傾向，尤其是兒童。再次，電視還誘發了觀眾不現實的期望和感覺，正是這些期望和感覺促成了人們對於既成社會體制重事件輕原因的描述方式，經常把人們或機構演繹為簡單的刻板印象。電視是當今最主要的社會化工具，其在社會教育、塑造人格、傳承文化方面的作用是無法否認的，但是在某些情況下，它的確又不是一個社會化的適當工具。

四、網路

網路（Internet）是二十世紀晚期以來資訊傳播技術發展的結晶。源頭最早追溯到 1969 年 11 月 21 日，在美國國防部的資助下，六名科學家於史丹佛大學運用計算機相互連通的方式，開創了網際網路的雛型。到二十世紀 90 年代，由於商業化的推動，網路實現了爆發性的飛躍。1993 年美國提出建立「全國資訊基礎設施（NII 或稱訊息高速公路）」。由此，網路在全球範圍內迅速發展起來。如今，網路已儼然成為報紙、廣播、電視之外最具影響力的媒體。網路做為大眾媒介，與傳統的報紙、廣播、電視相比，顯示了自己的許多特點。一是傳播方式的雙向交互性。在網路上，傳播者和受眾可能通過電子郵件 E-mail 和公告 BBS、聊天室等方式及時溝通，使訊息的反饋得以及時實現，從而在全新的意義上實現了受眾對訊息傳播過程的參與。二是傳播手段的多媒體化。網路做為一種新的傳播手段，同時具備文字、圖像、視頻、音頻等人類現有的一切傳播手段，也就是說，傳統媒介報紙、廣播、電視的功能在網路上成功地實現了整合。如網上教育、醫療、購物、交友、開會、購物、閱讀、聽音樂、看電影、打電話、發郵件、學術交流等。三是傳播空間全球化。網路傳播超越國界，甚至在缺乏有限電信網的沙漠地區，也可能通過衛星移動電話聯網。訊息在任何角落進入網路，在瞬間就可以傳遍整個世界。網路消除了有形的和無形的國家邊界，使訊息傳播達到了全球的規模。四是傳播的即時性，能隨時更新，甚至時時傳播。網路不存在出版、發行環節，網頁上發布信息，不受時間限制，可以隨時發布、隨時更新，大大地提高了訊息傳播的時效性。五是傳播者與受眾身分的隱匿性。網上傳播權和選擇權的開放或自由化，隱含著一個重要的前提，即網上傳播者和接受者可以隱匿其真實身分，以一個或多個化名在網上出現。這一方面可為網友的傳播活動提供安全保障，另一方面則易於引發網友的不道德行為和有害訊息的流傳。六是傳播內容的無限性和易檢索性。隨著計算機數據存儲和處理技術的發展，網上訊息以幾何級數增長，從而為傳播者在渠道利用方面消除了物理空間的限制；同時，網民又可藉助於方便的檢索系統，迅速在訊息的世界中搜尋自己需要的

內容。網路的特點不僅使它在與傳統媒介的競爭中顯示出旺盛的活力,而且在對社會滲透方面遠遠地超過了傳統媒介。網路對社會政治、經濟、文化產生了廣泛而深遠的影響。網路做為最具活力的大眾媒介,做為社會化的重要渠道,在其發展過程中也暴露出不少的問題。首先,在網路世界,政府的控制遠不及現實世界那麼有效。由於網路社會具有「無國界」、「超國家」的性質,政府對於開放的網路空間的調控往往是無能為力的,因此網路社會不可避免地存在著許多無序現象。如過度自由導致負面訊息、流言、誹謗廣泛流傳。但在網路時代,訊息超載已成為困擾人們的一個重要問題。美國學者奈思比(J. Naisbitt)在《大趨勢》一書中指出:「失去控制和無組織的訊息在資訊社會並不構成資源,相反,它會成為人們的敵人。」訊息過量改變了人們的消費習慣,過去人們以精緻嚴謹的態度對待訊息,現在則呈現出速食化的特徵,而不能深入地面對資訊的價值。再次是上網成癮。上網成癮雖然現在還只是出現端倪,但可以預見它會造成嚴重的後果:它不僅會造成個人的心理性疾病,而且會削弱個體的社會規範意識,阻礙與社會集體的感知距離,導致社會的疏離。另外,由於傳播者是以獨立的「隱形人」在虛擬空間操作,使得他有可能擺脫現實世界的道德與法律規範的制約,從而放縱自己的行為,在這種情況下,訊息的權威性、真實性、準確性也自然得不到保障。

貳、現代社會的傳播行為

傳播媒介本身不斷地推陳出新:不論是五十萬年前的語言,抑或是近三十年來由電腦所衍生出來包括網際網路服務網(ISP)、網際網路(Internet)、全球資訊網(world wide web)與資訊高速公路(information high-way)等等的傳播媒介,皆已成為現代文明人所必須要兼具的基本知能,而且推陳出新的速度遠遠超出人們的預期想像和理解程度。現代的傳播媒介是人們習得社會資訊、知識、技能的重要管道,傳播與語言符號息息相關,社會學者 John B. Thompson 強調現代語言學、現代符號學所強調的「語言」,實際上就等於「符號」。在傳播行為上,「語言」更能體現二十世紀特色,即是指做為「語言符號」和「非語言符號」的傳達手段的現代傳播媒介(如電視、無線電通信、電腦、傳真等),這些現代傳播媒介已不再是簡單意義上的傳播工具,而是新型的語言(如電腦語言、終端語言、電視語言等),它們正在極大地開拓人類的符號表達領域和能力,促使傳播行為呈現多元風貌。以時間-空間構造、傳遞象徵的方法、行動取向、及對話式/獨白式等四個面向,將人際間的互動區分成三種類型:面對面式的互動(face-to-face interaction)(如教室)、媒介式的互動(mediated interaction)(如電話)、及網路式的虛擬互動(mediated quasi-interaction)(如電視、電腦)。關於傳播行為互動類型如下表。(Thompson 1995: 85)

表：媒體傳播的互動類型

互動特徵	面對面式的互動	媒介式的互動	網路式的虛擬互動
時空構造	同時出現；同一時空	分隔；時空的延展	分隔；時空的延展
傳遞方法	繁多	狹少	狹少
行動取向	針對特定他人	針對特定他人	針對不特定的閱聽人
對話方式	對話式	對話式	獨白式

　　面對面式的互動，在時空構成面向上，老師與學生同時出現在同一間教室中。由於同時出現在同一時空中，老師與學生可以傳遞訊息的方式比較不受到限制，聲音、肢體、以及在場的各項事物都可以被用來當作是互動的方法。在面對面的互動過程中，老師與學生彼此都是具體可以感知到的互動對象，彼此的匿名性被降到最低，而且可以不斷對話的方式增加彼此間的了解。新技術使資訊再生產能力大大提高，語詞、數位、音樂與圖像等等多種形式的資訊在錄製和編碼技術的帶動下能得以快速準確的複製，而資訊處理及再生產的技術與資訊的空間傳遞技術相結合又為交流新模式展現出種種遠景。電子技術打開了新型交流播撒資訊的種種可能。儘管市場法則會侵吞許多資訊，但當新的資訊結構被當作語言現象處理時，社會中的交流形式就會發生很大的變化，該社會中的主體位置也會失去穩定性。

　　當我們在看電視或上網站的時候，個人的想法、情緒等隨著電視或網站的內容而波動。這樣的互動看似彼此在對話，但事實上整個互動過程是以接收者獨白的方式進行。因為互動的影響只發生在接收者身上，而未回饋（feedback）到訊息的發送者，電視等不會因為我們的觀感而立即有所改變。在電信科技不斷被研發與普遍應用的今日社會，媒介式的互動與虛擬互動方式對現代人的日常生活越形重要。現代的傳播制度也在社會上引起相當大的關注。由於電信科技對現代社會的影響日益擴大，傳播研究已成為當代社會學的顯學。資訊方式的改變將會相當程度地改變既有的社會秩序。是以多數人以社會責任理論期待，大眾傳播媒介在執行自己的主要職能時，同時還必須注意到自己對社會應負的責任。

參、傳播學者的理論觀點

　　傳播社會學的開創與發展固然有其歷史背景及因素，但亦與社會科學家的思維與理論建構息息相關。由於傳播是一種非常錯雜的社會現象，不僅其本身包括許多要素（Element）與角度（Dimension），並且也牽涉到許多政治上、社會上、經濟上、倫理上及心理上的問題，因之可以從不同的觀點與立場做不同的研究。美國史丹佛大學傳播所所長施拉姆（Wilbur Schramm）認為，有四位學者是傳播研究的「始祖」（founding father），他們是拉扎斯菲爾德、拉斯維爾、盧因與霍夫蘭。然而在論述傳播社會學中著名的傳播學者之前，宜注意到十九世紀 90 年代，三位美國理論家開始將現代傳播的整體做為社會進步的一種力量，庫利、杜威和帕克都給媒介技

術近來的總體進步賦予巨大的意義，這些學者皆認為傳播現象受到十九世紀的工業化、城市化和移民等現象的影響。

一、庫利（Charles Norton Cooley, 1864-1929）是美國早期著名的社會學家。他認為傳播比物質傳遞更重要。他說：「我從來沒有放棄同時對精神活動方式的思考，這包括所有種類的語言和它們的傳播以及記錄方式，它們的功能類似於傳遞，但與社會進程的關係更加密切。」庫利認為，傳播是社會變革的動力。他指出，社會變革的輪廓要由社會環境的演化來決定，「而現存的傳播系統決定著環境的範圍……社會是人與人之間的相互發生影響；因而這種影響正是由傳播所形成的，所以傳播的歷史是所有歷史的基礎。」他在早期著作中指出，跨越時代的整個社會改革的發動機就在訊息交流中。庫利認為，現代傳播媒介帶來了緊張焦慮的風氣。由於社會環境通過媒介而擴大，引起「更迅速更大量的個人想像、情感和衝動的湧出」。對許多人來說，這就帶來「一種削弱和毀掉個人品格的過度興奮」。他認為，產生於現代傳播媒介的大眾文化，雖滿足了人們的迫切需要，但也造成不少社會問題。

二、杜威（John Dewey, 1859-1952）。他探討現代傳播技術在幫助科學研究方面的潛力。他在《民主與教育》（1915）中指出，傳播就是人們達到共同占有事物的手段。他在《經驗與本質》（1925）一書中指出：「所有事物中，傳播是最了不起的……傳播成果應當被共享和參與。」傳播是它使我們從其他事物的巨大壓力中釋放出來，否則我們就會被壓垮。它能讓我們生活在一個有意義的世界中。傳播的意義就是社會的意識中得到增強、加強和鞏固」。杜威在《公眾與公眾問題》（1927）一書中，探討了現代傳播與政治事件的關係。他指出，「公眾是如此之多，又如此像一盤散沙。把大量個人變成一個巨大的共同體，可以依靠傳播。在自由與充分地相互交流的意義上，可以設想建成巨大的共同體。我們的偉大目標不是由語言而是由信號和符號構成。沒有這種符號，共享體驗是不可能的。」

三、帕克（Robert Ezra Park, 1864-1944）。他開創了將報紙做為社會和文化機構的研究。他研究了危機時期現代傳播媒介的社會凝聚力。提到 1941 年的歐洲危機，帕克以為當時傳播變得非常急需。對於美國這樣的參戰國來說，「組織、給予力量，尤其是以一種共同的願望和目的激勵廣大軍隊和全體人民是難以置信與複雜的任務，但是有了傳播的現代手段，它就不是不可能的事了。」帕克把傳播功能分為兩種：參考功能與表達功能。在參考功能中，傳播的是思想與事實；在表達功能中，傳播的是感情、態度與情緒。傳播是一種一體化和社會化的原則，它修正、規範了競爭，產生出道德秩序。傳播能夠也經常加劇競爭，但傳播帶來了更為接近和更加理解，減輕社會緊張。帕克對傳播的表達功能表示憂慮。他認為，電影和連載小說是「道德敗壞」的力量，它們暗中破壞了控制社會的傳統箝制力量，具有社會瓦解與顛覆性的文化影響。他不滿傳播媒介擴大悠閒消磨的趨向。他說：「這種對冒險的渴望和焦慮，大部分是貧乏虛幻的，因為它是無創力的……在對我們的閒暇無遠見的利用中，我感到美國生活中最大的浪費出現了。」

四、渥爾特・李普曼（W. Lepman）。著有《公眾輿論》（1922）、《公眾幽靈》（1925）等書。李普曼認為，現代傳播創造了一種無處不在的「虛擬環境」，它妨礙了一般公民根據事實做出政治判斷的能力；人們越來越不依賴於自己對真實世界的了解，而是對「虛擬環境」做出反應；傳播媒介「經常地引導人們在和外部世界打交道時走入歧途」；介於公眾與廣闊世界之間的專家們，能使「一個無形的巨大的困難環境」變得容易理解。因此，他主張「建立一個獨立的專家組織，幫助那些決策者弄懂那些尚未發現的事實。」

五、保爾・拉扎斯菲爾德（Paul Lazarsfeld, 1901-1976）。他用聽眾調查方法，探究聽眾為什麼要聽他們所選擇的東西，他們如何利用從大眾傳播媒介中獲得的知識，媒介對他們的投票行為、購物喜好以及對社會的看法，究竟有什麼影響力，範圍包括了投票研究、競選宣傳研究，及人際親身影響力與傳播媒介影響力的比較研究，拉扎斯菲爾德發現，透過聽眾調查不僅可以了解媒體的效力，而且更重要的是了解聽眾本身。從一個人所選擇的節目，可以看出他是一個甚麼樣的人；聽眾為什麼選擇那些節目收聽；他們如何利用媒體獲得知識，媒體對他們的投票、愛好、生活態度以及他們對社會的看法，有什麼影響力。他以 1940 年總統選舉為題，進行了投票行為調查。結果發現決定人們投票意向的，並不是主要來自傳播媒介，而主要來自人際傳播。他提出的二手傳播理論，有開拓性的理論貢獻。其亦致力於大眾傳播工具分析（Mass Media Analysis），主要探究與比較各類傳播工具的數量銷路組織分布性質及技術，發現各種傳播並不是互相競爭而是相輔相成的。例如，對知識分子來說，看電視的人也收聽廣播、看電影及閱讀報章雜誌等。這是因為各類傳播具有不同的功能，而不能互相替代之故。

六、拉斯維爾（Harold D. Lasswell, 1907-1977）。他對第一次世界大戰時的宣傳進行了分析，在 1948 年所寫的一篇文章〈傳播在社會的結構與功能〉中提出了傳播簡單模式：誰（Who），說什麼（Says what），用什麼頻道（In which channel），對誰說（To whom），有什麼效果（With what effect），提出的傳播模式（五 W）、傳播研究模式（五分法：控制分析、內容分析、管道分析、受眾分析、效果分析），在傳播學研究中具有重要影響。（Who say What in Which channel to Whom with What effect?）

七、盧因（Kur Lewin, 1890-1947），他主要興趣是研究群體中的傳播，最關心的問題是群體壓力、群體規範、群體角色對群體中分子行為與態度的影響。他採用實驗的方法，對群體怎樣影響個人、群體相互之間影響的效果、傳播媒介怎樣影響群體進行研究。分析領袖人物採取民主、專制、自由放任的領導方法對被領導者有何影響。結論是，使用民主的方法效果最佳。

八、霍夫蘭（Carl I. Hovland）對傳播與態度改變感到濃厚的興趣，研究主題包括傳播與說服，態度的組織與改變。他把接受宣傳的個人看作為消極被動的，只能對外界的刺激做出反應，對宣傳者與宣傳方式似乎都無能為力。他們的這些觀點，後來被稱之為「槍彈論」。

九、施拉姆（Wilbur Lang Schramm）強調「我們是傳播的動物，傳播滲透到我們所做的一切事情中，傳播是形成人類關係的素材。傳播是社會得以形成的媒介。」在大眾傳播研究中，

所謂傳播內容，指的就是媒介所傳遞的訊息。訊息研究的目的，是了解傳播者的意圖和受傳者同訊息之間的相互關係。此外，也可藉助媒介所傳遞的訊息來研究某個社會的政治、經濟、文化的歷史、現狀和未來。鑑於大眾傳播媒介種類繁多，內容又非常之龐雜，所以無論採用何種內容分析的方法，研究者都必須確定適當的研究範圍，必須把研究限定在一定的傳播媒介上。

十、約瑟夫‧克拉帕（J. Klapper）研究了受眾者選擇信息的心理機制，提出了受傳者心理上的三種選擇性因素：第一是選擇性接受。人們總是願意接受那些與自己固有觀念一致的，或自己需要的、關心的訊息，而迴避那些與自己固有觀念不一致或不感興趣的訊息。第二是選擇性理解。對於同一訊息，所持態度不同和信仰不同的人，可以有不同的理解，也就是所謂「仁者見仁，智者見智」。第三是選擇性記憶。人們總是容易記住自己願意記住的訊息，而容易忘記自己不喜歡的事情。

十一、布西亞（Jean Baudrillard）其所思考內涵大多在社會學的場域之外，特別是在藝術創作及媒體分析的環節裡。布希亞特別依靠符號學（semiology）來說明現代的消費尤其會推衍出「主動操縱符號」，因而在現代社會裡符號製造和產品生產已結合起來，遂有商品－符號（commodity-sign）。經由傳播媒介和其他方式進行的永無休止地複製符號、形象和模擬的做法，結果就產生一種「失去穩定意義」（loss of stable meaning）的情況，這是後現代主義（postmodernity）的一個特徵。

肆、傳播媒介的社會功能

「傳播」（communications）的英譯字含有「溝通」以及溝通所要傳遞的「資訊」的雙重意涵，人類因為有著使用語言（language）的溝通能力，因此，傳播能力遠遠超過其他的動物，除此之外，由於紙筆的發明，使得書寫（writing）不僅成為可能，再加上印刷（printing）以及像是電信、電話、無線電、網路等大眾傳播媒介的發明，在在都使得我們能夠跨越時間與空間的藩籬，進而發生了如同 A. Gidden（1984）所指出的「時空延展」（time-space distanciation）的經驗現象。傳播學大師宣偉伯（W. Schramm, 1957）從大眾傳播媒介對個人的功能，歸納為五大功能：一、守門人的功能，二、教師的功能，三、決策的功能，四、娛樂的功能，及五、商業的功能。

一、守門人的功能（Watchman's function）：舉凡報導性的傳播都為守門人的功能。打從古代原始社會開始，各部落就分派有守望人，守候在地平線上，發現有了狀況，立即以擊鼓、煙霧做為傳送訊息媒介，用以警示族人，報告危機與機會，期使社會大眾提高警覺和準備應對。現今則以各種傳播媒介尤其是新聞媒介，如廣播、電視和報紙，大量又快速的報導消息與傳送資料，使生活在社會中的人，認知其環境，了解其周遭的事情，以達到守望環境的功能。在訊息網絡中到處都設有守門人。在這些守門人中，記者決定對某一事件究竟有

哪些事實應該加以報導；編輯決定在通訊社發布的新聞中有哪些應該刊登，哪些應該拋棄；作家確定有哪些類型的人物和事件值得書寫，什麼樣的人生觀值得反映；電視、電影製片人確定攝影機應該指向哪裡；影片剪輯則在他們的剪輯室內確定影片中應剪掉和保留哪些內容；……如此等等，不一而足。總之，通訊社發出的新聞只是在新聞發生地點被人視為重要內容的極小一部分，而人們最後從報紙上讀到或收聽（視）到的新聞又只占通訊社發出新聞的極小一部分。人們透過傳播媒介所得到的外界形象實際上已為傳播者所持的觀照所左右，影響守門人做出決定的因素是多方面的。事件發生的時間、內容，守門人的主觀價值標準，守門人理論強調，傳播者在為受傳者挑選訊息、過濾訊息、放大訊息的過程中，承擔主動、積極和自覺的責任。報導性傳播首要「反映現實」，對事實忠實與客觀的報導。傳播者不但要具備專業知識，還要兼負社會責任，滿足受播者「知的權利」。

　　總之，報導性傳播的守門人功能具有下列數項：(一)使人們了解其生活的環境，以適應環境。(二)報導事實真相，滿足人們知的權利。(三)達成與新聞來源相接觸的權利，以行監督社會的功能。(四)擔負社會責任，提供民眾了解真相，保障民主自由制度的公平競爭機會。(五)充分提供人們日常生活的資訊，使過得更方便、更舒適的生活。(六)對事情前因後果的分析解釋，使人們對事實真相通盤了解。

二、教師的功能（Teacher's function）：教導性的傳播乃扮演教師功能的角色。一個人在一生過程中，無不接受各種傳播媒介的教化或影響。一個人的社會化，除了家庭教育與學校教育外，要算受傳播媒介的影響最為顯著。今天，大眾傳播媒介已成為實施社會教育和成人推廣教育最有力的工具。在教育發達的國家無不使用大眾傳播媒介，推動社會教育和推廣教育工作，傳授知識和技術，擴展民眾見聞和意志，藉以提高國民的教育水準。例如空中大學、空中行專、函授學校，以及一般媒介所提供的社教節目都是在發揮教育功能。對於失學的人或想進修的人而言，大眾傳播媒介可以替代學校正式教育。對於一般的人，大眾傳播媒介也可提供現代社會所需的知識、技術和觀念，以滿足社會大眾求知之慾望。人的社會化是終身的，活到老學到老，需要「終身教育」，在現今的社會中，對人們發生教育作用最大、影響最深，能擔負起全民、全面、全生的教育角色者，莫過於大眾傳播。

三、決策的功能（Decision-making fuction）：說服性傳播的目的主要是提供充分的訊息與意見，以影響受播者的選擇或採取之行動。傳播媒介之決策功能涵蓋甚廣，從個人日常生活之購物、活動、到選舉投票或公共政策的制定和實施等均受到傳播的影響。傳播媒介透過報導、廣告或對訊息的解釋說明，使受播者了解事實，以採取適當行為的決策。傳播媒介亦可經由輿論的方式，對公共事務和公共政策，達成共識，造成壓力和制定政策。在今日講究專業分工的民主社會中，不同意見的充分表達與溝通，對各種問題的解決尤其重要。大眾傳播媒介對現實的反映與闡釋，有助於決策形成。

四、娛樂的功能（Entertainment function）：雖然大眾傳播媒介具有守門人功能、教師的功能與決策的功能，但在現今社會裡，傳播媒介在娛樂上所扮演的角色似有駕乎其他功能之上的趨

勢。學者史蒂芬遜（W. Stephenson, 1967）在其所著的《大眾傳播遊戲理論》（The Play Theory of Mass Communication）一書中，認為傳播並不是在結合民意做社會控制的工作，傳播之目的主要是為了遊戲，使人愉快，幾乎媒介的全部內容，都含有遊戲和娛人的作用。事實上，目前一般大眾傳播媒介的內容大都是為娛樂，或者是藉著娛樂為手段來達成其他功能。傳播媒介的娛樂功能主要表現在抒解緊張與調劑身心上。人們為了暫時逃避工作的繁忙與緊張，而造成的身心疲勞和精神上壓力，往往需要休閒娛樂，以調劑身心，而接觸大眾傳播媒介是最低廉和最經濟的娛樂活動。他們經常以接觸電視當作主要的休閒活動。換言之，電視對他們而言，娛樂性功能可能大於其他功能。其次，傳播媒介的娛樂功能亦表現在發洩情緒的替代作用上。人類在社會化的過程中必須壓抑不為社會所接受的行為，以便符合社會的道德和行為的標準。人有許多的慾望和需求，受到社會規範和公共道德的壓抑，不能隨意表現或發洩出來，個人放棄自己所喜好的行為，而採取他人所認可的行為。面對此種情形，人們會採取各種不同的方式來解除心理上的緊張狀態。例如人們接觸具有刺激性的媒介內容是替代發洩的另一種方式，也是傳播媒介娛樂性功能之一。

五、商業的功能：人們從所接觸的媒介廣告，獲知人事變動與需求，得知新產品與市場消息，了解事物的概況與商品特性，這些情報資訊提供我們做正確選擇和決策的消費行為。假如沒有廣告資訊所提供的情報，我們日常消費行為將大受影響。人們在日常生活中，每天都接觸各種不同的廣告，這些廣告不但告知我們新產品和新事物，同時也指引我們做出適當的選擇與決策。事實上，廣告包含了告知（inform）、教育（educate）及誘導（persuade）三種功能。它不但刺激消費，促進工商發達，增進經濟發展，更維護傳播事業的生存與發展。對工商業而言，廣告是工商業與消費者之間的橋樑。藉著它，工商業提供充分的服務與商品訊息給消費者，以促銷其產品，擴大市場，增加產量，進而促使工商業的發達。對經濟發展而言，舉凡民主國家、自由社會，廣告可促進工商業發達，提高國民消費水準，開拓市場，擴大產量銷售。

大眾傳播的積極功能有如上述而言。幫助人們了解自己所處的環境外，大眾傳播在社會的消極功能，也早已引起人們的關注。這是指：首先是它的麻醉性功能。由於大大小小的媒介給人們帶來的訊息量已達到使人難以招架的地步，以致人們除了看報、讀雜誌、聽廣播、看電視外，已再沒有時間投入任何社會活動；而人們因置身於大量媒介之中，還自以為很了解社會，實際上，因沒有時間投入社會活動，他們與社會的關係日益疏遠和淡漠了；二是大眾媒介由於只迎合普羅階層的偏好，降低了公眾的藝術鑑賞力；三是由於大眾傳播媒介充斥著暴力等內容，對社會、尤其對青少年的健康成長造成不良後果。

伍、傳播效果的理論探究

　　根據傳播學者 Lasswell 關於傳播效果的研究，往往是在下列二個的觀點：一是強調傳播媒介的宰制力量，另一則是突顯閱聽人的自主力量。在早期關於傳播效果的研究中，「刺激－反應」（stimulus-response）是普遍被拿來應用的解釋原理。此原理主張，外在的刺激直接引發有機體（organism）相對應的反應。其過程可以下列的形式來表示：刺激→有機體→反應（S→O→R），以此一原理來解釋傳播效果的形成，是在分析上將傳播媒介與閱聽人之間的關係當作是外在刺激與有機體間的關係，閱聽人在接收到傳播媒介所傳遞的訊息之後，會直接在知識、態度與行動方面出現變化。

一、大眾傳播媒介的宰制力量

　　著名的後工業社會的研究學者貝爾（D. Bell）在對後工業社會和資本主義文化的深入分析中，強調大眾傳播媒介給當代社會和文化所帶來的影響，在他的著作中有不少關於大眾文化和大眾傳媒的論述，對大眾傳媒社會功能、社會作用的總體認識，主要表現在以下幾個方面：

　　第一，大眾傳媒引起人們生活方式和價值觀念的變革。這主要體現在電影、廣告、電視、報刊、攝影等給人們的生活帶來的影響。貝爾認為，「電影有多方面的功能──它是窺探世界的窗口，又是一組白日夢、幻想、打算、逃避現實和無所不能的示範──具有巨大的感情力量。廣告則突出了商品的迷人魅力，它最直接、常為人所忽視的作用正是改造城市中心的面貌。它是貨物的標記，新生活方式展現新價值觀的預告。廣告所起的作用不只是單純地刺激需要，它更為微妙的任務在於改變人們的習俗。時裝、攝影、廣告、電視和旅行誘惑著消費又助長著大眾享樂主義的蔓延，這是一個虛構的世界，人在其間過著期望的生活，追求即將出現而又非現實存在的東西。

　　第二，電影、廣播、電視等電子傳媒為主導的通訊技術革命，即貝爾所說的「感覺革命」與交通運輸革命一起消除了社會的隔離狀態，導致了大眾社會的形成和大眾文化的出現。貝爾認為大眾傳媒開闊了人們的視野，擴大了相互間的影響和聯繫，同時也「造成對變化和新奇的渴望，促進了對轟動的追求，導致了文化的融合。」

　　第三，視覺文化成為大眾文化最重要的性質，當代文化正在變成一種視覺文化，而不是一種印刷文化，而視覺文化在當代文化比重中的增加，促進了距離的消蝕，同時也瓦解著文化的聚合力。視覺媒介就是透過一定的技術手段，為人們提供感官的刺激，追求直接、衝擊、同步、轟動的效應，它意味著：「對人類來說，對思想組織來說，不存在界限，不存在經驗和判斷的原則，時間與空間不再，現代人形成一個可以安然依賴的座標。」

　　第四，知識和資訊的交換是後工業社會的中心特徵，資訊的生產、分配及消費的新模式是新時代的首要屬性。資訊可以像汽車一樣做成商品來出售，在民主政體中，知識和資訊必須是可以自由獲取的自由主義原則。在後工業社會中，資訊可以說是增加了，因而傳播也就更豐富了。

貝爾除了是從正面肯定了大眾傳媒的作用，也對媒介負面功能進行論述。譬如，他認為視覺媒介為人們建構了一個虛擬的世界——「白日夢、幻想、打算、逃避現實」和「對常識知覺的歪曲」，從而瓦解著文化對社會的聚合力，這在某種程度上涉及到了媒介的隱伏的負面功能。大眾傳媒之所以要迎合中產階級享樂、庸俗的文化趣味，它對享樂主義生活方式的提倡，向流行藝術的傾斜，是因為文化大眾長期視知識和資訊為商品，並從它的交換中獲得了一種勢利的價值觀，因此將藝術思想和知識資訊迅速地翻製成商品加以推銷，盡可能為社會提供娛樂性的文化消費品。正是市場這隻「看不見的手」，才導致大眾傳播媒介產生了負面的社會作用。

二、大眾傳播媒介突顯閱聽人的自主力量

J. G. Blumler 和 E. Katz 為學者強調傳播的效果如同是「皮下注射」（hypodermic）般地有效，媒介像是打針的針筒，將訊息注射到閱聽人的血管中，而後閱聽人會出現傳播者所預期的反應。我們可以看到，皮下注射解釋模型假定刺激強度與效果強度二者間存在一簡單正比的關係，即傳播愈密集、愈持久、愈經常、愈直接，則其效果愈大。在皮下注射解釋模型中，閱聽人被當作是被動消極的訊息接收者，處在完全被傳播宰制的位置。相對於此所強調閱聽人是主動的、自主的、非同質的。認為由於社會及心理背景的不同，不同的閱聽人對傳播媒介有不同的需求與動機，閱聽人會依據自己的需求來使用傳播媒介，依據自己的動機來取用傳播內容。針對這些現象，Stuart Hall 提出「製碼／解碼」（encoding／decoding）傳播解釋模型，指出，任何一種傳播都不會是「天生自然」的，而是有人為建構的介入。將傳播過程的人為介入看做是製碼（發出訊息）與解碼（解讀訊息）的進行。Hall 區分二種解碼立場：

第一是主導－霸權立場（dominant-hegemonic position）：隨著有線電視台的開放及政治情勢的改變，越來越多政商人物開始發覺擁有電子媒體的重要性，有線電視台就像一個政商綜合體，而其在資訊的提供上便愈易受到利益團體的操縱與左右。閱聽人採取訊息本身所設定的且為社會權勢團體所偏好的詮釋架構。

第二是協商立場（negotiated position）：從傳播技術和大眾文化的角度來考察大眾傳媒的功能的，是大眾傳媒長期的、潛在的社會作用和傳播效果，導致大眾社會的形成和大眾文化的出現，以及引起人們生活方式和價值觀念的變革。雖然閱聽人採取訊息本身所設定好的詮釋架構，但同時閱聽人會根據自己本身的立場進行局部性的修正。

第三是反對立場（oppositional position）：電子設備做為交流傳播的手段已經進入人類社會生活的各個領域，人與人之間的交流方式由此發生了重大的轉變，符號的傳輸與交換也不再受到時空的制約，資訊方式中的主體已不再居於絕對時／空的某一點，不再享有物質世界中某個固定的制高點，再也不能從這一制高點對諸多可能選擇進行理性的推算。

魏伯（G. D. Wiebe）列舉大眾傳播工具的基本特性有二：第一，其產品必須容易接近，意指多數公眾，包括各主要社會團體及社會各階層，均可容易接近或取得這類產品。第二，其價錢低到各階層人士都可支付。美國社會心理學家雪利夫婦（M. Sherif and C. W. Sherif）曾說：大

眾傳播須同時或在很短的時間內將資訊送到千千萬萬的民眾。因此未具有大量消費性的傳播工具即不是大眾媒介。可知大眾傳播工具係指社會各階層人士共同享有的廉價及高速度的傳播物。學者崗恩提出「雙元結構」，他認為：身處在這樣日益發展精進的新媒體時代，大多數社會位置不高、或欠缺文化資本的人，往往還是偏向消費大量同質化、娛樂性的節目。就這些「影像消費的窮人」而言，他們至多觀看了節目數量增加，但是性質大同小異的節目。相對的，「影像消費的富人」他們透過按頻道的方式從有線電視得到了豐富多元的節目選擇權力，在其日常生活中，這些人更確定自己是社會上存在的主體。崗恩強調，這樣的發展正是整體社會貧富差距的過程，它複製著各階段的生活實質與條件，進而鞏固著階級的不流動性。傳播產業的發展反而會加強不同社會群體間的知識技能差距，使得原本在某時間點上彼此差距不大的知識技能，在往後的時間點上持續擴大。

陸、傳播媒體與公共輿論

　　現代社會制度性常規正在被電子傳播媒介產生的成果所動搖。「民主是否能夠更好，我認為要視在過程中有多少一般民眾參與其中。我其實很樂觀。現在來看，網際網路是參與自己所關心的議題的最好方式之一，在自己所關心的議題上，與其他人相連。網際網路讓大家可以更容易發表意見、找到可以對政治系統產生影響的意見、了解其他人的意見。年輕人非常關心環境議題，積極參與網路，而且他們把對於網路科技與環境議題的熱情相結合。這也是我對於未來仍然樂觀的主要原因之一。」這是美國前副總統高爾於 2007 年 5 月接受美聯社訪問的一席談話，揭示傳播媒體與公共領域的關聯性。傳播是人類交流訊息的一種社會性行為。大眾傳播所運用的工具是非私人性，並能造成廣泛的心理流動效果。傳播對公共領域的影響在傳播研究上是一個相當受重視的議題。德國社會學家哈伯瑪斯（Jürgen Habermas）將公共領域（mediated publicness）界定為：公民可以自由表達及溝通意見，以形成民意或共識的社會生活領域。其要件是公民應有相等的表達機會，並且自主的形成公共團體，討論的主題則以批評公共事務為主。在現代社會，傳播媒體顯然是公共領域相當重要的構成要件，媒體的功能應該是提供免於壓迫的溝通情境，提供公開、平等、理性的對話空間，讓公共政策得以自由辯論批評。（張錦華，1997）

　　未來學大師奈思比（J. Naisbitt）將資訊、科技，視為引領人們進入公元 2000 年的主要工具。足見資訊的流通與取得，成為現代人重要的事務，資訊的流通多半藉助於大眾傳播，是以擁有傳播工具等於掌握資訊媒介，亦掌控著社會的脈動，其重要性不言可喻。學者 Thompson 認為：大眾傳播改變了公共領域的形成方式，傳統的公共領域或公共性是一群人同時出現（co-present）某一「具體地方」，如市集、咖啡館等；在大眾傳播媒介出現之後，社會上的人事物的「公共性」不再需要以一共同的地點為基底，形成無具體地方的公眾（publics without places），如電視觀眾、收音機聽眾、雜誌報紙讀者等。

　　「媒介的公共性」有三點特色：第一，公共事務可以讓散居不同地方的人「看得到」；第二，「視域」的形成不是公眾可以掌控的；第三，「觀看」的過程是以單一方向進行的。「媒介的公共性」的形成不需要參與者同時出現在特定的空間場域，因而具備擴大參與的優點。人們可以超越時空的限制，對公共議題進行討論。然而，能見度（visibility）成為進入公共領域的決定性門檻，無法在媒介公共領域出現的議題，將無法被閱聽人「看得到」；形成少數菁英宰制的現象。社會科學研究者羅爾斯（J. Rowels）在所著的《正義論》中，檢討功利主義的缺失，強調在契約論的前提下，方能建立起符合「公平正義」的社會秩序。就資訊傳播的特質而言，其已非是傳統性的消費商品，而是深入個人生活的重要單元。然而，在台灣，由於財團的商業壟斷與政府的操縱介入，傳播媒介所形成的公共領域問題更形嚴重。傳播媒介往往是在維護現有社會體制中特定社會階層的優勢，公共領域已被「再封建化」（re-feudalisation）。在經濟利益優先及資本主義掛帥前提下，要使財團在社會良心驅使下自我覺醒，擔負起社會責任，無異空中樓閣。是以政府在宣示建構一個正義公平的社會時，應有捍衛公眾利益的魄力和決心，應為人民擁有親近資訊權益進行嚴格的把關，訂定合理的規範，使傳播媒體真正成為社會公器而努力。近年來，已有不少社會力量在積極推動台灣傳播結構的改革。這方面的確需要社會大眾更多的重視關心以及參與實踐。

結語

　　隨著科技的發展，傳統媒體的角色與界線已經不再，在全球大媒體潮的帶動之下，電腦（Computer）、通訊（Communication）、消費性電子產品（Consumer Electronics）及數位內容（Digital Content）的 4C 媒體匯流成為不可避免的趨勢（鄭雯隆，2004），包括 3G 手機、行動電視、隨選視訊（Video On Demand）等都是新時代的產物，使得媒體發展隨著載體的一日千里有著快速的變動。然而正如同社會學者賽門（Simon）所言：「資訊不等於知識」般，不可否認的是在知識經濟的席捲風暴裡，排斥或是拒絕使用資訊媒體是一項因噎廢食的不智之舉，特別是這些的現代化科技已經內化成為文明社會裡一種重要的生活方式。這是一個媒體氾濫的時代，各種的資訊透過通訊的科技，湧向每一個人，如何選擇適當的媒體以獲得該有的資訊？如何就排山倒海而來的資訊中挑選出有用的資訊？如何拒絕垃圾資訊？如何辨別資訊的正確與錯誤？如何管理自己的時間來觀賞、閱讀媒體、資訊，這都是生活在各種媒體充斥、資訊氾濫的現代社會中必須具備的技能，也應包含於學校教學之中，而媒體素養當然是現代公民必須具備的基礎素養。

經典人物——高夫曼

　　高夫曼（Erving Goffman, 1922-1982）於 1922 年在加拿大出生，1982 年在美國社會學會會長任內去世。主要的著作為《日常生活的自我呈現》，把人際交往當作一個舞台來看待。參與人

際交往的人，都是舞台上的演員。他用許多戲劇上的術語，做為分析人際交往的概念，如表演、腳本、前台／後台等，社會學界稱為「戲劇論」。高夫曼以人際之間面對面交往的模式，做為研究的主題，他為符號互動論者，強調個人在社會結構制約下的行為。他對若干有關領域內日常生活中面對面互動的研究做出了獨特的貢獻。高夫曼雖然很贊成象徵互動論的傳統，並且集中注意力於面對面的現象，但他的興趣在於呈現即使是最瑣碎或看起來無關宏旨的行為也是由社會架構及儀式（ritual）所規範的。戲劇理論的建構深受高夫曼（Goffman）的影響，他引用莎士比亞的《皆大歡喜》中著名的台詞：

> 「整個世界是一個舞台，
> 所有男女不過是這舞台上的演員，
> 他們各有自己的活動場所，
> 一個人在其一生中要扮演很多角色。」

　　但是只有高夫曼才把這種極為模糊的比擬改造成一種強有力的戲劇分析的觀點。在他第一部至今仍然膾炙人口的《日常生活的自我呈現》（1959）這部書中，他試圖闡述和分析人們在與重要人物的交往中，用什麼樣的複雜方式來塑造他們自己的形象。他認為，我們就像舞台上的演員一樣，總是在不斷關心面對著如此眾多的觀眾如何塑造好自己的形象。我們形成自己的行為舉止正是為了在與我們有重要關係的人的交往中，給他們留下一個可以接受的印象。要做到這一點，我們就必須把自己為對方不能接受的方面隱藏在後台，以便把一個為對方願意接受的形象呈現在前台。社會行為者總是處於與別人交往的狀態中，他要設法塑造自己的形象，以便給自己的交往者留下深刻印象。這個形象給了對方良好的反應，反過來又成了滿足行動者自我陶醉的源泉。我們永遠是在舞台上，即使我們以為，在我們對別人做出自己的反應時是最自然的，最真誠的。例如，和教授們接觸時，我們可能扮演的是恭敬的學生；在和自己所鍾情的異性接觸時，我們可能扮演的是求婚者；在和父母相處時，我們可能扮演的是孝順的子女；而在行政機關中，我們給自己的上級留下的印象可能又是雄心勃勃的年輕行政官，我們只能是我們所扮演的角色。人們永遠被綑綁在印象操縱的車輪上，永遠被限制於情境的桎梏之中，所以人們不得不表演自己生活的悲劇和喜劇，直至他們離開這個世界。

經典論著——《媒介通論：人體的延伸》

　　1964 年，加拿大學者馬歇爾·麥克盧漢出版了一本研究媒介的專著《媒介通論：人體的延伸》。作者指出：在大眾傳播媒介出現之前就已經有了傳播媒介。例如古代人使用的鼓聲、烽火以至於宣講人和集市等等，都屬於媒介一類。大眾傳播媒介，如報紙、廣播、電視、電影、書刊、通訊社、廣告等，則是後來隨著社會生產和科學技術的發展而逐步發展起來的。媒介是人

體的延伸。面對面的交談（最原始的媒介）是五官的延伸；印刷品是眼睛的延伸；廣播是耳朵的延伸；電視則是耳朵和眼睛的同時延伸。每一項新媒介的出現，每一項新的延伸，都會使人的各種感官的平衡狀態產生變動，使某一感官凌駕於其他感官之上，造成心理和社會上的影響。例如，印刷媒介把複雜的現實生活用一系列不連貫的語言符號表現出來，並且把它一行行地印在紙上，使得人們只能一行一行地、按順序地去閱讀、思考，而不能像現實生活那樣立體地、複合地去認識和思考。各種傳播媒介，各有所長，也各有所短；它們之間可以互相取長補短，但卻不能互相取代。以電視、廣播、報紙等新聞媒介為例，電視的特點是，以形象為主，傳播訊息及時、生動、感人，是人們獲取新聞最及時的手段。但是，其不足之處也很明顯：一是內容比較膚淺，瞬間即逝，不便查考；二是觀眾選擇餘地不大，要麼全看，要麼不看。廣播則以聲音為主，方便及時，人們甚至可以一面做事，一面收聽，但也有類似電視的那些不足之處。報紙的最大長處是，可以為新聞事件提供詳細的情節和深入的背景材料，可供讀者自由選擇研讀，但傳遞訊息不如電視生動，不如廣播及時。因此，人們可以根據不同的需要選擇不同的傳播媒介。因此，充分認識人體延伸所帶來的影響已經顯得越來越迫切，越來越重要了。

受眾者對訊息的反應是各不相同的，這種不同主要是由受眾們的性格和態度的千差萬別造成的。由於人們的先天條件和後天知識的不同，所處社會環境的不同，因而其心理構成也各不相同，認識外界環境時的立場、價值觀念和信仰也各不相同。這就決定了受眾並不是可以被傳播者牽著鼻子走的芸芸眾生，而是各有主見的；他們在大量的傳播內容中，只注意選擇那些與自己的興趣有關、與自己的立場一致、與自己的信仰吻合、並且符合自己的價值觀念的訊息。關於訊息（內容）的分類，就有多種多樣的方法。按照其表現形式可分為三種：語言、符號、圖表；按其性質來分，則可分為五種：新聞、教育、說服、商業、娛樂。

此外，按照受眾者的不同心理，將訊息分為以下三類：

一、指導性或教育的訊息。受眾必須具備一定的學習能力，才能理解這種訊息內容。而這種訊息一旦為受傳者所接受，就會改變受眾的行為，增加他的鑑別力，改善他的認識能力。

二、維持性的訊息。這種訊息不需要受眾用求知的態度來理解，而只要復習或引申已有的知識和經驗。新聞節目就屬此類。因此，新聞的目的在於擴大受傳者對世界的了解，受眾在閱讀或收看（聽）新聞之前，已經對這個世界有了相當的了解。

三、復原性或刺激性的訊息。凡一切具有輕鬆、刺激、興奮和麻醉性的內容都列入本項，因此它包括娛樂節目、體育競賽和一切渲染罪惡、暴亂、愛情的文學、戰爭、舞蹈、歌曲等等。

第十四章

現代社會政治與經濟

前言

　　人類為了生存，發展出各式各樣的制度；其中涉及權力運作的政治機制，和資源創造的經濟機制。公民與國家之間的關係為，一方面國家權力來源於公民權利，在根本上統合於公民權利。是「主權在民」。另一方面，在憲法關係中，公民是主體，國家是客體。人從傳統社會的桎梏中解放出來獲得主體自由，也就是現代社會的公民權力體現。而觀察日常生活中，經濟作為與權力關係的運作無所不在。人類的生存與發展深受權力影響，同時，在獲取食物、飲水、穿著與住所的供應，而將這些日常所需的資源做適當配置以供選擇，就是一種經濟制度。從人類發展的歷史而言，政治與經濟活動息息相關，政治與經濟的關係是構成人類社會的根本機能和發展結構，深刻影響著現代社會中的個人與社群。

壹、政治作為與現代生活

　　義大利的著名學者馬基維利在《君王論》中論及君主應具有何種品德時說，誠實、正直、仁慈等道德在政治上是軟弱無力的，「因為一個人如果在一切事情上都想發誓以善良自持，那麼，他廁身於許多不善良的人當中定會遭到毀滅。」所以，「一個君主如要保持自己的地位，就必須知道怎樣做不良好的事情，並且必須知道視情況的需要與否使用這一手或者不使用這一手。」首先，他認為，君主不應當恪守諾言，因為人是自私的，不會對君主守信，如果不注意到這點，就會招致災難。因此，君主應該利用人性自私的弱點來欺騙人，因為人性的自私會使人們順從眼前的需要，變得愚蠢，易於受騙。行騙對維護君主的權力和統治是行之有效的。例如，他還告誡君主：行騙時必須深知怎樣掩飾這種獸性，並且必須做一個偉大的偽裝者和假好人。其次，他認為，君主必須有用威嚇、暴力、暗殺等冷酷無情的手段，才能使臣民服服貼貼地接受他的統治。因為一般地說，「世界上有兩種鬥爭方法：一種方法是運用法律，另一種方法是運用武力。第一種方法是屬於人類特有的，而第二種方法則是野獸的。但是，因為前者常常有所不足，所以必須訴諸後者。」所以，他告誡君主：「為使自己的臣民團結一致和同心同德，對於殘酷這個惡名就不應有所介意。」況且輿論工具往往是掌握在暴君的手中。總之，君主為了鞏固自己的統治，「必須懂得善於運用野獸的方法，同時效法狐狸與獅子。拘泥於一般道德，決不會成功。」因此，他的這一思想還是暴露出了唯利是圖和玩弄權術的政治和道德的本質。

　　巴烈圖（Vilfredo Pareto）的政治領袖循環論相信政治和經濟過程都是一種起伏伸縮式的循環。在政治結構裡，權力的分配是集權與分權的交叉循環；在經濟結構裡則有經濟的緊縮與擴張的交叉循環。政治和經濟上的循環也影響了社會的循環。政治與經濟的關係是一個權力與制度操作的關係，它們構成人類文明社會的根本存在和發展結構。一般而言，由於政治是管理眾人之事，且與個人權利義務息息相關，因此不僅為現代社會的政府所關注，亦為人民所關心。「權

力」指的是「做出對於社會有深遠影響的強制性決定的社會能力」（Orum, 1983），這說明權力是由「集團」或「集團中的個人」所行使的社會能力。1940 年，著名的政治學家拉斯威爾（H. Lasswell）便為政治做了明確的界定，其認為：「政治是一種過程，一種行動，也是人類為社會生活而表現的一種行為方式。政治的過程是決定了某些人可取得某些事務的過程。由於人有需要、慾望、期待，然而滿足需要的資源，卻是有限；因此每個社會必須建構如何分配利益的方法，這分配的過程，就是政治。」根本上，權力（power）可以給予兩種定義，一種是揉合古典社會學理論大家，如馬克思（Karl Marx）等人的觀點所提出的人是「理性主體」（a subject of reason）的權力觀點：「權力是對社會有深遠影響的強制性決定的社會能力。」（Power is defined as the social capacity to make binding decisions that have far-reaching consequences for society.）（Orum, 1983）這個定義直接指出權力之所以人見人愛，是因為擁有它之後所做的決策可以「影響深遠」。現代政治制度具有下列特性：第一，良好的法律結構，將公眾意志化為可以預期，並符合基本政治制度的行動；第二，保障公眾參與政治過程的機會，並在參與過程中發揮了解、責任、合理性等，和公眾意志結合起來，再根據平等及正義原則，付諸實施。經濟上的決策就是屬於權力的「社會能力」中的一個重要面向。

就如同其他社會科學一般，政治學是淵遠流長，追溯其發展脈絡，約可分為五個主要階段：

一、古期時期（1850 以前）：在古期時期對政治的研究，傾向以規範、以演繹為方法，他們絕大多數只關心評價政治的標準之探討。換言之，關切「應然」的問題，而不重視政治的「實然」問題。也因此，早期的政治學很難與道德哲學區分。

二、制度時期（1850-1900）：開始採用歷史研究法和比較研究法，焦點集中於法律及制度。此一階段政治學主要是描述當時的政治制度與過程，以法律文件與憲法規約為主要的資料基礎。是以各國的政府制度及過程為研究對象。然而在方法上主要仍屬描述性，把重點放在描述政府制度典章問題。

三、過渡時期（1950-1923）：政治學家開始正視到觀察、調查和測量方法可應用於研究政治現象。同時，由於社會科學其他學門的發展，使政治學者感覺到可借用心理學、社會學、人類學等學門的知識來重新思考政治問題。採用科學方法運用到政治學的研究中。這些學者努力的結果，就造成了所謂的行為主義運動。

四、行為時期（1950-1969）：特徵是政治研究愈來愈倚重於人類行為的變項，強調個人行為是政治研究的分析單位，採用實證的測量方法探討政治活動，並開始追求普遍性的經驗理論。希望建立更精確、更客觀的政治學。政治學最終可更近似一門科學，能夠進行預測和解釋。政治學的目標是建構有系統、經驗的理論。

五、後行為時期（1970 以後）：後行為主義者並不排斥科學方法或行為時期的成就，而是補充行為主義在發展過程中出現的偏差。質言之，後行為主義者所修正的，不在於探討問題的研究途徑及方法，而是在研究取向上採取更寬廣的視野。

貳、經濟作為與現代生活

　　經濟就其字義為「經世濟民之學」，也有學者強調的是「理性選擇的科學」。簡易而言，「經濟」通常指的是個人與社會中的經濟行為（張清溪等，1987），這包括日常生活的生產、消費、休閒、工作、儲蓄、貸款、與政府決策等。日常生活的經濟行為的選擇過程，就涉及人們主觀上對於「政治權力」的接納或拒絕的態度，或者客觀上觀察「政治權力」介入經濟的程度。經濟學是一門理性選擇的科學。探討經濟學則會追溯亞當・史斯密（Adam Smith, 1723-1790），其於 1776 年出版的《國民財富的性質和原因的研究》（簡稱《國富論》），是一部舉世公認的、劃時代的不朽名著，它的問世標誌著政治經濟學已成為一門獨立的學科。《國富論》的內容極為豐富，涉及了許多方面的經濟理論，其所包括的不僅是政治經濟學，而且囊括了經濟史、經濟學說史和財政學。在該書裡，史密斯締造了古典政治經濟學的理論體系，系統地闡述了政治經濟學的各個主要學說，世人尊稱亞當・史斯密為「現代經濟學之父」和自由企業的守護神。其所代表的自由派的經濟學思想，以著名的「看不見的手」（the invisible hand）的論述，在尊重「市場機能」（market mechanism），排除任何人為的干預（包括政治權力的經濟面行使），讓市場中對於人、事、物的供給與需求自然達到一個均衡的價格與數量，充分就業與人類福祉才能達成。這個看法受到相當的推崇。1920 年代的世界經濟大蕭條發生，凱因斯（J. M. Keynes）的計畫經濟思維，則提供了「一個充分就業是例外，而失業的存在是常態的經濟分析。」國家的新職能、預算赤字、公共債務和貨幣創造等政府的財政與貨幣政策，被納入經濟自由市場之中思考。馬克斯・韋伯（Max Weber, 1864-1920）著作《經濟與社會》這本書的第一部分，主要將一廣闊系列的社會學概念予以系統化。從歷史來看，十七世紀封建時代是一種王朝／國家對於天下的獨霸狀態，所謂「君權神授，朕即國家。」十八、十九世紀之交的工業革命，創造了國家與市民社會（civic society）的二元社會，市民社會的興起，就韋伯來說：人類社會的變化是來自於 Bürger，所謂 Bürger 指的是市民，在當時的社會中，是以身分、地位（estate）作為劃分基礎的。在當時的封建體系中，有特殊身分地位者，經過時間的轉換之後成為 Bourgeoisie 布爾喬亞（中產階級），最後促成了城市（city）與資本主義社會的興起。韋伯在這裡是把經濟行動做為社會行動中的一種特殊類型來探討的。他認為，在西方社會，經濟的歷史發展脈絡體現為從傳統經濟行動向理性經濟行動的演化，資本主義經濟就是這一理性化趨勢的結果。韋伯認為，從純粹非理性的傳統經濟行動發展到理性的可計算的經濟行動的過程中，市場的產生是其中一個極為關鍵的決定性因素。一方面，市場的產生導致了相互的且間斷的市場交易關係，而交易意味著進行財富或機會交換的代理人在平等的基礎上達成妥協。這種妥協在經濟理性化中具有極其重要的意義，因為互相匿名的妥協，使雙方當事人開始真正站在理性決策，即合理地計算利潤的基礎上從事經濟行為。另一方面，市場的產生導致了交易的連續性，因為從事交易的人預期其他人在類似的情況下，也會進行交易活動，這種理性預期使得交易區別於傳統經濟行動中偶爾為之的以物易物的交換，而走上了制度化的軌道。

市場交易得以制度化並促使經濟行動最終走向理性化，是與市場自身的制度安排不可分割的。在一個真正意義上的市場中，市場交易行為是不可預測且處在管理之下的。首先，貨幣的使用是市場的一種制度安排。貨幣使得不同經濟實體（行動者）可以排除一切主觀性和品質特徵進行交易，而且它不僅能衡量生產量也能衡量勞動量，因而使得人類的一切交易行為數量化、形式化，也使產品銷售開始可以用客觀的衡量標準度量成本與利潤，由此使得傳統經濟下產品的生產逐漸成為一種為滿足市場需求的獲利的產品生產，貨幣因此成為預測交易結果的工具。這就使得利潤、資本、無窮地積累財富成為可能，從此人們的經濟行動就根據獲利確定其取向，傳統經濟行動逐漸發展到理性經濟行動。其次，貨幣的使用卻不能保證這種理性交易可以持續地準確預測而不受非理性因素的干擾。因此，一個健全的市場又須以管理為前提，即由法律和政治保證交易的連續性。如果沒有貨幣方面的數量化和法律規章制度，市場是不可能持久存在的，從而理性交易活動也就不可能維持多久。市場的日漸發達使得經濟行動者在自利的動機下追求利益最大化，並且學會在可控資源的分配和運用上實行理性決策，一切和經濟有關的環境因素逐漸被納入用市場上的貨幣價格計算的範圍，理性經濟行動就此得以呈現。韋伯認為理性經濟行動具有以下特徵：一、經濟行動者有計畫地分配他一切可運用的現有與未來的資源；二、他同時還能把資源按其重要性的順序分配於不同的用途；三、在經濟行動者本身擁有必要生產工具的支配權時，他能以有計畫的生產方式獲得利潤；四、當事者可以有計畫地透過結社的手段取得對有限資源的共同支配權。

奧地利經濟學家熊彼得（J. A. Schumpeter, 1939）進一步強調建立經濟制度的重要性，特別必須標舉企業家精神（entrepreneurship）在經濟生產中的特殊性。總體而言，對於經濟本身或社會經濟制度的強調，是在一個自由主義的民主意識型態下的產物，而資本主義社會制度的私有財產權制正是讓經濟上的交換與生產能夠順利進行的保證。是以，經濟思維無法脫離「政治權力」操作。

參、資本主義主張與運作

就社會經濟制度的首要性而言，根本上是在「自由」、「民主」、「資本主義」的意識型態與社會制度下，循著一個「經濟」、「社會經濟」、「社會經濟制度」的邏輯發展。就人類社會發展觀察，無可諱言資本主義有著深遠的影響。資本（capital）是一種具有貨幣價值的不動產或金融資金。這種資金可以掌握在生產者手裡（工廠、機器等等）或消費者手裡（房屋等等）或屬於共同體（公共建築、公園、圖書館等等）。有形資本（或稱資本貨物、固定資產）是生產性資本的有形儲存；貨幣資本表明資產的貨幣價值，包括手中的現金、證券交易所的證券、財富的所有權和債務的各種表現。資本主義（capitalism）從馬克思主義的觀點來說，這意味著一個歷史階段，並且意味著一種價值判斷。認為資本主義意味著一系列的安排，在這種安排中一個階級——資本家或資產階級，擁有工廠和其他生產工具，而另一個階級——工人或無產階級，僅擁

有自己的勞動力——即勞動的能力。資本主義包含著一種社會公平的理論，一種隱含的主張認為收入和財富的不平等可以衡量人們在把他們的經歷和資源投入生產過程時所做出的經歷貢獻。在每個社會來說，公營和私營企業的混合狀態，控制追逐利潤的法規，經過有效的市場結構，可允許的收入和財富的積累。資本主義就其本質來說是一種理性的經濟行動。如果把理性決策做為衡量理性經濟行動的決定因素，那麼理性經濟行動可以有不同的形式，因而，在歷史發展中並不存在唯一的一種資本主義，而存在因時代和國家而變化的形形色色的資本主義，換句話說資本主義是一種世界歷史的基本運動，不僅在古代西方存在，在古代東方亦存在。但韋伯認為一種透過藉助現代簿記和編製資產負債表進行計算，從而控制營利性的生產企業來實現人類需求的合理的資本主義，則只是近三百年來西方世界特有的。這種合理的近代資本主義只遵循一個法則：合理計算（成本、風險、利潤）。與各種形形色色的資本主義相比，近代資本主義的合理性表現在：第一，私人的獨立生產企業自由占有所有的物質手段如土地、設備等；第二，市場交易自由；第三，合理技術導致了合理的預測以及生產和流通領域的巨大機械化；第四，合理而可精確估價的法律；第五，勞動自由，即個人出賣勞動力不是迫於政治、法律義務，而是出於經濟的考慮；第六，經濟的商業化即企業股份公司化，這促成了資本主義投資與投機。韋伯認為，近代資本主義是西方文明理性化不斷增長的結果。但影響其發展的具體因素是多重的。西方歷史上特有的基督教新教倫理，合作社衰落導致家庭與職業的分離進而導致專業化的產生，文藝復興之後義大利城市經濟的發展、貨幣的使用和銀行的出現，都是促使近代資本主義在西方出現的原因。韋伯認為，近代資本主義做為一種經濟體系已根深柢固，以致人們不可能透過一種革命摧毀它，因為資本主義經濟在某些方面體現了經濟理性化的必然性；而且資本主義經濟的合理性會促使其不斷地更新社會結構，滿足經濟發展的需要。

除韋伯外，對於資本主義的探索尚有德國社會學家桑巴德（Werner Sombart, 1863-1941），早年曾研究經濟學。他是反對歷史決定論，鼓吹人的精神和自由意志的創造力，突出歷史文化領域中精神的作用，也是第一位使用資本主義來分析經濟歷史的學者，在他的《現代資本主義》一書中，就以精神、型態與技術三個要素來說明經濟社會的轉變。就此他分資本主義為早期的資本主義（從十三世紀中期到十八世紀中期），這時還有工藝時代的特徵，傳統主義還具有影響力，經濟活動尚重個人與家族；全盛時期的資本主義（約從 1750 年到 1914 年），這時利潤的原則與經濟合理性瀰漫在所有的經濟關係當中。市場擴張、企業規模加大、科學的機械技術被利用，而人群關係變成制度化而非個人；晚期的資本主義（在第一次世界大戰之後），這時期有兩個重大的變化：國家角色日形重要，而公司裡企業心態逐漸衰落，代之而起的是官僚心態，也就是桑巴德所說的，現代資本主義精神沒有了，只有型態和技術尚存。

隨著社會的發展，資本主義已成為影響社群的一項制度，值得注視的是如同諾貝爾經濟學獎得主諾斯（Douglass C. North , 1990）所提出「交易成本理論」（transaction cost theory），強調在人和人之間存在著訊息不對稱（asymmetries of information）的情況下，建立有效率的制度有賴於非正式限制（價值文化的傳遞）與內在政治程序中的交易成本（行動者在選擇時的自由度）

的降低。認為訊息的成本是交易成本的關鍵。交易的成本包括衡量交換事物之價值成分的成本及保護權利、監督、與執行合約的成本。人和人之間存在訊息不對稱，這使得專業的一方比另一方知道一些有價值的特性，也可以隱藏訊息而坐享其成。因此，不論制度如何安排與設計，仍會出現某種程度的市場不完全。所以，「制度的建構」是專設在特定的制度限制範圍內，制度限制會因時因地而產生差異。「自覺的制度結合」，是指：考慮訊息成本之外，需掌握個人在處理資訊和下結論決定選擇所用的主觀思想構成概念。「觀念與意識型態」產生影響，而制度扮演主要角色，決定它們的影響大小，因此，建立有效率的制度：非正式限制（價值文化的傳遞）與內在政治程序中的交易成本（行動者在選擇時的自由度）是必要的。（North, 1990）

　　就此而言，對於經濟本身或社會經濟制度的強調，是在一個自由主義的民主意識型態下的產物，而資本主義社會制度的私有財產權制正是能讓經濟上的交換與生產能夠順利進行的保證。

肆、社會主義主張與運作

　　自由派的經濟學鼻祖，英國的亞當·史密斯（Adam Smith, 1909）的著名的「看不見的手」（the invisible hand）的國富論述，首在尊重「市場機能」（market mechanism），排除任何人為的干預（包括政治權力的經濟面行使），讓市場中對於人、事、物的供給與需求自然達到一個均衡的價格與數量，充分就業與人類福祉才能達成。這個看法十分理想，但是在實踐上有很大的困難，1920 年代的世界經濟大蕭條徹底摧毀了「看不見的手」的神話。凱因斯（J. M. Keynes）的「一般理論」則提供了「一個充分就業是例外，而失業的存在是常態的經濟分析。」（石計生，2000）原來被視為干擾市場的政治權力，成為「混合經濟」的重要解救經濟危機的變項，有：國家的新職能、預算赤字、公共債務和貨幣創造等政府的財政與貨幣政策，被納入經濟自由市場之中思考。談論當代資本主義社會的「新體質」，最好的著眼點就是從它如何克服 1920 年代的經濟危機及其衍生出來的經濟理論和制度，凱因斯所面對的資本主義世界所遭遇的經濟問題是薩伊法則（Say's law）的失效。充分就業（full employment）並不能如古典學派預期般發生，反而大蕭條是失業的普遍且長期的存在。「凱因斯理論之所以受到歡迎，因為它似乎填補了經濟分析與大蕭條以後現實世界的問題之間的巨大的裂口」（K. D. Hoover, 1991），這個「巨大的裂口」就是失業在古典經濟分析是例外，現在成為常態。這使得政經制度有其他的思維。

　　馬克思認為，以「政治權力」廢除私有財產與市場經濟制度是從根本上瓦解資本主義的手段，提倡共產主義。共產主義（communism）思想的衡量標準是一切財產公共所有制的原則。在這些社會裡基本經濟資源（如土地、船隻等）都屬於整個社會，而不屬於個人或家庭。在全面的共產主義社會中，國家將「消亡」，體力勞動和腦力勞動，城市和農村生活之間的差別將消失，個人潛力和生產力的發揮將不受限制，社會關係將受「各盡所能，各取所需」的原則控制。社會主義國家具體表現為集體所有制（collective ownership）和經營生產性企業。強調的是「在

經濟生產範疇中，合作社式的自主企業是社會化的資本，企業成員不但是工作者，同時也是企業的共同擁有者。」（楊世雄，1992）

　　馬克思以資本主義的未來為其討論的中心，在處理的方法上，他用的是「歷史途徑」，他認為：了解資本主義的關鍵在了解資本家和薪資工人間社會關係的本質，若就先進資本主義來看，馬克思將社會分成兩個部分，下層結構和上層結構，前者指的是社會中所有的經濟層面，而後者指的是經濟以外的「剩餘範疇」（Residual Category），如宗教、政府、家庭、哲學……等等，其重要的觀念是上層結構是依存變項而下層結構是個獨立變項，也就是說，經濟的改變導致了社會其他方面的變遷。然而下層結構可分為生產工具和生產關係兩個部分，前者指經濟的技術層面，如資本主義社會的機器與工廠，就此社會可分成資產階級和無產階級，馬克思相信生產關係影響整個社會組織，社會其他的部分都必須和經濟相調適，其間是存有因果必然的關係。假如下層結構造成了上層結構的變遷，那是什麼促成了下層結構的變遷？馬克思認為經濟是自動的，它本身就藏有變遷的種子，馬克思假定人類在本性上就想征服自然，於是常想改進科技來控制自然，而在歷史發展的每一個階段，當現存的生產關係成了生產工具的阻礙時，就有革命的發生，一個新社會將出現。當經濟改變，一個新階級取代了另一個階級，所以說歷史是個階級的鬥爭史。理論上「這樣的社會是不需要社會權威以及公權力來維持基本的社會秩序，但具體的社會主義實踐當中，其政治心態只有兩種可能，一是絕對的獨裁，二是主張到了無階級社會，人的意識得以彰顯，成為主動的、無私的人，所以不需要任何代理人。政治的制度，應該實施全面性的、完全的直接民主；而在經濟上面，則以工人自主的企業做為經濟的主體。」（楊世雄，1992）

　　就如同諾貝爾經濟學獎得主諾斯（Douglass C. North, 1990）所提出「交易成本理論」，強調在人和人之間存在著訊息不對稱。社會學家脫冷（Alain Touraine）在其著書《後工業社會》的緒論中，即宣稱一個新型態的社會正形成，這個新社會可以「後工業社會」為名之，以便強調它和工業社會的不同；然就主宰的權力而言，我們可稱之為技術專家政治的社會（technocretic society）；然就經濟組織和生產方式的本質，我們可將它定名為「計畫性社會」（programmed society）。脫冷之所以提到後工業社會是個「計畫性社會」，是在指出一個新社會的主要活動不再是剩餘資本的累積，而是在管理經濟發展的一群人和技術知識的理性組織。伴隨著經濟成長上的變遷，以個人和生產工具之間的關係來定義階級衝突的觀點已開始沒落，代之而起的是以個人和變遷或是個人和管理變遷權力之間的關係，來定義一個計畫性社會的新階級。而知識和某種教育程度是為新掌權階級的一個判準，也就是說掌權階級擁有知識和對訊息的控制權。相對之下，那些無法接近訊息與知識的被主宰階級，他們無法指引發展，他們缺少訊息的控制以及參與系統的決策構成，故脫冷認為這個階級是個「依賴性參與」（dependent participation）。就此，我們可以知道在脫冷的眼中，後工業社會的衝突，不再是資本家和勞工間的衝突，而是那些操縱經濟組織及政治決策的一群人和「依賴性參與」這一群人之間的衝突。

伍、批判理論與現代社會

　　批判理論是一種批判的社會理論，是法蘭克福學派的觀點和方法。該理論企圖將年輕的馬克思主義思潮檢視當代西方社會。他們的理論，集中地使用了異化概念，意思是說絕對精神向自然界和現實的社會生活的演化、外化過程。馬克思的異化概念是，工人所製造的產物，在資本主義制度下，對工人是一種壓制和壓迫。工人做了一件產品，不能從中得到利益，不能欣賞自己的成果，特別是不能屬於自己，而成為壓抑自己的工具。所以，馬克思的異化概念是指勞動異化。批判理論認為社會也有異化，認為人類的社會生活是由人們製造出來的，人們創造了文明，可文明反過來壓制人們。這裡的文明主要指物質文明，把馬克思主義和弗洛伊德主義「揉合」在一起，用弗洛伊德主義來補充和發展馬克思主義。於是把它稱為新馬克思主義。這一思潮一方面承認先進國家的現代化、工業化的結果，使得歐洲十九世紀出現了階級解體，貧困化、階級兩極化、階級鬥爭等情形。另一方面，則企圖運用工具理性的哲學批判，以尋求馬克思主義在先進國家中生存下去的道路。批判理論的概念把人當作整個人類歷史的生活形態的產物，來進行研究。

　　批判理論的內涵：

第一，理論要有前瞻性，要能將實踐的部分提出。儘管理論受到社會的影響，但是需將理論從社會中抽濾出來，以超然的態度批評社會事件。

第二，因此批判理論並沒有固定的內容和不重視實用性，其最大的作用是出自於社會的不公平和給予關懷。

第三，傳統理論和社會許多層面是結合的，但批判理論則往往站在和社會對立的位置給予批判。

第四，傳統理論是支持、解釋世界，批判理論是反抗、改變世界為取向。

第五，傳統理論的內涵：強調邏輯性、可驗證性、假設性及量化。把事實孤立起來研究，在研究的進行中不影響事件的運作及進行。認為基本命題宜少，以期如自然科學一般，能證明理論的有效性。

　　批判理論重視「討論」的重要性，並認為討論是一種「理性的對話」，此種理性的對話能夠達到溝通的目的，並建立起共識，而「真理」因此而獲得。認為「理想的說話情況」應具備的要件：

第一，是每個人都具有平等的參與機會，以達到彼此的溝通。

第二，參與者具有同等支持或質疑別人意見的權利，因此討論更形重要。

第三，參與者可以表達個人主觀的情緒、感覺和意向。

第四，參與者具有相同的機會去命令、反對、允許、禁止等行為，使得人人有平等的溝通機會。

這種理想的講話情況，雖然是具有「反現實」和現實脫節的缺點，但是其是通向「理論到實踐」的道路。

Habermas 對現代社會的診斷和分析認為：在現代社會中由於科技至上，我們社會呈現過於信賴科學和專家，而過於強調科技，以致於影響吾人的意識形態。「輿論」是一群私人意見的公開化和制度化，而十六世紀開始有少數人對於公共事務提出意見，十八世紀經由報紙以表達輿論，然而現代社會中「輿論」日見重要，但卻產生了轉折：在自由資本主義下，人們為了市場機能開始改變輿論。而到了後期資本主義，資本家或政府藉其財富所獲得的力量製造輿論或控制輿論，使得輿論的真實性、自主性受到批判和影響。

結語

就人類歷史的發展，經濟思維無法脫離「政治權力」操作，凱因斯以降，熊彼得、諾斯、至社會學家季登斯（Anthony Giddens, 1998），從社會民主、企業型態、財產所有權制、與國家政策等向度，逐漸形成一個模糊但原來是涇渭分明的「資本主義」與「社會主義」的「第三條路」（the Third Way）政治經濟論述。當我們面臨現代社會的政治經濟關聯性時，奧地利經濟學家熊彼得（J. A. Schumpeter, 1939）進一步強調建立經濟制度的重要性，特別必須標舉企業家精神（entrepreneurship）在經濟生產元素中的特殊性。雖然，並非所有的學者皆認同馬克思「經濟決定論」的思想，主張：「以經濟為重心，認為整個社會組織係由經濟狀況所決定，一切人類意識與制度只是經濟狀況的反映。在這種以經濟關係為基礎的社會上，再產生法律、政治、文化等上層結構。同時，社會亦配合此種經濟結構，產生相適應的社會意識。換言之，物質生活中的生產方式決定社會的、政治的、和精神的生活之一般性質，不是人們的意識決定它們的生存，相反的，是它們的社會生存決定其意識。而整個社會結構，隨著經濟基礎之變遷而改變。人類的觀念、信仰、價值與制度等，大體上都是經濟狀況的反映。」的思維。但可以確信的是經濟、政治、文化、社會等諸多方面的高度關聯性。

經典人物——馬克思

馬克思（Karl Marx, 1818-1883）1818 年生於德國萊茵蘭的特利爾城，天資聰穎，先後就讀於波昂和柏林大學，學習哲學與法律。深受伏爾泰、盧梭、洛克、黑格爾（Hegel）等思想家的影響。1841 年由耶那（Jena）大學獲博士學位，與普魯東、恩格斯等人結識，並結識了一批激進民主主義者，那些人企圖發揚黑格爾哲學的批判方面，用以攻擊普魯士國家，並與恩格斯創立共黨同盟。馬克思因與這些人結識，而無法在國家支配的大學系統裡求得一職。於是他便在萊茵蘭開始了獨立學者、新聞記者和政治活動家的生涯，並自 1843 年起在歐洲旅行，後來到了倫敦，並且從 1849 年起定居於此。馬氏著作甚多，包括：《共產黨宣言》、《政治經濟批判》、《資

本論》等。馬氏思想以經濟為重心，他認為，整個社會組織係由經濟狀況所決定，一切人類意識與制度只是經濟狀況的反映。愛爾華（C. A. Ellwood）稱此學說為「經濟決定論」。在這種以經濟關係為基礎的社會上，再產生法律、政治、文化等上層結構。換言之，物質生活中的生產方式決定社會的、政治的、和精神的生活之一般性質，不是人們的意識決定它們的生存，相反的，是它們的社會生存決定其意識。而整個社會結構，隨著經濟基礎之變遷而改變。馬克思思想中最根本的一個關注基點即在社會變遷，他的興趣在找出人類變遷的法則。在馬克思學生時期就曾寫下如是的句子「哲學家只在改變詮釋這個世界的方法，而其目的卻是在改變這個世界」，這也正是他一生最好的寫照。

馬克思認為，階級鬥爭是人類歷史上一普遍現象，任何一個時代皆有存在，歷史的演化即鬥爭的結果。至於如何推翻壓迫階級，其方法是被壓迫階級的革命。當勞動者自己取得並管理一切生產工具之後，社會上將無剝削之事，人類社會將變成無階級的社會；這是其理想社會的遠景。關於馬克思的一些基本觀點：

一、是採取辨證法的思想方式：認為因素和因素之間是一種相互的關係，因此對於問題的探討必須是採取較廣泛而非單一因素，不能以片面的方式來看問題。是一種重視批判和理論實踐的社會學者。

二、是採取結構和鉅觀的觀點。馬克思是採多元化的觀點來看社會現象，因此對於社會現象的研究亦採取歷史的觀點加以考察，以期獲得對社會全面的認知。其採用歷史觀點，是認為以往的制度是會影響當事人，而當事人必須運用以社會運動來革除這種約束，同時馬克思亦認為下層結構的意識會反映到上層結構。而社會位置的差異，亦形成不同的階級意識等。

三、採取價值中立的態度（Value-Free）：欲價值中立並不容易，但是正因為研究對某些問題無法完全價值中立，而產生人們對某些問題研究的興趣。

四、有關理論和實行的觀點：認為當時社會現象的研究，這種研究產生的理論必須是能夠運用於解決當時的社會問題。對社會現象的探討具有濃厚的批判性。

五、有關批判的態度：對社會現象的探討，並非只是看到其表面的現象，而被浮面的現象所囿限，而是以批判的眼光，深入問題的內涵加以探究。例如：對當時社會工人在資本主義下討生活，運用其犀利的眼光，指出工人錯誤的意識，以企圖導引問題的實質內涵，和真正的問題。運用這種批判態度，使人們免於錯誤的認知。

六、對於衝突論及社會變遷的看法：馬克思認為社會衝突的根源來自於經濟因子，這是社會變遷中無法加以避免的，因為社會變遷的過程中，衝突乃是一種正常的現象，這使得原有社會走向變遷的途徑。社會本身就是一種強迫式的關係結構，如資本家對勞工的壓制等，制度對人民的壓制。因此必須是使得社會走向社會主義，社會才能使人們獲得解放。

對馬克思來講，社會變遷的最主要原因乃在於經濟因素的改變。人類的歷史過程反映著這種改變。因此，如果無產階級能改變經濟結構既有的安排，則人類歷史就會出現一個美好的階段。

經典論著──《烏托邦》

《烏托邦》是托馬斯‧莫爾（T. Moore, 1478-1535）的論著。在文藝復興時期的西歐，隨著人文主義思想解放運動的拓展，湧現出以空想社會主義主張。當時的人文主義知識菁英，普遍地渴望建立「自由、民主、平等」的資本主義新型社會。與此不同，托馬斯‧莫爾則以更為深邃的目光和超前的構想，從不同的角度與層次批判黑暗社會，在否定私有制的基礎上，設計出財產公有、共同勞動、按需分配的社會方案，為人們的進步追求描繪了美好的社會圖景。

在此前的西方歷史上，雖不乏對「公有」社會朦朧嚮往，但卻無人對「公有」的前提與內涵做出合理而系統的闡釋。古希臘哲學家柏拉圖曾主張建立「財產公有」的「理想國」。不過，他倡導的則是在維護奴隸制剝削制度與社會等級制度的財產「公有」與「共用」。中世紀西歐農民反封建的宗教異端運動，曾經廣泛宣傳原始基督教或原始公社的財產公有與權利平等，反對貴族的特權與敲剝，有的還傾吐出「當亞當耕田、夏娃織布時，誰是貴族」的呼聲，但卻沒有從制度上尋找到現實苦難的根源與實行「公有」的方案。到了文藝復興時期，隨著社會從封建制度向資本主義的過渡，廣大下層民眾在承受封建壓迫剝削的同時，更面臨著資本原始積累帶來的災難，十六世紀初在英國開始的「圈地運動」，就堪稱這一災難的典型。如此嚴酷的社會現實，將社會不平等的深層次根源逐漸暴露出來，促使人們進行反思與批判，《烏托邦》（1516 年）就是其中最傑出的代表。在此書中，莫爾採用了人文主義時代常見的敘述方式，運用了遊記體小說的表現形式，將自己的現實思考和對未來憧憬藉一位航海者拉斐爾‧希斯拉德之口講敘出來。

在《烏托邦》一書中，莫爾對當時的英國社會予以辛辣、深刻的嘲諷與抨擊。在他看來，都鐸王朝君主獨裁暴戾，醉心於擴張掠奪，朝廷政治腐敗黑暗。而在地方，貪得無厭的貴族豪紳為謀取暴利，不再滿足於祖傳地產的租金，公然用暴力和欺詐將大量耕地圈占起來做為牧場養羊。無數農民被驅除出家園後，被迫離鄉背井，四處流浪。一些人為謀生計，只好盜竊；或沿路乞討，轉死溝壑。王國政府不但不憐憫流民，反而用血腥法令懲戒流浪與乞討，將他們監禁甚至處以死刑。對此，莫爾指出，向來馴服的羊，「現在卻變得很貪婪，很兇蠻，以致於吃人」，並將田地、家園和城市「蹂躪成廢墟」。同時，社會道德風尚日益衰落，富有的人盡情享樂，欺詐掠奪成風，妓院林立，賭場遍地。在批判社會黑暗時，莫爾並沒有簡單地停留在對社會現象的描述上，而是以犀利、敏銳的眼光從制度的深層次本質上來分析。他指出，私有制是社會病態與悲劇的最終根源，因為它以金錢的價值來衡量一切，導致人們見利忘義，造成社會嚴重的貧富分化。他斷言，「如不徹底廢除私有制，產品不可能公平分配，人類不可能獲得幸福。」

在大膽揭露社會黑暗、徹底否定私有制的基礎上，莫爾設計出一個在所謂「烏托邦」島國的公有制的社會模式。在這一模式中，包括總督在內的各級官員由選舉產生，除總督外所有官

員基本上是一年一換。任何涉及到國家的要政，總督、官員都不能自作主張，而須經過「議事會」討論，以防個人專制統治。在經濟上，「烏托邦」徹底廢除了私有制，實行財產公有制，「一切歸全民所有」，在政府的有計畫組織下，人們實行普遍的義務勞動制，輪流到農場去務農，此外還得學一門手工技藝，取消商品、貨幣和市場，消費品按需分配。在社會生活中，人們妥善地安排勞動、娛樂與休息，每天只工作六小時，其餘時間用來從事自己喜歡的業餘文化活動，人們的服裝都統一式樣，只有男式女式、已婚未婚之別，「外套顏色全島一律，乃是羊毛的本色。」就餐在公共食堂，看病有公共醫院。由於物資充足，生活有保障，這裡既沒有盜賊、乞丐，也看不到窮人。在道德風尚方面，烏托邦的人勤奮敬業，崇尚簡樸，遵守法令，樂於助人，鄙視懶惰與奢侈腐朽。這裡禁止嫖賭、飲酒、欺詐、陰謀、私通、虐待等罪行。人們視金銀如糞土，用金銀來鑄造糞桶溺盆等。在信仰方面，烏托邦盛行多神崇拜與宗教寬容，但人們逐漸皈依崇高的基督教。教士主持禮拜，掌管宗教儀式，監察社會風紀。總之，在莫爾的眼中，烏托邦是一個政治清明、社會平等、民眾樂業、道德崇高的美好社會。

托馬斯・莫爾的「烏托邦」理想具有積極的思想意義。他對有關國家官員實行選舉與輪換、政府決策程式的構想，突破了封建君主政治傳統的禁錮，深深地隱含著近代民主、平等的意識。他所設計的「公有」社會模式，超越了人文主義思潮的界限，否定了包括新興資本主義在內的一切剝削制度，體現了對廣大下層民眾更為寬廣的人本情懷。所有這些，都朦朧地反映了早期無產者對未來社會的嚮往，對後來的空想社會主義理論的發展以及科學社會主義理論的產生，都產生了重要影響。莫爾當之無愧地成為近代空想社會主義的開拓者和奠基人。但也應當看到，「烏托邦」有著十分明顯的思想缺陷。莫爾生活的時代，封建自然經濟尚未完全解體，新興的資本主義正處於工業的初期階段，無產者還沒有形成一個階級。曾經長期在封建王國政府擔任要職的莫爾，雖然受到人文主義的影響，但對未來社會的考量，遠不具有科學的眼光。正是由於時代與階級的侷限，莫爾將「烏托邦」建立在農業與手工業相結合的經濟基礎上，期冀在生產力十分低下的水準上建立起美好的「公有」社會。因此，「烏托邦」不僅保留了奴隸勞動，而且排斥商品經濟，規劃出統一格調的平均主義的生活模式。這樣一種鏡花水月式的「桃花源」，當然是難以實現的。

第十五章

現代社會的職業生活

前言

　　當代社會生活嬗變，實質上是從以認識改造、生產為主的生存勞動型社會生活，向以價值定向、交往為主的發展創造型社會生活變遷。過去，社會生活是以生產活動為主，交往活動僅僅是休息，只是一點點綴，或是極少數統治者的專利。生產活動是以認識改造為特質的，一是認識和改造自然界，讓人類從自然界攫取物質財富；二是認識和改造社會和他人。是以存在主義作家卡繆曾說過：「要了解一個人就必須先了解他怎麼營生。」曾國藩勉人及自勉時強調：「士人第一要有志，第二要有識，第三要有恆。」揭示讀書人應有的生涯作為。職業生涯對人的一生是極為迫切而需要的；職業生涯是一段長期的歷程，也是一條永無止境學習發展的創造之路。若欲享受生命豐碩的成果，活出人性的尊嚴，讓生命更具價值，規劃生涯乃意義非凡的重要工程；亦是充滿考驗的艱鉅工程。有如航行在茫茫大海的船隻，必須依靠航海圖與指南針掌控方向，方能駛向目的地。處於如此快速變化的社會中，隨時必須面臨環境與人際互動的挑戰，如此錯綜複雜的環境差異，在關鍵時刻必須做出階段性的決定，倘若稍有疏忽，便可能喪失成功的契機。生涯規劃是人生的大事，執行的時間長，任何人在漫長的數十年中，都可能遭遇到許多挑戰的衝擊，若得不到發展定向，就可能汲汲營營徒勞無功。生涯規劃應依社會變遷，與個人不同的成長階段隨時調整。若因對社會的認知廣度與深度都不足，本身在各方面的條件均有限、成熟度不夠無法深思熟慮，再加上處於如此快速變遷環境中，若對自己的生涯規劃未能因應需要適時調整，實難以適應。針對社會的變遷與工作環境的改變，在工作與需求之間做最適當的選擇與調適，能兼顧個人及社會的需要，建立積極進取、努力不懈的生活態度，以豐富生活內涵，提升自己的生活素質。沒有規劃的生涯，若有一步走錯或失算往往如掀起滔天巨浪般的無情衝擊，將重挫終身。有遠見者必須冷靜思考，絕不可望之怯步，應積極妥善的做好生涯規劃，以免增加挫敗徒增懊惱。我們提起一個人，通常會說：「他是個老師」或「他是個醫師」，就是以職業角色來涵蓋一個人全面的存在。就因為工作是人生活中主要的內容，人存在的意義及價值容易從中去尋找，一個孩子呱呱墜地之後，幾乎便開始了他往後職業生命的準備工夫，中國人給滿一歲大嬰兒「抓周」的習俗便是由此而來，而一個勞動人口在退休之後，似乎也就失去了他做為社會人的積極意義。職業已深深鏤刻在我們的生涯領域之中，「職業就是人生」的說法並不為過。是以，幾千年來人類一直就以職業來定義人生。職業生涯中強調的是一個觀念、二個重點、三項行動如下：一個觀念：「天生我才必有用。」二個重點：「知識即是力量；等待就是浪費。」三項行動：「勇於嘗試；盡心盡力做好每件事；學習他人的經驗。」以建構有目標的生涯。

壹、專業能力與敬業態度

　　工作是一個人賺取經濟收入、養家活口的主要途徑，也是決定一個人在社會中所扮演角色的要件，更是一個人理想抱負實現的主要管道，而一個社會中，如果人民均勤奮的工作，社會一定繁榮，作姦犯科者一定減少，社會也一定安和樂利。因此，自學前教育開始，自我認知、試探的工作就應開始進行，之後，更應透過生涯輔導，使學生選擇最適合的生涯做為終生追求的目標，同時，敬業精神及職業道德也應建立，以促進個人生涯的發展，也有助於國家競爭力的提升。

　　職業生活是與家庭、經濟、教育、階級、休閒、失業、退休等有關的議題，依據《中華民國職業分類典》之規定，所謂「職業」是指個人所擔任的任務或職務，但至少必須具備三個條件：

1. 須有報酬：係指因工作而獲得現金或實物之報酬。
2. 有繼續性：係指非機會性；但從事季節性或週期性之工作亦認有繼續性。
3. 為善良風俗所認可者：如從事之工作雖可獲得報酬，但不為善良風良俗所認可者，則不認定其為職業。

　　由於「職業」是指個人在某一機構的特定職位上，所擔任的工作或職務，這些工作可能包含幾個不同的任務。一個人如果能夠了解職業目標的主要特質，便能稱職的就業。在人生的營生作為中，求學學習或僅只是一種手段，最終目的還是要就業，以展現所學，發揮一己潛能。職業生活相對於個人及社群而言，具有八種功能：

1. 經濟性功能：使人力充分就業，促進經濟發展與繁榮。
2. 政治性功能：促使政治穩定，更加民主、自由、平等。
3. 社會性功能：生活安定，經濟基礎穩固，減少社會問題的發生。
4. 文化性功能：透過就業者在職場的交流互動不僅能促進文化融合亦可展現屬於不同族群的特色，甚或以族群文化為創業之基石。
5. 心理性功能：透過職務接觸互動可增進彼此了解，及相互支持，進而提升精神層次的滿足。
6. 生理性功能：透過工作所得，除了滿足個體的身體營養與物質所需外，尚能由於勞動而促進身體的健康。
7. 教育性功能：工作不僅可使個體體驗所學是否足以在工作場所運用外，尚能經由工作增進專業知識，進而建立「終身學習」的生涯規劃。
8. 家庭性功能：透過薪資報酬，可使個體負擔起養家活口，及家人各項消費所需的費用。

　　社會學家休斯（Everott Hughes）認為在人際對應的諸多角色中，以職業角色為「主角色」，因為這個角色決定了他的生活型態、人生價值取向，及他人的評價。工作已深深鏤刻在我們的生活之中，「工作就是人生」的說法並不為過。我們面對日益綿密、環節緊扣的社會互動關係中，似乎需要理解隨著專業分工愈加細密，人際的互賴程度便相對增加，任何單元的疏漏都可能造成不可收拾的結果，而愈加需要人人固守本位，方能維持整體組織的有效運作。就以一架民航

機為例，其機體是由上萬個組件組織而成，同時期間歷經設計、製造、測試、飛行、導航、氣象、維修、使用等過程，任何機件的缺失，或是任一環節的馬虎，都將造成不可復原的損失。法國社會學家涂爾幹（E. Durkheim）早經其社會分工論指出：分工是社會演化或進步的必然現象，社會為追求進步，就必須依靠分工制度，而不會是由一個人完成其生活中所需要的一切，並且隨著人類需慾的擴增，經由分工方式，不僅可以滿足人們的需求，亦將促使社會或文化更快速的進步。在經濟行為中，分工與進步的關聯性最為顯著，其他的事項亦大多如此。分工發達的社會，人際之間的互賴程度也相對的增加；由於每個人的特性有異、專長有別，經由互相截長補短，以達到彼此最高的利益；易言之大眾集合就產生了互相依賴合作的關係，社會關係也於焉成立。隨諸社會快速發展，個人間互動日益密切。以 1991 年美軍波灣戰爭為例，每天上千架次的飛機出勤，因此同時要有一二〇條空中加油線，六六〇個限制管制區，三一二個飛彈射擊區，七十八個攻擊航道，九十二個空中戰備巡邏點，三十六個訓練區，涵蓋九三六六〇公尺的距離，一切作業尚須配合六個未參戰國家不停起落的民航班機及航線，加上戰前的集結、戰後之撤退，負責作業的單位必須利用電腦及衛星詳細計算，若非精密的運作，每位參與者固守崗位，以使每個細節緊密相扣，則如何贏得戰爭的勝利！因而有人稱這是歷史上空前嚴密的組織運作，絲毫馬虎不得，這正說明現代社會綿密相關的特質。

美國社會學家帕森斯（T. Parsons）將社會視為一個系統，系統中的各個部分在功能上相互依存。當功能分化到一定程度時，社會依據一定的目標加以協調和整合，確保社會體系的統一性。社會整合在兩個層次上進行：第一是，社會制度的整合——即透過一系列的規則和行為準則，使社會結構完整，功能相互協調，表現為各個部分配合默契以達到社會秩序的穩定；第二是，社會成員的有機整合通過一定的價值標準、法律規範、道德規範等，確立個人在社會共同生活中的互動關係。以我們的民族性及文化特質，常常有馬虎的現象，因此經常可見社會呈現一些原可避免的疏漏，究其原委則多半來自社群中有機整合的不足，是以往往因為一個環節的疏忽而造成社會的遺憾，這不僅造成人民的損失，甚而影響社會追求現代化的步調。我們更該就社會群體中成員的意識整合、行為規範整合加把勁，心存「人人為我，我為人人」的態度，認真確實於本分職守，方才能促使社會邁向一個整合有序的體系。

貳、現代社會的職業生涯

一、退休年齡延後的趨勢

根據 2006 年 2 月 19 日經濟合作組織（OECD）所公告的資訊：對想繼續工作的退休族而言，前途似乎一片光明。因為，55 至 64 歲人口群的就業率已由 1994 年的百分之四十六提高到前年的百分之五十一。芬蘭和丹麥已延長法定退休年齡，歐洲委員會與經濟合作暨發展組織最近並警告會員國，他們未來的繁榮繫於能否有效利用老年人口。而在 2006 年 3 月份發行的《新聞周

刊》在「新老年世代」專題報導中指出，這些趨勢迫使歐洲富裕國家重新斟酌所謂勞工提早退休有助於提升國家競爭力的說法。一般認為，年齡比較大的勞工生產力相對比較低落，成本較高，因此企業若想降低成本，首先會考量辭退年邁員工。德國以至愛爾蘭等各國政府長期獎助企業鼓勵員工提早退休，以便年輕勞動人口遞補。此外，許多國家為使仍然年輕的勞動人口不至於列入失業名單，常提供他們豐厚的「失能年金」，導致這些國家平均退休年齡由 1950 年的 69 歲降為 61 歲甚至更低。以極端例子法國來說，國民平均壽命 83 歲，平均退休年齡 59 歲，其間二十多年全靠國家養。依據社會發展趨勢，這種局面不可能長久，西方國家現有的勞工退休政策已是「明日黃花」。1990 年代初，芬蘭出現經濟衰退，60 至 64 歲的人只有兩成仍在工作。之後芬蘭政府針對工作到 68 歲的勞工推出「紅利年金」，使他們有繼續工作納稅的動機。雇主現在也必須備妥職業健康及安全維護計畫，以監控並防範各種職業傷害，達到將勞工工作生命延長二到三年的目標。在政府全力推動下，60 至 64 歲的芬蘭人就業率增加一倍，相對降低退休金開支，增加稅收，經濟成長也更快速。對其他仍將老年人排除於勞動市場外的國家而言，芬蘭的實例或許可供參考。法、德企業習慣淘汰老員工，年逾 50 參加職訓者不到百分之五，遠低於瑞典的百分之三十三與芬蘭的百分之二十一。許多國家規定，企業不得將年紀較大的員工解聘或資遣，卻產生反效果，導致企業一開始就不願進用這種人。如今，許多企業已不再排斥年長的勞工。為確保老年員工的生產力及健康，歐洲福特汽車已加強健康諮詢，並推出「人體工學」生產計畫，勞工也不必再鑽入輸送帶上的汽車，只要站在平台輕鬆調整車輛高度即可。福特科隆廠的改變使該工廠已將三百名年逾 50 的人手調離雜務崗位，再度投入生產線。

二、後工業社會在職業生涯的特徵

著名學者 Daniel Bell 在《後工業社會的來臨》一書中指出，在 1970 年代，不少西方社會（如美國）已逐漸發展成為後工業社會。根據 Bell 的理論觀點，後工業社會在職業生涯的特徵主要有下列五項：

第一，服務業為核心：從貨品生產（goods producing）經濟轉變為服務業經濟（service economy）。後工業社會是大多數勞動力不再從事農業或製造業，而是從事服務業，如貿易、金融、運輸、保健、娛樂、研究、教育和管理。

第二，以專業為導向：專業與技術人員階級（白領工人）在後工業社會中快速成長，且處於優勢主導地位。相對於此，在工業社會，半專業技術工人（藍領工人）是勞動力中最大的部分。

第三，以知識為軸心：後工業社會是一個知識社會（knowledge society）。這不僅意味著，社會變革的泉源越來越是來自各類型專業知識的研發。工業社會與後工業社會的差異是在：工業社會是機器人和人的協調來生產商品。後工業社會是圍繞著知識而組織起來，以達到社會控制的目的，並指導創新與變遷的方向；而且依序的又產生新的社會關係和新的結構。

第四，以未來為取向：新的技術與經濟成長息息相關。後工業社會對技術的發展進行規劃與控制。新的預測方法和探測技術（mapping techniques）的發展，開闢一個嶄新的階段，從而減少對經濟前途的「不確定性」（inderterminacy）。

第五，強調教育培訓：後工業社會是一個更加有意識地制訂人才開發及擴大教育與知識機構的問題。由於專業發展越來越依賴知識技術的幫助，使知識分子階層越來越具有影響力量。

「後工業社會」概念的重要在於，它提供巨觀的觀點，讓人掌握到整體社會變遷力量對現代工作型態的衝擊。後工業社會的重要生產力來源，不再是自然資源（農業社會）或是機械化力量（工業社會），而是知識。工作不再是單純依賴勞動力或是機械力，而是必須在工作過程中不斷密集使用知識，一個國家或是公司如何透過結構制度的安排去開發知識的生產力，成為其創造財富的關鍵所在。後工業社會所帶來的改變不只是發生在產業結構及勞動市場需求方面，它也為整體工作型態帶來明顯的變化。一般而言，學者往往是以福特主義（Fordism）到後福特主義（Post-Fordism）來說明工作型態的變遷趨勢。福特主義盛行於 1940 年代到 1970 年代，當時的產業體系是以「大量生產、大量消費」為運作原理。搭配的是泰勒主義（Taylorism）的生產方式。泰勒主義強調的是：(1)詳細的工作流程和工作規範；(2)精緻細密的分工。為了因應更為複雜多變的經濟發展條件，工作型態改採更具有彈性的生產方式，即所謂的後福特主義。其主要的特色是：(1)僱用彈性（flexibility of employee）：包括薪資彈性、勞動彈性、時間彈性。(2)彈性生產（flexibility of production）：針對市場快速變化的需求或訂單隨時做調整。(3)彈性消費（flexibility of consumption）：以消費者導向，從大眾消費文化走分眾消費文化。

表：福特主義與後福特主義生產模式的比較

	福特主義	後福特主義
1. 生產模式	大經濟規模企業；標準化產品	小企業；彈性專門化生產
2. 競爭關鍵	相似產品的價格比較	創造性；產品多樣化；高品質產品
3. 技術型態	自動化	電腦創造整合
4. 投資方式	生產設備	知識，想像力
5. 勞動力	大量同質性勞工；低自主性	小規模的團隊生產；高自主性
6. 工作組織	層級化分工	水平的整合
7. 組織環境	個別公司之間進行市場競爭	互動密度高，非正式的組合，以協力網絡為主的經濟體系
8. 對經濟不景氣的反應方式	裁員；減低勞動力成本；勞力密集部門外移	對技術密集工業增加投資；適應市場需求的變化；生產部門接近市場消費者

資料來源：蔡明璋，1999：443。

三、退而不休的發展取向

2006 年 6 月發行的《美國新聞與世界報導》周刊指出，退休後從早到晚打高爾夫的想法早就被甩得老遠。現在上班族最流行的思維就是打死不退，就算不得不退休，也要退而不休。原因？有以下洋洋灑灑七大理由：

第一，上班賺錢心裡才踏實：上班有收入，有錢心裡就踏實——生命是零和遊戲，上班的歲月愈長，退休的歲月就愈短。上班有錢賺，退休卻花錢。其次，上班期間健保有公司補貼，退休後一切靠自己。

第二，人生經驗不輸年輕人：有研究討論老一輩的現代畫家和諾貝爾經濟學獎得主，結論是：年長者和年輕者一樣具有創意，只是方式各有不同。年輕人比較屬於理論派，年長者則偏重實驗，經常利用他們大半輩子累積的經驗進行錯誤嘗試。愈來愈多公司認為，這種累積的人生經驗攸關公司未來成就。

第三，繼續工作健康不退步：上班有益健康——美國國家經濟研究局的報告說：「完全退休後，六年內心理健康會衰退百分之十一，病痛增加百分之八，進行日常活動的難度更增加百分之二十三。持續兼差工作的人士健康衰退的速度會大為減緩，甚至完全沒有健康衰退現象。」老人失智症學會指出，晚年要保持健康，有四大法寶：精神刺激、身體活動、社會接觸和健康飲食。只要繼續工作，前三項就可以十拿九穩。

第四，保持距離夫妻更親密：夫妻不必終日膩在一起，對婚姻有好處——專家說，夫妻整天大眼瞪小眼，只會激化既有問題，讓長期緊張氣氛爆發。退休後，對婚姻關係而言，最大的損害就是從此沒有辦公室當避難所。延後退休有助夫妻慢慢塑造新生活型態。許多幸福夫妻終於發現，彼此保持一些距離，反而是讓夫妻關係更親密的良方。

第五，一旦退休歸屬感沒了：一旦退休失去人際關係，失落感油然而生——典型的退休生活是飯局慢慢簡化成通電話，通電話慢慢簡化成通電子郵件，電子郵件慢慢減少，最後是人際關係全失，歸屬感蕩然無存。歸屬感是很難替代的一種情感。《新退休心境》一書中，便提及：「在職場上，人人知道你的名字，你天天可以和他們互動，光是這點就價值連城，可惜大家都低估了這種價值。」

第六，重返職場人生第二春：重返職場，又是一條活龍——一項最近以 60 到 65 歲的上班族為對象進行調查，發現百分之二十的受訪者表示，他們重返職場的第一項理由就是想嘗試不同的新事物。美林公司報導，百分之七十一的受訪者希望退休後仍繼續工作，其中最多人表示，希望在 61 歲時從目前的工作或職務退休，再展開嶄新的生涯。

第七，做到老，晚年更有意義：繼續上班，晚年更有意義，調查發現，百分之七十九的嬰兒潮世代計畫「永不退休」。富蘭克林 78 歲才發明雙焦鏡片，萊特 91 歲才設計古根漢美術館，都是老驥伏櫪的明證。

參、失業問題與職場壓力

林語堂：「世間萬物儘在過著悠閒的日子，只有人類必須要為生活而工作。」這說明了職業與生涯的關係。全球化與知識經濟為當前經濟發展趨勢的兩大發展潮流。在全球化的競爭之下，國際貿易、資金、技術、資訊的流通，都愈來愈自由與便利。以往較少參與國際競爭與合作的開發中國家積極參與世界經濟活動，全球經濟愈來愈像是單一個市場。開發中國家大量低工資人力的加入，使中高所得國家面對產業外移、失業增加、分配惡化的壓力。廉價資源已不可能成為中高所得經濟體的國家競爭力來源，而需要靠知識與技術做為國家競爭力的來源。因此，各國均致力發展知識密集產業，以提高人力資源素質，來面對日益激烈的國際競爭。為因應全球化競爭與微利時代來臨，以及知識密集型服務業的加速發展，企業用人趨向彈性化與國際化，使得勞雇關係和雇傭型態面臨變革：部分時間工作及人力派遣等非典型工作的增加、企業勞務外包、對高素質人才的需求增高等趨勢，對勞動市場人力供需發展已產生相當影響。雖然台灣的高等教育配合需求而鬆綁並大幅擴充，造就出大量具有高學歷背景的青年，但由於就業能力並未同幅度提升，青年在進入職場所面臨的競爭壓力亦隨之加大。

根據行政院主計處 2007 年 3 月 18 日所發布的統計數字顯示：景氣冷，全職工作不好找，許多人只好選擇計時的工作。主計處最新調查，2006 年計時的（部分工時）工作者多達十八萬一千人，較 2005 年七萬人高出近兩倍，創下調查以來的新高。也因大量人力投入市場，去年部分工時人員的平均月薪也只有一萬四千七百餘元，甚至達不到勞工最低工資的一萬七千二百八十元。在這些工讀生、計時人員中，每個月薪資不到一萬五千元的低所得群人數高達九萬五千人。為何部分工時者人數快速激增，主要原因是薪水停滯所導致的入不敷出，或是受到卡債風暴衝擊，導致原本不需要出來工作的人，不得不找分工作貼補家用，但正職工作不好找，只好屈就於工讀生、計時人員之類的部分工時工作。

此外，在失業率的部分，過去高職一向都是各個教育程度中失業率偏高的一群，但在 2007 年 2 月，大學以上學歷的失業率竟然首度超過高職。因此主計處預估，隨著每年畢業的大學生與碩博士愈來愈多，大學以上畢業生失業率將超越高職。這樣的資訊所傳達出來的訊息是：由於大學的數量太多、以致於大學的錄取率在目前已突破九成；因此在過去認為是高等教育的大學教育，可能愈來愈會轉變性質成為基礎教育。因此大學生如果不能自我要求，不斷充實自己以提升競爭力的話，則在如此激烈競爭的就業環境中，可能反而會輸給充滿危機意識、但至少具備一技之長的高職生。根據行政院主計處所公布的失業率統計資料，民國 90 年 10 月達到歷史的新高百分之五點三三，在公共論述領域引發相當激烈的辯論，但關於形成原因與解決之道，往往是眾說紛紜，並未形成一定的共識或是有效執行的對策。日益嚴重的失業問題讓社會大眾注意到現今的工作環境與型態跟過去大大的不同。根據主計處所提供的資料分析說明，失業率最高的年齡層為 25 到 44 歲的壯年人。是因為勞動工作的條件在現代社會出現劇烈的變化，使得屬於勞動主力的壯年人面臨嚴峻的挑戰。所謂的失業率是國家用來表示失業嚴重程度的指

標，其中失業人數是指在調查期間內，達到一定年齡，具有勞動能力，但由於各種原因沒有工作，且正在為獲得工資收入而尋找職業的人，以及暫時或不定期被解僱而無工資收入的人的總和。各國有關失業的規定不一致，如英國規定：在統計失業的當天，凡 15 歲以上有勞動能力，且在職業介紹所或就業機構登記，仍無工作者，即為失業者；又如美國規定：在指定調查的一週內，凡 16 歲以上有勞動能力，且在調查前四週內一直尋找工作，仍無工作者，即為失業者。

肆、專業工作的倫理法則

　　台大校長於 96 年學生畢業前夕，收到一封嚴厲批評高學歷社會新鮮人的電子信，指出社會新鮮人的通病；抗壓性普遍不足，擁有高學歷但缺乏工作與生活智慧，如沒有團隊觀念、沒有責任感等，頗值得學子、學校及家庭省思。

　　現代職業道德關涉兩個層面的關係：一是規範職業者與所從事的職業的關係，要求職業者「敬業」、「樂業」、「勤業」和「遵規」。敬業就是對職業社會地位的認同，樂業的實質是職業目標理想的確立，勤業則是對職業價值的追求，而遵規是對職業規則的信奉。二是規範職業者之間的關係，現代職業道德包含三大價值：「平等」、「求利」和「競爭」。平等指各種職業者均是自由主體，相互之間是平等的。求利即追求利益，現代職業道德的求利價值是整合性的，追求的是公民利益與國家利益、個人利益與集體利益以及社會利益、自我利益與他人利益的統一。競爭指職業者做為市場主體在平等的基礎上，以求利為目的的競爭。競爭是人的本性和現代社會精神的體現，它首先體現了平等精神，其次體現了公平精神，同時體現了發展精神。若針對專業工作而論，「專業價值」所表述的則是：專業所偏好的事物（things profession prefers）。亦即專業工作人員對於案主，以及其專業運作所持守的信念。所有的助人專業依此信念而運作，並引為專業的方向與行為的準則。

　　「專業哲理」是指專業工作上所遵循的一組信念、態度、理想、抱負、目標、價值、規範、倫理法則，以使人們了解存在與實體，以及賦予所在世界和歷史的意義。專業的哲理（professional philosophy）則是指賦予專業工作的意義，並提供對現實的描述與測量。（Siporin, 1975）哲學的實際價值，則在於能闡明生活的意義，以樹立生活的理想而確定生活的基礎，尤其是對於個人的精神生活，和社會的文化生活，更具有直接的貢獻。專業哲理乃在為工作提供合乎理性的意義、信條與工作理想。對於現實問題的衡量及描述上，提供一個確定的標準，並且提供道德的價值判斷，用以構成專業的文化。從專業工作的發展其謹守專業主義（professionalism）。專業主義是在十九、二十世紀，由於社會分工的精細，需大量的專門人才，而促使專業主義發展。強調高層次的知識與技術，主要目的在於服務人群，以案主的利益為第一考慮，且講求專業人員的客觀理性、自我了解、自我訓練、非形式化、負責任的行為以及對案主與同僚的坦誠、正直等特性。專業化提供了解決價值、道德衝突的準則。（Siporin, 1975）

專業工作的倫理法則的建構包括幾個因素（William K. Frankena, 1980）：第一，某種判斷的形式，用來判斷職業現象有無某種道德性質、義務或責任。第二，一個假設，假設提供道德判斷的理由是適切而且是可行的。第三，某些規則、原則、理想和德目等，它們是普遍判斷而為個別判斷的基礎，亦即為定奪個別判斷的理由。第四，某種自然或習得的「心態」，它能使我們自動地依道德判斷、規則和理想來行動。第五，某種制裁或其他動機來源，它也常以言辭表達，例如：負責任、獎勵、責備等。第六，一個觀點，是當事人在所有的判斷、推理、感受等所執著的一貫觀點，而與審慎、技術等所採用的觀點不一樣。專業倫理為正式公開性的條文，主要在規範團體中各成員的行為，舉凡對各級各類人員的職責、職權和義務等所明訂的規範，因此倫理亦可謂為人際相處之道。這就猶如韋耳曼（Carlo Wellman）對倫理的界定「倫理是一種學科，運用一些原則去確認及證實人在特殊情況下所做的正常行為。」事實上，由專業工作的倫理規範中，即可顯示該行業所要求的道德理念以及其相關的理念架構。一項工作是否能為人們視為專業？往往是由該專業團體建構並執行某種專業人員規則，將具有普遍性的一些倫理規範，納入所規定的專業行為規則之中。因為透過該規範的建立不僅有助於專業人員的界定、遴用、培訓、服務、業務等，同時也保障了受助者的權益，並提升該組織的專業屬性與成員認同感。

結語

每年 6 月的畢業季，許多畢業生雖然為自己的成長感到開心，為自己即將成為社會新鮮人感到期待，但不能否認的，也為自己的工作與前途煩惱。根據土計處統計，96 年 8 月失業率為百分之四點〇七，較上年同月增加了十九點七萬人，在這經濟不景氣的年代，失業率的上升，的確會讓應屆畢業生造成心理上的恐慌，甚至不敢畢業而刻意延畢。根據 111 人力銀行針對畢業後五年內社會新鮮人動向的調查顯示，大專及以上學歷的高學歷社會新鮮人，平均會失業五個月，就業現況則是「兩成未就業，一成靠打工」，有五成從事過不穩定的「非典型」工作，包括約聘、短期、外包、派遣等型式，也就是日本所謂的「飛特族」（Freeter，自由工作者）。另外在日本出現一種新族群，在台灣也開始流行起來，那就是在家「待業」，依靠父母過生活的「啃老族」，不僅畢業生不安，其父母也感到無奈。面對高學歷高失業率的問題，除了教育單位必須嚴格把關大學品質，提升學生素質，並積極輔導學生取得專業證照，增加職場競爭力外，政府也應鼓勵民間企業效法歐美等國企業重視「專業證照」做法，提升專業證照的價值，打破文憑主義。此外，調查顯示，企業選擇人才時首重正確的價值觀，及良好的溝通能力、獨立思考、終身學習等，所以學校應規劃培養學生這些能力、特質的課程，並鼓勵學生參加社團，增加溝通能力。探究畢業即失業的原因，看似來自多方影響，其實皆為連帶關係，國家經濟衰退導致就業機會減少，而高學歷人數增加，供需失調，平均起薪明顯下降。另外，國家教育政策造就出來的高學歷學生能力與特質，似乎大部分和社會所需有所出入，社會真正需要的是有所專長或專精的人才，而非憑著高學歷樣樣都會一點的人才。此外，根據經濟合作暨發展組織（OECD）

的研究報告，全球化經濟及產業外移將影響產業的就業與薪資成長，台灣面臨的產業外移較其他國家嚴重，畢業生的起薪也因此受到波及。因此，抒解當前失業問題，治本對策在於創造就業機會，必須從經濟的基本面著手，強化國內投資環境，創造國內就業機會，厥為歐美國家在1980年代至1990年代解決高失業率所採取的基本對策，歐美國家因此有效地降低其失業率。我國經濟基本面一向堅實良好，政府應研擬國內產業升級策略，加速改善投資環境，創造更多就業機會，才是解決當前及未來可能面臨高失業率的積極對策。

經典人物——杭丁頓

杭丁頓（Samuel P. Huntington, 1876-1947），美國地理學家、社會學者。1876年生於伊利諾斯州，獲有耶魯大學哲學博士學位，後為教授。利用統計學、植物學、氣候學、歷史學、人口學的方法，論述了氣候的變化對整個文明的興衰的影響。他的主要著作有《文明與氣候》、《進步的脈搏》、《世界動力和進化》、《人類的棲息地》等。

杭丁頓認為，後工業社會大致上有下列幾方面的特徵：
一、服務業為主導的經濟生產型態。
二、白領階級為主要勞工力量，尤其是專業技術和管理在經濟上所扮演的角色愈來愈為重要。
三、理論性知識、研究發展、大學……成為社會經濟發展的核心。
四、經濟的繁榮富足與人民休閒生活息息相關。
五、高等教育程度推廣使大學畢業成了平常現象。
六、重視人性價值及生活素質的社會型態。

這些後工業社會的特徵，全都屬於經濟及社會方面的變革，並無政治方面的關聯性。就某種程度而言，後工業社會這個概念並非政治的，在論述後工業社會的判準上，杭氏謹慎的提出幾個分析因素：
一、百分之五十以上的勞力從事於服務業。
二、百分之四十以上的青年接受大學教育。
三、百分之二十五以上的成人上過大學。
四、百分之二點五以上的國民生產總額用於「研究發展」（R&D）。
五、百分之五十以上的人口居住於大都市。

經典論著——《科學管理原理》

《科學管理原理》是由弗雷德里克·溫斯洛·泰勒（Frederick Winslow Taylor, 1856-1915）於1911年完成的巨著。泰勒首創的工業企業科學管理，受到當時歐美科學技術界和工商界的重視。泰勒在管理方面的主要著作除了《科學管理原理》，還有《計件工資制》（1895）、《工廠管

理》(1903)、《科學管理》(1912)。泰勒經由這一系列的著作,總結了幾十年試驗研究的成果,歸納了自己長期管理實踐的經驗,概括出一些管理原理和方法,經過系統化整理,形成了「科學管理」的理論。《科學管理原理》是泰勒的主要代表作,在此書中,作者闡述的主要是科學管理的基本原理。引言部分,表達了作者撰寫這本書的初衷,他講了三點:(1)透過一系列簡明的例證,指出由於普遍存在的人們的日常行為的低效能而使全國遭受到的巨大損失。(2)力圖說服人們,解決低效能的辦法是科學的管理,而不是收羅某些獨特的或非凡的人。(3)證明最佳的管理是一門實在的科學,它的基礎是建立在明確規定的法律、條例和原則上的,泰勒指出,科學管理的根本原理適用於人的一切行為——從人們最簡單的個人行為,到大公司的業務運行。

泰勒認為,管理的主要目的應該是使雇主實現最大限度的富裕,同時也使每個雇員實現最大限度的富裕。「最大限度的富裕」這個詞,從其廣義的意義上去使用,一方面意味著為公司或老闆取得鉅額紅利,同時還意味著把各行各業的經營引向最佳狀態,這樣才能使富裕永存。同樣的道理,對每個雇員來說,最大限度的富裕不僅意味著他能比同級別的其他人取得更高的工資,更重要的是,還意味著能使每個人充分發揮自己的最佳實力。

泰勒在提出新的科學理論的同時,還和傳統理論做了對比,以便科學理論為更多的人所認可。他認為,傳統的管理模式是一種「積極性加刺激性」的管理,或稱為任務管理,這種管理的特點是:要求工人們發揮最大程度的積極性;做為回報,雇主給予工人以某些特殊的刺激或報酬。泰勒指出,在這種管理模式下,要取得任何成就幾乎完全有賴於贏得工人的「積極性」,而真正贏得這種積極性的情形卻是罕見的。科學管理制度相對於傳統制度,它是在更大的範圍內,去爭得工人的「積極性」。除了工人方面的這種改進之外,經理們也承擔了新的任務和職責,而這是以前所未有過的。關於經理的新任務,泰勒指出了這樣四個方面:一、對工人操作的每個動作進行科學研究,用以替代傳統單憑經驗的辦法。二、科學地挑選工人,並進行培訓和教育,使之成長。而在過去,則是由工人任意挑選自己的工作,並根據各自的可能進行自我培訓。三、與工人親密協作,以保證一切工作都按已發展起來的科學原則去作為。四、資方和工人們之間在工作和職責上幾乎是均分的。資方把自己比工人更勝任的那部分工作承攬下來,而在過去,幾乎所有的工作和大部分的職責都推到了工人們的身上。

在科學管理原理中,「生產率」是一個核心概念,科學管理的根本目的是謀求最高效率;個體僅僅是整個生產系統中的一個要素。其基本假設是:人是受經濟利益驅動的;是一種可供操縱的生產工具。因此,若要提高生產率,就必須用科學的原理來管理,即要分析工人的「特殊能力和限制條件」,以便使每個工人都處於自己最高效率和最大生產能力的狀態。而要達到最高的工作效率的重要手段是用科學化的、標準化的管理方法代替經驗管理。

第十六章

現代社會的休閒生活

前言

人們寧願選擇額外休閒，而非更多工作與所得，這種情況，於 1940 年代末，首先出現於美國。這種現象顯示那時的人們偏愛有更多的自由時間，來花費金錢；而不是犧牲自由時間，換取更多金錢。（Riesman, 1958）這趨勢從 1940 年代起就加速發展，而且它會繼續進行，因為人們討厭職業條件、成功的傳統觀念，與其他傳統的工作價值。於是所謂的「休閒時代」終於宣告到來。現在社會，大多數人的社會生活開始以交往活動為主了，生產活動不再像過去占據主導和支配地位，甚至出現了「旅遊農業」這樣「享受性」的生產活動了。不同種族、民族、國度和文化的人們，學習相互尊重，孕育出了多元文化價值觀念。人們越來越強調注重和反思自身，以求形成一種開放的和包容的特定價值的人生態度。大多數人，不再為生存而終日奔波，考慮的是怎樣發展，考慮的是人的發展、社會的發展乃至自然的發展。發展就需要創造，勞動的實質就不僅僅是獲得物質財富，而是發現和創造新的價值；休閒的實質也就不僅僅是休息，而是發現和創造生活的嶄新意義。

誠然，生活在現代社會的人們，十分需要用科技文明所導致的增多時間，以解脫零件地位、擺脫疏離感，並從零件意識中解放出來。過去的人較能夠從自己的工作生活中獲得自我實現。在現代組織中工作的人們，不論是藍領或白領，他們愈需依賴更多工作之外的自由時間，以設法達成自我實現的願望。其理想型態是：人人都能夠利用自由時間，接觸更有價值的人類文化，發展自己的人格和能力，並致力於增進家族、朋友與社會之間的接觸，以豐富和充實精神生活，從而透過集體合作的力量以達成美好社會的實現。只有每個人的自我能力得到充分發展，個人人格才會有健全發展的可能。也只有在健全的社會中生活，個人的真正幸福才能實現。

壹、休閒生活的基本需求

日本朝日新聞於 2007 年 3 月 12 日刊載一項現代生活與職業休閒有關的報導提及：進入 2007 年，「團塊世代」（嬰兒潮世代，在日本通常指戰後 1947 到 1949 年出生的一代）的新聞突然占據了日本許多媒體的重要版面。「團塊世代」據統計至少有一千萬人，使日本社會進入退休高潮，這批人所領的退休金帶來的「經濟效益」，可望超過十兆日圓（台幣二兆八千億元）。日本發生的情況通常幾年後也會出現在台灣。日本進入了「少子化」時代，又逢「團塊時代」的退休潮，將給日本帶來重大衝擊，日本的例子將會是鄰國台灣與南韓數年後情況的最佳寫照。團塊世代退休之後「最想做的事」首推「旅遊」，「Human Vehicle」公司，打著「為團塊世代服務」的招牌適時切入退休族旅遊這塊市場。這家公司的服務項目，當然要比一般旅行社來得周全。到各地觀光免不了搭電車或巴士，但是有些地方交通設施並不完備，常得包租計程車，可是顧客對地方不熟，又怕與計程車司機起糾紛。該公司以周到的設想，先在東京為他們安排好目的地的

觀光計程車，到了當地一出車站就有車子等著，省去不少困擾。這項服務廣獲團塊世代好評，每個月來電話要求代為預約觀光計程車的件數，平均超過七百件，Human Vehicle 靠著這些新的業務，2006 年的業績比 2002 年創業時至少成長了五倍，預估 2007 年以後業績還會更好。與 Human Vehicle 訂約的各地計程車行共達三百五十家，遍布日本各都道府縣。當能有周密的服務，便使得團塊世代給旅行業帶來了許多新的商機！

　　台灣大學衛生政策與管理研究所於 96 年使用「丹麥哥本哈根疲勞量表」所做的「受僱者疲勞調查」研究結果顯示：台灣勞工每周平均工作時數達到 43 小時（全世界第三長，僅次於香港、印度）；甚至還有百分之十二點七的男性、與百分之九點一的女性在調查的前一周工作 49 小時以上（也就是說，若以周休二日計算，平均一天要工作 9-10 小時以上）。此外，在疲勞指數上，不管是勞心的白領或是勞力的藍領階級，都覺得工作很疲勞；其中男性以製造業、女性則以服務業疲勞指數最高；而工時越長以及工作負荷越重，確實會增加疲勞程度。另外值得注意的是，女性受僱者的疲勞指數，整體而言高於男性；尤其是高階的主管、或大專以上的高教育程度女性，疲勞指數越高。存在主義作家卡繆曾說過：「要了解一個人就必須先了解他怎麼營生。」現代社會正在經歷劇烈的變遷，與工作密切相關的另一社會生活領域即休閒，同樣也出現明顯的變化。尤其是現代人逐漸將「休閒」當作是基本的權益，而且在價值判斷上逐漸認為，自我實踐的場域並不需要一定在工作領域中，而是可以在休閒領域（如志工服務）中。是以，依據行政院主計處的統計數據則是指出，社會的消費支出中「育樂」項目所占的生活比例（即食衣住行育樂保健等）持續增加。從民國 50 年的百分之五點四七，60 年的百分之八點一四，70 年的百分之十二點八，80 年的百分之十六點二六，到 90 年的百分之十八點九五。這顯示著現代生活由於在沈重工作壓力的時代，已愈來愈重視休閒生活。隨著機械文明的到來，人們廣泛運用機器為生產的憑藉，雖為社會帶來更為便捷的生活，但由於在機械化的工作步調裡，生產勞動不再依循自然的律動，而須配合刻板的速度以及遵循機械的運作原理以行動。結果，工作者變成機械的一部分，只在扮演那些尚未被自動化機械所取代的部分角色而已。這種勞動生活容易感到無奈感、無意義感。在精神生活方面特別容易感到空虛和枯燥，這正是馬克思所說的「異化現象」。其克服的辦法便是只有求之於休閒生活，從休閒生活中獲得人生的意義，發展人類的潛能，實現美好的人生，從而對美好社會的實現做出貢獻。人們對這嶄新時代的來臨寄以無限希望。寧願選擇額外休閒，而非更多工作與所得，這種現象顯示的是：偏愛有更多的自由時間來消費金錢；而不是犧牲自由時間，換取更多金錢。這趨勢會繼續進行，因為人們質疑傳統的工作價值，於是牽動著新的社會型態的來臨。這使得社會充斥著「為休閒而工作」的氣息。因此，現代人在物質生活不再匱乏的情況下，越來越有能力與意願利用休閒活動去追求生活的享受，於是在「育樂」項目的花費越來越多。其中出國旅遊人數從民國 76 年突破一百萬人次之後，到 90 年的出國觀光則是近七百三十三萬人次。出國觀光是越來越大眾化的休閒活動。現代台灣社會逐漸朝「休閒時間增加、工作時間減少」的社會變遷趨勢發展。

貳、現代休閒的生活意義

　　休閒活動是現代社會近幾年不斷成長的生活內涵。現代人具有越來越強烈的休閒意識。「休閒」，係指一個人從受到外在的社會制約，與不能充分自我滿足的例行活動中暫時撤退。社會學家文崇一認為：「休閒生活是指暫時離開了生產線或工作崗位，自由自在的去打發時間，並尋求工作以外的心理上的滿足。休閒實際上包括了二層意義：第一，從時間上而言，它是工作和其他社會任務之外的時間；第二，從活動性質而言，它是放鬆、抒解和任意照著個人所好的意圖的一種活動。」易言之，「休閒活動」是透過某種喜好的活動，以提供變化與快樂，使人擺脫了日常社會責任的壓力，滿足了內在理想與感情的需求。由於有關休閒與日常生活關係密切，因此對其內涵的定義亦非常多元，柯饒（Kraus）曾經歸納各家說法，並提出休閒的幾個共同意義：

一、人文模式：把休閒本身視為目的，以古希臘人和中國人為代表，認為休閒即沈思、休閒是文化的基礎，此一觀點是由精粹立義發展而來，對大眾文化有極深刻的批評。英國社會學家 John Urry 指出，「凝視」（the gaze）是旅遊活動的核心元素。雖然旅遊是藉由身體不斷「移動」的方式進行，且是個連續的過程，其間所發生的種種經歷，對旅遊者而言都具備豐富的意義內涵，但若無法透過凝視去體驗旅遊目的地的景觀與事物，旅遊將是未完成的缺憾。凝視是旅遊重要的知覺憑藉。

二、治療模式：把休閒當作工具、手段、社會治療或社會控制，譬如當聽到有人說「家人一起休閒常保家庭和樂」、「多提供青少年休閒活動以建立正確的生活態度」，所以休閒被視為是對身心不健康的人的社會治療。特別是在以機械文明為基礎的現代社會，社會關係、朋友關係、甚至親族或家族關係容易變得更加疏遠及淡薄。在精神生活方面特別容易感到空虛和枯燥。而且在機械化的工廠裡，生產勞動也不再依循自然的律動，而須配合機械的速度以及遵循機械的運作原理以行動。結果，工人容易變成機械的一部分，他們感到做為大組織中，依據機械原理以行動的零件意識。這種勞動生活容易感到無奈感、無意義感。這正是馬克思（K. Marx）所指出的現代工人的異化現象。由於機械時代的勞動的異化現象，並不僅於資本主義社會，在官僚體制十分發達的社會也產生同樣嚴重的異化現象；這個命運如果無法徹底克服，其唯一辦法便是只有求之於非工作的休閒生活。從充實、豐富、輕鬆、快樂、有趣、有意義的休閒生活中獲得人生的意義，發展人類的潛能，實現美好的人生，從而對美好社會的實現做出貢獻。

三、自主生活：把休閒視為維生工作之外的剩餘時間或自由時間，這是最通俗的概念，也是最受一般人接受的想法，所以有許多人以自由時間的測量來指涉休閒的多寡，但是自由時間並非即等於休閒，此一模式忽略了個體對休閒的主觀性和內在需求。不受勞動時間約束的自由時間的增加，實是人類長期以來的願望。也是人類運用其智慧及理性，一方面提升生產力，一方面爭取自由和自求解放而不斷努力的一大成果。對一般大眾來說，自由意味著從事創造性活動機會增加，更多的自由時間使人類得以有機會充實自己、豐富生活內容、

增進生命的意義，以實現人生目標及美好生活。人是社會動物，個人真正的美好人生，通常與對美好社會的實現做出貢獻有密切關係。因此自由時間的增加，不僅意味著美好人生的實現可能性增加，同時也意味著美好和諧社會的實現可能性也愈大。

四、社會模式：把休閒當成社會體系中的一個重要單元，與家庭、學校、政治、和經濟等社會其他體系同樣重要。休閒可以定義為替有意義活動保留使用的自由裁量時間。休閒本身不管是否對經濟生產力有意義，不管個人是從事運動、遊戲、任何提供價值感、個人熟練度、或提升個人自我形象的活動等，只要能達到休閒揭示的目的均是有意義的休閒活動。

五、文化模式：基於文化的價值，將休閒活動、休閒意義與世界觀連結起來，探討休閒與人生價值的關係。以前傳統社會生活單純，白天工作晚上就休息，平時也沒有什麼休閒，因此認為休閒是一種浪費時間的活動，但是隨著時間更迭，觀念更新，人們從休閒活動中獲得的滿足，往往超過從工作中獲得的滿足。休閒是當工作時間與生存的基本需求滿足之後所剩的時間，休閒是工作之後的喘息時間，是休息與放鬆的時間，人們應該由工作壓力中重新恢復活力，並準備好重新投入工作。是以就現代的觀點，休閒本身具有其影響深遠的價值和意義。美國社會學者孫末楠（Sumner）即曾說：「娛樂活動不像經濟、家庭、政府、教育和宗教活動那樣具種種制度的形式，而是附屬於社會用以維持生存和永續的各種制度上，構成這些制度輕鬆和較活潑的一面。」

現代社會對於休閒生活的需求有愈為強烈的趨勢，但是現代人對於休閒的定義仍侷限於工作之外的餘暇時間，Erich Fromm 認為：現代人沒有真正自由以享受他的閒瑕，消磨閒暇的方式早就為休閒產業所決定。這誠是今日休閒生活粗劣情形的寫照，也是當前休閒生活的一嚴重危機。自由時間的增加，不僅意味著美好人生實現的可能性增加，同時也意味著美好和諧社會實現的可能性也愈大。生活在現代社會的人們，十分需要用科技文明所導致的增多時間，以解脫零件地位、擺脫疏離感，並從零件意識中解放出來。旅遊的意義建構不是發生在開始旅遊之後，而是開始之前即已進行。旅遊不再完全是抵達目的地時一瞬間如發現新大陸般的感動，而是事先大量暴露在符號中，旅遊的出發只是為了藉由凝視證明這些符號的存在，旅遊者所能獲得的旅遊體驗甚至比「自然」的景物更為深刻，並且是人可以解脫疏離的感受。

參、以休閒提高生活素養

休閒時代已經悄然來臨；這項新的措施不僅影響人們的生活作息，也代表著一種新思維的到來。社會學家 Urry 認為人類旅遊活動的主要類型會隨著社會結構的變遷而改變。人們寧願選擇額外休閒，而非更多工作與所得，這種情況，於 1940 年代末，首先出現於美國。這種現象顯示那時的人們偏愛有更多的自由時間，來花費金錢；而不是犧牲自由時間，換取更多金錢。這趨勢會繼續進行，因為人們討厭職業條件、成功的傳統觀念，與其他傳統的工作價值，於是牽動著新的社會型態的來臨。不論古今中外，在歷史上能夠享受大量休閒時間的，通常只是少數

特權階級（如貴族、僧侶、奴隸主或地主階級等）。對占人口絕大多數的一般平民而言，由於生產力的發展有限，加上被統治階級層層剝削，日常生活中的工作壓力沈重，極有限的休閒時間頂多只能用做解除疲乏、恢復體力的「娛樂」而已。休閒是一種社會現象，一個國家人民休閒時間的多少，以及休閒生活的訴求，均反映出該國的社會狀況。休閒和我們的生活息息相關，提升國民生活品質，並不是單由物質上來改善就可以達到，還必須要從社會文化面上來改善。因此對我們的挑戰是如何在固有的文化基礎上來創造新時代的生活。現代人刻正屬於社會急驟變遷的時期，此時期人們的生理、心理、情緒、道德及社會發展都面臨著極大的改變。所以適當而正確的休閒活動，更有助於未來良好發展及一生幸福。休閒是生活的一部分，它代表了我們對生活方式的態度，休閒除了要注重活動的參與外，更重要的是每一個人對休閒生活的詮釋，因此一個不懂得生活或不懂生活品味的人恐怕很難體會到休閒的真諦。過去人們所強調的是工作，物質面的改善，卻忽視了休閒生活，以致於雖然我們的國民所得已經超過了一萬五千美元，生活品質卻沒有得到相對的改善。我們必須善用我們的休閒生活，創造出一個富而好禮的社會，才能被稱之為已開發國家。

隨著社會對休閒的日益重視，許多學者分別建構對休閒的看法，其功能可陳述如下：

一、休養說：認為休閒乃是從工作後的一種自然轉變，藉以恢復精神，重新補充及恢復精力，其目的在轉換活動的方式，如用腦過度，則以聽音樂或散步以為調劑。

二、均衡說：認為遊戲的目的在發洩過剩的精力，遊戲本是動物行為的一種表現，然而人類在維持自己的生存與保持種族延續之餘，仍有過剩精力，當其累積至相當程度，即產生遊戲之衝動，以保持生活之均衡。

三、放鬆說：認為現代社會充滿無止無休的活動，以及一切拼命講求效率的結果，造成一種高度的心理緊張，個人為獲得宣洩，於是寄情於運動和娛樂中，以減除個人的壓力和緊張。

四、教育說：認為遊戲娛樂乃是天賦於人的本能，並且是教育經驗的一部分，透過休閒娛樂，人類可以學習日後所將面臨的事物，用以發揮其固有的本能，故為將來生活的預備。

五、複演說：認為休閒娛樂活動乃在複演種族過去的活動，當人類面對未來的世界感到心餘力絀時，輒思躲回祖先們生活方式以求解脫，因此，休閒活動只是複演祖先們的生活經驗。

六、表現說：認為人乃活動的生物，活動為生命的基本要素，有生命即有動機和需要，故人的生命歷程中，休閒娛樂與工作同樣扮演著表現自我的角色。

七、生長說：認為遊戲乃因身體構造而成，遊戲的性質純在滿足身體生長的需要，一切生物均有滿足其身體生長的需要，當機體未獲得充分生長，即需要遊戲，如機體已成熟，則遊戲的慾望亦隨之消失。

八、補償說：威廉司契（Wilensky, 1960）由過去學者的分析中引申出兩個主要假說——延續假說與補償假說。延續假說強調工作經驗與非工作經驗成正相關，如果一個人的工

作特性變化小，缺乏決策參與，沒有團體互動的機會，將會導致相同的非工作經驗，也就是說，工作產生的疏離感，會類化到休閒活動上。相反地，補償假說則強調工作經驗與非工作經驗成負相關。如果一個人的工作特性太單調、太孤立、缺乏自主性，則會尋求多變化、多互動機會及富有挑戰性的非工作活動，因此補償假說強調宣洩孔道的尋找，和社會性需求的滿足，以彌補因工作所產生的剝奪經驗。

九、發洩說：認為休閒遊戲是發洩情感的一種工具，使壓抑的情緒獲得抒解，有助於身心的發展，如觀賞戲劇，觀眾的情緒得到發洩而對被壓抑的心靈產生淨化作用，因此休閒遊戲可視之為發洩抑鬱情緒或逃避冷酷現實的一種工具。

十、多元說：肯南（Kernan）根據實證研究探討心理體驗的關係，發現這些心理體驗確實存在；而且其中滿足感、自由度與投入感在不同的休閒活動中都存在。而其中興奮感、精進感與即興感，僅存在某些活動中。心理體驗如下：

（一）滿足感：可使人們覺得滿足與愉快的體驗。

（二）自由感：個人覺得自由自在，沒有任何約束或責任的感覺。

（三）投入感：完全投入休閒活動的體驗。

（四）興奮感：是一種冒險性、複雜性及追求新奇等的體驗。

（五）精進感：是一種自我能力的考驗及克服環境的感受。

（六）即興感：是一種即興而為的愉快體驗。

日出而作，日落而息，勤勞工作一直是中國人遵守的傳統工作態度。近年來社會經濟環境快速的進步，在這快速的進步過程中，工作時間也由 1966 年的每月 238 小時減少到 2001 年的 168 小時，工作時間減少後，休閒時間也就相對的增加了，同時，「休閒是人類的基本權利，也是生活中很重要的一部分」的觀念也逐漸被人們所接受。然而，要如何有效的運用休閒時間，以創造個人、社會及國家的利益則是不容忽視的問題。因此近年來休閒問題受到各方的重視。

肆、休閒文化的永續發展

台灣早期的經濟情況並不理想，人民所得不高，而且有大量的閒置人口。由馬斯洛（Maslow）的需求層次理論來看，在一個落後貧窮的社會中，人們對工作的需求是要滿足生理及安全的需求，在滿足了基本的需求後才會朝較高層次的需求發展。當時的勞工政策是以低工資率來創造就業機會，解決失業問題，因此鼓勵發展勞力密集的進口替代及出口擴張產業。而民眾為了要能增加收入往往要求加班，其需求層次仍停留在生理及安全階層，根本談不上休閒需求。加上傳統勤勞美德等觀念，促使人們視休閒為罪惡。政府對勞工福利的關注則注重在工作時間、加班、休假，以及保險等規定，鮮少提到休閒生活問題。比較正式來照顧勞工的休閒生活大約開始於高雄加工出口區的女工宿舍，當時為了解決大量女工如何利用下班後可自由支配時間的問題，開始提供語文學習、插花，以及其他生活技能等休閒活動，爾後為了滿足社交生活的需要

又提供康樂及旅遊活動。一般公司也開始效法紛紛提供旅遊活動，後來竟演變成以旅遊活動做為招攬員工的條件之一。人們旅遊的目的往往是為了經歷日常生活無法經歷的事物、認識與自己社會不同的人文風采、觀看世界千變萬化的自然景觀。在旅遊地點的街道上漫步，人們甚至會對任何細微的差異感到興奮，但當時空轉換成日常熟悉的街道，同樣是漫步，則變成是百般無聊的走動。經歷差異性是旅遊體驗的必要構成條件。旅遊產業必須不斷提供遊客新的景點、新的玩法、新的觀念，成為人們旅遊慾望的對象。

展望未來，我們的社會仍將持續進步，人們將享有更多的休閒時間，要如何善加運用休閒時間來維持高品質的勞動力，同時也建構出高品質的生活環境將是未來努力的重點：

休閒生活化──雖然休閒是生活中的一部分，已為大多數人所接受，但是受到目前工作型態的影響，一般人的休閒生活仍是指週末或假日。為了避免目前集中在週末及假日的休閒人潮與車潮，休閒生活化，以及每天均可有休閒生活的觀念仍有待溝通。法國社會學家 Jean-Didier Urbain 的概念，將旅遊體驗基本上可區分成佛格（Phileas Fogg）與魯賓遜（Robinson Crusoe）二種類型：前者熱切地且匆忙地追尋新的景致，而後者則是只想要「遠離所有一切」。這二種旅遊體驗更是代表著旅行者對人類社會現代化發展的態度：佛格式的旅行者認為旅遊是現代化理想的實踐，而魯賓遜式的旅行者則希望藉由旅遊解放現代化所帶來的束縛。

休閒不只是玩──一般人仍將休閒與玩聯想在一起，休閒時間除了玩以外還可以去從事許多事情。古人利用空閒時刻創造出的工藝品，便直接的創造了人類的文明生活。而人類如果沒有休閒生活便創造不出文化。我們也希望藉著今天的努力為下一代創造更美好的未來，使我們的下一代能有更多的時間用在創造性的事物上，以追求更快樂的生活。德國社會學家 Gerhard Schulze 稱現代社會為體驗社會。這並不是說過去的人們與體驗絕緣，因為體驗是人類的基本生存狀態。Schulze 藉由「體驗社會」一詞旨在突顯，現代人積極尋求體驗的發生，有意識地經營生活世界與體驗的關係。體驗不再被當作是生理的直覺反應，而是美的感受。日常生活的美學化，是探索現代人為何熱衷於度假旅遊所不可忽略的影響因素。

休閒也是充電時刻──休閒是為了走更遠的路，勞工的工作受到未來工作型態變動的影響，因此必須善加利用休閒時間充實自己。Löfgren 強調休閒旅遊是回歸到一項基本因素的討論，即體驗（experience）。差異是一種體驗。從旅遊的出發到結束，甚至之後對旅遊的回想，體驗一直是影響人們自己對該次旅遊看法的重要因素。為了保有競爭力，維持被僱用的能力，應認識休閒除了是休息時間也是充電時刻。經過多年的努力，現代社會已經能接受休閒生活是工作生活品質中很重要一環的觀念。現代人的理想生活型態是：人人都能夠利用自由時間，接觸更有價值的人類文化，發展自己的人格和能力，並致力於增進家庭、人際與社會之間的接觸，以豐富和充實精神生活，從而透過集體合作的力量以達成美好社會的實現，因為只有在健全的社會中生活，個人的幸福才能實現。

社會文化與休閒活動關係密切，因此當探求休閒活動的未來展望時，也要考量社會環境的發展特性。諸如：隨著社會繁榮富庶，及經濟型態的改變，工作與休閒意念的換置，所形成休

閒文化的勃興。為能把握未來休閒活動的動向，確實要詳細計畫，以符合時代潮流及滿足大眾的需求。

結語

　　「勤勞」是一項美德，但「過勞」就不是人們所樂見的。期許民眾可以不必這麼「賣命」就獲得一家的溫飽；而雇主也要體恤員工，讓其有「喘息」的空間，不要只是想著獲利；至於民眾要多注意營養、運動與休閒，並養成良好的生活習慣，讓「健康文化」取代「過勞文化」。現代社會對於「休閒」的需求愈強烈的趨勢，從一些新興的休閒活動如雨後春筍般出現可見一斑，但是現代人對於休閒的定義仍侷限於工作之外的餘暇時間，尚不能將工作與休閒視為一體之兩面。不受勞動時間約束的自由時間的增加，實是人類長期以來的願望，也是人類運用其智慧及理性，一方面提升生產力，一方面爭取自由和自求解放而不斷努力的一大成果，自由意味著從事創造性活動機會增加，更多的自由時間使人類得以充實自己，豐富生活內容，增進生命的意義，以實現人生目標及美好生活。人是社會動物，個人的美好人生通常與對美好社會的實現做出貢獻有密切的關係，因此自由時間的增加，不僅意味著美好人生實現的可能性增加，同時也意味著美好和諧社會實現的可能性也愈大。特別是在以機械文明為基礎的現代社會，社會關係、朋友關係……等容易感到空虛和枯燥，所以休閒生活在現代人的生活中也就愈發的重要及必需了。由於科技文明的發展而增多了休閒自由時間，休閒時間的增加，或將有助於克服疏離，促進文明的進步與生活品質，都是益發使得休閒成為我們深思及關切的主題。

經典人物——舒茲

　　舒茲（Alfred Schutz, 1899-1959）1899 年生於奧地利維也納。社會現象學（social phenomenology）的主要奠基人，1935 年移居紐約後當了銀行家。1932 年《社會世界的有意義建構》一書出版，奠定了他一生學術的基礎。舒茲的貢獻在於借取胡塞爾的現象學來補充並發展韋伯的社會學方法論，使社會學建立在一互為主體性的基礎上。舒茲的主要著作，例如《社會的現象學》（The Phenomenology of the Social World, 1967），將胡塞爾（Husserl）的現象學（phenomenology）運用到社會現象方面，特別是運用到日常生活現象上，這也使舒茲捲入了對韋伯（Weber）的批判中。舒茲認為韋伯「不問行為者的意義如何構成，也不辨明人我之間所存在的獨特而基本的關係。」舒茲的社會現象學的基本論點是社會學必須盡力揭示社會行為者在互為主體間組織其日常行為，並構成「常識性知識」所根據的概念或類型化（typifications）。在他看來，日常知識和科學知識不同，不能用抽象的方法研究。仔細觀察日常社會生活便會察覺，社會行為者的行動是以「視為當然的假設」和「現成的知識」為依據。並以此達成「觀點的對等性」。這是一種「自然態度」，必須把它看成為社會知識中最重要的。舒茲認為社會秩序來自

對共同世界的普遍假定，但這種假定並不是功能論所認定的那種規範性共識。舒茲的社會現象學產生的弔詭是：雖然對社會行為者建構社會生活的方式已經有了概括的說明，但這種說明指出傳統社會學尋求對社會結構與社會變遷的宏觀概括所能達到的程度是有限。舒茲的思想為俗民方法學（ethonomethodology）所採用。由此而產生的問題是科學知識與日常常識性知識是否像舒茲以及俗民方法學者所說的那樣有鮮明的區別；儘管日常社會事實的說明無可懷疑地具有索引性（indexicality）和自反性（reflexivity）。一般社會結構的說明是否依然可能成立。

經典論著——《慢活》

《慢活》一書作者卡爾・歐諾黑（Carl Honore）說：「當你讓不該加速的事情加速了，當你忘記如何放慢腳步，你就得付出一定的代價。」緩慢新生活運動已在全球各地受到注目，慢活，是忙碌的你要學習的新課題。試著放慢你的生活步調，慢慢地從生活中找尋悠閒的快活。

早在十九世紀末，歐美就有醫師及精神科專家提醒大家重視速度帶來的傷害。1881 年出版的《美國人的焦慮》一書中就首度把落髮、失眠及神經痛等疾病歸咎在生活步調過快上。作者畢爾德（George Beard）認為人們被時間追著跑，大家都要求要守時、工作要有效率、要善用每一分鐘，以致於幾乎人人都覺得「只要延誤幾秒鐘，可能就會毀滅一生的希望。」1884 年，英國的克里頓布朗爵士（Sir James Crichton-Browne）指出工商社會生活節奏快速，使得死於心臟病、癌症及腎臟衰竭的英國人數驟增。1901 年，美國醫師葛納（John Girdner）提出「紐約炎」這個病名，病症是：焦慮、衝動及動作快速。

過度追求速度，讓許多人體認到速度對人的傷害，一股反其道而行的力量也愈來愈強大，「緩慢革命」在全球展開。1986 年，歐洲權威美食作家佩屈尼（Carlo Petrini）在義大利的布拉鎮（Barolo）成立慢食會，他認為「愉悅、緩慢才是最重要的食材」。慢食運動從歐洲小鎮逐漸向世界各地擴展，至今，慢食會在世界一百多國設立分會，會員數超過八萬人。1999 年，受到慢食運動影響，包括布拉鎮在內的四個義大利城鎮鎮民，共同發起「緩慢城市運動」，希望能「創造一個環境，讓人可以抗拒倚賴時鐘與凡事求快的壓力」；目前為止，義大利已有超過五十個「緩慢城市」同盟。《慢活》作者卡爾・歐諾黑給人們的建議：「放慢腳步，最好能先從小處著手，從不開伙到開始煮一餐；和朋友聊聊天，不要衝到購物中心買一些非必要的東西；看報紙、不要開電視；或者只要在安靜的地方坐上幾分鐘。如果緩慢的小舉動讓你感到舒服，便可稍微擴大範圍。」

減少工作時間以及在適當的時間，可以讓你工作更有效率；或者，你可以選擇自由工作，也就是自己決定什麼時間工作；同時，試著在工作空檔，挪出一小段時間，睡個午覺、做個小運動或是學習靜坐冥想，你會發現，這些小小的「暫停」會讓你工作更順暢。運動時學習讓心靈也跟著放鬆吧！不管是靜坐、瑜伽、氣功還是步行，都是強調身心合一的緩慢運動，透過這些運動，放慢身心，將讓你獲得更大的能量。羅素曾說：「巧妙而充分地利用閒暇時間，是文明

社會最不可能發生的事。」如果可以，找一項能真正讓生活更愉快的活動！細細地閱讀一本好書、聆賞一曲優美的音樂、體驗園丁生活，這些活動能真正的從忙碌生活中抽離出來，一股緩慢的悠閒，油然而生。

第十七章

現代社會的宗教信仰

前言

　　人是屬於社會性的動物，其思想、感受、行為都受到環境的影響；除非生活在孤島，否則必受到其他個人或團體之影響。故人與社會是有密切的關係。而人和宗教亦不可分；人生、命運、危機、幸福、安樂、生育、成長、病痛、死亡、婚姻、居住等，皆與宗教相關。當社會學者提出「甚麼是宗教？」以及「宗教如何產生？」的問題時，普遍將宗教視為社會生活的一部分，特別是學者們將文化定義為「人類為了維持其生存所創造的物質或精神設計」時，宗教與文化一樣也呈現了在人類歷史中的普遍性與特殊性。人類藉由不斷的演化，而對不知的事物加以思考，並透過象徵來表現對自然界的恐怖和本身的焦慮，這種可影響人類生活的力量便是宗教。宗教的影響從人一出世便開始發生作用；人誕生於社會之中，若其家庭、社會、國家有既存的宗教信仰或行為儀式，那麼必會影響其信仰、行為及人生觀。因此，如何運用宗教這種無形的力量實在值得關注與探討。對於宗教與社會的關係和功能，更有深入研究之必要。

壹、宗教信仰與人類生活

　　在人類歷史的過程中，宗教是不斷與人類文化相互激盪相互影響，也反映當時社會、文化的特質。因此，社會學家可以經由對特定地區宗教發展的觀察，進一步掌握該社會發展的脈動。

　　人和宇宙的關係有三種。第一種是人與人的關係。諸如：家庭生活、婚姻關係、親屬系統、社會組織等等。第二種是人與物的關係。這裡所謂的「物」，是指人身以外的一切可看見、可聽見、可觸及、有生命或無生命的東西，都在這個行列之內。第三種關係是人與超自然的關係。超自然是個神祕的境界，「神」是這個境界的籠統的代名詞。從遠古以來，人類一直生存在不穩定、挫折和不安的環境中，但人類藉由不斷的演化，而對不知的事物加以思考，並透過象徵來表現對自然界的恐怖和本身的焦慮，這種可影響人類生活的力量便是宗教。宗教的影響從人一出世便開始發生作用；人誕生於社會之中，若其家庭、社會、國家有既存的宗教信仰或行為儀式，那麼必會影響其信仰、行為及人生觀。宗教可以說是人類社會最古老的現象與制度之一，宗教對人類社會的影響也大小靡遺無所不包，舉凡大自國際秩序的合作與衝突、國家制度的建構，小至個人生活的意義指引與自我認同等，都可以觀察到宗教的影響力。一般學者皆認為：宗教包含了「神聖和超自然觀念」、「信仰和價值」、「儀式和宗教組織」等三個因素。從制度的眼光而論，宗教制度可說是一個有組織的信仰和行為模式，它明確地、忠實地表達出人們與其所相信的最後實體的關係。簡單的說，宗教制度是人們為了應付不可知的超自然力，脫離不穩定、不安全、不完美的環境，以達到自我平衡、精神安慰，而形成的文化結叢或行為模式。就此，我們可以清楚知悉宗教觀念與個人信仰、社會文化具有綿密的關係。宗教活動的投入與對宗教信仰團體的認同，是當代人類生活的重要內涵。研究宗教起源的學者歸納出來兩種神祕現

象，是刺激人心走向宗教的最大動機：一個是自然的秩序與災變，從日月之晦明，四時之次序，四時寒暑的循環變化，而感知自然的規律；從天變、地震、洪水、旱災；而驚懼自然變動之威力，使人感知在巨大無涯的自然世界背後有一種推動的法則乃至最高主宰者的存在。另外一個是「生命的變化」，人的生死福樂與病苦所給予人類的打擊，最嚴重的是對死亡的印象，尤其是突然的死亡所給予其關係者的恐怖印象；使他們感覺有靈魂的存在。其實這與科學是相通而可以互相解釋的。只是科學家所尋求的是已知的境界，而宗教所尋求的無寧是未知的境界而已。科學世界所追求的是知識，而宗教世界所追求的乃是行為法式及其可以達成的社會與人生的具體效果。科學家所努力達成的是系統化的知識與法則公式的建造，宗教家所努力達成的是藉象徵法式的信念與行為，以求合致於自然理法，並以之解救人類社會的滅亡。

　　雖然宗教或宗教現象一直伴隨人類的歷史持續發展，但大約在一百多年前，西方的學者們才開始對宗教展開系統性的研究，他們的問題大體圍繞著宗教的起源為中心，人類學者討論著諸如「人如何開始相信有神」、「是否有部落因過於原始而沒有宗教」等問題。（Morris, 1996）後來比較宗教的議題，因著人類活動領域的拓展成為關懷的焦點，而宗教的功能特別是宗教在不同社會情境中的功能，也一併被學者們探討。社會學家中對宗教的探討最為人所稱道的，首推法國的涂爾幹（E. Durkheim）。涂爾幹認為：「宗教是一個涉及神聖事物的信仰和實踐的統一體系，按此體系，信仰者可以凝聚成為一個單一的道德社區。」由這位著稱的社會學家對宗教的描述，我們不難理解宗教是人們為了處理未知的超自然力量，以脫離不穩定、不安全和不完美的環境，而達到自我平衡與精神安慰，所形成的一種行為模式。宗教的功能，也就是宗教對社會的貢獻，是宗教為何長伴社會發展的主要原因：

一、提供心靈的支持和精神的慰藉：宗教在人們精神不穩定時，提供了支持的功能；在人們遇及危機難解時，則提供了慰藉的功能。這正也說明當社會變遷愈為快速，人們深陷迷惘徬徨之際，宗教力量愈能展現。社會制裁力量通常是指各種嘉獎和報酬、社會地位的失落和得到、別人的嘲笑和揶揄、流放、逃避、身體上的處罰、法律制裁、超自然的獎懲等等。任何一個社會，有很多道德規範已經成了深植人心的永恆真理。外在的制裁也變成了內心的約束，施行起來已不需要外在的監視力量。當一個人違反了極重要的行為規則時，制裁力量自然會發揮它應有的力量。任何一個社會都會有一些超自然制裁的力量存在。它所包括的範圍並不僅限於神祇或其他有意識的超自然體的意向和動態。巫術也可以看成是超自然制裁力量的一種，對於個人和整個社會的維持有很大的效果。

二、社會控制的功能：宗教具有內心形塑個人，影響外顯行為的特質。亦即宗教使人們樂於接受社會秩序的約束、規範。宗教很清晰的揭櫫倫理道德，如佛教、猶太教、基督教。對人們強調該文化所設計的行為標準。宗教和道德看成是同樣的一件事。認為宗教最大的長處，就是發揮道德的熱忱。所以，有的時候會把宗教界定為道德規範。泰勒（E. B. Tylor）就曾研究這方面的關係。他根據許多社會的資料，做了這樣一個論斷：宗教和道德是兩個不同範疇的觀念和行為，可以單獨的存在，也可以做某種程度的相互依賴。

三、強化社會認同：宗教促使團體的成員產生凝聚力；使社群產生安定的力量；藉著儀式和祭典保存了知識文化。在很多沒有文字紀錄的社會，祭典就是戲劇，象徵性的強化文化上的各種活動，特別是有關食物生產方面的活動。在行農耕的社會，祭典的內容都圍繞著農業，一再強調如何造成五穀豐登的局面。狩獵民族的祭典內容則多是以舞蹈方式象徵性的捕捉動物，或是象徵性的述說創世的神話。凡此種種，雖然有時過分強調傳統而不鼓勵創新，但無可否認的是它保存了文化中最有價值的各種技術和各種方法。

四、強化社會道德秩序：社會系統的運作常藉宗教的神聖性及超自然信仰，界定世俗間的善惡是非的觀念，為社會規範提供強而有力的基礎，有利整個社會系統的運作。宗教經由儀式和祭典配合上信仰的一致性，對於社會的參與、社會的整合，有著莫大的貢獻。例如：阿帕契族的少女青春期儀式，不僅是宗教性的儀式，同時也是社會性事件。地方的父老兄弟姐妹聚在一起，共同參加一項活動，其情緒的高昂自然不在話下。在這種情況下，一再強化個人與社會的關係，也強調社會的整體性。因此，人們在宗教活動中所得到的不僅是強化那升高了的社會聚合力，而且對個人而言，帶來更大的安全感。

五、預言的功能以建構美好的憧憬：宗教經由對神聖及超自然力量的信仰，為人類創造了未來的遠景，滿足人世間許多美好的憧憬。

　　晚進則以「世俗化」為宗教探討的取向，雖然世俗化一詞的概念異常繁雜，但其深處的意涵指出宗教與社會，亦即「神聖」與「俗世」，並非一絕然二分的獨立領域，在人類的歷史過程中宗教與社會各自為客體持續產生互動，並且相互影響個別領域的發展。由於宗教最基本的功能，就是提供人們整套有組織有系統的宇宙概念，為人和四周的環境建立起相互的關係。因之，宗教減低了人恐懼不安的感覺。帶給人的不僅是對於茫茫的未來給予無比的安全感，也對未來寄以無窮的希望。當然世俗化顯然是比較偏向於探討宗教的變遷與發展面向，亦即社會或世俗文化影響宗教變遷與發展的過程，揭開當代新興宗教的發展與當代社會、文化變遷與發展的關係。

貳、社會學家的宗教觀點

　　自遠古以來，人類社會一直生存在不穩定、挫折和不安的環境中，因而更強化人們對宗教的依賴。在人類的諸多社會中，宗教的影響從人一出世便開始發生作用；人所誕生的社會中，若其家庭、社群、國家有既存的宗教信仰或行為儀式，那麼必會影響其信仰、行為及人生觀。早期的社會學家包括涂爾幹、馬克思以及韋伯都對宗教的本質與社會的互動提出不同的見解，也提供當代學者觀察、研究宗教與社會互動關係的基本面向。探討宗教與社會的互動關係，通常是從宗教對社會的影響，或社會對宗教的影響兩方面著手。社會學對宗教的探討上，我們約略地可以區別出兩種內涵取向。一種取向是「解釋取向」（explaining determination），是企圖說明何以人們信仰宗教。這部分的學者主要的有：Tylor、Durkheim、Freud、Lowie 和 Radcliffe-Brown 等人。另一種取向則是「了悟取向」（understanding determination），這種取向則集中於說明宗教

的各種現象，透過對宗教現象的說明以促使人們了解宗教是什麼，促使宗教訊息更為活絡。這部分的重要學者為：Bachofen、William、Max Weber 等人，透過宗教現象的說明，促使我們了悟宗教的內涵。

一、孔德（August Comte）

孔德於 1850 年提倡人本主義之宗教，他以道德為宗教之基礎。他認為無人行為即無社會，無社會即無道德。社會要有一種良好的社會秩序，光靠科學無濟於事，而需仰賴對宗教情感的配合。他又認為宗教在社會中所扮演的角色：

（一）宗教與社會是不可分的；宗教是使社會與文化相融合的主要力量。

（二）在社會化的整個過程中宗教有重要的價值；無論言語的使用及交往關係上都非常密切。

（三）宗教上的儀式可使個人與團體結合並增加團體意識。

（四）宗教是人類最基本的觀念與價值的最初根源。

（五）宗教有助於對社會變遷的了解，因為所有變遷基本上是思想和價值的改變。

二、馬克思（K. Marx）

將宗教放在社會的政經關係中思考的學者首推馬克思，這是因為宗教也強化和維持文化的價值體系，除了清晰的揭櫫倫理道德之外，並且會對信徒強調該文化所設定的行為標準，這種功能當遇到了急速的社會變遷時，便能發揮其積極的作用。馬克思強調宗教是一種意識型態，與其他的社會上層建築（教育、藝術及文化等）一樣，僅是下層建築生產關係的反射。換句話說，宗教僅是反映統治階級的利益，並被用來做為麻醉被統治階級的安慰劑，若統治階級改變宗教將隨之改變，因為宗教僅是握有生產工具的統治階級意識型態的反射。馬克思強調宗教與社會的衝突關係，而非與社會結合的關係。他認為，在每個時代中，宗教觀念的發展都是為了替統治階級的權勢辯護，並撫慰那些受到他們壓倒的人民。他甚至認為「宗教是人們的鴉片」，宗教製造假意識和錯誤的幸福感，並使工人無從認清他們替資本家工作，並為資本家所剝削的處境。宗教是由那些在社會上處高位者，為保留自己的權力而加以操縱的組織。當人類社會由漁獵社會發展到圈牧社會，再由圈牧社會發展到農業社會最後進入工業社會，因經濟資源不同宗教型態隨著改變，但一直扮演統治階級麻醉被統治者的工具，以及提供被統治階級的現世安慰角色。馬克思認為當共產社會來臨時，社會不再有統治階級與被統治階級，宗教將沒有存在的價值。基本上，馬克思認為宗教乃是社會發展階段的產物，其存在與發展端賴於社會的發展型態而定，宗教在人類社會的歷史發展過程並不具主體性。

三、涂爾幹（Emile Durkheim）

涂爾幹的觀點主要呈現在 1912 年著《宗教生活之基本型式──澳大利亞之圖騰制度》，認為：「社會裡各分子之所以能夠在一起分工合作，共同生存，完全在於一種超個人的力量加諸於

社會的每一分子上。這種力量是一種社會事實，也是一種集體意識（collective consciousness）。而宗教信仰就具有此種集體意識。」並且涂爾幹相信集體意識是建立在人們共同的思想和信仰上，是維繫社會的基礎。該書是涂爾幹觀察澳洲原住民的宗教生活撰寫而成的著作，他將社會區分成「神聖的」與「世俗的」兩個領域，神聖的領域即宗教。因此，涂爾幹於對於宗教與社會的關係，他認為：宗教在事實上就是社會秩序的代言者，因此沒有一個社會不具有某種形式的宗教生活，科學也不能脫離宗教的思潮行為範疇。宗教現象是社會現象，而非個人現象。因為宗教在涂爾幹看來就代表無形的、神聖的、讓人畏懼的社會共同集體意識。人們對宗教的敬畏，事實上也等於敬畏社會。宗教禮儀養成人們的自我訓律，以約束其參加社會的集體生活，宗教慶典將人們結合在一起；以灌輸其集體關係和連帶責任，並傳輸社會的傳統習慣和價值。因此，在初民社會裡，宗教就是社會，社會就是宗教，兩者是不可分的。由於人是屬於社會性的動物，其思想、感受、行為必然受到他人、團體及環境的影響；故，人與社會是有密切的關係。而每個社會都想建立一套生存的意義，藉此人們可以和這個世界有所關聯，這套意義指的是一組目的、迷思、或儀式，以解釋大家所擁有經驗的特質，而這些意義是體現於宗教，是以人和宗教的關係亦不可分。當人面臨著生命中未可全然掌握的：命運、危機、幸福、安樂、生育、成長、病痛、死亡、婚姻、遷徙等事件時，便思企以宗教為歸因。他對宗教的定義是：神聖的事物，亦即是被區隔和禁止的事物，是一套具相關性的信仰與做法，該信仰與做法聚集遵守奉行的人群，並形成一個道德性的社群就稱為宗教（church）。在現代社會中傳統的宗教功能將逐漸被社會的其他部門所取代，他期待傳統類型的宗教終將無法存在現代的社會，由一種符合現代社會需求的「人道宗教」所取代。涂爾幹的觀點指出宗教隨著社會發展的複雜化與分工化，從反射社會整體的集體性事物，逐漸喪失其對社會的主導性，最後將蛻變成另一種有別於傳統的新型態宗教。涂爾幹特別強調宗教與社會的關聯性，認為：

（一）宗教能給予個人及社會生命、加強生命力及整合力。

（二）宗教儀式的重要性：

　　1. 經由儀式，個人可以成為宗教團體的一分子。

　　2. 經由儀式，可使人與上帝的關係連結在一起。

　　3. 經由儀式，能抵擋四周罪惡的力量。

　　4. 經由儀式，可使人平安的死亡。

　　5. 經由儀式，可使教會統一，並使信徒永屬於這個教會。

（三）宗教可影響人的思想和生活方式。

（四）宗教是文化與社會的一部分，它控制人類的行為。

四、韋伯（Max Weber）

　　韋伯對宗教與社會互動關係的觀點最著名的一本著作即《新教倫理與資本主義精神》。一般人認為韋伯在該書中，主張西方的資本主義是脫胎自新教倫理特別是喀爾文的教義。韋伯的論

點提供了觀察宗教與社會互動關係的另一個方向，亦即宗教教義可以經由影響個人的世界觀或意義系統，而影響個人的世俗的價值與行為，進一步影響到社會的發展。韋伯將宗教的類型區分為四種：

（一）救贖宗教——是希望去世後能順利上天堂。

（二）文化宗教——是祈求現世的幸福。

（三）行家宗教——是以熟讀經書，以了解經義，以知識的追尋為目標。

（四）大眾宗教——是為大眾所信仰的宗教。

若以宗教理念的承擔者劃分：

類別	救贖宗教	文化宗教
行家宗教	印度教（以僧侶為主）	儒教
大眾宗教	基督教、回教、佛教	道教

五、佛洛伊德（Freud）

　　佛洛伊德認為宗教行為是一種心理反應的實際投射。為了證明此種現象和意義，他蒐集了若干非意識的行為，並剖析其中所代表的宗教意義。宗教的儀式行為中運用的不同符號、動作、行為特徵、儀式行為等以代表個人的心理內涵和其意識的象徵意義。這些符號、動作是源諸於人們的夢魘的啟示，或是某些靈媒的心理反應。宗教行為對一位病患在心理安撫、心靈慰藉上所具有的重要性，這也是促成宗教發展的一項有力因素。亦即宗教提供人們面對其生命中問題的可能解決途徑。

六、雷得克立夫‧布朗（Alfred R. Radcliffe-Brown）

　　雷得克立夫‧布朗對宗教這個領域進行研究，而建構了若干宗教理論。這種建構是運用民族誌的方法來觀察社群的宗教信仰，並且以功能論的觀點來分析宗教行為與全體社群的關係。對早期的社群而言，則宗教具有與今日社會法律一般的功能，以規範人們的行為，維持社會的穩定和諧發展。由這個觀點，我們則能明顯看出雷得克立夫‧布朗在宗教的探究上並非置於宗教儀式行為的解釋，而是強調宗教的社會功能觀。宗教的規範力量導引了人們對社會秩序的遵守，因此促使社群穩定有序的發展。

　　雷得克立夫‧布朗對宗教的這種觀點，我們同樣可以在涂爾幹、泰勒等宗教研究者的著作中窺見其內涵。這種觀點甚至影響到若干社會學家認為宗教乃是社會進行「社會化」過程中一種不可或缺的規範力量。

參、世俗生活與宗教變遷

　　無論是原始社會也罷、高度文明的社會也罷，宗教是維繫道德的最大支柱。這股力量直接來自超自然的制裁。但在執行方式上，可以是間接的。超自然力量對於犯罪行為的制裁，是說在社會上有一種超乎尋常的力量，對於整個社會做整體性的處分，往往不會直接施之於犯罪者本身。結果是使每一個人相互規勸、相互監督。中國和日本相信祖先不直接制裁行為，但是相信不道德的行為會使祖先蒙羞。所以「無忝爾所生」也發揮了極大的道德制裁力量。從人類歷史的發展過程觀察宗教，顯然不僅不同社會出現不同的宗教，同一社會中的宗教，在不同時期也常有興衰或以不同內涵或形式展現。

　　社會學家韋伯於建構其宗教社會學時便指稱：「只要是對人生活具有一套制約的哲學，便言之為宗教。」是以韋伯稱儒家為「儒教」。翻閱歷史，我們發現到宗教與社會關係密切，如果是處於一個紛亂的社會中，宗教有安定民心的作用；在太平盛世時，宗教也具有教化百姓的功能。遇有社會的動亂，世事的紛擾，也會促使百姓打著宗教的旗幟要救亡圖存。無論古今中外，宗教的影響力均不容忽視。尤其在人心浮動，社會充滿亂象的今日，棄俗塵就佛界，憪心求道者日眾，且信徒的教育水準也有日漸升高的趨勢，這些都是值得我們探究的。即使到了科學發達的現今社會，宗教信仰仍是人類生活中不可或缺的一環，或有視之為精神堡壘者。由於無論是原始社會或是高度文明的社會，宗教是維繫道德的最大支柱，這股力量直接來自超自然的制裁。而當面臨一個社會規範日益解體的情境，宗教中所散發的規範力量，並期盼藉由現代宗教所強調的：尋求個人行為準則及對社會的關聯，成為穩定社會發展的機制。雖然如實證論者所指出的：信仰的事不能經過理性的討論而被否定或肯定；但是可以確定的是，當科學家與哲學家迄今尚未能為人類的前途指出一條光明大道之前，對一般人來說，某種形式的宗教信仰仍然是生活中力量的泉源。所以宗教在世界上的力量並未受到科學的衝擊而消失，反而正在設法為失去信心與希望的人們重建一套生活倫理。

表：人類社會各階段的宗教特徵

類別	形象體系	宗教行動	宗教組織	社會意義
初民宗教	神話式的祖先偶像；人形和動物	認同「社群」	沒有教會，宗教與社會一體	增強社會連帶責任
偶像式宗教	神聖的神像式偶像	崇拜與祭祀	數目眾多的教派	要求遵從社會規範
歷史宗教	自然與超自然的分裂	美德為得救之基礎	宗教成為獨立單元	宗教和社會間緊張
早期現代宗教	人與神直接交通	生命的奉獻	契約式和自願式參加教會	社會體系發生主要變遷
現代宗教	宗教自我與其責任	尋求個人行為之準則及其對社會之關聯	有些人參加教會，人格責任只為自己本身	文化和人格經歷無終止持續的修正

　　全球化導致的社會變遷對宗教的影響，可分別自宗教面與非宗教面兩個面向觀察。非宗教面向的因素包括：(一)高度的社會流動導致各種資源集中到都會地區，因社會流動產生的個人網絡的重構，以及都會區人際間的高度疏離關係；(二)多元又快速的溝通網絡使資訊快速流通，在世界任何角落發生的事件，在極短時間內即可迅速傳布到全球各地，個人的認知與行為加速全面性的受到外界影響；(三)教育程度普遍提高，強化個人接受新文化的意願與能力，傳統的價值逐漸失去對個人行為模式的主導權威；(四)資本主義強調經濟發展與物質的大量消費觀念，將社會、文化與生活的各領域物化與消費化，流行性與消費性成為個人選擇的標準。另一方面，相對於全球共同文化價值的建構，尊重地區的文化特質以及強調地域性文化的復振，成為國家與地區內人民尋求自我認同的訴求。很顯然的，過去一世紀並非只有少數社會經歷了快速而戲劇性的文化變遷，所有社會的人都經歷了生活方式前所未有的變遷，這自然也影響宗教與社群生活的關係。

　　就歷史而言，宗教對人們社會生活所涉及的範圍愈來愈小，政治、經濟、科學逐漸脫離宗教的束縛。帕森斯則進一步主張這是社會分殊化的結果，分殊化促成了社會對變遷的適應，由此分殊化，社會各部門的制度都只能處理少數特定的問題，宗教對其他各國範疇的影響愈來愈小。宗教在各個社會領域退隱可能導致宗教的衰落，但是宗教退隱所形成的世俗化並不必然使得宗教衰落，有時會由於過度的世俗化而激發人們對宗教的潛在需要，尤其是當代的社會制度運作產生問題時。近年來台灣民間宗教信仰變遷極為快速，早期移墾社會的通俗信仰逐漸式微，取而代之的是新興宗教的蓬勃發展，使得傳統社會原有的宗教意識有了明顯的轉變，影響民眾信仰的行為與態度。析言之，來自傳統社會的新興宗教派別繁多，興起的主要原因乃在於社會危機的影響、民族意識的激發、現世安逸的嚮往、原有宗教的反動、來世極樂的期望、宗教天才的發明。這是由於信仰系統和道德倫理系統的分離，促使在急遽的社會變遷過程中，造成新興宗教興起的原因。功利主義的民俗宗教可說是道德與宗教無形分離的例證。

　　翻閱歷史，我們發現到宗教與社會關係密切，如果是處於一個紛亂的社會中，宗教有安定民心的作用；在太平盛世時，宗教也具有教化百姓的功能。遇有社會的動亂，世事的紛擾，也會促使百姓藉著宗教的旗幟要救亡圖存。無論古今中外，宗教的影響力均不容忽視。今日由於社會變遷增加了人們新的不確定感，社會分殊化的結果，固然為人們增加了許多機會，但不一定能為人們所充分掌握。宗教可以幫助人民減低或消除不確定感；是以當人心浮動，社會充滿亂象的時刻，為了能追求安身立命，許多人因而棄俗塵以就宗教，潛誠心以求真道。

肆、新興宗教與現代生活

　　近年來台灣民間宗教信仰變遷極為快速，早期移墾社會的通俗信仰逐漸式微，取而代之的是新興宗教的蓬勃發展，使得傳統社會原有的宗教意識有了明顯的轉變，影響民眾信仰的行為與態度。這些新興宗教現象具有下列幾項特徵：(一)都市性，(二)悸動性，(三)靈驗性，(四)傳播

性，(五)復振性，(六)入世性，(七)再創性，(八)世俗性，其中在新興宗教中最為關注的則為「世俗化」。根據學者 Rodney Stark 的觀點認為「世俗化」是指宗教與社會在互動過程中，宗教因逐漸接受主流社會價值，而失掉了原來所堅持的理念價值，並改變其關懷焦點或運作模式。世俗化的新興宗教具備著社會由神聖性轉為以理性為主導的世俗性社會，任何傳統的價值、規範與運作模式均被拋棄，並且接受任何以理性為基礎的變遷；世俗化的新興宗教自傳統宗教領域區隔出來，使得宗教成為僅關懷個人的私人生活領域，無法再對個人外在的社會生活的公共面向產生影響；新興宗教強調逐漸順從現世，並將注意的焦點放置在解決生活的困難，失掉對超自然與來世的關懷，民間新興宗教從傳統信仰中蛻化而成，以滿足新時代民眾信仰的需求。在新興宗教裡宗教種類繁多，教徒可能信奉神或上帝，但卻不一定歸屬任何一教派或教會。個人的經驗為人與神交通的憑據，道德信條及行為準則已逐漸解放，人有更多的機會嘗試新的和創造新的。因此，我們可將之視為是「心靈式的宗教」。

　　學者 Irving Hexham 與 Karla Poewe（1997）等人宣稱，新興宗教與過去歷史上的新宗教最大不同的地方，在於新興宗教多同時結合了東方的神祕主義與西方的理性因素，並且同時具有因地制宜的特質，因此他們稱當代的新興宗教為一種全球文化現象（New Religions as Global Cultures）。換句話說，當代的新興宗教的興起，是與全球化以及全球文化的傳布此一社會發展情勢具有密切相關。一般認為新興宗教興起的主要原因為：

一、社會變遷增加了人們新的不確定感：社會分殊化的結果，固然為人們增加了許多機會，但不一定能為人們所充分掌握。宗教可以幫助人民減低或消除不確定感，可是傳統的宗教本身就有適應社會變遷的問題存在，有時無法為人解決這種問題。但新興宗教因具有諸如靈驗性、悸動性、以信徒為取向等特徵，往往在減低或消除人們的不確定感方面會有顯著的效果。

二、社會流動促成部分民眾脫離了舊的宗教範疇，使得新興宗教獲得為數甚多的潛在信徒。民間信仰往往依附在有範圍的土地上，當大量的人口由鄉村地區流向都市時，這種地域範疇的特性就被減弱。然而人們，尤其是由鄉村移向都市的居民，在宗教傾向上不一定有大幅度改變。因此在可接受的範圍內，許多新興宗教團體或神壇就有了群眾基礎。

三、民眾認知水平普遍低落，促成靈驗性宗教，如私人神壇的興起；部分民眾的認知水平相對提高，則又使教理較深的新興宗教獲得了發展的機會。

四、傳播工具的多樣性及便利性頗有利於新興宗教的傳播。

五、在尊重宗教自由的前提下，大致趨於放任的宗教政策，使新興宗教在較不受限制的狀況下自由發展。

六、許多新興宗教具有強烈的社會運動性，不論在傳教的策略上或組織型態上都相當靈活而有效。在傳教上，他們十分積極，甚至有很強烈的使命感。此外，以靈驗性為主的各種擴散性新興宗教也能有效的促成狂熱的集體行為。總之，這些宗教有較大的運動能量。

七、神祕主義的抬頭，新紀元運動結合西方理性與東方神祕主義的新宗教模式，成為許多新興宗教形成與發展，以及傳統宗教復振的共同基礎。

八、全球政治面的自由化也同時撤除了傳統對非主流宗教的嚴厲制約，新興宗教團體如雨後春筍般的出現，傳統宗教亦紛紛尋求發展擴張的契機，宗教市場的擴張、參與人口快速膨脹。

九、在全球化與地域化兩個對應概念的相互作用下，具全球性的歷史傳統宗教散布在各地域的分支團體，因在地的自我反省或適應當地環境變遷的壓力，在教義與組織方面逐漸呈現多元的地域性特質。

十、由於宗教文化的融合適應過程是相互吸收，因此許多在地的以及非西方的靈性觀點或實踐，不但激發地區性傳統宗教尋求更新的火花，也給古老的世界性宗教在詮釋上帶來新的方向。

　　社會學者們對全球宗教發展的觀察，發現宗教並未走向衰微或消失，世俗化的概念被用來描述宗教與社會互動，並接受主流社會價值的過程，也可能是醞釀宗教更新的動力。當代新興宗教的蓬勃發展，受到全球化的影響，出現全球文化的特質。宗教對社會的功能是多元的，一個健康的社會接納宗教對個人及社會的功能。現代社會宜將宗教的社會現象納入學校教育及社會教育的單元，使人們對宗教建立周延及正確的認知。隨著社會的快速變遷，當代的新興宗教不但具有世界宗教的巨視文化觀，也同時含有在地性的特質，是人類社會全球化發展所建構全球文化的一環。宗教亦如同其他事務處於急劇的變化，宗教隨著人類歷史的發展呈現不同的內涵與型態，人生不斷地在尋找一個意義體系，當我們在俗世的彼岸已經認定找不到一個意義體系，宗教就成為意義的根源。這說明何以在高度追求理性化的同時，宗教能吸引不少學有專精的高知識分子的青睞。宗教體系就是一套知識體系，知識分子藉助這套知識體系，解決個人的焦慮，並安排我們以神聖界為核心，對世俗採取了新的看法、新的詮釋，尤其當俗世的價值體系，不再具有說服我們的能力，也無法幫助我們、指引我們人生的意義方向時，宗教提供一個既大又新的世界。

結語

　　宗教最基本的功能，就是提供人們整套有組織有系統的宇宙概念，為人和四周的環境建立起相互的關係。因之，宗教減低了人恐懼不安的感覺。帶給人的不僅是對於茫茫的未來給予無比的安全感，也對未來寄以無窮的希望。而且，由宗教所建立起來的宇宙觀，不僅反映出人與超自然之間的親密關係，更說明了人與自然界各方面的緊密關係。宗教體系就是一套知識體系，知識分子藉助這套知識體系，解決個人的焦慮，並安排我們以神聖界為核心，（神，超越自然一切的存在，彼岸）對世俗採取了新的看法、新的詮釋，尤其當俗世的價值體系，不再具有說服我們的能力，也無法法幫助我們、指引我們人生的意義方向時，宗教像明燈，照亮了我們心靈的黑暗；像愛情，給我們帶來一個既大又新的世界。宗教在二十一世紀，不但繼續可與科學同

爭認知世界的指引，在極具社會變遷的規範混亂、焦躁無所依憑的社會中，更可以想見其對人類心靈所提供的安頓引導力量。

經典人物──馬凌諾斯基

馬凌諾斯基（Bronislaw K. Malinowski, 1884-1942），曾以功能論的觀點，來探討宗教在人類社會及文化所呈現的特徵。他認為誠如文化中的其他組成部分一般，宗教對社群的生存有其特有的功能。馬凌諾斯基認為宗教就有如一種信仰體系，此正代表著人們對於社會現象的解釋，並且經由神聖和凡俗的區劃和儀式典禮來加以表達。他同時也企圖由文化中的功能觀點以區分巫術和宗教。認為此二者在實用目的上有其相似之處，其差別則在於使用手段的不同，巫術強調的是「儀式的」，宗教強調的是「實證的」。其間的異同可如以下簡表：

	手段	目的
宗教	以儀式行為證實超自然力	以儀式表現其願望，祈求超自然力的賜福
巫術	以儀式行為影響超自然力	以儀式控制超自然力，達到自己的目的

當然，經由研究宗教內涵、理論等，以揭開宗教神祕面紗是必要的；另外，研究宗教的信仰群眾也是增進我們對宗教了解不可或缺的一環。由以上的論述，我們可以看到宗教涉及範圍的廣泛和與社會發展的綿密相關。至十九世紀之後，受到開放觀念的影響，人們對宗教的內涵進行探討，使其學術內涵逐漸建立起來。而運用行為科學的觀點來探討宗教信仰，這種趨勢在世界上許多宗教也正進行著此種省思。

經典論著──《新教倫理與資本主義精神》

韋伯於 1867 年著《宗教社會學》、1915 年著《世界性宗教之經濟倫理》。並於其後完成《新教倫理與資本主義精神》的論著。韋伯其研究之宗教包括天主教、基督教、道教、印度佛教、猶太教等。其研究中心問題是：人類對宇宙、天道及鬼神的觀念是否會影響或塑造具體行為及社會關係，特別是經濟結構。其結果是肯定的。同時韋伯又認為宗教是一種觀念系統的知識體系，與巫術不同，因為宗教尚需有理性的過程。

韋伯的「宗教理念」以三個角度加以說明：「神、救贖與倫理」。而這三個角度各分別對應著：「宗教信仰對象」、「因現在之處境而生的需求與滿足需求方式之構想」，及其「對生活樣式之應然面看法」等。韋伯對於這些問題，主要內容在於了解西方「入世制慾」的行動類型。這種獨特的宗教行為是如何產生的？（因為其認為資本主義的興起和西方宗教「入世制慾」的觀念有密切關係。）韋伯認為：「直接支配人類行為的是物質上與精神上的意慾，而不是理念。但

是由於理念創造出來的『世界圖像』，常如鐵道上的轉轍器，決定了軌道的方向。」所以說，理念對於行為產生影響的可能，主要在於是否能成為行動主體所承擔的一種世界觀。

　　有關宗教信仰理念的生成與持續，韋伯覺得有兩個因素是不容忽視的：一為是否在日常生活中符合大眾的需要，二則是僧侶的控制。神的理念是因人們的需求而生成，但是由於人無法接觸到神，而使得核心的僧侶因自己的利益，將神的理念轉成有利自己的形式，而產生控制，這就使得全知全能的人格神的出現與持續。論及救贖的問題時，宗教便與一般人的日常生活行動有了極大的關聯性。基於人們希望「自何處」被拯救出來？以及希望被拯救到「何處去」？這兩個問題都可以整合到世界圖像裡去。因此，產生高度一致的行為模式。由於西方宗教的神義論乃屬於「隱身之神的預選說」；在這個體系下，人們無法忖度神之觀念，因此是否能被拯救也無從得知，由此產生的心理狀態，為了證明自己是上帝的預選子民，而產生一種相當強的動力，造成西方經濟的蓬勃發展。

　　在《新教倫理與資本主義精神》一書中，韋伯強調新教中的入世制慾倫理觀，影響了新教徒的日常生活，使其展現出一種高度一致性與系統性的理性生活樣式。亦即由於其具有普遍、單一、全能、會發怒有人格的特質，才得以使信仰者的行為倫理化（理性化、系統化）。新教倫理教派對近代資本主義的貢獻為：

1. 以現代成就榮耀上帝，財富的獲得是合理的，使資本主義合理化。
2. 俗世的勞動是一種義務。
3. 反對奢侈逸樂、禁慾，使得財富轉為再投資，獲得上帝的選民。
4. 除去冥想和儀式行為，強調「上帝的選擇不受他人影響」，走向除去「世界魔咒」之陰影，走向合理化。
5. 是否成為上帝眷顧之選民，是關諸於己，與血緣、親族無關。產生「就事論事」的理念。

韋伯指出：新教倫理具有「現世支配」的觀念及精神，強調「宗教理性」的特質：

1. 是採取理性化的態度融注於生活中，並使得宗教精神的色彩降到最低程度。
2. 是端視宗教的系統統一性，教義要發揮作用，則經由其統一性增加以排斥魔咒的力量。
3. 為了檢證宗教的理性，因此採取了「實質理性」和「工具理性」的觀念來說明：
   (1) 實質理性——是一種具有價值體系的信仰，生活中具有一定的信仰和理念，由這種信仰和理念指引生活運作。
   (2) 工具理性——是一種可被量化、計算、會計，它不只是在技術上是可能，而且是被實際運用的。只是從技術、角度、工具態度來探討理性程度。
   (3) 弔詭現象——是指由實質理性走向工具理性的現象。例如：原本為成為選民而辛勤工作，結果產生資本主義精神，其後純粹為了賺錢而捨棄原有的精神。正如同「喧賓奪主」的現象。

　　總括地說，由於西方新教的神觀具有普遍化、全面性、世界觀的理念，使得人們對於神（具有人格神）本身是一種崇敬的心理，進而藉由救贖的觀念，在教義的倫理規範下，使得新教徒

在規約下，產生一致性的行為，並且對宗教的獻身從沈思的「迷離世界」轉向行動的、制慾的「改造現世」。基本上這種特殊的宗教理念，若從神觀、救贖觀與倫理觀，以及現世制慾的行動類型之間所存在的高度密切之關係來看，在世界各宗教中，只存在於西方基督新教諸教派。希伯來先知的預言所形成的教義倫理，加上歷史上的各種因素與生存情境之影響，適足以理解這個特殊的宗教。

第十八章

現代社會的環境生態

前言

4 月 22 日是世界「地球日」，全球各地超過一百五十個國家地區都有保護地球活動在舉行。地球日活動創始於 1970 年 4 月 22 日，由曾任美國 Wisconsin 州州長，當時擔任參議員的蓋洛德·尼爾森（Gaylord Nelson）先生發起。尼爾森先生從 1960 年代中期便極力呼籲世人要重視地球環境的保護；而地球日揭櫫的「只有一個地球」更喚起全球性的認同與回應，是環境保護思潮與環保運動中一個重要的里程碑。1970 年的地球日活動，還積極促成了聯合國在 1972 年 6 月 5 日於瑞典斯德哥爾摩召開人類環境會議（UN conference of human environment），提出「人類環境宣言」。因此 6 月 5 日也成為另一個關懷地球環境的國際性「環境日」；我國 91 年制訂《環境基本法》時，在條文（第四十條）中也明訂 6 月 5 日為環境日。

工業革命之後，生產機具發達，自然資源的開發速度大幅增加，伴隨而來的是國與國之間的經濟競爭轉趨激烈。先進發達的國家，大量消耗資源，因而造成環境破壞的問題。地球環境受到破壞，影響範圍是相當廣泛的。環境問題已超越國界，為全球所共同關注。針對這些現象，本章將就國際社會與地球環境、社會演化與環境變遷、生態系統與風險社會、環境維護與人類生存等議題，探討環境問題，以期能提升環境保護與生態保育的意識與發展，地球公民應有的權利與義務，有助於人類在地球永續生活的新思維和新感覺。

壹、國際社會與地球環境

「我們只有一個地球」，地球環境問題已成為國際社會與全球人類共同關注的問題。藉著地球日每年一度的活動提醒，除了讓世人有機會檢討自己是否履行了環保的承諾，也在提醒各國政府檢視所設定的環境政策和目標有無偏差。2007 年地球日的關切主題是「氣候變遷、地球暖化」，除了提出許多近年氣候暖化及環境災變事實的數據做為佐證提出環境訴求之外，更在督促各國正視《京都議定書》規範的溫室氣體減量目標必須確實達成，以避免地球環境沉淪造成人類浩劫。隨著環境問題的惡化，國際間對於環境保護與生態保育的意識也不斷提高。做為地球村的公民，我們尤其應該了解地球環境的義務與權利，並且共同遵守國際環保的協定，一起攜手面對與開創未來的地球環境。從較廣泛的國際社會角度切入，著重台灣社會與全球國際環境的關係，而重點則在檢視國際社會與地球環境的議題。

對於探討現代社會的學者來說，全球化的討論可讓我們省思生活在「地球村」中的人類，有著休戚與共的命運。雖然全球化的理想確實能帶來社會的繁榮與更好的生活品質，但是，受到強烈質疑也有其依據。對於身處地球村的成員而言，「我們只有一個地球」，全球「生命共同體」的關係正在形成，全球關聯也將更深刻。地球環境是我們人類呼吸、飲水、吃食、居住與活動的場所與棲息處。近年來由於都市人口的急速增加，造成都市生態環境的劇變，但為提升

國民居住生活環境的品質，如何從土地開發利用著手，以形成分散型的土地利用，達到擁有豐富的森林、水源，清淨的空氣、寧靜的環境等，並維護各種自然環境、歷史文物和美麗的市景，確為未來追求生活環境品質的目標。為克服都市化所產生的問題，如何隨著都市化的進展，訂定有效對策，以確保環境資源，創造出具有個性的良好環境，分散企業和人口，達到區域性的人口活動的活性化，無論是大都市或地方鄉鎮，使其能成為都市市民活動的廣場，以達到人與環境共存的都市，有賴對都市環境生態平衡問題的認識和了解，始能有效的推行。在此自然環境裡，無論是有生命的生物或無生命的物質，均屬於環境的一部分；所有生物體都依賴一些含有氧、氫、氮與碳等不可或缺的物質來維持其生命。其實，含有這些元素的物質在地球的自然環境裡，是彼此運作、共同循環，而且互相調節的。當這個複雜且精緻的生態系統能維持平衡時，地球的自然環境便可保持平安無事。然而，自工業革命以來，人類挾其科技創新的知識與人定勝天的哲學對大自然大肆破壞，加上對生態系統只求取用，不予補充的短視近利，自然環境的循環系統失去均衡，世界各國皆面臨環境污染的問題。

貳、社會演化與環境變遷

最近北歐國家，包括挪威、瑞典、丹麥及芬蘭等四個斯堪的那維亞半島的國家，在追逐高所得的國民收入的同時，也傾全力建立全球最高標準的有機生態環境。由於全球暖化的影響，世界各地的天氣愈來愈呈現出不合理的變化，而影響全球暖化的殺手之一，就是廢氣排放中的二氧化碳含量的大幅度增加。因此，北歐國家建立有機國土的成功案例，深深值得台灣參考。英國生物學家達爾文創立的關於生物界物種變化發展的理論。在物種問題上，達爾文以前廣泛流行的有兩種觀點。一種觀點認為，現在的物種都是上帝創造的，上帝原來創造了多少物種現仍有多少物種。另一種觀點認為，地球上經過多次激烈災變，每次災變都消失了以前所有的物種，上帝又重新創造了物種。這兩種觀點的一個共同點就是認為物種是永遠不變的。到了十九世紀在解剖學、地質學、古生物學研究都取得很大進展的情況下，達爾文經過了廣泛深入的研究，於 1859 年出版了他的《物種起源》，認為物種是可變的，今天自然界中品種繁多的生物種類，都是由少數簡單的原始生物經過幾十萬萬年的變化發展而成的，人類也是由一種古猿進化而來的。他的基本觀點包括：第一，生物普遍具有變異現象。在生存條件發生改變的情況下，生物可以在結構、功能和習性上發生變異。經常使用的器官就發達，不使用的便退化。大部分變異都有遺傳的傾向。在相似條件的影響下，變異的遺傳就獲得了穩定性。第二，於繁殖過度的原因，每種生物都必須為生存鬥爭。第三，在生存鬥爭過程中，對生存有利的變異的個體被保存，不利的個體被淘汰，即所謂的「適者生存」。第四，自然選擇經常在生物與環境的相互關係中改造生物界，使生物更為適應環境，促進了生物沿著由低級到高級、由簡單到複雜的方向發展。達爾文的進化論，把變化、發展和普遍聯繫的觀點帶進了生物學，證實了生物進化的動力在自然界，並科學地闡明了生物體由低級向高級、由簡單到複雜。

社會演化的類型計有：

一、單線演化論：主張人類歷史文明的發展是沿著一條直線向上進步的。這是最早的演化論，盛行於十八及十九世紀歐洲。

二、階段式演化論：主張人類歷史文明的發展並不一定是沿著一條直線不斷向上進步的，而是經過幾個階段的突破才邁向前的。此理論通常認定工藝技術是階段突破的關鍵。

三、不等速的進化論：此觀點認為人類歷史文明之進步並不一定要經過某種重大的突破才能從前一階段躍進至後一階段。進步是緩慢而不規律的不等速演化。

四、枝節型演化論：認為所有的人類社會之變遷發展方向並非是單一方向的，不發展的速度亦非一致。因此，我們必須注意到社會與社會之間的差異。從整個人類歷史文明進化的立場來看，不同社會的不同發展，就如同一棵大樹上的樹枝分散生長一樣。有的長得快些，有的長得慢。

五、循環式的演化論：此理論相信人類歷史文明的進化，雖然是向上的進步，但其進步過程可能遭遇暫時性的停滯，或甚至於有倒退的現象，經濟循環現象就是一個最好的證明。

機體論是一種把人類社會比喻為生物有機體，企圖用生物學的原理來解釋社會現象的社會學理論。古代社會思想家就曾觀察到社會中有分工、階層分化、各種社會體制和社會過程，認為這些社會現象類似一個生命體，特別近似人體。

現代社會各種跨國際的地球環境問題，例如：臭氧層破壞、酸雨、溫室效應、毒性物質與其他污染源的產生，均使台灣無法自外於環保的世界體系。數十年來，環境污染已成為重要的社會議題，也是最難解決的社會問題。它的難處即在於三重的兩難：政府經濟發展與生態保育決策的兩難、人民私利與公益的兩難，以及政府政策執行過程中對於尊重專家意見與民眾看法的兩難。台灣與國際社會的互賴與依存關係，更使環保成為社會發展與經濟發展必須考慮的指標。對於國際社會的任何一個成員而言，如果沒有以地球環境保護為基礎的國際經濟發展，不僅會有「大地反撲」或「殺雞取卵」之虞，也往往會落入「文明中的野蠻」困境裡。

參、生態系統與風險社會

根據經濟部的統計，台灣 2005 年的二氧化碳的排放量已高達 2.7 億公噸，已是 1990 年的二倍；平均每人每年排放量 12 公噸，是世界平均值的三倍，全球排名第二十位；而且台灣目前的排放量是以穩定的每年平均百分之五在增加，與減量方向背道而馳。另外，根據「聯合國政府間氣候變遷研究小組」的報告，台灣是被 IPCC 歸類在氣候變遷受影響的「高危險」地區。全球暖化的現象若不能有效遏止，只要全球均溫上升 1℃，其環境連鎖效應，不但將使旱澇災變更加頻仍、十數億的人口供水出問題、百分之三十的物種滅絕、飢荒與傳染性疾病會蔓延，海水位還會上升數公尺至數十公尺。而海平面若上升六公尺，台灣平原面積有百分之二十五會被淹沒、影響 587 萬人的身家財產；升高十五公尺的話，百分之三十九平地會淹沒、影響 977 萬人；如

果升高了二十五公尺，則百分之五十八的平地將沉沒、1,141 萬人受到影響。（胡思聰，2007）
環境係周遭之意，凡一切能量、物質或情況對生物有影響的因子皆為環境。都市是政治、經濟、
社會和文化的活動中心，且是企業、金融、交通及資訊等機能的集中地，因之人口大量湧入都
市。近年來台灣地區都市人口持續增加，市區沿都市周邊擴大，以及更多的物質、能源及交通
的需求，使都市周邊珍貴的自然環境不僅急速消失，並使環境問題更加複雜化。生態系統
（ecosystem）是指相當穩定的有機群體，對其自身及其他自然棲息者間所建立的一種連結與交
換關係。譬如說，海洋環境與漁民間的關係即為很好的範例。首先，魚的有機排泄物由海洋細
菌將它變成無機產物，無機產物又成為海藻生長的養分，而海藻再成為魚的食物。接著，人類
食用魚，而排泄物提供植物養分。植物吸氮呼氧，使空氣中養分增加，而氧氣是細菌、海藻、
魚與人類生命賴以生存的支援物質。在此循環中，每一環節都是環環相扣，編織成一個複雜且
精緻的生命循環。都市環境問題可視為一有機性的複合關係，例如都市內由於大量使用石化燃
料，造成能源的生產與消費及大氣污染的同時並排放出熱量，使得都市地區整體的氣溫及氣候
發生變化。再則因都市化及道路交通設施之建設，使得地表面的舖裝及人工構造物的增加，不
僅使都市沼澤地等水面及原始自然地貌消失，也因水面及地面植物的蒸發減少，地下滲透雨水
量也減少了，是導致都市氣溫上升及乾燥化和地下水位下降的主要因素。

　　其實，生物鏈的每一個環結的環境相扣程度都可視為一種複雜的網絡，其中也包含了物質
與能源在生態環境中的迴流。然而，當這一生態系統開始出錯時，我們才會深刻體會到大自然
安排的微妙與高度效率。譬如說，如果海洋環境中充滿污水與工業廢棄物，則其所需用以支持
細菌分解排泄物所需的氧氣勢將不足。結果，海洋生物與細菌死亡，魚類死亡，整個環境相扣
的生物鏈也可能因此終止。由於人口往都市聚居活動，都市人口膨脹結果，大量使用各種資源
和能源而排出廢污改變了原有的自然環境，致引起都市周遭地面水的污染、地盤下陷、大氣污
染、土壤污染及氣溫上升等問題。根據德國社會學者貝克（U. Beck）的說法，現代社會可說是
個「風險社會」（risk society）。這些因科技使用所帶來的風險具有三個重要特性：

一、日常性：現代風險或隱或顯的存在於我們日常生活所使用的能源、機器、交通工具與生活
　　環境中，隨時都可能失控。它的預防與善後經常需要依賴專家來處理，一般人因缺乏足夠
　　的知識而成為「門外漢」，也成為現代人焦慮的來源。

二、不確定性：現代風險不僅較難認知，也較難估算其結果，有時，連專家皆束手無策。譬如
　　說，地球臭氧層破壞對人類有何影響？基因遺傳科技的潛在後遺症如何？沒有人敢保證，
　　科學家也解釋不清楚。資訊矛盾的結果，更增加人們的不安全感與不確定性。

三、依賴性：現代風險與我們所選擇的生活方式密切相關，雖然我們決定引進科技產品，但卻
　　也增加我們對科技的依賴性。現代人很難避免「高科技」帶來「高風險」的夢魘，在競爭
　　壓力與生活便利的追求下，現代風險只會變得更普遍，看來，風險全球化似乎是難以逆轉
　　的趨勢。

所謂「環境風險」（environmental risk），主要是指科技使用所可能帶來的環境污染風險。一般而言，常見的環境風險來源有：(一)化石燃料燃燒產生二氧化碳：例如石油與煤等化石燃料的燃燒結果，空氣中的二氧化碳會大量增加，於是，日光被吸收進來，但卻阻隔地球所產生的紅外線，形成所謂溫室效應。(二)氟氯化碳（CFCs）氣體嚴重破壞臭氧層的穩定：約在 1930 年代起，人類為了製作冷氣機及冰箱等電器所使用的冷媒，以及製作噴霧罐所需的推進劑，聰明的人類便發明了「氟氯碳化物」（簡稱 CFCs，包括海龍、氟利昂等）這樣的東西。由於它穩定性高、不自燃也不助燃、不易起化學變化，而且對於人體的傷害較小，氟氯碳化物的使用遍及各種工業及日常生活用品。的確，氟氯碳化物增進了許多工業上及人類生活上的便利，但是誰也沒有想像到，臭氧層危機的最大元凶竟是氟氯碳化物！它們的來源通常是因為一些噴霧劑的使用，以及絕緣物體或冷媒的製造或分解，致使臭氧層無法阻隔日光中的放射線，導致皮膚癌與海洋生物鏈的破壞。(三)都市生活存在著溫室效應：大都市中之地表面，幾乎被道路及建築物等人工構造所覆蓋，為減低因此而上升的氣溫，都市居民又普遍裝置冷氣機，而使得能源的消耗更為增大，同時又造成氣溫更上升之惡性循環，歐美大都市統計都市市內及市外之氣溫差，都市人口愈多其溫差愈大。顯示都市因市民生活活動，大量消耗能源及資源，而改變了都市之自然生態環境。以上都市環境問題的形成皆為都市市民大量消耗利用各種物質、能源及資源所導致環境問題。

肆、現代社會的環境污染

美國前副總統高爾為環境保育所拍下的紀錄片，強調及警告全球暖化所可能導致的地球浩劫，獲得奧斯卡的最佳紀錄片，顯示全人類都應該覺醒，地球生態環境的危機已迫在眉睫。世界自然基金會的「地球生態報告」指出，地球使用天然資源的速度比更新這些資源的速度快了百分之二十五，如果世人生活方式全像英國人，需要三個地球才能滿足資源的需求。地球生態系統可能在本世紀中葉大規模瓦解。環境污染的預防與控制可以從三個方向著手，包括：(一)污染源的調查。(二)污染物在環境中的行為。(三)影響程度的探討。了解污染源的目的，在於我們希望能從發生源來減少污染的發生。「環境污染」（environmental pollution）是指地區性、區域性與全球性的整體自然環境遭到污染。「我們只有一個地球」，因此，任何一個地區或國家的環境污染都是整體自然環境破壞的一部分。一般來說，環境污染的來源主要有：

一、空氣污染：所謂空氣污染，即指空氣中含有一種或多種污染物，其存在的量、性質及時間會傷害到人類、植物及動物的生命，損害財物，或干擾舒適的生活環境，如臭味的存在。換言之，只要是某一種物質其存在的量、性質及時間足夠對人類或其他生物、財物產生影響者，我們就可以稱其為空氣污染物；而其存在造成之現象，就是空氣污染。「空氣污染物」如二氧化氮、臭氧、二氧化硫、一氧化碳等物質，在乾淨空氣中之含量均極微少；但在受到污染的情形下，這些特定物質中的某些種類會大量增加。換言之，某些物質在空氣中不

正常的增量就產生空氣污染的情形。包括車輛排放的一氧化碳、碳氫化物、浮游物質與鉛等；飛機的排出廢氣；工廠產生能量的燃燒；以及家庭爐火的污染等。不論是氣體或顆粒狀的污染物，當濃度太高、量太多或毒性太強時，均足以使呼吸器官內正常功能失效或影響其他器官，使身體不適；即使其濃度或量沒有高到足以產生立即危害，但長期影響下有可能產生慢性病變。

二、水污染：來自家庭污水、工礦廢水、畜牧廢水、垃圾滲出水與農藥、肥料不當使用所造成的污水。水污染乃由於事業生產活動或都市市民生活活動排出於環境之污染物質所形成。雖然河川或湖泊具有一定的自淨能力，但若都市河川污染至某一程度，將使自淨能力降低，此乃超出自淨能力的污染物質集中排出之故。再若河川流量不足，將缺乏稀釋污染物。另都市因人工舖裝致不透出率表面積增大，當降豪雨時，地面逕流迅速流入河川，更是洪水氾濫的原因之一。生活活動對水質影響包括物質利用後之排出物及能源消耗後之排出物，皆會對水質造成影響。

三、廢棄物：一般廢棄物包括垃圾、糞便、動物屍體，以及其他非事業機構所產生足以污染環境的液體或固體之廢棄物。若干有形的廢棄物造成污染：例如一般廢棄物、排泄物、工廠廢物、廢水與其他化學物質，可能會形成河川污染或產生有毒氣體。其中，尤其是藥類、化學物質與核能廢料等有毒廢棄物，若是處理不當，很可能引起嚴重的污染問題，而肥料與農藥也隱藏了另一股污染危機或環境風險。隨著經濟及科技的進步，都市各種活動的頻繁，以及消費物質的多樣化，使得都市的物質代謝發生巨大的變化和複雜化。同時廢棄物量的增加，也是造成處理上的問題。都市人群活動及廢棄物，都市人口規模愈大，每人每日排出的廢棄物量愈多，且由於廢棄物性質的改變，使其處置更為複雜。

四、土壤污染：造成土壤污染的物質大多來自水與空氣，而進入土壤。此外，破壞水土保持，也可能導致土壤的破壞或污染。土壤的保護與防災，樹木植生覆蓋的綠地，對於土壤的保護有很大的效果，尤其是防止土壤的侵蝕，可藉樹木減少雨水的逕流增進滲透。

五、噪音：來源多來自工地、工業區、街道交通、飛機、街頭叫賣、音樂，以及鑼鼓雜音等。自工業革命以來，環境污染的程度可說日益擴大。但是，歸納其原因，人口增加、科技發展、工業化、都市化、個人主義盛行與包裝主義流行等是它的基本原因。減少噪音，樹林可遮斷噪音的擴散，而降低噪音，且藉林木的風聲以掩蓋噪音，也具有一定的效果。

六、酸雨：所謂酸雨，是指硫氧化物、氮氧化物這些物質排放到大氣中後，因為光線、水分、氧氣等因素之影響產生了化學反應，最後產生了硫酸離子和硝酸離子。這其中，有些混入雲層形成雨水，就會使雨水呈現酸性；有些則不溶於雨水，而以顆粒狀下降到地面。一般我們以 pH 值來顯示酸鹼度，pH 值越小表示酸性愈強，pH 值為 7 時表示中性。正常雨水之 pH 值應該是 5.6，如果雨水 pH 值在 5.6 以下，我們就可稱其為酸雨。由於形成酸雨的物質會因為氣流等因素飄散到離來源約 500 至 1000 公里的地方才隨雨水降下，所以酸雨造成的污染也成為跨國性的污染問題。酸雨的降落往往造成區域性的災害，不僅形成土質的酸化，

也導致人類眼睛與皮膚的損傷、魚類或浮游生物的死亡、植物的枯死，以及橋樑和建築物的腐蝕或嚴重破壞等。

綜合上述，可知環境污染造成的影響，包括：

一、臭氧層破壞，簡單的說，「臭氧層破壞」（destruction of ozone layer）是指大氣層中臭氧遭破壞而減少的一種環境風險問題。「臭氧」（ozone, O₃）是一種具有刺激臭味的不穩定性藍色氣體，它可自然形成，並存在於距離地球 20.103 公里的大氣層中，稱為臭氧層。臭氧層能吸收陽光中約百分之九十九的紫外線，使地球上的生物免於受到紫外線的傷害。臭氧的減少大多來自含有氯氣的化學品，例如工業溶劑、冷氣、乾洗、化妝品、電子零件、噴霧器、免洗餐具與冰箱等物品的大量使用，造成氟氯碳化物（chlorofluorocarbon，CFC）的大量增加，臭氧層也因此遭到破壞。

二、溫室效應，「溫室效應」（greenhouse effect）是影響地球生態系統的一個重要問題，主要來自工業廢氣中二氧化碳與其他污染顆粒排入大氣的含量增加所致。地球的主要能量來自太陽，大氣層與雲層都會反射部分太陽輻射能，其反射率為百分之三十。因此，當太陽輻射進入地球時，大氣層幾乎可讓它穿透過去。但是，這些長波輻射卻遭受大氣層中某些微量氣體的選擇吸收，一部分再反射回地球，致使大氣中保留了部分的能量，於是，造成地球溫度較平衡溫度高，這就是所謂的「溫室效應」。聯合國「世界氣象組織」2006 年 12 月 14 日發表報告指出，現在的全球地表氣溫與 1961 至 1990 年的平均氣溫攝氏 14 度相比，高了 0.42 度。北半球高度工業化國家的氣溫上升最快，比先前高了攝氏 0.5 度，南半球的氣溫也比以往多了 0.24 度，這是史上第六高的溫度。聯合國「世界氣象組織」的研究發現，地球大氣層中的溫室效應氣體含量，在 2005 年達到歷史新高，且仍繼續增加。地球暖化日益嚴重。北極冰層消融日益嚴重，每年都有大塊冰層消失，其面積甚至大於瑞士。預計在 2100 年，海平面將比現在高五十到一百四十公分。這個估計值比聯合國之前公布的數據高出許多。研究顯示，只要海平面比現在升高一公尺，包括吐瓦魯等許多地勢低窪的太平洋島嶼，都可能被海水淹沒。孟加拉、美國佛羅里達州、紐約市與阿根廷首都布宜諾斯艾利斯也可能受到海水倒灌的威脅。

伍、環境維護與人類生存

全球暖化的議題廣受各國重視，加以京都議定書自 2005 年 2 月 16 日生效後，二氧化碳排放減量的時程緊迫、目標壓力強大，各國莫不積極尋找對策。地球生態報告指出，從 1961 年至今，人類生態足跡已增大為三倍多。最近二十年來，就生態系統的負荷而言，人類過的是「入不敷出」的生活。因此應朝向人類大幅改變消耗資源的方式。只要將二氧化碳排放量和漁獲量減少一半，就可能在 2080 年之前將資源的使用和再生差距拉平。世界的平均足跡是每人二點二公頃，但地球每年只能為每個人重新滋長一點八公頃土地。地球生態報告指出，二氧化碳是生

態足跡中最大的單一因素，占人對地球影響的百分之四十八。資源的使用正以前所未見的速度破壞地球的生物多樣性。報告稱，追蹤全世界一千三百一十三種脊椎動物後發現，從 1970 年至今，世界野生動物減少了百分之三十。人類已覺醒到：要拯救生態環境，只有靠國際社會自己對地球環境與生態系統的各種保護措施之展開，亦即所謂的「生態保育」（ecological conservation）。生態學（Ecology）是探討生物與環境因子相互關係的學問。生態學不是生物的形態，也不是生物的百態或動態。1869 年德國生物學家 Ernst Haeckel 首創 Oikos 一字，其意義是指生活場所，後人稱之為棲所（habitat），其英文意義是家（house）或生長地（place to live），也就是如何在此棲所去經營這個家。生態保育的策略大致分為：

一、替代。替代的方法很多，舉例來說如(一)我們可以改變生活型態，使用較少能源；(二)我們可以使用較少污染的科技達到我們想要的生活水準；(三)我們可以使用其他較少污染的能源等等。

二、減量。我們可以維持現有的生活型態，但減少從事活動的次數或規模。譬如說開較小的車（省油）、利用大眾捷運系統（減少耗油）、利用科技的進步使能源的消耗更有效率等。

三、去除燃料中會產生污染的物質。如減少煤中的含硫量或汽油中的含鉛量等。

四、不要使污染物進入空氣中。譬如在汽車內加裝觸媒轉化器或在煙囪前加裝洗滌塔等。

五、去除空氣中的污染物。這個工作比較困難，因為空氣的範圍很大，要將其收集起來，再利用如洗滌塔的設備來去除污染物，需要投入許多成本。最好是在污染物還沒有進入大氣前先去除掉，較為經濟可行。

六、保護受體。所謂受體，就是指前面所提到會受到空氣污染影響的物體，可能是人、動植物，也可能是建築物、河川湖水等。保護受體的方式如：在建築物或雕像等的外層塗上保護膜、培育具抵抗力的植物種類、加石灰到湖水中以避免酸化、在空氣污染情況嚴重時通知人們減少戶外活動並命令污染源減少排放等。在這些項目中，有些是一般人可以從事的，有些工作則是必須由工程師、專家或政府來進行。

結語

　　現代社會在生態道德的基本信條有二：熱愛和保護自然環境，愛護和造福後代。幾千年來，特別是近代以來，人類利用科學技術向自然巧取豪奪，帶來了日益嚴重的生態問題，自然污染、森林被毀、植被銳減、許多動植物滅絕、大氣臭氧層出現空洞、核武器可能毀滅全球……人類的發展甚至生存已受到了嚴重威脅，保護自然已刻不容緩。生態道德的第一要義就應該是「熱愛和保護自然環境」。保護自然，實質上是一種功在當代、利在千秋的道德行為。因而生態道德追求的是對人類未來的關懷，這就要求人們在處理我們與後代之間關係時，必須堅持「愛護和造福後代」的道德。此觀點如同社會有機體學說認為，人類社會或國家如同生物有機體，並且是超過個人的、有機的、統一的整體；社會有機體與生物有機體在主要特徵、結構和功能及其

運動法則諸方面基本相似；社會學是依據生物學原理而建立起來的一門綜合性的學科。即用生物學的概念、觀點和原理類推人類社會形成、進化和演變等現象。認為社會和生物有機體的組織和功能基本類似，表現在：第一，雙方都有新陳代謝的現象、過程。第二，雙方結構和機能相同，而且都由簡單而日趨複雜化；雙方有整體較內部任何生命力為長，兩者的各部分相互依賴。猶如動物器官具有營養、分配和調節的職能，社會亦有工人、商人和工業資本家各司營養、分配和調和的職能，以維持人類社會的存在和發展。近年來，從國內民眾對生態保育的漠視到現今的積極參與態度看來，環境保護與生態保育不再是口號，而是全民普遍的共識。其實，地球環境的保護是全球人類最自然的共同責任。環境保育的作為提醒我們，必須注意氣候變遷及地球暖化所帶來的環境危機，對於二氧化碳等溫室氣體的排放減量工作，我們應該要比別的國家更用心。所有人類都應該了解：人類是自然的一部分，地球資源是有限的，必須與其他生物平衡共存。因此，致力於與自然環境調和、確實執行環境保護與生態保育工作，以謀求人類永續生存的基礎，可說是人類覺醒與實際行動不可或缺的要素，更是我們要努力達成的目標。環境保育永續經營，是未來主流，會改寫社會發展的規則，誰先準備好，誰就是未來的贏家。

經典人物——丹尼·貝爾

美籍社會學者丹尼·貝爾（Daniel Bell, 1919-）最著名的論著是《後工業社會的來臨》（The Coming of Post-Industrial Society, 1973）。貝爾從1969年起一直擔任哈佛大學社會學教授。貝爾是「後工業社會理論」的創立者，在《後工業社會的來臨》一書中，他提出現代社會不僅已變成後工業社會（postindustrial societies）而且已變成以知識為基礎的資訊社會（information societies），在這樣的社會裡，科學和技術以及專業和技術工作已是主要的了。現代社會三個相互競爭的「軸心原則」（axial principles）之間新的緊張關係尚未解決。這三個原則是：1.技術——經濟的效率；2.普遍的公民權利義務、政治平等和享受社會福利的權利；3.個人的自我表現和享樂主義的滿足。揭開了人們對於後工業社會社會變遷的關注。貝爾以為後工業社會的概念根本上是處理社會結構變遷的問題，也就是經濟如何的轉變、職業系統如何的調整，以及處理經驗主義（empiricalism）和理論（尤其是科學和技術方面）之間的新關係。而後工業社會這個概念，至少涵蓋了下列五個重要面向（dimensions）：

一、經濟部分：從財貨生產的經濟轉變到服務業經濟。
二、職業分配：專業與技術層級的優越性。
三、軸心原則：理論性知識的開拓，是社會創新與政策構成的泉源。
四、未來取向：對技術與技術評估的控制。
五、決策構定：一個新智識技術（Intellectual Technology）的產生。
更進一步的，貝爾又找出論斷後工業社會出現的四個趨勢：
一、經濟發展的中心在勞務的提供而非財貨的生產。

二、基於知識和以有專家技術等科學人員為主的新階級出現。

三、私人股份有限公司臣屬於社會責任的標準下。

四、理論性知識的重要性漸增。

簡言之，貝爾的後工業社會有下列三個主要特徵：(一)大部分的勞力不在工業部門而在服務部門；(二)在人力上，專業和技術階級漸成為最大的新興階段；(三)最基本的，社會未來的創新來源將愈依賴理論性知識。亦即，貝爾的主張是這樣的：工業社會演進階段已進入新的局面，即所謂的「後工業社會」。它之所以和工業社會不同，就像前工業社會和工業社會的不同一樣。而這兩個社會的不同主要在於社會結構上的變遷，亦即服務業經濟的居主，專業技術層級的日形重要。其中理論性知識是為新社會的軸心原則，就此科學家、數學家、經濟學家、工程師成了關鍵性社會團體。當然的，大學、研究組織成了後工業社會的軸心結構。

貝爾為了分析上的方便，將社會分成社會結構、政制（polity)和文化三個部分，每個部分都受不同的軸心原則所支配。例如近代西方社會在社會結構的軸心原則為經濟化（economizing），而政制則為參與，文化則為自我滿足與自我實現，他認為過去這三者都由一個價值系統連結起來。但是在我們這個時代，這三者日益脫節，造成了社會的緊張。後工業社會的概念根本上是處理社會結構變遷的問題，以及經驗主義（empiricalism）和理論間的新關係，貝爾不認為這些社會結構的變遷同時決定了政治或文化層面上的變遷。就此看來，貝爾不以為政治和社會之間有必然的決定關係。

經典論著——《增長的極限》

《增長的極限》是由羅馬俱樂部（The Club of Roma）於 1972 年出版的一本重要資料，羅馬俱樂部因總部位於羅馬而得名，是 1968 年由來自十個國家的科學家、教育家、經濟學家、人類學家、實業家約三十人，在義大利經濟學家弗睿思特（Jay Forrester）博士的鼓動下宣告成立的。羅馬俱樂部是一個非正式的國際組織，以「促進對構成我們生活在其中的全球系統的多樣化又相互依賴的各個部分——經濟的、政治的、自然的和社會的組成部分的認識」做為工作目標，尤以其對人類進步的非傳統的、獨到的見解而著稱於世。因此，羅馬俱樂部有著人類全球問題研究「超一流思想庫」的美譽。

羅馬俱樂部研究全球問題的第一個歷史性文件是 1972 年發表的《增長的極限》，乃是向身處「黃金時代」的人們對財富增長的無限憧憬所彈出的第一個不和諧音，也是向當今人類不顧後果地攫取自然資源的行為敲起的一個長鳴警鐘。引起了各國政府對未來全球性增長的關注，也推動了西方學術界對於世界經濟模型和長期預測的探究。

該書在引言中就開門見山地提出，環境惡化、人口激增與經濟停滯已經成為現代人類所面臨的主要問題；而人類社會的未來發展，甚至人類社會的繼續存在，都取決於世界這些問題做出反應的速度和努力。人類究竟有什麼方法可以控制這種全球性的趨勢，運用各種方法的代價

與結果將會如何，這便是此著作所要探討的中心課題。《增長的極限》採用這種正規的世界模型，把科學方法、系統分析和現代計算機結合在一起對長期的全球性問題進行研究。結果表明：如果世界人口、工業化、污染、糧食生產以及資源消耗繼續按現有的趨勢增長，那麼經濟增長就會在一百年內達到極限。那時可能出現人口和工業生產能力無法控制的突然衰退或下降。但是，如果確立一種可以長期保持的生態穩定和經濟穩定的條件，那就有可能改變這種趨勢。人類爭取全球均衡的努力開始得越早，取得成功的可能性就越大。全書除引言外共分五章：指數增長的性質；指數增長的極限；世界系統中的增長；生產技術和增長的極限；全球平衡狀態。

一、指數增長的性質。當一個數量在一段固定的時期內按一個固定的百分率增加時，它就是在指數地增長。世界人口的增長是「超」指數的。在人口的正反饋環路中，假定生育率較為穩定，人口數量越大，每年出生的嬰兒就越多；嬰兒越多，經過一段時間後，人口數量就更多。這樣的正反饋環路產生了無法控制的增長。雖然世界工業產量的增加比世界人口的增長還要快，但由於工業增長大部分都發生在人口增長得慢的發達國家，富國與窮國之間的鴻溝正在無情地擴大。

二、指數增長的極限。為了使世界的經濟增長和人口增長維持到二十一世紀之後，有兩種因素是不可缺少的。第一類包括維持生理活動和產業活動的物質必需品，即糧食、原料、燃料和吸收廢物的生態系統。第二類因素主要指社會必需品，如和平與社會安定、教育與就業，以及技術進步等，對它們都難以估算。世界上資源的儲量是有限的，而且資源消耗在人口增長和資本增長兩者推動下也在指數地增長，甚至有許多資源的使用量增長得比人口還快。地球是有限的，上述因素的指數增長將使人類在不久的將來陷入困境之中。

三、世界系統中的增長。人口、糧食、資本、不可再生性資源和污染等因素是互相影響、互相依賴的。人口增長離不開糧食的增長，糧食增長要求資本的增長，更多的資本需要更多的資源，對更多資源的利用和消耗造成更嚴重的污染，污染又反過來影響人口增長和糧食的增長。在增長過程中，資源耗費將加快，致使資源價格上漲，這就必然要用越來越多的資本去取得資源，因而留下來可用於未來發展的資本也就越來越少，最後投資跟不上損耗，工業基礎崩潰，連同服務業和農業一起垮台。

四、生產技術和增長的極限。即使透過進一步的「綠色革命」，全世界土地產量可以再增加一倍，並且從 1975 年就開始實行完善的節育。在所有這些假設下，增長依然會在 2100 年之前終止。原因是三種同時發生的危機：土地使用過度導致糧食產量降低，世界人口和工業產量的膨脹嚴重地消耗了資源，污染遽增。

五、全球平衡狀態。僅僅依靠穩定人口和產業資本的擴張，還不足以防止世界系統發展過度和衰退。必須在人口和資本不變的基礎上再將技術進步和價值觀等因素結合到模型中來。要改進設計，提高生產設備和資源的耐久性和維修水平，以延長工業資本的平均使用壽命。

　　人類要想創立一個完全新式的、可以世世代代維持的社會，就必須從現在開始進行一種有控制的、有條不紊的過渡變遷，從增長走向全球平衡。

第十九章

科技文明與現代社會

前言

社會變遷是指生活方式、社會結構、行為模式與社會文化隨著時間改變而引起的基本變化。在個人層面上，社會變遷影響了日常生活中的人際互動模式；在結構層面上，它影響了整體的社會制度。然而，影響社會變遷的原因錯綜複雜，非單一因素足以解釋。一般而言，社會變遷的來源主要包括：自然環境、人口因素、文化創新、文化傳播、社會運動、科技、戰爭、經濟與觀念等。現代社會所發生的一個巨型社會變遷就是現代化，這是一種牽涉都市化、工業化、理性化、世俗化與專門化等層面的複雜過程。社會變遷的一個重要力量，這是一種人們對於不明確情境試圖採取共同回應方式所產生的相對自然的行動。它可視為團體有目標、有計畫的經由集體行為以改變社會整體或部分現象的共謀行動與較持久性工作。為了適應現代社會的變遷，除了抱持多元開放、不斷學習與相互關懷的理念外，更應該積極培養現代人的特質，特別是重視資訊、講求效率、尊重他人與理性思考等正確態度。

本章的重點在說明社會變遷與科技文明的意義與關聯，介紹社會變遷深受科技的影響，以及人們如何適應社會變遷。藉由社會變遷（Social Change）、科技（Technology）、現代化（Modernization）、工業化（Industrialization）、理性化（Rationalization）、世俗化（Secularization）等重要概念的提出，逐一論述科技文明與現代社會的相關理念與日常生活的關聯，並期使我們對社會變遷有進一步的了解。

壹、社會變遷與科技文明

在迎接二十一世紀來臨的時刻，法新社選出二十世紀對人類影響最深的十二項創新產品，分別為：飛行、電視、盤尼西林、原子分裂、電腦、避孕藥、DNA、雷射、器官移殖、試管嬰兒、人造衛星與網際網路。這些科技發展帶來社會的急遽變化。社會變遷意味著大多數人所從事的團體活動與社會關係，隨著時間的改變，而覺得不同於過去。這種現象也反映在社會制度、角色與規範的改變。社會變遷的決定因素很多，目前，社會學者較傾向以若干因素來詮釋社會變遷的來源。這些因素包括：自然環境、科技創新、觀念、文化傳播、人口、戰爭與社會運動等。然而，社會變遷不一定是進步的現象，有時，也可能是一種落後或退步的結果。無論如何，社會變遷基本上是社會結構與功能的改變，也可能是社會關係、體系或組織的修改。對於一個社會來說，社會變遷並不等於發展，也不等於現代化，但社會發展與變遷是可以並行的。對於一個國家，尤其是低度開發國家而言，發展或現代化變成策略性的社會變遷目標，因為它們極想從社會變遷過程中獲得發展與現代化。

進入二十世紀，人類站到「理性化」的人本主義立場，把人、社會和自然用「可持續發展」的觀念加以整合。在「可持續發展觀」裡，建構並確立了發展價值觀，即經由人勞動時所凝結

其中的物質和精神產品是有價值的，不僅如此，存在於周遭的空氣、河流、海洋、動物、植物、微生物、原始森林、地下礦藏以及茫茫宇宙本身也是價值，只要是存在就是價值。現代化意指想要達到工業化時，幾乎社會的每一部分都發生各種改變，這牽涉到一個社會的政治、經濟、教育、傳統與宗教等層面的持續改變。必須認清的是：現代化並非一直向前推進，有些是導致現代化的因素，有些則是阻礙現代化的關鍵。以西方社會為原型，然而，其他社會一旦進入現代化歷程，就會逐漸的顯現某些現代化特徵。同樣的，人們的價值、態度與行為模式也與傳統中的人有明顯不同的特質，這就是現代人的特質。全球的社會變遷理論即企圖對於一個社會的發展與低度發展是如何發生的，提出一個較完善的解釋。這些解釋的理論觀點主要包括：聚合理論、依賴理論、世界體系理論與全球化觀點。

「社會變遷」（social change）是指社會互動、社會制度、階層體系與文化要素在某段時間的變動或改造。社會變遷的速度不僅因社會的不同而有差異，即使相同社會內也可能因時間不同而有區別。雖然狩獵採集社會必須採用新科技與習俗才能演化為園藝或農業社會，但在許多情況下，變遷可能要歷經數個世紀。當社會變得更複雜時，變遷的速度就越來越快速。社會變遷的規模無論大小、快速或緩慢，通常具有四個共同特徵：社會變遷是不均衡的，社會變遷的開始與結果往往是預想不到的，社會變遷往往引起衝突，以及社會變遷的方向並非任意的。社會變遷可分為「微視變遷」（microchanges）與「鉅視變遷」（macrochanges）。微視變遷是指人與人之間的日常互動之細微改變，趕流行的時髦。雖然因時髦所引起的社會結構之整體變遷是相當小的，但某些次要的影響則可能持續著。鉅視變遷係指大規模發生的，而且影響社會許多層面的漸次轉變。在現代化歷程裡，社會變遷既帶來新時代，也顯露舊方式。伴隨現代化而來的是社會的更分化，包括社會階級與社會分工的更加分化。

韋伯所建構的社會變遷理論，影響人們對工業化及現代化的思維，並引發對發展社會學的建構。韋伯認為「合理化」是現代化最核心的思想，他指出近代化基本的特徵，脫離非理性觀念的束縛，亦即理性精神的普及。此意謂著個人採取理性的行為，取代了非理性的行為模式，社會成員不再受習俗、慣例、因襲、人情等的拘束，亦不受感情所左右，為達到目的採取有效且適切的手段。此種理性的態度，須以獨立的個人為主體。個人不再因身分、居住地的不同，而有不同的差別待遇，並脫離團體規範的束縛，個人能自由活動，擔負自己的責任，使傳統的社區與社會關係解體，個人相互之間的社會關係，基於功能的需要而互動。因而使近代社會出現各種功能團體，個人各自選擇最適切的功能團體參與。再者這些團體的組織、運作採目的理性的方式，使得組織出現科層制，成員的功績由能力、表現，取代年資，成員的評鑑方式也由個人主觀的任意認定改採依據正式規則。排除與生俱來的世襲特權，以教育的普及為首，各種社會機會廣泛的擴大為大眾化與平等化，使得競爭與社會流動頻繁的進行。另外近代化社會，在政治方面採民主主義，在文化方面出現大眾文化，大眾傳播發達，特別是社會出現高度的都市化與產業化最具特徵。除此之外，韋伯對於社會變遷的主要內涵為：第一，社會變遷是社會現象、社會結構的變動，其範圍包括：人群、制度的變化、發展、衰弱……等情形。第二，社

會是由分子組成的複雜組織，社會變遷時，分子的行為亦隨之改變。第三，一切的變化是由包括「動作與關係」，動作是指各種運動，關係是指地位。變遷由動作而產生，變遷時產生地位的變動，亦即各部門關係的變動。韋伯認為隨著社會變遷，人們由「價值理性」走向「工具理性」，是一種價值變遷的現象，也同時是理性化內涵的一部分。為此韋伯提出了：

一、「責任倫理」：是強調事物的效果與手段，為適應現代社會，因此責任倫理結合了「價值理性」及「工具理性」。

二、「信念倫理」：是強調對事物的信念，此種倫理信念在現代社會已沒落。

為適應社會變遷的需求，責任倫理結合「價值倫理」和「工具倫理」並成為可以計算其行為結果，這亦是一種企圖讓人們生存在一種意念和尊嚴中，並能測知行為之結果。這說明理性化對人類的生存，存在著知性的部分。

貳、資訊科技與現代生活

就狹義來說，「科技」（technology）可視為工具，就廣義來看，科技也包括製造與使用那些工具的技能與程序。換言之，科技具有雙重的意義。它指涉的是「工具」（tools），亦即用以達成任務的項目，以及製造與使用那些工具所需要的技能或程序。這種廣泛的概念包括簡單如梳子與錯綜複雜像電腦的那些工具。自從 1940 年美國麻省理工學院華納‧布希教授（Venner Bush）用真空管製成一部長達十五公尺的電腦以來，時至今日，電腦和網路已和我們的生活密不可分。生活上及學術研究上藉助電腦的快速運算及記憶能力以協助處理大小事務，商場上則運用於業務拓展，廠房的自動控制設施，電器用品裡面的微電腦，網路查詢各式各樣的資訊和參與各種主題的討論，運用電子郵件以傳遞訊息，銀行的跨行提款、轉帳等業務……等等，電腦與我們生活已經密不可分。而「科技不僅只是機器而已」，更重大的社會學意義則是更深層的論題：科技如何改變我們的生活方式？譬如說，顯然的，如果沒有汽車、電話與電視，我們的整個生活方式勢必大不相同。或許，在後現代社會裡，更大的社會變遷是由電腦所帶來的變遷。我們試圖由下列幾個門徑來描繪資訊社會的圖像，用以說明電腦科技與我們生活的密切關聯：

一、形成電腦及網路族群的勃興：網路上具有匿名性的特色，吸引人們勇於投入，如同 New Yorker 雜誌內漫畫中所描繪的「在網路上，除非你自己願意承認，否則將沒有人會知道你的真實身分。」在網路上，人們可以盡情的在全球資訊網上漫遊，只要使用一個代號便可在各類電子布告欄上和人討論、聊天和結交朋友。在網路的社會裡「彈指之間」，輕而易舉地建構虛擬實境，正說明有些人為何茶不思、飯不想的沉浸在電腦的世界裡，而不願回到真實的世界的原因；且網路上有各種免費的資源和大量的資訊可以利用，使這項科技產品具有著致命的吸引力。

二、就業影響：隨著電腦的廣泛運用，某些傳統職業可能消失，新的產業將會取而代之。人們擔心既有工作將被淘汰，尤其是較年長員工的失業現象將成為社會亟待克服的問題。同時

網路勃興之後，有越來越多的人將在家裡上班，通勤族變少的結果，尖峰時段的交通擁擠狀態將逐漸改善。電信通勤族將有更多的時間照顧家庭，使社會生活型態改變。

三、造成社會互動的衝擊：網際網路將社會成員以原子的型態重新放入了電子虛擬社會中，再利用光速快速達到世界各角落。網際上的角色有別於真實社會，使得階級、權勢、地位、性別等固有特質進入電腦螢幕後，都不再有意義。網路足以供應同好者（小眾）一個相當暢通的資訊傳遞管道，而形成另類媒體傳播的主要來源，就一個傳播媒體的範圍及效果而言，網際網路的跨國性足以使運用者的理念超越國家的層次，形成世界公民。由於電腦和網路會促進使用者的自由意識，勢將影響現今社會互動的方式。

四、對教育型態的影響：各種資訊的取得方式將有助於教育的傳播，並增加個人機會。加上資料庫建構完備，對於那些無法進入最好學校的學生將是一大福音，能激勵孩子發揮最大的潛能。而遠距教學的實施，使任何地方的人都能夠參與由最好的老師教授的課程。在未來網路和電腦技術更加純熟後，遠距教學將成為教育的主流，而教育最終的目的將從取得文憑，轉變為享受終身學習的樂趣。

五、對企業經營的影響：電腦可代替許多人處理大量的事情，節省掉諸多的管銷費用，增進資訊的分享與交流，可為企業省去開會、制定政策和內部作業等這些龐大的溝通協調費用，有效的通訊系統將減少公司的管理層級，而扮演協調溝通角色的中間管理階層將逐漸式微。在營業旺季時，公司將可輕鬆地獲得額外人手，卻不用增加人員編制和擴大辦公室的規模。能夠成功利用網路汲取資源和管理內部的公司將會更有效率。

六、對國家及全球的影響：大多數的先進國家都了解建構資訊社會的重要性，為了保有在國際局勢中的優勢條件，許多國家正積極展開國家資訊基礎建設行動計畫（NII），用以提升國家整體競爭力，其過程不僅經費龐大影響深遠，同時對既有政府組織型態及行政文化將產生巨大衝擊；另外由於民眾易於經由網路接受新資訊，是以天涯若比鄰已不再是遙不可及的幻想，益加深地球村的到來。

伴隨著科技的日新月異，電腦、網際網路儼然已成為新世紀的主流產業，各種新穎產品大量走入家庭。網路科技帶給人們最直接的好處，無疑地是廉價、快速與便利。網路世界已成為財富與機會的代名詞。面對網路可能為我們社會帶來的衝擊，深值得正視。電腦網路快速地擴展，已經成為最重要的社會現象。網際網路所支持的社會功能，使得人們必須面對資訊社會的來臨，資訊網路的擴張和使用將會對社會文化產生何種的意義？引導著社會科學研究者的濃厚興趣。資訊科技的發展，造就出「網路現象」，網路和我們的關係越來越密切，已成為我們生活中不可或缺的一部分，漸漸的改變我們原有的生活模式和互動模式。

網路的盛行，不但跨越了時間空間，更跨越了文化和種族，使人們有更多交流的機會，而地球村的觀念也是架構在這個基礎上，一些舊有的觀念如不能因應的話，很快的就會被這個潮流所淹沒。全球化具有即時的（real time）特色。即時特色是全球化相當重要的判準，是全球化得以區分其與人類其他社會演化現象不同的關鍵要素。例如，世界經濟（world economy）早已

存在於人類社會，但能以即時的方式讓資本、勞動分工等在全球運作，形成全球經濟（global economy），則是二十世紀末在由新的資訊與通訊科技所構成的基礎設施支撐下才出現的。由此可見，全球化是與資本、象徵事物等能克服時空的障礙限制到處流動密切相關。網絡概念可以說是用來表現因資訊交織過程所形成的社會組織之型態，伴隨著全球化，將促使「網絡社會」之崛起。

在現代人類社會中，資訊科技正在主導一個新社會模式的成型。電腦的不斷演進，對人類造成巨大的影響，不論是軍事、政治，或是經濟，它促使高科技產業應運而生，使得人類的生活愈來愈豐富，從好的一面來看，似乎可藉著它來達成諸多原本不可能的事，但是由於高科技所伴隨的是專業知識，因此易形成資訊壟斷的現象，使得富者愈富貧者愈貧，貧苦的國家，沒有錢買電腦，沒有人會操控電腦，更沒有力量發展電腦，到頭來終必淪為被宰割的一群。我們常說時代巨輪快速的演進，正像電腦當有能力運用它，可以一日千里；反過來說，在它無情的壓力下，也有可能落個灰飛煙滅，萬劫不復。另外，一個刻正邁向資訊化的社會應設法克服文化失調的弊端，依據提出該觀念的美國社會學家烏格朋（Ogburn）認為，文化進展速度有快慢的不同，一般是物質文化比非物質文化進展為快，於是彼此之間有失調或不能適應的現象，便產生了社會問題。當人們有足夠的能力使用電腦科技產品，也要有足夠的精神文化加以配合規範，方足於建立資訊社會，讓人們真正享有這項科技文明的成果。

參、科技影響現代化發展

現代社會是從傳統社會演變過來的，它繼承了傳統社會聚集起來的物質財富和精神財富的累積，摒棄了原有的保守、落後的形式和內容。與傳統社會相比，現代社會有如下主要特徵：

一、工業化：所謂「工業化」（industrialization）係指農業在整體經濟發展的重要性逐漸降低，經濟資源的重心趨向工廠工業體系的發展。一般人認為：工業化必然帶動經濟成長與現代化，因此，工業化也常被用來推動國家發展與現代化的手段。自二次大戰後初期至 1960 年代初，許多經濟學者都一致認為：工業化是開發中國家發展經濟的最佳途徑。同樣的，許多國家的政府也接受此一論點，紛紛制定「工業發展優先」的策略與規則。社會生產建立在發達的社會分工和勞作的基礎上；職級運用科學技術；使用無生命能源；生產勞動力高度職業化並與非個人市場之間相互依賴；生產效率不斷提高。科學技術高度發展，科學技術的發明與發現超過了以往任何時期，特別是科學技術越來越快地轉化為生產力，生產的科學化程度不斷提高。科學技術發展的影響已滲透到了人類生活的一切領域，包括社會結構、社會關係、社會制度、社會管理、日常生活、文化與心理、自然環境等，給整個社會的發展和人類生活帶來深遠的影響。為此必須是組織管理科學化，管理既強調明確的職權、分工、規章制度、管理人及決策的科學性，又強調關心人，注意人際關係的調適，從而激勵各級管理人員有效的提高辦事效率。運用快速的通訊網路和交通運輸，電話、電報、廣

播、報紙、雜誌、通訊衛星及陸上、水上和空中的交通運輸的迅速發展,使現代化生產和流通越來越趨向國際化。人與人之間、國與國之間的距離縮短了,交往越來越密切,完全打破了傳統社會那種閉關自守的狀況,大大促進了地區之間、國家之間、民族之間和人們之間的相互接觸與相互交流,推進了全球社會經濟的進步。

二、現代化:「現代化」(modernization)的含意廣泛,可指社會致力於工業化而引發的全面性變遷,也可指各種價值、規範與制度的變遷。較一般性的定義是:將科技、生活方式、社會組織、生活模式,甚至風尚等變得較「進步」、較合乎「理性」的各種努力。更重要的是:它代表著一種進步、活躍、平等、富裕、民主、理性,以及國家獨立自主的理想與追求。自第二次大戰以後,現代化的過程是研究社會變遷的學者所關注的焦點。然而,現代化研究者各有不同著重點,有的強調科技與經濟趨勢,有的著重社會成員心理變遷,有的突顯社會結構的改變與意識形態的變遷。然而,根據國內外學者的分析,我們可概括出三種最重要的現代化特徵:(一)社會生活的世俗化(secularization):從宗教與迷信中掙脫出來;(二)社會結構的分化(differentiation):包括結構的分化與功能的專門化;(三)社會關係的理性化(rationalization):合理計算、工具理性,也意謂著科學與技術的思考方式。隨著現代社會經濟的發展,人的價值觀念、行為模式、生活方式、文化素養等也相應地發生了變化,人們採取接受新的生活經驗、新的思想觀念、新的行為方式,不迷信傳統權威,積極改革進取,思想開闊,惜時守時,講求效率,有計畫性,有較高的科學文化知識水平等等。

三、理性化:大多數的社會科學家都認為:西方文明所呈現的現代性主要特徵是「理性化」(rationalization)或「合理性」(rationality),然而,這樣說並不意味著其他文明或文化是非理性的。其實,每個文明都有自己的理性,只是西方資本主義文明的理性是一種獨特的理性。本質上,西方現代性文化就是「都市文明」。理性化做為現代性的表徵,也是一種內在於都市文明的特性,一種都市人從事工商業競爭的理性。韋伯認為西方社會的最大關鍵是理性化,由於它的不可避免,行政管理人員將掌權,就此社會所有制度的官僚化也就不可避免了。韋伯以為將來是屬於官僚體制的社會,它是現代社會的一個特徵,這方面的討論可見韋伯的《經濟制度與社會》一書,其意在:官僚化行政管理的掌權是因為它在技術知識上扮演一個不可少的角色,而工業化又是建築在理性化的基礎上。

四、都市化:為適應經濟、政治、科學、人文的發展,人口流向城鎮,城鎮人口在社會總人口中所占的比例逐漸上升,鄉村人口日趨減少。這一方面滿足了社會經濟發展所需勞動力的需求,另一方面促進了社會流動,血緣關係削弱,業緣關係增強。不同地域的社會成員相互交往、相互學習,使經濟政治活動充滿生機和創造力,加速社會經濟的發展。

五、知識化:隨著科技發展的需求促使教育普及化,生產者和其他社會成員具有高度的文化知識、專業知識,全社會和全民族的文化素質普遍提高,人們參加生產和參與其他社會活動的職級性、創造性大大加強,並逐漸朝向知識社會的建置。

六、世俗化：美籍人類學家雷菲德（Redfield）對於社會變遷的剖析認為將自神聖性朝向世俗性，所謂世俗性是指：當某種意識形態或信念失去其權威性與神聖性，或某種社會制度喪失其強度轉為弱化或通俗化時，即可稱為「世俗化」（secularization）。譬如說，當宗教信仰失去其權威性與神聖性，而且宗教制度也喪失其強度，走向通俗化時，我們即稱之為宗教世俗化。造成世俗化的主要因素包括：(一)現代國家興起：現代國家大多政教分離，執政當局關心人民物質需求甚於精神需求。因此，強調世俗事物變成其特色，即使過去由教宗掌理政權的國家，其影響力也逐漸減弱。(二)資本主義擴展：現代資本主義社會強調物質享受，例如：傳統的耶誕節與復活節等聖日都變成現代的假日。所有的禮物幾乎都被商品化，也瓦解了聖日的原有意義。(三)現代科學成長：現代高科技對我們的日常生活方式造成很大的影響，使我們能夠探索未知的神祕領域，也較不願意全然接受宗教中無法證明的事物。(四)宗教議題妥協：社會價值趨於多元的社會裡，宗教團體為了平息爭端而彼此妥協。譬如說，天主教教會廢除傳統拉丁祈禱文即是一項宗教妥協，而妥協後，也會使宗教原則或儀式產生變化。(五)教徒人口流動：現代社會中的人口流動量很大，使教會很難吸收新會員與留住舊會員。加上宗教節日的通俗化與商業化，許多世俗假日與活動逐漸取代宗教活動，更加深宗教世俗化的趨勢。

肆、現代科技社會的反思

在工業化條件下，人類形成了「勞動價值觀」：勞動是價值的根本標準，勞動創造價值，價值是勞動的凝結。但是，在「理性至上」的社會思潮背景裡，「勞動價值觀」從追求勞動扭曲到追求占有資源，並且異化成為以「錢」為根本標準的「錢本位」價值觀。這導致了傳統美德的衝突，導致了對大自然的巧取豪奪，嚴重地危害了人類生存和發展的環境。誠如熊彼得（Joseph Schumpeter）的《資本主義、社會主義與民主政治》（Capitalism, Socialism and Democracy）一書，他於該書預言資本主義文明的終了，這種大轉變是屬於心態和社會結構兩個層次的變遷，就心態上的變遷有三個因素：一、資本主義過度追求理性化，一切都得合於經濟理性，一切浪漫與神祕觀念都加以去除，這樣是個不好的現象。二、企業家功能的沒落：國家角色日形重要，經濟進展已非個人的或自動的。三、固有信仰的腐蝕，理性主義與實驗主義助長了批判的態度，任何事物受到懷疑，傳統開始動搖。而在社會結構的層次上，支撐資本主義制度的財產制度和契約自由已受到很大的挑戰，就前者言，獨占化與大公司的成長開始排除中小規模的公司，而且所有權的重要性已移轉到支薪的行政人員手上，財產力量日微，而經理集團這股新力量有其新的社會態度，這些對資本主義的財產制度是個重大的挑戰。而契約自由亦受各種規定的阻撓，從工會和政府的介入就可以看出端倪。

依馬克思的解釋，在任何一個歷史階級中的生產方式指的是生產力與生產關係（從生產工具所有權性質所生的社會關係）間的相調適，而後馬克思主義論者把所有權與經理分開，把企

業予以官僚化……這些都使得財產與社會關係的顯明關係變得混淆。馬克思還認為生產的集中化與集權化會對商品構成束縛，但是技術的成長卻是馬克思所沒有想到的，就是因為社會關係性質的混淆以及技術的成功，帶來生產力量的集中，重新振起了以工業社會的觀念來替代資本主義與社會主義間的區分，就像官僚化的觀念並不把資本主義與社會主義視為不同一般，而視之為共同方式的變異體，所以社會發展的問題上，工業社會的觀念指著同一標題下兩個社會制度。都市中，努力追求更大利潤的中產階級，心想如何更有效達成自己營利的目標，而不是如何獲得生命的救贖，或是如何成為一位品德完美的聖人。他們所要的是積極進取、努力創造與自我實現，並非鄉下農人保守與安於現狀的心態。這種理性化態度不僅是一種觀念，也是一種思考方式與生活方式。在歐洲歷史發展過程中，理性化過程牽動了整個社會制度、價值規範與生活態度的重大轉變。影響所及，整體社會的各層面，包括宗教、經濟、法律、政治與文化各領域均趨向理性化，也因理性化而改變原有的面貌。同樣的，現代社會科學也可看作理性化的表徵，因為它即是在此社會理性化過程中逐一浮現的產物。

一、歷史循環論的觀點

歷史循環論主張人類社會的變化是簡單的重複循環過程的歷史理論。是一種形而上學的唯心史觀。它認為社會歷史是周而復始地循環發展的。如戰國時期鄒衍的「五德終始」說，把朝代變換看成是土、木、金、火、水五德相繼更替，周而復始的循環。十七世紀末義大利唯心主義哲學家維科的「歷史三階段」說，認為人類歷史經歷了三個階段：神靈時代、英雄時代、凡人時代。也就是神的統治、貴族統治、人民統治。人民統治是歷史發展的頂峰，以後社會將分崩離析，重新開始，循環不已。德國唯心主義哲學家施本格勒的「生物有機說」，認為每一文化都有它自己的形態，並有一個發展的過程，就像生物有機體一樣，都要經過青年期、壯年期，以至衰老死亡，文明是最後的階段。美國社會學家索羅金的「文化類型說」和英國歷史學家湯因比的「社會和自然環境壓力說」也都是歷史循環論的典型代表。索羅金說文化有兩種類型：一種是感覺文化，一種是觀念文化，兩種文化是兩個極端。世界歷史的發展總是像鐘擺一樣從這個極端走向另一個極端，搖擺於二者之間，周而復始。

根據波特（A. Portes）的說法：「對社會變遷的研究上，世界體系理論可以說是較新穎與吸引人的。它不僅擺脫過去現代化理論之沉痾，將西方歷史發展及現代化的經驗重新定位，使得吾人不但了解西方現代化中的內在因素，更能了解到一些非西方世界現代化過程中所受到的西方影響及其外在因素。這種在 70 年代社會變遷研究上的轉變，以由文化價值意識形態與經濟發展間關係的研究，提升到一種整體的觀點來理解發展與低度開發的現象。」

二、世界體系理論的觀點

世界體系理論是採取「歷史研究」（the study of history of society）。社會之歷史研究的特性有三：第一，它是歷史的，重視編年式的記載。在此，不僅要注意社會結構之持續與變遷，也

要注意到底發生了什麼事。第二，它的研究單位是人群，他們生活在一起而且可以用社會學的辭彙來界定。第三，它需要運用模型（model）做為解釋與分析上的架構。世界體系理論具備了上述三種特性。它企圖去全面回顧整個西方社會發展的脈絡。由其中找出西方發展的內發性因素（endogenous factors）以及非西方世界發展的外發性因素。世界體系理論已不僅是社會的歷史研究而已，更具有發展社會學的含意。世界體系理論在論述世界之發展時指出，一個自十六世紀以來形成之歐洲或資本主義世界體制在這三百多年的歲月中源起、成形而鞏固；因為這體系在發軔之初即存有「擴張」的性格，使得核心國家由單一的走向多元的，由單純之歐洲經濟體制走向今日的世界體系。在現代世界體系的擴展過程中，某些地區形成邊陲地位，使得其國家發展為核心國家或核心國家之多國公司（multinational company）所影響。用這種觀點來論述現代化過程時，使得問題的廣度擴大了，不再去探究個人心理之現代化與國家或社會現代化間的關係。反而，世界體系理論是站在一個總體的角度，將世界體系視為一獨立之社會體系，為研究上的分析單位，從其中將個別之國家視為體系中的次級體系，而來看體系中核心與邊陲之關係，而深入國家發展的現象中。世界體系是大於國家、社會的時空總體所形成的社會體系，它具有一般社會體系的特徵，世界體系不可視為一個政治實體（political entity），毋寧是一個經濟實體（economic entity）。因為其體系中部分之間的連結是以經濟為基本的，在某一程度上，經濟連結將被文化連結所加強；同時，它最終也將被政治連結所加強，形成聯盟之形式。在上述種種情形下，實可認為世界體系就是以世界分工之形式下，核心、半邊陲與邊陲三結構之間所造成的多元國家於其中的經濟體制。因此，世界體系在今日之所以具有全球性的意義，並非是某個統一之政治結構所導致，其內在結構與動力所導致的各種衝突勢力是使其擴及全球的主要力量來源，而現代資本主義社會中科技的不斷發展與提升，則使得現代世界體系無遠弗屆，豐富了世界體系的生命力，使得它的擴展更加迅速。

三、依賴理論的觀點

受到全球化的影響，除了世界體系理論之外，尚有依賴理論，它主要在針對拉丁美洲諸國之國家發展提出一套解說。它可彌補發展理論中對邊陲地區之認識不足，指出一邊陲地區在現代化過程或國家發展過程中所受到核心國家歷史發展的結構限制。它可以說是二十世紀以來，由拉丁美洲諸國之發展中得到的慘痛經驗所形成之理論。拉丁美洲之社會科學家，如：A. G. Frank, T. Dos Santos, F. H. Caroloso 等人，對其國家長期以來的不對等的貿易條件、工業化之困難以及伴隨而至的政治結構的改變，使得現代化的政策難以付諸實際。同時，這些社會科學家更發現外國人投資的介入，也產生了令人意想不到的惡果。第一，外人投資的對象是本地中利潤最高的企業；第二，他們從事的也往往是經濟活動中最重要的事項；第三，由於其資本雄厚對本國之資本流轉有舉足輕重之勢，他們往往會干預課稅政策；第四，他們往往又要求政府制定法律以保障其投資事業；第五，他們往往又以專利權或以西方過時的機器設備阻礙了當地在工業上創新的機會；第六，在當地政府拓展經濟計畫之際，外商往往又不肯合作。這批學者發現低度

開發或落後（under-development）只是這一地區的普遍現象，現象背後還隱藏了另一層的意義，即依賴（dependency）。他們成了西方先進國家的附庸，舉國前途皆與外人發生密切的關係。A. G. Frank 曾為依賴的關係提出五個假設：

一、世界各地區皆可以劃分為都會區與衛星區（metropolis-satellite），除了少數某些已為公認的大都會區之外，大多數地區皆具有雙重特性，是某一都會之衛星區，但卻又是某些更落後地區之都會區。

二、衛星區經濟發展最成功時，往往是與都會區聯繫最微弱的時候，這可能是在都會區本身產生戰亂、政變之時。但是當二者重新接觸時，衛星區原先的經濟發展就會中斷，而不能達到原先之目標。

三、今日最落後地區在昔日往往是最與中心都會區最緊密相連的，也是昔日中最繁榮的。

四、大地之領域（latifundium），不論其今日是農牧場（hacienda）或是耕地（plantation），在昔日大都是商業中心，與世界市場發生密切的關係。

五、另外，昔日礦產、農產中心，今日已日漸荒蕪，乏人問津，生產量日減。

　　Frank 就是利用這五項假設並佐以歷史考據，指出今日拉丁美洲諸國之所以是低度開發地區即此依賴關係之故。這種關係使得拉丁美洲諸國之發展不能獨立自主，而是為都會地區之資本主義發展而發展；這是盲目的發展，非但不能享受發展的成果，反得到應有的惡果。此因無他，依賴關係所造成的便是非本土性的發展。與 Frank 持同樣看法的則是 O. Sunkel 和 P. Paz，他們也曾以中心－邊陲的關係說明與拉丁美洲諸國的發展。

四、後發展社會理論的觀點

　　後發展社會理論是關於東方諸國等後發展社會國家的工業化和現代化的理論。主要代表是日本東京大學社會學教授富永健一把人類社會的巨大變革過程，分為經濟上的工業化和政治文化上的現代化兩個方向。工業化是指人類由用體力從事勞動轉變為用動力和機械從事勞動的全過程，這是在非經濟的政治文化領域中所發生的巨大變革。富永健一認為，工業化和現代化是密切聯繫、相互制約的關係：經濟上的工業化決定著政治文化上的現代化；反之，政治文化上的現代化為工業化提供了必要的社會條件。在富永健一看來，工業化和現代化預示著人類社會發展的方向，是人類社會發展變遷的重要過程。而東方諸國等後發展社會國家所以不能較早地實現工業化和現代化，其原因首先在於這些國家沒有爆發過工業革命，沒有發生過科學革命；其次在於這些國家帝王專制統治和不平等克服得較晚；再次是由於缺乏實現工業化和現代化的國民積極性和主動性。正是由於後發展社會的工業化和現代化必須依賴先進國家的輸出和傳播，即依靠傳播發展，引進先進國家的工業化和現代化。與此相對應，後發展社會實現工業化和現代化的過程就是傳統部門被現代部門所代替的過程，富永健一認為，儘管後社會發展國家要超越先進國家具有諸多困難，但在這些後發展社會國家仍具有許多先進國家所不能及的優

點，諸如：廉價的勞動力、低工資、低成本、人口結構年齡，減輕了社會和企業的負擔，家庭穩定、社會安定、國民意識具有較強的一致性、集體主義、愛國主義觀念較強等。

結語

隨著科技世紀來臨，資訊流通快速簡易，使組織無可避免走向扁平化。美國社會分析學者福山（Francis Fukuyama）認為，建立在共同價值、規範、非傳統層級管理的新式網絡組織將有助於科技等高信賴度產業的勃興。在其新著《跨越斷層》（The Great Disruption），福山針對現代知識經濟社會中的管理機制提出了建言：「不少層級式大型企業紛紛被輕薄短小的對手打敗，80年代初的美國 AT & T 電話公司與 IBM 就是典型例子。二十一世紀裡大型層級企業將完全被一種新的組織形式取代亦即網絡組織。中央集權企業失敗的理由和中央集權政府如出一轍：無力應付日益複雜世界所產生的資訊問題。」（馮建三，1992）階級組織出現捉襟見肘的跡象，恰是工業社會走向高科技資訊生產的過渡期，這並不是純然巧合。在可以預見的未來，權力下放的趨勢還會繼續下去。在一個權力分散的組織裡低階員工開始掌握新的權力，彼此之間的協調成為重要的課題。二十世紀後半政治與經濟的官僚層級全面衰微，代之而起的是非正式、自我組織的協調形式。面對新的組織型態，宜積極朝向「人際網絡組織」，這是透過各單位的互動所產生的自發秩序，而不是由任何中央權威創造的。這其中網絡為共享非正式規範與價值的團體，網絡的重要規則在於提供組織內外資訊流通的另類管道。對於經常面對外在環境快速變化的產業而言（如資訊業），過度集權中央化是組織運作一大阻礙。

福特汽車廠是二十世紀初的職場典型，其特色是高度形式化的層級組織。由中央化的官僚體系負責工作的詳細分配與監督，對員工與組織的各種行為都有明確的規定。高效率的經營方法是將管理智慧完全集中在白領階級，而非散布到整個組織。每個工人該站在何處、手腳如何動作、何時休息都被明確告知，不需表現出絲毫的創造力或判斷力。然而福特終究碰到大型層級組織的所有問題，包括決策緩慢、工作規定太呆板、無法因應環境變遷等。如今一個精簡、即時解決問題的汽車廠就是扁平化、後福特時代的組織典範，很多決策過去是由白領中間管理者負責，現在則是由藍領裝配線工人團隊負責。線上工人實際負責每天的流程規劃、機器裝設、紀律維護與品質管制。福山認為，表面上看來，矽谷充滿個人主義式的競爭，深入觀察會發現綿密的社會網絡將不同公司的員工連結在一起。構成這個社會網絡的要素可能是相似的教育背景（如柏克萊或史丹佛的電子工程學歷），相似的就業經歷（一些重量級人物早期出身同一公司），透過一種類似大家庭的非正式交流，企業間的合作與資訊交流不斷在進行。在一個技術變遷快速、競爭激烈的產業，與傳統較不具時效的管道（如產業刊物）相較，這類非正式交流往往更具價值。這類非正式網絡對資訊業的重要性可能勝過其他行業。網絡會愈來愈重要，但終究需要正式層級補其不足。然而非正式網絡為什麼不會完全消失？原因之一是經濟日趨複雜，層級協調方式無法滿足所有的需求。因此兩者相輔相成該是未來最佳的管理策略。

經典人物——葛蘭西

　　葛蘭西（Antonio Gramsci, 1891-1937），義大利革命的馬克思主義者和政治理論家，他的支配權（hegemony）概念在現代社會學中深具影響。葛蘭西出生於一個貧窮的薩丁尼亞家庭。1911年獲獎學金入杜林大學學語言學。因越來越投入政治活動而離開大學，成為一位重要的社會主義記者，並成為 1919-1920 年杜林工廠工人會議運動的理論家。葛蘭西認為以工廠工人會議為基礎的直接民主註定要替代議會民主，這將使得大多數人能直接參與做出政治決定，1924 年葛蘭西成為義大利共產黨的總書記。但是隨著法西斯主義得勢，他於 1926 年被捕。在對他的審判中，官方檢察官要求法庭「讓此大腦停止工作二十年」。監獄並未能使他沉默，反而激勵他寫出他的主要理論著作《獄中札記》（Prison Notebooks）一書。《獄中札記》成為當代政治、社會理論重要的源頭活水，而其中一以貫之的概念就是文化霸權的探索，他本人是個馬克思主義的實踐者，也是義大利工人運動的領導者，義大利共產黨創始人之一，葛蘭西打破傳統馬克思主義者對基礎與上層建築的機械對應關係，而賦予歷史實踐的能動性。

　　葛蘭西所提出的支配權、霸權（hegemony）指一社會群體對另一群體行使的權力。一個階級主宰另一個階級的意識形態及文化，透過控制文化內容和建立重要習俗以統一意見來達到支配目的。葛蘭西斷言工人階級在奪取政權以前，應當摧毀統治階級的支配權，並發展自己的支配權。如同發揮領導作用一樣，這也需要經過文化和意識形態的鬥爭。從而建立一種新的社會主義「常識」，並以此改變人們的思想和行為。因此，一個從屬的、被壓迫的階級除了組織起來反抗肉體上的威脅和壓迫外，還要對統治階級的思想觀念不斷進行駁斥。在此意義上，支配權的概念已被廣為運用在政治和理論鬥爭方面，例如在俄國的馬克思主義運動中就是如此。葛蘭西對於後來最有影響的是重點從「反抗性支配權」（counter hegemony）是被壓迫群體的政治需要，轉向強調支配權是穩定現有權力結構的一個因素。總體而言，這對於社會學家來說並不是什麼新問題。例如韋伯先於葛蘭西十多年就撰文強調赤裸裸使用暴力，對於保證一個體制的延續並不是穩妥的辦法。一個穩定的政權體系同樣需要一個為公眾所接受的正當權威原則（legitimate authority）。葛蘭西卓越的貢獻和近二十年來對社會學的影響，在於他鼓勵對特定制度在權力關係的社會在生產中運作方式進行調查，鼓勵對理解信仰結構、意識形態（ideology）等方面更廣泛的理論問題進行研究。近年來，在諸如工人階級青年次文化、電視新聞的製作、國家教育的發展問題等研究中都使用了支配權。

經典論著——《社會學的想像力》

　　《社會學的想像力》（The Sociological Imagination, 1959）是美籍社會學者米爾斯（C. Wright Mills, 1916-1962）的論著。米爾斯年輕時便展露於社會學的豐富思想，1916 年 8 月生於美國德克薩斯州，青年時期就讀於德克薩斯大學，後又進入威斯康辛大學進一步深造，1941 年獲社會

學和人類學博士學位。同年受聘於馬里蘭大學，1946 年後執教於哥倫比亞大學，直至去世。主要譯著和著作有《韋伯社會學文選》（與格斯合譯，1946）、《白領：美國的中產階級》（1951）、《馬克思主義者》（1962）、《權力、政治和人》等。米爾斯早期理論研究受到實用主義社會學的影響。米爾斯的研究重點是在宏觀社會學方面。針對二十世紀 50 年代兩種美國正統社會學學說（帕森斯的功能論與社會調查研究法）提出批判的傑出批評家。對於前者，他斥之為內容空洞的「大理論」；對於後者他說那是抽象的經驗論（abstracted empiricism）。在米爾斯看來，這類形式的社會學已經不能再對社會提出真正有意義的問題。他在自己的社會學之中，力圖將「個人的病痛」（private ills）與「公共問題」（public issues）聯繫起來。他特別批評現代社會學和現代社會中的「知識分子的缺席」（intellectual default），即不能對歷史進程做有效的干預。因此，他主張透過表面現象，從歷史背景去理解社會活動的意義，發揮生活論述和歷史追憶相統一的「社會學的想像力」。這本書概括了他的全部方法與治學態度。在他更為實際的著作中，有兩部引起人們廣泛的注意：一部是《白領階級》（White Collar, 1951），另一部是《權力菁英》（The Power Elite, 1956）。在前一部著作中，米爾斯描述了以往獨立的中產階級公共角色的喪失和重要性的衰退，他認為這種古老的階級日益被一個新的中產階級所取代。後者由科層主義的辦公人員和推銷員等組成。米爾斯認為他們是一群「快活的機器人」，無力控制自己的生活。在《權力菁英》一書中，米爾斯提出了一個更加普遍的論點，認為現代美國的權力變得日益集中化。米爾斯以獨特的方式指出，有三個互相聯繫及互相交錯的主流權貴集團存在，即公司老闆、軍閥和政治老闆。米爾斯說所有這些人合起來只要放在一座中等規模的郊區電影院裡就裝得下了。這些權貴人物在美國社會中高高在上，發號施令，可以對整個社會發出道德的指令，然而實際上他們的行為卻往往是造成「更高層次的邪惡」，例如走向第三次世界大戰。

他繼承了馬克思和韋伯的傳統，深刻分析了當時美國社會的階級、政治和權力結構。他指出，現代社會的主要問題是公眾表現出不安和冷漠情緒。這種情緒主要是因為公眾的權力被全面剝奪。美國社會的權力集中在「權力菁英」手中，這些權力菁英運用血統、教育和社會資源的世襲優越，壟斷了社會統治的權力。現代社會均衡只是表面現象，矛盾和衝突主要存在於權力菁英和無權的社會公眾之間。米爾斯的社會學理論強調社會的衝突和矛盾，並具有濃厚的價值判斷和人文主義色彩，對後來的衝突變遷理論產生了一定的影響。

針對米爾斯著作所提出的批評集中在兩個方面：第一，他的高度思辯的經驗基礎，以及民粹主義的論調；第二，他沒有能和現代社會中其他廣泛流傳的理論（包括多元菁英論 plural elitism 和現代馬克思主義）有系統地連結。然而米爾斯在戰後的美國社會學界仍然提出了舉足輕重和振聾發聵的論調，有助於更富批判意義的立場的發展。

第二十章

現代社會與國際社會

前言

　　當前全球化（Globalization）及知識經濟（Knowledge-based Economy）時代來臨。全球化使國與國間產品、資本與人員流動障礙逐漸降低，使本國企業及人員必須面對全世界的激烈競爭；而知識經濟社會來臨後，掌握知識與資訊的人，競爭力大增，無法跟上時代腳步的人只有被社會所淘汰。在過去相對封閉的社會，人們可以憑藉自身勞力，辛勤工作，一步一步靠著經驗及年資而提升所得，但是在全球化及知識經濟時代已經不可能，只要擁有的知識過時、技術老舊，馬上就被下一波擁有新知識及技術的人所替代。未來，擁有國際化的知識、能力及所擁有的資源將是主宰個人生存競爭的重要因素，擁有者將會攫取社會絕大部分資源，而未擁有者僅能分配殘餘部分，造成富者愈富，貧者愈貧，也就是日本大前研一教授所提出的 M 型社會的到來。面對全球化及知識經濟時代，現代人所面對的國際競爭壓力愈來愈大，而有了正確的價值觀，才有正確的態度去面對及因應時代的轉變。所以在全球化及知識經濟時代，應有「國際觀」加以因應。社會學家已經發展出來不少理論觀點來描述社會變遷之後的現代社會特徵，如「資訊社會」（information society）、「風險社會」（risk society）、「後工業社會」（post-industrial society）、「後資本主義社會」（post-capitalism society）、「訓育社會」（discipline society）、「多元社會」（plural society）、「全球社會」（global society）等。與本單元密切相關的理論觀點是後工業社會。學者阿爾布勞（Albrow）提出，全球化乃是：世界各民族融合成單一社會的變遷過程，並以一種核心思維與價值來影響不同的地方、國家乃至個人的過程。這個過程孕育著世界各地的文化交流，以前所未有的數量、速度和頻率增加。在人類歷史長河中，文化和知識主要是在家庭、學校和教堂或社區中獲得和成長的。現在的人們比以前的任何時候都能迅速獲得和接觸到不同來源的各種文化意義。因此將原來社會環境中提煉出來的文化意義傳輸到其他社會中的可能性越來越大。由於全球化改變並深切影響社群的生活，其內涵係以政治、經濟、社會、文化為主軸，因此本章所討論的重點將包括：資本主義與現代社會、全球化的興起與影響、跨國公司與現代社會、非營利組織蓬勃發展等議題，以探究國際政治經濟的意義、國際政治經濟的發展、探討國際社會的角色，以期能培養廣闊的國際社會視野。

壹、資本主義與現代社會

　　針對資本主義的論述，社會學家馬克思（Karl Marx）於《資本論》中有精闢且影響深遠的論述。其以為的自十九世紀中葉英國工業革命以來所造成的社會變遷，是資本主義剛萌芽的階段，工業化是人類逐步脫離勞動價值與自然的過程，人類藉憑科技，企圖掙脫生產力的束縛進而宰制自然，創造理想世界。資本主義的制度，大部分財富為私人所擁有，並且被用來投資，使擁有者擁有更多的財富。現代資本主義的形式通常被認為起源於工業革命之後，十八世紀的

英國紡織工業，藉著將利潤投資在更進步的機械設備上，資本家從簡單再生產變成擴大再生產，增加利潤和財富並進一步投資。為了能避免發生極度剝削工人的情況，則運用福利制度以保障社會中的貧窮和弱勢者。由於少數大企業有可能造成壟斷和獨占，因此政府必須介入干涉，例如：經由反托拉斯法及消費者立法的方式來尋求解決此問題。另一方面，資本家則藉著海外生產和投資來尋找更低廉的勞力和原料，並規避本國法令的限制。隨著全球化和網路社會興起，跨國企業的活動更加活絡，企業間的策略聯盟和兼併成為不可抵擋的趨勢，而國際間各國之區域聯盟和防衛體系也漸興起，顯示資本主義的發展已經邁入資訊資本主義的時代。而資本主義也使世界推向財富兩極化的發展，在 1966 年，世界人口中前五分之一的最富裕階級是最貧窮的五分之一者的三十倍，到了 1997 年則達到七十八倍。

　　資本主義世界體系的論述著稱的為社會學者華勒斯坦（Immanuel Wallerstein）於 1970 年代初期發展出世界體系理論，以解釋資本主義、工業革命，以及世界之間複雜的連結關係等現象之起源。華勒斯坦（Immanuel Wallerstein, 1930-）的著作《現代世界體系》（Modern World-System）的第一卷於 1974 年出版。該思想淵源有：第一，布勞岱思想：以世界體系觀點之產生，認為較小的實體，其歷史、社會、政治及經濟的變遷，唯有在較大的資本主義世界體系演化脈絡中才能了解。第二，新馬克思主義：企圖將第三世界關聯到馬克思學派的分析中，具有強烈的經濟決定論色彩，認為經濟是歷史發展的動力，世界體系亦即資本主義世界經濟體系之意。《現代世界體系》主張：

一、世界體系的結構

（一）核心（centre）：處於體系的優勢地位者，如美國、歐洲、日本等。經濟特徵以高科技、資本密集生產方式、相當高的工資、一個深入的國內市場與可傾銷其產品的龐大國外市場。

（二）邊陲（periphery）：整個世界中大部分國家皆屬於此，經濟特徵以輸出農產品或天然資源為主、工資低廉、極端貧窮和技術低度開發。

（三）半邊陲：介於核心與邊陲之間。

二、資本主義世界的形成

（一）首先是經濟層面的影響：邊陲地區依賴核心地區，並且受到嚴重的剝削，不是提供勞力、農礦、資源，就是充當技術、產品的海外市場。

（二）其次為政治層面的影響：殖民時代為外人所培養的當地統治階層，在獨立後尚占有相當的政經優勢。至殖民國家留學的學生成為國外一股反傳統的主要力量，以及成為革命的動力。當傳統的勢力被打敗後，新的勢力卻無法控制局勢，亦無建國復國的能力，因此，時常造成國家內部的動盪不安，這點可由中南美洲及亞、非洲的政黨鬥爭頻繁，得到印證。

（三）最後是社會文化層面的影響：受過殖民的人們，對殖民文化通常具有某種親和性，由於
社會、文化及意識型態的依賴，往往不自覺地表現在日常生活之中，所以，此一層面的
影響比前兩者來得既深且遠。

華勒斯坦認為「現代世界體系」起源於約五百年前的西歐（Wallerstein, 1979），是以跨國的
資本主義貿易為基礎，所以也稱之為「資本主義世界經濟」（Capitalist world-economy）。資本累
積的動力，促使資本主義下的生產者為了勞動力、原料及世界而相互競爭，世界的各個地區也
相繼被併入此一不平衡擴展的世界經濟。

由於資本主義的催化帶動著消費型社會的產生。相較於傳統社會向來以勤儉樸實為尚的風
格，此亦足以顯示當前社會的消費文化特色，同時亦影響資本累積，直接牽動著未來的經濟發
展。造成消費行為改變的主要因素，包括：物質慾望的追求、外在環境的刺激、廣告媒介的充
斥、都會生活的型態等原因。隨著生活水準日益提高，人們對物質追求亦逐漸增長。尤其是當
多數的人認為，使用社會所認可的名牌可以突顯自己的地位和風格時，因此形成追逐流行時尚
的風潮。傳統社會一個人的認同感並不建築在消費模式上，多數人的生活重心是工作角色；至
於現代社會人們已有足夠的能力及餘暇發展出除工作之外的其他角色，如運動、休閒、居家、
娛樂等，因此容易受到物質慾望的左右。一個人的消費心理取向無時無刻不受外界環境刺激的
影響，這些環境因素包括：社群文化、價值觀念、生活型態、個人心理、家庭成員、資產所得、
社會評價、商品特性及銷售服務等，這些因素皆足以形成消費慾求，並且隨著外在環境的擴增
而提高消費慾望，其中炫耀性的消費行為正彰顯這種事實。今日的消費型態已不是以實用、需
用為主軸，只要能打動人心的產品都會受到青睞。消費者作為不僅源於商品性的物質消費行為，
而且逐漸轉化與意念有關的文化性消費的行為。根據社會學者 Nicosia 和 Mayer 說法，消費文化
的發展是與整個社會現象、都市文明，彼此相互呼應；亦即消費是一種文化及社會的現象。不
論任何時代，一種消費行為或風格品味的成立，是由當時歷史背景、整個都市發展的進程以及
消費者本身對日常生活與商品品味的渴求、廠商在商品形式與內容上的推陳出新等現象，共同
塑造而成；而其所代表的是具有深刻的文化性、社會性意涵。每一種消費現象正是說明了當時
居民特有的生活面貌，這對於當時的文化背景與社會基礎正好提供了最佳的詮釋。

貳、全球化的興起與影響

Thomas Friedman 在 2005 年寫了一本書，名叫《世界是平的》（The World is Flat），作者在
這本書的封面寫到：小時候我常聽爸媽說：「兒子啊，乖乖把飯吃完，因為中國跟印度的小孩沒
飯吃。」現在我則說：「女兒啊，乖乖把書念完，因為中國跟印度的小孩正等著搶你的飯碗。」
現在只要有寬頻，只要有雄心，不管你在哪裡，都不會被邊緣化。因為競爭的立足點變平等了，
拜科技之賜，即使在家裡開一個工作室，一個人也可以和大企業搶生意。同樣的，大企業也可
以比小公司更靈活，更細膩。從前做夢都沒想到的，今天不只變可能，甚至是必要了。抹平的

世界，也是無限商機的世界。「抹平的世界，使競爭的立足點平等，是商機無限的世界。」這句話一點也沒錯，但是換一個角度來看，「抹平的世界」使得競爭的立足點平等，也使競爭來自世界各地。全球化（Globalization）一詞最早是由一個名叫泰爾多爾‧萊維（Theodre Levitt）的學者於 1985 年提出的。他在《哈佛商報》上一篇題為〈談市場的全球化〉的文章中，用全球化這個詞來形容此前二十年間國際經濟發生的巨大變化，即「商品、服務、資本和技術在世界性生產、消費和投資領域中的擴散」。冷戰結束後，經濟全球化的趨勢迅速地加強，貨物、人員、資金和資訊，穿透國家的界線和地理的分隔，沿著各種通路跨國流動，一直擴張到全球性的規模。全球化指的是多種結合與聯繫，超越民族國家（nation-states）並創造出現代的世界系統，也就是說，在世界的某一部分所下的決定、策略或行動，對地球另一端的個人及社群具有明顯的重要影響特徵；連帶地，商品、資本、人群、知識、影像、訊息、犯罪、文化、污染物、藥物、時尚及信仰，很容易地跨越領土界線的地理藩籬，乃至於從抽象的學術研究到具體的兩性關係，都被跨國傳播網絡、社會運動、人際和層級關係所影響，因此，「相依性」（interconnections）、「網絡」（networks）以及「交流」（flows），經常成為用以描述、解讀全球化的關鍵字（key words）。（陳慧慈等譯，2001）而所謂的全球貿易、金融與生產系統，正以一種相當複雜的方式與全球的家庭、社群和國家的繁榮、命運聯繫在一起。（McGrew, 1992）全球化的通路帶來了巨大的利益，對於世界上所有的工業國家卻也隱含著巨大的風險。這一波的全球化，不只威脅到如英國的工業先進國家，甚至對台灣，乃至傳統稱為東亞四小龍的工業後進國家，也帶來了嚴苛的挑戰。來自中國與東南亞等區域，更為低廉而充沛的勞動力，取代了台灣原有的競爭優勢，台灣同樣面臨產業外移、勞工失業的窘境。今天，不管是在東半球或西半球，全球化經濟所帶來的挑戰都不可避免。羅蘭‧羅伯森（Roland Robertson）認為全球化不是新近的事，從時間上，它在資本主義之先。他從民族國家、國際關係、個人觀念和人類意識四個面向，把全球化劃分為五個階段：

第一是萌芽階段（從十五世紀初期到十八世紀中期，發生在歐洲）。民族國家共同體形成；天主教會範圍擴大；個人觀念和人道思想受到強調；世界中心說和近代地理學開始出現；太陽曆使範圍擴大。

第二是開始階段（從十八世紀中葉到十九世紀 70 年代，主要發生在歐洲）。向同一化、單一性的國家觀念迅速轉變；規範化的國際關係概念、標準化的公民觀念和較具體的人類觀念得到具體化；國際和跨國調節與交往有關的法律公約和機構迅速增加；民族主義──國際主義問題成為討論主題。

第三是起飛階段（從十九世紀 70 年代延續至二十世紀 20 年代中期）。現代性的問題成為討論主題；全球化交往形式的數量迅速擴大；宗教世俗運動興起；全球性競賽（如奧林匹克運動會和諾貝爾獎）形成；世界時間的實行。

第四是爭霸階段（從二十世紀 20 年代中期到 60 年代後期）。出現主導全球化過程的爭論和戰爭；國際聯盟，以及後來聯合國的確立；盟國與軸心國相互衝突，隨後冷戰持續；因戰爭屠殺和原子彈的使用而使人們強烈關注人類的前景，第三世界的成型。

第五是不確定階段（從 60 年代後期開始，並在 90 年代初顯示出危機趨勢）。60 年代後期全球意識增強；人類登上月球；重視「物質主義價值」；冷戰的終結，擁有核武和熱核武器的權利問題；全球性機構和數量增加；各社會日益面臨多文化和多種族問題；公民權成為全球性問題。

全球化雖為人類帶來更多的便捷，但也形成更多的困擾，自從經濟全球化緩解貧富差距的形象被無情的事實擊潰以後，經濟全球化似乎一夜之間成為了惡魔。許多經濟學家和政府官員開始指責經濟全球化導致了貧富懸殊。這一行為導致了全球化收益在不同主體之間的分配出現較大的偏差，即所謂的貧富差距擴大。聯合國的報告就指出了全球化的收益絕大部分都流入了發達國家富裕階層的口袋。另外一方面，全球化的金融流動不僅使得銀行和跨國公司從開放的部門中獲利，也使跨國犯罪機會大增。伴隨它們的「反全球化」公眾抗議令世人注目、震驚、沮喪與反思。由於教育影響人力素質和國家競爭力至深且鉅，教育國際化已是任何追求成為現代社會所無法迴避的問題。以助於對這些新生的價值、思維、符號、意涵、資訊所需要的一種認知，才能避免錯誤的詮釋，產生新的文化隔閡。因此建置了「世界即校園」。歐盟國家不只著眼於打開國境、自由貿易和共同貨幣，還要讓歐洲每個公民在歐盟任何一個國家，均能來去自如的學習。2000 年，十五個歐盟國家總統或總理保證在 2010 年時，將歐盟打造成為全世界最具競爭力的知識社會。歐盟鼓勵移動式教育（educational mobility），顯示教育國際化已是未來社會競爭的關鍵。

從 J. Habermas 對於全球化五個面向的討論中，可以了解全球化的內涵：

表：全球化的五個面向

全球化面向	定義	斷裂或聯繫的情境
族群景觀	個人或群體跨國流動下想像的共同體（community），是否可被視為是一種純粹的民族？	1. 回到民族國家（national state）：這是已經既有的國家難題，即是族群認同下的民族自覺訴求。 2. 走出民族國家：新興的國際性難題，即是流動後的新族群從人權（the human right）到公民資格（citizenship）的訴求。
科技景觀	機械與科技資訊的發展賦予了多國企業更大的發展空間（強調產業策略的重要性？）	1. 國家競爭力的危機：已開發國家、開發中國家與未開發國家的不同危機來自於依賴對外貿易的重要性。 2. 尋求資訊能力人才：人口的自由移動不只是族群認同的問題，尚且包含了人力資本（human capital）流動以及網際網路、資訊高速公路運用的理想。
金融景觀	全球資本流通已經超越了國家強制掌控的能力而導致投資意願的喪失，進而開放？	1. 邊陲國家的冒險：來自於錢滾錢的投機業、專業經理人的興起以及大型資本基金會的創始。 2. 西方資本家的樂園：主要的金融管控均來自西方國家，做為保護資本的形式主義。
媒體景觀	文化、商業與媒體的掛勾使得資訊可充分取得抑或是過分提供？	1. 文化產業（cultural industry）的商業意義：是一種與媒體的共犯結構所造成的新興事業。 2. 媒體文化霸權（mass cultural hegemony）的意義在於媒體行動主義的理想型態（ideal type of actionalism of media mass）。
意識景觀	做為數以千計的世界詮釋、多元包容或是惡性競爭？	1. 民主與資本主義依然橫行而做為最寬廣的、最實在的意識景觀。 2. 道德則是淪為相對性的角色。

資料來源：孫治本譯，1999；柴方國譯，2000；陳其邁譯，2001；陳慧慈等譯，2001。

英國社會學家季登斯對於現代性以及現代社會論討，是由制度性轉變與全球化方式加以闡述。季登斯認為，制度性轉變是由四個不同層面所構成的：資本主義、工業主義、監視能力及軍備力量。這四種制度化的層面不但把現代社會的性質及規模與傳統的分開，更由於其發展動力所催生而促成了「全球化」現象的出現。

參、跨國公司與現代社會

跨國企業（Multinational Corporation）觸角幾乎伸到全球每個角落。過去跨國企業幾乎是西方國家與日本的企業所獨霸，現在不但亞洲四小龍，就連經濟新興國家如中國大陸的跨國企業也正在興起。跨國企業的盛行，使本國企業必須面對來自全球的競爭。其次，委外經營（Outsourcing）方式盛行。例如，英國銀行將客服部門（Call Center）移至印度；美國電腦軟體

設計公司與印度軟體設計公司合作；台灣的翻譯公司與大陸合作；甚至美國的會計師幫企業及個人報稅也委外經營……等等。委外經營盛行使得個人必須面對全球人才的競爭，不能掌握核心技術及關鍵資訊的個人，很可能被世界上某一個國家的某一個角落的個人所取代。經濟全球化的鼓吹者曾經宣稱：經濟全球化過程中，實現南北差距的彌合。但是多年來的實踐卻事與願違，如南美國家阿根廷和智利等，並未得到充足的資金，經濟的發展甚至出現倒退。自從資訊經濟盛行以來，南北之間的差距進一步拉大，廣大亞非拉發展中國家還遠遠不能享受到資訊經濟帶來的好處。跨國公司的主要特徵是它不只在一個國家而是在很多國家運作。其附屬工廠、銷售科研等在很多地方同時進行。迪肯（Dicken, 1992）認為跨國公司是經濟活動在全世界流動的一個重大力量，跨國公司控制了世界就業、生產和貿易。日本和美國有一半以上的公司都是屬於跨國公司。因為全球化其實挾帶了大量的美國化，所以許多歐洲人對全球化也是戒慎恐懼的。激進者甚至於訴諸暴力，對他們認為象徵全球化的符號——星巴克、元首高峰會議、麥當勞等等，進行抗爭。自 1960 年代起，跨國公司實現競爭優勢的方式就是在發展中國家建立加工出口區（Export-processing zones），政府則提供特別的優惠措施以鼓勵外資投資勞力密集產業。由於具有出口的潛力，這些地區的工業生長相當迅速。自 1990 年代起，由於網路的便捷也造就了全世界重要的企業總部聚集在全球城市（global city）當中，透過網路管理下單及行銷使得生產線更佳彈性化，創造更多彈性工作的機會，相對工會和國家的力量也越來越薄弱，工人變成了隨時可替代的工人，因而失去了工作的穩定性和傳統的保障。「跨國公司」的主要影響有：

過程	正面的社會影響	反面的社會影響
跨國公司的擴張	提供消費品、新技能和新技術	無須負擔社會責任
跨國公司的結盟	國家與公司攜手進行研究和開發技術，可節省國家財政開支。	削弱國家主權和公民的社會責任
跨國公司的擴散	提供就業機會、增加稅收	對工人的剝削、地方菁英的權力過分集中
跨國公司的連結	加速國際化和全球化	造成某些地區的社會排除和失業人口

　　全球化可以被理解為或多或少同時發生的一系列相互強化的社會轉型，這些轉變包括了：第一，受到電子媒體所推動的時空壓縮為人們帶來嶄新的生活體驗，人們對時空概念出現了變化。經由科技傳播使人類社會成為地球村，二十世紀末網絡生活化之後，虛擬的網路世界更擔負電子政府、電子銀行以及電子購物等人們各項生活事務之重任。第二，出現不斷增長的網絡組織以及來往各地的跨國行動者。根據《經濟學人》期刊的報導，與 1970 年代的一點五九億人次相比，1996 年的國際旅遊人數已經達到了五點九三億。第三，網絡組織所形成的商業交易以及非政府組織團體和各式各樣的組織也在興盛發展著，使得人們都能「盡可能的體驗到來自不同地方的大量圖像，把世界空間分解成了螢幕上的一系列圖像。」（Harry, 1989:293）

　　全球互賴關係是最近社會變遷理論的新方向，討論主題則包括經濟、政治、文化與生態各個層面，這就是所謂的全球變遷（global change）或全球化（globalization）觀點。全球變遷蘊含

體系觀點與生態觀點，不僅關注世界成為一個體系及其關聯的問題，也涉及人類社會活動與地球支持生命存活的關係。無疑的，全球化發展趨勢會對既有體制造成衝擊，其中，又以國家的形式、權限、自主性與權威的正當性等方面特別引起注意。中外學者關於全球化的諸多定義的內容來看，大致可以把所有有關概念概括為五類：

一、本質擴張說。這種看法認為，全球化是某種本質因素向全球範圍的延伸或擴張。這裡的本質因素包括：資本、訊息、經濟資源、分工和生產社會化、市場經濟、現代性等。全面的全球化，包括政治、經濟、文化、軍事、技術、能源等。本質擴張說探究蘊藏在全球化繁多現象中的深邃本質，給人們思考全球化問題以重要的方法論啟迪。

二、時空壓縮說。這種看法強調全球化就是超越民族國家的疆界，消除各種壁壘限制的過程。在這個過程中人類不斷跨越空間障礙和制度文化等社會障礙，在全球範圍內實現充分溝通。

三、全球依賴說。這種理論強調，全球化趨勢下，組成地球的各部分之間的關聯性加強了，全球化就是趨同化、同質化，就是人類的一種「大同」境界。

四、強權干預說。強調全球化的共同性、普遍性，忽視了世界各國發展水平的不平衡性，沒有看到民族國家仍然是全球化的最重要的主體力量。而且，如果過分強調全球化趨勢就是民族壁壘的超越和人類生活的趨同，就會忽視主權國家對全球化進程的控制，為發達國家逼迫發展中國家開放市場和政治上干預內政提供理論根據。

五、意識形成說。這種觀點認為，全球化就是「後現代的全球意識」，是一種自覺超越狹隘階級、民族、國家界限的意識。應該從全人類和全球的角度出發考慮問題，在充分尊重差異的同時，努力形成人類共同的認識、共同的價值和共同的實踐。全球意識形成說側重於全球化趨勢下人類的交往實踐，關注的是全球化的影響而非全球化本身。因而沒能反映全球化的本質。

　　全球化使得全世界的政治、經濟、文化必須重新訂定遊戲規則，直接衝擊的是人們的日常生活的各個領域。因此反對全球化的運動以及以全球連結為主軸之社會運動日趨興盛。近年來在有關世界自由貿易的會議召開的城市，總有來自各地的反全球化的示威遊行，反全球化運動隨聲名日盛，認為全球化帶來的負面作用：本地政府權利的削弱、使發達國家居民喪失工作機會同時奴役發展中國家居民，擔心是全球化帶來了移民潮，湧入發達國家的移民從事低收入沒有健康保險的工作，承受剝削。

肆、非營利組織蓬勃發展

　　1980 年代中期全球約有一萬七千個國際性非政府組織。隨著網路無國界的聯繫和溝通，也有越來越多原屬於一國之內的非政府組織進行全球接軌，而使得國際性的非政府組織多到難以計數。非營利組織（Non-Profit Organization, NPO）是指不是以營利為目的的組織，它的目標通常是支持或處理個人關心或者公眾關注的議題或事件。非營利組織所涉及的領域非常廣，從藝

術、慈善、教育、政治、宗教、學術、環保等等。非營利組織的運作並不是為了產生利益，這一點通常被視為這類組織的主要特性。然而，某些專家認為將非營利組織和企業區分開來的最主要差異是：非營利組織受到法律或道德約束，不能將盈餘分配給擁有者或股東。因此，今日社會中，非營利組織有時亦稱為第三部門（the third sector），與政府部門（第一部門）和企業界的私部門（第二部門），形成三種影響社會的主要力量。非營利組織還是必須產生收益，以提供其活動的資金。但是，其收入和支出都是受到限制的。非營利組織因此往往由公、私部門捐贈來獲得經費，而且經常是免稅的狀態。私人對非營利組織的捐款有時還可以扣稅。慈善團體是非營利組織的一種，而非政府組織（NGO）也可能同時是非營利組織。依照台灣民法的規定，非營利組織主要可分為社團法人和財團法人兩種類型。協會（社會服務及慈善團體）、學會（學術文化團體）等屬於社團法人，設理事長與監事，總幹事為實際營運者，基金會等屬於財團法人，設董事長與監事，執行長為實際營運者。在英國，非營利組織很少被視為一個單一類型的實體。所有善心組織都必須向慈善機構委員會（Charity Commission）登記為慈善機構（charity）而不是非營利組織。在美國被歸類為非營利組織的其他團體，例如職業團體（trade union），分別受到不同法規的規範。

　　全球化的浪潮下，跨國企業、跨國政府組織以及國際性的非政府組織成為世界權威活動的三個重要力量。這些權威活動藉由策略聯盟達到組織或企業的目的，並產生既競爭又合作的關係。例如慈善機構經常募款的對象是企業團體，同企業團體亦需經常在跨國的政府組織中角力。非營利組織（Non-Profit Organization, NPO）係指除政府與企業部門以外的正式組織團體，在不同國家社會或不同領域中，可能混用以「非政府組織」、「第三部門」、「公益團體／組織」、「志願團體／組織」、「免稅團體／組織」、「慈善部門／團體」……等名稱來稱呼此類組織，其名稱雖有不同但其意涵則相去不遠，主要係指民間部門中非以牟利為宗旨之各類組織。非營利組織名稱的來源係來自於美國之國稅法（Internal Revenue Code, IRC），該法將非營利組織定義為：「非營利組織係為組織之一種，該組織限制將盈餘分配給組織的人員，如組織的成員、董事或是理事等」，且依該法第 501 條第 C 項第三款規定：「為公共利益服務而給予免稅鼓勵的團體，包括教育、宗教、科學、公共安全等。」

　　此外經綜合多位學者專家的界說，歸納出非營利組織之特質如下：

一、合法免稅地位：多數國家政府皆於法律中規定非營利組織有其免稅之優惠，且捐助人亦可享有減稅之待遇。

二、正式的組織：具有某種程度的制度化，而非臨時或非正式民眾的集合體，同時亦須經由政府法律的合法認定，因而非營利組織具有法人的資格。

三、民間的組織：不屬於政府的部門，即非經由政府財源所成立，亦非由政府公職人員所經營，但此並非意指非營利組織不得接受政府支持，或是政府官員不能成為董事；此強調重點在於非營利組織應為民間人士所組成。

四、公共利益的屬性：非營利組織所提供的服務應屬公共利益之性質，以服務公眾為使命，而不以營利為目的。

五、限制利益分配：非營利組織經營所獲取的利潤，須用於該組織的服務，不得分配予個人或是董事。

六、志願性成員：非政府組織往往都能利用媒體來廣泛引起公眾對其見解的關注，並影響政府或企業的作為，值得注意的是非政府組織的成員，是將各式各樣的人因為某種目的而集合在一起，因此，除少數為支薪之基本成員外，多數為志願參與的人士所組成，特別是由志願人員組成負責領導的董事會。

七、自我治理：非營利組織乃為自我管理性的組織，有其內部管理的制度，不受外在團體的支配。

　　非政府組織是一個不對政府負責的自治組織，一般而言，它們是為了共同的利益或者是出於明確的道德和政治因素考量而積極地去激發世界的輿論。1950 年代以來，國際性的非政府組織的數量以驚人的速度激增，活動的內容極為廣泛，包括宗教、商業、勞工、政治、環保、女權、教育、體育和休閒等等。著名的非政府組織，如歷史悠久的紅十字會、綠色和平組織。台灣最具國際知名的非政府組織團體就是財團法人慈濟基金會，在全球許多地方都有分會，並積極推動會務和發展組織的目標。

　　根據學者陳金貴教授的分類，全球的非營利組織大約有七種類型：

一、衛生醫療：包括醫院、診所、醫護和個人照顧設施、家庭健康照顧中心及特別洗腎設備等，此類型組織財源多係來自於政府的衛生費用及民間捐助。

二、教育服務：包括中小學教育、高等教育、圖書館、職業教育、非商業研究機構和相關的教育服務等，此類型組織財源多係來自於政府補助，其次為使用者付費及民間捐助。

三、社會服務：包括托兒服務、家族諮商、居家不便者的照顧、傷殘職業重建、災難救助、難民救助、緊急食物救助、社區改善等，此類型組織主要以助人為服務方式，而財源多係來自於政府之社會服務預算，其餘來自使用者付費及民間捐助。

四、公民團體：包括抗議組織、人權組織、社會組織等，此類型組織扮演政策倡導的角色。

五、文化團體：包括樂隊、交響樂團、戲劇團體、博物館、藝術展覽館、植物園及動物園等，此類型組織財源一方面來自於收費和賺取的費用，一方面來自於民間捐助和政府支持。

六、宗教團體：如放生念佛會、行天宮、法鼓山及許多基督教會等，此類宗教組織提供各種公共服務，對象以教友為主。

七、基金會：此類型組織存在之目的是以財務來支援其他的非營利組織，又可分四種型態：獨立基金會、企業基金會、社區基金會及運作型基金會（此基金會百分之十五以內之收入用以支援其他非營利組織，而基金會本身亦會實際執行相關業務）。

　　國際組織是具有國際性行為特徵的組織，國際組織可分為兩種主要型態：政府間國際組織：成員都是主權國家的國際組織（像歐盟和世界貿易組織）。非政府間國際組織（NGOs）：任何國際組織，凡未經政府間協議而建立，均被視為是為這種安排而成立的非政府國際組織；包括獨

立組織、民間組織、第三部門、志願協會。從法律角度來講，政府間的國際組織必須有一部公約做為基礎，並且有一個法人。國際組織在功能上，成員以及成員的標準上有區別，某些國際組織（全球性國際組織）是允許所有國家加入的，這樣的組織有聯合國以及它的下屬機構，如世界貿易組織等。還有一些國際組織是接受世界上，某一地區的成員加入的，像歐盟、非洲聯盟、東盟、上海合作組織等等。

結語

　　隨著科技的日新月異，世界的發展一夕千里，不論是政治、經濟、或文化等各方面的交流均日益頻繁，地球村的社會儼然成形。隨著全球化的風起雲湧，包括經濟的國際化、網路的國界化以及文化的跨國化，使得地域的區隔面臨重新的調整，是以如何從國際化角度切入世界的核心，已成為各國運思之問題。在傳統社會中，人際互動有其侷限性，只能遵循一定的傳輸進程，在制式的交流途徑下，僅可達到某種程度的效率。但全球化後，就時－空的伸延皆突破過往狹隘的限制，傳輸無遠弗屆，彷彿是消失距離的地球。例如：從郵件通信到電話電報，從計算機到互聯網絡，在場的東西的直接作用越來越為在時間－空間意義上缺場的東西所取代。由於世界文化流通的普及，各項資訊與資源是從相互作用的地域性的關聯和從對時間和空間的無限的跨越，而被重建的關係之中把社會關係「提取出來」。全球化社會緊密生成，文化相互作用，新舊文化既是融合，也是合併，不同文化相互激盪成新的跨文化。全球化使我們具備著更為寬廣的視野，學習屬於現代社會應具備的素養，從容借鑑先進社會成功的事例，以為社會發展的基石，例如：黃世嘉先生於《北歐魅力 I.C.E.——冰國焠鍊的生活競爭力》一書所提及的「在遍地冰雪的惡劣環境中，古代北歐人體認大自然與生命的力量，克服飢寒，征服海洋，鍛鍊出勇氣與智慧。現代的北歐人建立完善制度，讓人才得以發揮、人性得以提升，同時提振經濟、改善生活；靠的不是小聰明，而是看似簡單微小，實則深具智慧與力量的思考與遠見。」書中陳述這些已開發國家的競爭力得以持續的關鍵之一：「I」（Intelligence），智慧，是古老經驗的傳承與歷練；「C」（Creativity），創意，是生活體驗與美好感受的匯聚；「E」（Elegance），優雅，是對高素養精神的堅持。並且表現在六個方面：(1)創造有競爭力的投資環境；(2)創造有優勢的工作環境；(3)創造有特色的教育環境；(4)創造有品質的生活與文化環境；(5)創造有品味的旅遊環境；(6)創造能永續發展的環境。北歐五國發展成了全世界生活水準最高的地區，因此成為各國學習與參考的對象。國際觀擴大人們的視野與胸襟，激越有識之士能換個角度思考（think different），與眾不同，不只會為自己帶來更多價值，也會激發出更多火花。或許，就因為嶄新與穩健的嘗試與帶動，引發更多人的投入，讓原本不可能的事變成可能。北歐的哲學體現了這種自然觀，這是他們獨特的智慧，澄澈而單純。值得我們於觀照全球化時冷靜與理性的省思。

經典人物──馬歇爾

　　馬歇爾（Thomas H. Marshall, 1893-1981）為英國社會學家。他對公民身分與公民權（citizen rights）的研究成果《公民身分和階級》（Citizenship and Class, 1950）一直是大多數現代學者研究這個問題的重要論著。馬歇爾探討公民權與福利權益的擴展對階級關係的意義，同樣也探討在資本主義經濟中階級分化對公民權的含意：即在公民與政治領域中民主制度與平等主義以及在經濟領域中非民主與不平等狀況之間的衝突。他所認為的關於近代西方社會中公民權與福利權益在建立社會公道，和維護政治正當性上的重要意義，越來越被人們認為是正確的。公民權利（Citizen rights）是公民被賦予或是他們可以要求的權利，特別是在現代國家中的公民權。按照馬歇爾的說法，以下三種權利可以說是重要的：第一，市民權（civil rights），即言論自由和獲得資訊的權利、集會結社的自由和在法律面前平等的權利；第二，政治權利（political rights），即投票權和在自由選舉中競選政治職務的權利；第三，社會和經濟權利（social and economic rights），即享受福利和社會安全保障的權利，有就業的權利。

　　在現代社會中給予公民權利，因此必須把人民體制化，從文化上和意識形態上爭取他們。使他們至少在某種程度上承認政權在政治上的正當性。然而與此同時，這些權利也必須通過政治活動和社會運作去合理爭取。馬歇爾，把公民權利的擴大視為是削弱了階級衝突的基礎，或者至少是使階級衝突「馴化」（domesticating）和制度化了。衝突是社會中的個人之間或團體之間，或各民族國家之間進行的公開爭鬥。在任何社會裡，衝突都可能發生在如兩個或兩個以上的人、社會運動、利益團體、階級、性別、組織、政黨，以及民族、種族或宗教團體之間。衝突的發生往往是因為爭奪對稀少的資源或機會的取得或控制。這一點也適用於國家之間和社會之間的關係層次上。衝突可能是制度化的：由各方同意的一系列規則所規定的。例如企業仲裁程序，或民主社會裡的選舉程序。制度化的衝突往往被認為是民主過程的現象。權力的多元觀點（pluralism）認為社會是由各種相互競爭的利益組成的複合體，民主的規則和制度容許發生衝突也能消除衝突，並防止任何利益集團（如一個統治階級）在一切爭論問題上總是占有優勢，從而提高公民個人享受自由社會的能力。簡言之，多元論主張一個使經濟、政治和社會衝突的表現受到規制的社會，比沒有這種機會的社會，更可能是自由的。

經典論著──《第三波》

　　《第三波》為美國當代著名未來學家、社會學家托夫勒（Alvin Toffler, 1928-）的論著。他於 1965 年提出「未來衝擊」概念，並於 1970 年出版《未來的衝擊》一書，該書和後來出版的《第三波》（1980 年）、《權力的轉移》（1990 年）共同構成「第三次浪潮」理論的著名三部曲。在《未來的衝擊》一書中托夫勒認為社會變革呈現出加速前進的狀態。社會的迅猛變化使人們無法適應環境，因而使人類面臨著未來的巨大的衝擊。為禁得起這樣的衝擊、走在未來的前面，

人們必須從心理、生理、教育、科學研究、訓練等方面提前做好準備，只有這樣人們才不至於在未來社會的衝擊下崩潰。三部曲中《第三波》的影響最大，其核心觀點是：以科學技術的發展為核心來考察人類社會，把社會的發展分成三次浪潮文明。第一次浪潮是農業興起而形成農業社會和農業文明；第二次為十八世紀中葉的工業革命；第三次浪潮是新的科學技術革命，從二十世紀 60 年代起，人類已經進入第三次文明浪潮時期，工業文明正在變遷。未來幾十年內人類社會將由工業社會達到資訊社會，整個社會將變成以「電子工業為主的社會」，民族國家的權力將逐漸削弱。他由此而斷言，資本主義和社會主義將在科技革命中趨於一致。隨著資訊技術的發展，兩者都將被第三次浪潮所代替。托夫勒的未來學思想，特別是他對科學技術尤其是資訊技術革命給人類社會生產和生活帶來的巨大影響，對於世界科學技術革命必然促使生產力巨大發展，必然引起經濟領域的組織結構、產業結構、產品結構和工業結構的重大變革，在資本主義制度和社會主義制度上鼓吹「趨同論」，漠視資本主義和社會主義的區分。這本書的主旨在：支配我們這個時代的乃是「變遷的加速度」，而這種加速的推進力在個人、心理及社會方面卻帶來巨大的影響，導致社會的劇變；一時性（transience）的訊息不斷侵擾人類的感覺；新奇性（novelty）的事態不斷壓迫人類的認知能力；多樣性（diversity）的選擇也不斷攪亂人類的判斷能力，人類似乎無法很快的適應這種變遷。

托夫勒說過：「我們在創造一個新的社會，不是改變一個社會，也不是我們目前這個社會的擴大或翻版，這確確實實是一個嶄新的社會。除非我們了解這些，否則我們將自取毀滅，現在發生的不是一個資本主義的危機，而是工業社會本身，我們同時經歷了一次青年革命、一次性革命、一次種族革命、一次殖民革命、一次經濟革命，以及一次歷史上最短最深入的科技革命。總之，我們身處於後工業革命之中。然而後工業社會是一種什麼樣的社會？簡單的說就是經濟的發展上，已擺脫農業和工業的枷鎖，進入服務業經濟的一個新社會，其中知識成了變遷加速的最重要燃料，社會中的一時性、新奇性、多樣性的生活，迫使得大家茫無所措。解決之道在人們應有「未來意識」來應付未來的挑戰。

在托夫勒《第三波》（The Third Wave）中認為所謂的太空時代、資訊時代、全球村落、科技電子時代、後工業社會，甚至他自己的超級工業社會均不足以適當的描述這個新社會。於是提出社會「波前」分析法來陳述人類革命性的變遷，以第三波社會替代超級工業社會這個不當的名詞。在判斷上，他仍沿用服務業經濟的出現和白領工人超過藍領工人的這個轉捩點；不過最重要的還是在斷絕（discontinuity）的判準上。而過了這些轉捩點的第三波社會，意指著它和第二波社會（工業社會）的斷絕和一個全新的社會。托夫勒就科技、社會、資訊、權力、生物和心理等六大領域，來陳述一個新興的第三波社會。就拿科技領域來說，電子電腦業、太空工業、深海探險和遺傳工業將成為第三波時代的主流，也將再度帶來經濟、社會和政治重大的改變，而第三波社會將在這裡建立。而在社會領域而言，超越了大量生產的階段，服務業社會或資訊經濟的主導，以及企業界面臨多樣化的挑戰，其中值得注意生態、政治、社會與資訊方面的問題……這些均指著我們正邁向第三波社會。

附錄

于宗先（1997），經濟政策與經濟發展，台北：中經院。

天下雜誌社（1996），環境台灣，台北：天下雜誌社。

中華民國戶外遊憩學會（1997），休閒遊憩行為，台北：田園城市文化。

中國時報編（1995），台灣——戰後五十年：土地、人民、歲月，台北：時報文化。

內政部（1997），人口現況提要分析，台北：內政部。

王振寰（1999），社會學與台灣社會，台北：巨流。

王俊秀（1994），環境社會學的出發——讓故鄉的風水有面子，台北：桂冠。

王逸舟（1998），國際政治分析，台北：五南。

王俊秀（1999），全球變遷與變遷全球：環境社會學的視野，台北：巨流。

杜維傑（1997），政治社會學，台北：五南。

李邁（1995），政治經濟學理論，台北：風雲論壇。

李惠加（1997），青少年發展，台北：心理。

李文朗（1992），台灣人口與社會發展，台北：東大。

李順仁（1996），族群的對話，台北：常民文化。

李瑞騰（1993），文化・書香・軌跡，台北：文建會。

李登科（1996），國際政治，台北：國立空大。

呂亞力（1995），政治發展，台北：黎明文化。

何婉貞（1996），專業倫理，台北：輔大。

何秀煌（1993），現代社會與現代人，台北：水牛。

宋鎮照（1997），社會學，台北：五南。

宋光宇（1994），宗教與社會，台北：東大。

宋弘煦（1995），國際社會的變遷與二十一世紀，台北：正中。

汪精靈（1997），職業生涯成功法則，台北：超越企管。

吳國亮（1996），族群融合跨越世紀，台中：省新聞處。

吳惠林（1997），經濟發展理論與政策之演變，台北：中經院。

林立樹（1995），兩性關係新思維，台北：輔大。

林振春（1999），台灣社區教育發展之研究，台北：師大書苑。

林天德（1994），贏在你我之間——改造一生的人際關係技能，台北：遠流。

林玉体（1998），教育概論，台北：師大書苑。

林本炫（1993），宗教與社會變遷，台北：巨流。

林嘉誠（1992），社會變遷與社會運動，台北：黎明。

林勝義（1990），社會政策與立法，台北：空中大學。

金磊（1994），創意的自我，台北：遠流。

江宜樺（1995），政治社群，台北：中研院社科所。

季瑋珠（1993），社區診斷，台北：巨流。

邱明楨（1994），休閒與育樂，台北：金品文化。

周愫嫻（1997），變遷中的犯罪問題與社會控制：台灣經驗，台北：五南。

周育仁（1995），政治與經濟之關係，台北：五南。

邵宗海（1995），族群問題與族群關係，台北：幼獅。

邵正宏（1997），心靈環保，台北：耶魯國際文化。

胡佛（1998），政治變遷與民主化，台北：三民。

洪儷瑜（1997），青少年社會行為之多元評量，台北：師大書苑。

洪有義（1995），經營超值婚姻，台北：希代。

洪鎌德（1997），社會學說與政治理論，台北：揚智文化。

洪家駿（1993），國際經濟專題研究，台北：五南。

洪丁福（1996），國際政治的理論與實際，台北：啟英文化。

洪泉湖（1997），族群教育與族群關係，台北：時英。

施正鋒（1997），族群政治與政策，台北：前衛。

韋伯（1993），宗教社會學，台北：遠流。

高安邦（1997），政治經濟學，台北：五南。

高強華（1998），憧憬與希冀，台北：師大。

高勝銘（1995），國際經濟學，台北：高點文化。

高明瑞（1995），環境保護與企業管理，台北：教育部環境保護小組。

徐詠絮（1997），大眾媒介與社會，台北：五南。

孫明明（1994），青少年的前途，台北：萬世國際。

孫邦正（1997），現代教育學說，台北：台灣書店。

孫得雄（1997），人口老化與老年照顧，台北：中華民國人口學會。

張明正（1992），人口學與家庭計畫，台北：空大。

翁明賢（1995），國際組織新論，台北：五南。

麥魁爾（1996），大眾傳播理論，台北：風雲論壇。

馮建三（1993），大眾文化的迷思，台北：遠流。

郭秋永（1993），政治參與，台北：幼獅。

郭靜晃（1997），社會問題與適應，台北：揚智。

許倬雲（1995），現代社會的職業倫理，台北：洪建全基金會。

許嘉猷（1986），社會階層化與社會流動，台北：三民。

陳王琨（1997），社區環境政策，台北：淑馨。

陳東升（1995），金權城市——地方派系、財團與台北都會發展的社會學分析，台北：巨流。

陳文俊（1997），台灣的族群政治，香港：社會科學出版社。

陳奎熹（1998），現代教育社會學，台北：師大書苑。

陳奇祿（1994），文化與生活，台北：允晨文化。

陳思倫（1997），休閒遊憩概論，台北：空大。

陳正祥（1997），台灣的人口，台北：南天。

陳明健（1994），自然資源與環境經濟學，台北：巨流。

曹俊漢（1993），中西都會區之發展與面臨的問題，台北：中研院歐美研究所。

曹逢甫（1997），族群語言政策，台北：文鶴。

張樹棟（1996），中國婚姻家庭的嬗變，台北：南天。

張笠雲（1997），九〇年代的台灣社會，台北：中研院社會學研究所。

張承漢（1994），社會組織與社會關係，台北：幼獅。

張德水（1996），台灣政治・種族・地名沿革，台北：前衛。

張茂桂（1993），族群關係與國家認同，台北：業強。

張福榮（1996），經濟發展管理，台北：五南。

張芳全（1997），教育問題探究，台北：商鼎文化。

張芳全（1996），教育問題與教育改革理論與實際，台北：千華。

張植珊（1995），文化建設與文化教育，台北：正中。

張宏文（1996），社會學，台北：商鼎。

張國興（1996），台灣和國際社會，台北：前衛。

章英華（1995），台灣都市的內部結構——社會生態的與歷史的探討，台北：巨流。

黃迺毓（1995），家庭概論，台北：國立空中大學。

黃宣範（1993），語言・社會與族群意識，台北：文鶴。

黃武雄（1997），台灣教育的重建，台北：遠流。

黃毅志（1999），社會階層、社會網絡與主觀意識，台北：巨流。

楊正綸（1996），國際組織論，台北：國立編譯館。

程超澤（1995），社會人口學，台北：五南。

葉至誠（1997），蛻變的社會——社會變遷的理論與現況，台北：洪葉。

葉椒椒（1995），工作心理學，台北：五南。

游乾桂（1995），婚姻寶典，台北：探索文化。

游盈隆（1996），民意與台灣政治變遷，台北：月旦。

劉久清（1998），社會問題淺釋，台北：台灣書店。

劉還月（1998），流浪的土地，台北：原民文化。

劉真（1997），宗教與教育，台北：正中。

蔡文輝（1995），社會變遷，台北：三民。

楊國樞（1991），台灣社會問題，台北：五南。

楊國樞（1993），中國人的價值觀，台北：桂冠。

楊國賜（1993），現代教育思潮，台北：黎明文化。

夏鑄九（1998），網路社會之崛起，台北：唐山。

章英華（1997），台灣的都市社會，台北：巨流。

翟本瑞（1995），台灣社會與經濟論集，台北：幼獅。

簡春安（1997），婚姻與家庭，台北：國立空大。

蕭全政（1994），政治與經濟的整合，台北：桂冠。

蕭新煌（1989），變遷中台灣社會的中產階級，台北：巨流。

謝臥龍（1996），兩性・文化與社會，台北：心理。

藍采風（1996），婚姻與家庭，台北：幼獅。

簡炯仁（1995），台灣開發與族群，台北：前衛。

謝建全（1997），教育問題研究，台北：台灣書店。

謝政諭（1995），休閒活動的理論與實際，台北：幼獅。

謝雨生（1997），台灣社會階級及其流動再探討，台北：行政院國科會。

戴鴻超（1995），現代國際政治經濟學，台北：三民。

戴天昭（1996），台灣國際政治史，台北：前衛。

瞿海源（1997），台灣宗教變遷的社會政治分析，台北：桂冠。

瞿海源（1995），台灣社會變遷基本調查計畫──調查計畫執行報告，台北：中研院民族所。

羅靜蘭（1994），西方文化之路，台北：揚智。

國家圖書館出版品預行編目

現代社會與公民素養 / 葉至誠著. -- 一版.-- 臺北市：
　　秀威資訊科技，2008.07
　　　　面；　公分. --(社會科學類；AF0082 實踐大學
　　數位出版合作系列)
　　　BOD版
　　　參考書目：面
　　　ISBN 978-986-221-042-0(平裝)

1.公民教育　　2.社會教育

528.3　　　　　　　　　　　　　　　97012088

　實踐大學數位出版合作系列
　　　　　　　　　社會科學類　　AF0082

▎現代社會與公民素養

作　　者	葉至誠
統籌策劃	葉立誠
文字編輯	王雯珊
視覺設計	賴怡勳
執行編輯	林世玲
圖文排版	陳湘陵
數位轉譯	徐真玉　　沈裕閔
圖書銷售	林怡君
法律顧問	毛國樑　律師
發 行 人	宋政坤
出版發行	秀威資訊科技股份有限公司
	台北市內湖區瑞光路583巷25號1樓
	電話：(02) 2657-9211
	傳真：(02) 2657-9106
	E-mail：service@showwe.com.tw

2008 年 07 月
BOD一版
定價：420元

讀者回函卡

感謝您購買本書，為提升服務品質，請填妥以下資料，將讀者回函卡直接寄回或傳真本公司，收到您的寶貴意見後，我們會收藏記錄及檢討，謝謝！如您需要了解本公司最新出版書目、購書優惠或企劃活動，歡迎您上網查詢或下載相關資料：http:// www.showwe.com.tw

您購買的書名：_____

出生日期：_____年_____月_____日

學歷：□高中 (含) 以下　　□大專　　□研究所 (含) 以上

職業：□製造業　□金融業　□資訊業　□軍警　□傳播業　□自由業
　　　□服務業　□公務員　□教職　□學生　□家管　□其它_____

購書地點：□網路書店　□實體書店　□書展　□郵購　□贈閱　□其他

您從何得知本書的消息？

　□網路書店　□實體書店　□網路搜尋　□電子報　□書訊　□雜誌
　□傳播媒體　□親友推薦　□網站推薦　□部落格　□其他_____

您對本書的評價：（請填代號　1.非常滿意　2.滿意　3.尚可　4.再改進）

　封面設計____　版面編排____　內容____　文／譯筆____　價格____

讀完書後您覺得：

　□很有收穫　□有收穫　□收穫不多　□沒收穫

對我們的建議：_____

_____

_____

_____

11466
台北市內湖區瑞光路 76 巷 65 號 1 樓

秀威資訊科技股份有限公司　　　收

BOD 數位出版事業部

··

（請沿線對折寄回，謝謝！）

姓　　名：＿＿＿＿＿＿＿＿　年齡：＿＿＿＿　性別：□女　□男

郵遞區號：□□□□□

地　　址：＿＿＿＿＿＿＿＿＿＿＿＿＿＿＿＿＿＿

聯絡電話：(日)＿＿＿＿＿＿＿＿＿　(夜)＿＿＿＿＿＿＿＿＿

E-mail：＿＿＿＿＿＿＿＿＿＿＿＿＿＿＿＿＿＿